기출이 답이다

KB국민은행

시대에듀

2025 하반기 시대에듀 기출이 답이다
KB국민은행 필기전형

Always with you

사람의 인연은 길에서 우연하게 만나거나 함께 살아가는 것만을 의미하지는 않습니다.
책을 펴내는 출판사와 그 책을 읽는 독자의 만남도 소중한 인연입니다.
시대에듀는 항상 독자의 마음을 헤아리기 위해 노력하고 있습니다. 늘 독자와 함께하겠습니다.

자격증 · 공무원 · 금융/보험 · 면허증 · 언어/외국어 · 검정고시/독학사 · 기업체/취업
이 시대의 모든 합격! 시대에듀에서 합격하세요!
www.youtube.com ➜ 시대에듀 ➜ 구독

머리말 PREFACE

KB국민은행은 '최고의 인재와 담대한 혁신으로 가장 신뢰받는 평생 금융파트너'를 비전으로, 모든 Biz 분야를 선도하며 고객과 항상 함께하고 시장에서 가장 신뢰받는 'No.1 금융플랫폼 기업'이 되겠다는 확고한 목표를 달성하기 위해 전진하고 있다. 이를 위해 KB국민은행은 급변하는 경영환경과 금융환경에 최적화된 인재를 채용하기 위해 노력 중이다.

KB국민은행은 인재를 채용하기 위해 필기전형을 시행하여 지원자가 업무에 필요한 역량을 갖추고 있는지 평가한다. 신입행원 필기전형은 NCS 기반 객관식 필기시험으로 진행되며, 출제범위는 직업기초능력 · 직무심화지식 · 상식으로 구분된다.

이에 시대에듀에서는 KB국민은행 필기전형을 준비하는 수험생들이 시험에 효과적으로 대비할 수 있도록 다음과 같은 특징을 가진 본서를 출간하게 되었다.

도서의 특징

❶ 기출유형 뜯어보기를 수록하여 유형분석과 유형풀이 Tip · 이론 더하기를 통해 출제영역을 체계적으로 학습할 수 있도록 하였다.

❷ 2025년 상반기~2019년 시행된 KB국민은행 필기전형의 기출복원문제를 수록하여 최근 출제경향을 한눈에 파악할 수 있도록 하였다.

❸ 2025~2024년 출제된 주요 금융권 NCS 기출복원문제를 수록하여 다양한 출제유형에 완벽히 대비할 수 있도록 하였다.

끝으로 본서가 KB국민은행 필기전형을 준비하는 여러분 모두에게 합격의 기쁨을 전달하기를 진심으로 기원한다.

SDC(Sidae Data Center) 씀

INTRODUCE
KB국민은행 기업분석

◆ **미션**

> 세상을 바꾸는 금융, 고객의 행복과 더 나은 세상을 만들어 간다.

세상을 바꾸는 금융	고객, 더 나아가서는 국민과 사회가 바라는 가치와 행복을 함께 만들어 간다.
고객의 행복	금융을 통해 고객이 보다 여유롭고 행복한 삶을 영위하도록 곁에서 돕는다.
더 나은 세상을 만들어 간다.	단순한 이윤 창출을 넘어 보다 바람직하고 풍요로운 세상(사회)을 만들어 가는 원대한 꿈을 꾸고 실천한다.

◆ **비전**

> 최고의 인재와 담대한 혁신으로 가장 신뢰받는 평생 금융파트너

최고의 인재	• 고객과 시장에서 인정받는 최고의 인재가 모이고 양성되는 금융전문가 집단을 지향한다. • 다양한 금융업무를 수행할 수 있는 차별화된 Multi-player를 지향한다.
담대한 혁신	• 현실에 안주하지 않고, 크고 담대한 목표를 세우고 끊임없는 도전을 통해 혁신을 시도하며 발전해 나간다. • 과감하게 기존 금융의 틀을 깨고 금융패러다임의 변화를 선도한다.
가장 신뢰받는	• 치열한 경쟁 속에서 꾸준하게 고객중심의 사고와 맞춤형 서비스, 차별화된 상품으로 고객에게 인정받는다. • 주주, 시장, 고객이 신뢰하는 믿음직스러운 금융그룹으로 자리매김한다.
평생 금융파트너	• 고객 Life-stage별 필요한 금융니즈를 충족시키는 파트너가 된다. • 고객에게 가장 빠르고 편리한 금융서비스를 제공하고, 다양한 영역에서 도움을 주는 친밀한 동반자가 된다.

◆ **인사비전**

> **최고의 인재가 일하고 싶어 하는 세계 수준의 직장**
> **World Class Employer**

◆ **핵심가치**

고객중심
- 업무추진 시 고객의 입장과 이익을 우선 고려하는 '고객중심적인' 판단과 의사결정을 한다.

전문성
- 해박한 금융지식을 갖추어 업계 최고 수준의 역량을 갖춘 금융인을 목표로 한다.
- 직원 개인의 가치와 경쟁력을 높여 고객에게 최고의 서비스를 제공하고, 조직의 발전에 기여한다.

혁신주도
- 미래 금융분야의 First Mover로서 변화를 주도하고 최적화된 금융의 가치를 만들고 제공한다.
- 유연하고 창의적인 사고를 바탕으로 실패를 두려워하지 않는 과감한 도전을 통하여 결실을 맺는다.

신뢰정직
- 금융회사 임직원으로서의 기본소양인 윤리의식을 바탕으로 신의성실과 정직의 태도를 일상업무 속에 항상 견지한다.

동반성장
- 개인의 성장, 조직의 발전에만 머무르지 않고, 사회 구성원으로서 역할 및 책임을 다하며 국민과 함께 성장하여 사회발전에 기여한다.

INTRODUCE
KB국민은행 기업분석

◆ 인사원칙

성과주의 문화 정립
- 책임과 권한의 명확화
- 투명하고 공정한 평가
- 능력에 따른 보임과 성과에 따른 차별화된 보상

직원의 가치 극대화
- 개인의 적성과 능력에 따라 성장기회 부여
- 지속적인 경력개발 기회 제공 및 적극적 지원
- 직원의 경쟁력 향상을 촉진하는 시장원리 확립

조직과 개인의 조화
- 경쟁과 협력의 가치 동일시
- 집단성과와 개인성과의 조화와 균형
- 직원의 성장욕구와 조직의 니즈 조화

◆ 인재상

창의적인 사고와 행동으로 변화를 선도하며 고객가치를 향상시키는 프로금융인

고객우선주의
- 고객 지향적인 마인드와 적극적인 서비스 개선 노력
- 프로의식으로 고객의 가치 창출

자율과 책임
- 위임된 권한에 따라 스스로 판단
- 결과와 성과에 대한 책임

적극적 사고와 행동
- 혁신적인 사고방식으로 변화를 선도
- 최고 전문가로 성장하기 위한 끊임없는 자기계발 노력

다양한 가치의 존중
- 다양한 사고와 가치를 존중하고 포용할 수 있는 개방적 사고
- 미래가치에 대한 확신과 지속적인 창출 노력

◆ **CI 소개**

- KB금융그룹의 심볼마크는 아시아 금융을 선도하는 글로벌 금융브랜드가 되고자 하는 KB금융그룹의 기업의지를 반영하고 있다.
- 별의 의미를 내포하는 Star-b의 심볼은 KB금융그룹의 미래지향적인 모습과 World-Class로 도약하고자 하는 높은 의지를 나타낸다.

◆ **스타프렌즈**

STAR FRIENDS
서로 다른 별에서 각자의 꿈을 찾으러 지구에 모인 친구들,
서로를 응원하며 함께 꿈을 이루기 위해 노력하고 매일매일 조금씩 성장해 간다.

- KB금융그룹의 대표 캐릭터 스타프렌즈는 고객과 공감대를 형성하는 커뮤니케이션 수단으로 광고 및 다양한 매체에 활용된다.

INFORMATION
신입행원 채용 안내

◆ 지원방법
KB국민은행 채용 홈페이지(kbstar.incruit.com)에 지원서 등록

◆ 지원자격
1. 연령/학력/전공 제한 없음
2. 신입행원 연수에 참가 후 계속 근무 가능한 자
3. 남성의 경우 병역필(군복무 중인 자는 신입행원 연수 이전 병역필 가능한 자) 또는 면제자
4. 해외여행에 결격 사유가 없는 자 및 외국인의 경우 한국 내 취업에 결격 사유가 없는 자
5. 당행 내규상 채용에 결격 사유가 없는 자

◆ 채용절차

지원서 접수 → 서류전형 → 필기전형 → 1차 면접전형 → 2차 면접전형 → 최종 합격자 발표

◆ 채용일정

채용공고	접수기간	서류발표	필기전형	필기발표
2025.03.27	2025.03.27~04.04	2025.04.22	2025.04.27	2025.05.02
2024.09.09	2024.09.09~09.23	2024.10.11	2024.10.20	2024.10.25
2024.04.04	2024.04.04~04.16	2024.05.03	2024.05.12	2024.05.20
2023.04.28	2023.04.28~05.09	2023.05.25	2023.05.28	2023.06.07
2022.09.29	2022.09.29~10.12	2022.10.26	2022.10.30	2022.11.11

❖ 채용절차 및 우대사항 등은 채용방침에 따라 변경될 수 있으니 반드시 채용공고를 확인하기 바랍니다.

ANALYSIS
2025년 상반기 기출분석

총평

2025년 상반기 KB국민은행 필기전형의 직업기초능력은 평이한 수준으로 출제되었다. 지난 시험에 이어 의사소통능력이 가장 큰 비중을, 수리능력이 가장 작은 비중을 차지하였다. 두 영역 모두 상품설명서나 이자율을 계산하는 등 금융권 필기시험에서 자주 볼 수 있는 유형의 문제는 적게 출제되었다. 직무심화지식은 이전과 달리 금융상식에 대한 사전 지식이나 이론으로 해결해야 하는 문제가 출제되었다. 금융 심화 용어 및 상품과 금융계 주요 사건에 대한 배경지식이 정답률에 큰 영향을 미쳤으리라 판단된다. 한편, 상식은 지난 시험과 비슷한 난이도를 유지하였으며, TOPCIT 테스트는 면접 전형과 함께 진행되었다.

◆ 영역별 출제비중

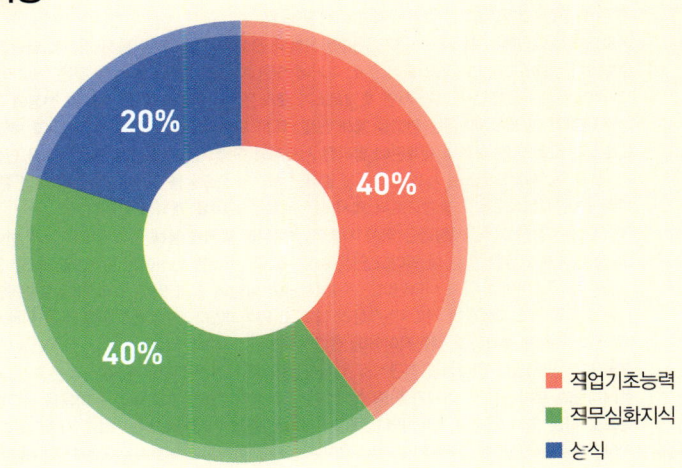

- 직업기초능력 40%
- 직무심화지식 40%
- 상식 20%

◆ 영역별 출제특징

구분		출제특징
직업 기초 능력	의사소통능력	• 2024년 금융 이슈를 다루는 지문 • 보고서 형식의 지문을 읽고 그에 대한 내용으로 일치하는 것을 고르는 문제
	문제해결능력	• 제시된 조건에 따라 주어진 명제의 참·거짓 여부를 추론하는 문제
	수리능력	• 전세와 월세를 비교하는 문제 • 토너먼트 형식으로 진행되는 경기의 수를 구하는 문제 • 제시된 2024년 은행 점포 수와 2023년 대비 증감률로 2023년 점포 수를 구하는 문제
직무 심화 지식	금융영업	• 달러 매매기준율을 구하는 문제 • DTI에 대한 설명으로 옳은 것을 고르는 문제 • 화폐수량설을 이용하여 물가상승률을 구하는 문제 • 제시된 통화량과 물가로 국민소득성장률을 구하는 문제 • ETF와 옵션의 용어에 대한 설명으로 옳은 것을 고르는 문제
	디지털 부문 활용능력	• CBDC와 민간 전자화폐의 차이를 묻는 문제 • 자율주행자동차의 단계별 설명으로 옳지 않은 것을 고르는 문제 • 머신러닝 기반 신용평가의 장점으로 옳지 않은 것을 고르는 문제
상식 (경제/금융/일반상식)		• 시장독점에 대한 설명으로 옳은 것을 고르는 문제 • 블록딜에 대한 설명으로 옳지 않은 것을 고르는 문제 • 샤워실의 바보에 대한 설명으로 옳지 않은 것을 고르는 문제 • 현금, 주식, 국채, 정기예금을 유동성이 높은 순서대로 고르는 문제 • 고령화사회 산출 기준, 생산가능인구 나이 등에 대한 일반사회 문제

TEST CHECK
주요 금융권 적중 문제

KB국민은행

의사소통능력 ▶ 비판·반박하기

09 다음 중 ㉠의 입장에서 호메로스의 『일리아스』를 비판한 내용으로 적절하지 않은 것은?

> 기원전 5세기, 헤로도토스는 페르시아 전쟁에 대한 책을 쓰면서 『역사(Historiai)』라는 제목을 붙였다. 이 제목의 어원이 되는 'histor'는 원래 '목격자', '증인'이라는 뜻의 법정 용어였다. 이처럼 어원상 '역사'는 본래 '목격자의 증언'을 뜻했지만, 헤로도토스의 『역사』가 나타난 이후 '진실의 탐구' 혹은 '탐구한 결과의 이야기'라는 의미로 바뀌었다.
> 헤로도토스 이전에는 사실과 허구가 뒤섞인 신화와 전설, 혹은 종교를 통해 과거에 대한 지식이 전수되었다. 특히 고대 그리스인들이 주로 과거에 대한 지식의 원천으로 삼은 것은 『일리아스』였다. 『일리아스』는 기원전 9세기의 시인 호메로스가 오래전부터 구전되어 온 트로이 전쟁에 대해 읊은 서사시이다. 이 서사시에서는 전쟁을 통해 신들, 특히 제우스 신의 뜻이 이루어진다고 보았다. 헤로도토스는 바로 이런 신화적 세계관에 입각한 서사시와 구별되는 새로운 이야기 양식을 만들어 내고자 했다. 즉, 헤로도토스는 가까운 과거에 일어난 사건의 중요성을 인식하고, 이를 직접 확인·탐구하여 인과적 형식으로 서술함으로써 역사라는 새로운 분야를 개척한 것이다.
> 『역사』가 등장한 이후, 사람들은 역사 서술의 효용성이 과거를 통해 미래를 예측하게 하여 후세인(後世人)에게 교훈을 주는 데 있다고 인식하게 되었다. 이러한 인식에는 한 번 일어났던 일이 마치 계절처럼 되풀이하여 다시 나타난다는 순환 사관이 바탕에 깔려 있다. 그리하여 오랫동안 역사는 사람을 올바르고 지혜롭게 가르치는 '삶의 학교'로 인식되었다. 이렇게 교훈을 주기 위해서는 과거에 대한 서술이 정확하고 객관적이어야 했다.
> 물론 모든 역사가가 정확성과 객관성을 역사 서술의 우선적 원칙으로 앞세운 것은 아니다. 오히려 헬레니즘과 로마 시대의 역사가들 중 상당수는 수사학적인 표현으로 독자의 마음을 움직이는 것을 목표로 하는 역사 서술에 몰두하였고, 이런 경향은 중세 시대에도 어느 정도 지속되었다. 이들은

문제해결능력 ▶ 명제

16 제시된 명제가 모두 참일 때, 빈칸에 들어갈 명제로 가장 적절한 것은?

> • 어휘력이 좋지 않으면 책을 많이 읽지 않은 것이다.
> • 글쓰기 능력이 좋지 않으면 어휘력이 좋지 않은 것이다.
> • _____

① 글쓰기 능력이 좋으면 어휘력이 좋은 것이다.
② 책을 많이 읽지 않으면 어휘력이 좋지 않은 것이다.
③ 어휘력이 좋지 않으면 글쓰기 능력이 좋지 않은 것이다.
④ 글쓰기 능력이 좋지 않으면 책을 많이 읽지 않은 것이다.

수리능력 ▶ 거리·속력·시간

32 일정한 속력으로 달리는 기차가 길이 480m인 터널을 완전히 통과하는 데 걸리는 시간이 36초이고 같은 속력으로 길이 600m인 철교를 완전히 통과하는 데 걸리는 시간이 44초일 때, 기차의 속력은?

① 15m/s   ② 18m/s
③ 20m/s   ④ 24m/s

지역농협 6급

의사소통능력 ▶ 관계유추

04 다음 제시된 단어에서 공통으로 연상할 수 있는 단어로 가장 적절한 것은?

| 서유럽 예루살렘 탈환 |

① 로마 ② 바티칸
③ 십자군 ④ 여행

수리능력 ▶ 문자추리

※ 일정한 규칙으로 수 또는 문자를 나열할 때, 빈칸에 들어갈 알맞은 수 또는 문자를 고르시오. [21~22]

21 ㅁ ㅅ ㅅ ㅊ ㅈ ㅍ ㅋ (   )

① ㄴ ② ㅂ
③ ㅈ ④ ㅌ

자원관리능력 ▶ 품목확정

20 N회사의 A대리는 다음 주 분기 종합회의를 위해 회의실을 예약하고자 한다. 회의 조건과 세미나실별 다음 주 예약현황, 세미나실별 시설현황이 다음과 같을 때, A대리가 다음 주 분기종합회의를 위해 예약 가능한 세미나실과 요일로 옳은 것은?

〈회의 조건〉
- 회의는 오후 1시부터 오후 4시 사이에 진행되어야 한다.
- 회의는 1시간 30분 동안 연이어 진행되어야 한다.
- 회의 참석자는 24명이다.
- 회의에는 빔프로젝터가 필요하다.

〈세미나실별 다음 주 예약현황〉

구분	월	화	수	목	금
본관 1세미나실		인재개발원 (10:00 ~ 15:00)		조직개발팀 (13:30 ~ 15:00)	기술전략처 (14:00 ~ 15:00)
본관 2세미나실	환경조사과 (10:00 ~ 11:30)	위기관리실 (14:00 ~ 15:00)	늠미사업단 (13:00 ~ 16:00)	데이터관리과 (16:00 ~ 17:00)	-
국제관 세미나실A	-	품질보증처 (10:00 ~ 11:30)	건설기술처 (09:00 ~ 10:00)	-	성과관리과 (09:30 ~ 10:30)
국제관 세미나실B	회계세무부 (14:00 ~ 16:00)	글로벌전략실 (13:00 ~ 13:30)	내진기술실 (14:00 ~ 15:30)	글로벌전략실 (10:00 ~ 16:00)	
복지동 세미나실	경영관리실 (09:30 ~ 11:00)	-	법무실 (14:00 ~ 16:30)		법무실 (10:00 ~ 11:00)

TEST CHECK
주요 금융권 적중 문제

하나은행

의사소통능력 ▶ 주제 · 제목찾기

10 다음 글의 중심 내용으로 가장 적절한 것은?

> 칸트는 인간이 이성을 부여받은 것은 욕망에 의해 움직이지 않게 하기 위함이라고 말하면서 자신의 행복을 우선시하기보다는 도덕적인 의무를 먼저 수행해야 한다고 주장했다. 칸트의 시각에서 볼 때 행동의 도덕적 가치를 결정하는 것은 어떠한 상황에서든 모든 사람이 그 행동을 했을 때에 아무런 모순이 생기지 않아야 한다는 보편주의이다. 내가 타인을 존중하지 않으면서 타인이 나를 존중하고 도와줄 것을 기대한다면, 이는 보편주의를 위배하는 것이다. 그러므로 남이 나에게 해주길 바라는 것을 실천하는 것이 바로 도덕적 행동이라는 것이다. 따라서 도덕적 행동이 나의 이익이나 본성과 일치하지 않더라도 나는 나의 의무를 수행해야 한다고 역설했다.

① 칸트의 도덕관에 대한 비판
② 칸트가 생각하는 도덕적 행동

수리능력 ▶ 도형

41 다음 삼각형의 면적은?

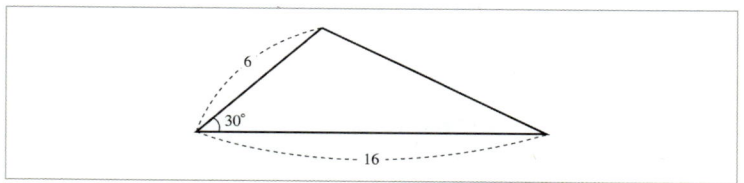

① 20 ② 22
③ 24 ④ 54

문제해결능력 ▶ 문제처리

62 H은행은 행원들의 체력증진 및 건강개선을 위해 운동 프로그램을 운영하고자 한다. 해당 프로그램을 운영할 업체는 행원들을 대상으로 한 사전조사 결과를 바탕으로 결정된다. 다음 〈조건〉에 따라 업체를 선정할 때, A~D업체 중 최종적으로 선정될 업체는?

〈후보 업체 사전조사 결과〉

구분	프로그램	흥미 점수	건강증진 점수
A업체	집중GX	5점	7점
B업체	필라테스	7점	6점
C업체	자율 웨이트	5점	5점
D업체	근력운동	6점	4점

조건
- H은행은 전 행원을 대상으로 후보 업체들에 대한 사전조사를 하였다. 각 후보 업체에 대한 흥미 점수와 건강증진 점수는 전 행원이 10점 만점으로 부여한 점수의 평균값이다.
- 흥미 점수와 건강증진 점수를 2:3의 가중치로 합산하여 1차 점수를 산정하고, 1차 점수가 높은 후보 업체 3개를 1차 선정한다.

신한은행

의사소통능력 ▶ 주제·제목찾기

32 다음 글의 중심 내용으로 가장 적절한 것은?

> 발전된 산업 사회는 인간을 단순한 수단으로 지배하기 위해 새로운 수단을 발전시키고 있다. 여러 사회 과학과 심층 심리학이 이를 위해 동격되고 있다. 목적이나 이념의 문제를 배제하고 가치 판단으로부터의 중립을 표방하는 사회 과학들은 인간 조종을 위한 기술적·합리적인 수단을 개발해 대중 지배에 이바지한다. 마르쿠제는 이런 발전된 산업 사회에서의 도구화된 지성을 비판하면서 이것을 '현대인의 일차원적 사유'라고 불렀다. 비판과 초월을 모르는 도구화된 사유라는 것이다.
> 발전된 산업 사회는 이처럼 사회 과학과 도구화된 지성을 동원해 인간을 조종하고 대중을 지배할 뿐만 아니라 향상된 생산력을 통해 인간을 매우 효율적으로 거의 완전하게 지배한다. 즉, 발전된 산업 사회는 높은 생산력을 통해 늘 새로운 수요들을 창조하고, 모든 선전 수단을 동원하여 이러한 새로운 수요들을 인간의 삶을 위해 불가결한 것으로 만든다. 그리하여 인간이 새로운 수요들을 지향하지 않을 수 없게 한다. 이렇게 산업 사회는 늘 새로운 수요의 창조와 공급을 통해 인간의 삶을

수리능력 ▶ 자료추론

42 다음은 엔화 대비 원화 환율과 달러화 대비 원화 환율 추이 자료이다. 이에 대한 〈보기〉의 설명 중 옳은 것을 모두 고르면?

문제해결능력 ▶ 참·거짓

53 다음 다섯 사람이 얘기를 하고 있다. 이 중 두 사람은 진실만을 말하고, 세 사람은 거짓만을 말하고 있다. 지훈이 거짓을 말할 때, 진실만을 말하는 사람을 짝지은 것은?

- 동현 : 정은이는 지훈이와 영석이를 싫어해.
- 정은 : 아니야. 난 둘 중 한 사람은 좋아해.
- 선영 : 동현이는 정은이를 좋아해.
- 지훈 : 선영이는 거짓말만 해.
- 영석 : 선영이는 동현이를 싫어해.
- 선영 : 맞아. 그런데 정은이는 지훈이와 영석이 둘 다 좋아해.

① 동현, 선영　　　　　　　　② 정은, 영석

STRUCTURES
도서 200% 활용하기

기출유형 뜯어보기

▶ 출제영역별 유형분석과 유형풀이 Tip · 이론 더하기로 KB국민은행 필기전형을 완벽히 준비할 수 있도록 하였다.

7개년 기출복원문제

▶ 2025년 상반기~2019년 시행된 기출복원문제로 KB국민은행의 출제경향을 한눈에 파악할 수 있도록 하였다.

합격의 공식 Formula of pass | 시대에듀 www.sdedu.co.kr

주요 금융권 NCS 기출복원문제

CHAPTER 01 2025년 주요 금융권 NCS 기출복원문제

CHAPTER 02 2024년 주요 금융권 NCS 기출복원문제

▶ 2025~2024년 주요 금융권 NCS 기출복원문제로 다양한 출제유형에 대비할 수 있도록 하였다.

정답 및 해설

CHAPTER 01 2025년 상반기 기출복원문제

CHAPTER 01 2025년 주요 금융권 NCS 기출복원문제

▶ 정답에 대한 꼼꼼한 해설과 오답분석을 통해 혼자서도 체계적인 학습이 가능하도록 하였다.

CONTENTS
이 책의 차례

PART 1 기출유형 뜯어보기

CHAPTER 01 의사소통능력   2
CHAPTER 02 문제해결능력   8
CHAPTER 03 수리능력   14

PART 2 기출복원문제

CHAPTER 01 2025년 상반기 기출복원문제   24
CHAPTER 02 2024년 하반기 기출복원문제   46
CHAPTER 03 2024년 상반기 기출복원문제   68
CHAPTER 04 2023년 기출복원문제   88
CHAPTER 05 2022년 기출복원문제   111
CHAPTER 06 2021년 기출복원문제   130
CHAPTER 07 2020년 기출복원문제   149
CHAPTER 08 2019년 기출복원문제   168

PART 3 주요 금융권 NCS 기출복원문제

CHAPTER 01 2025년 주요 금융권 NCS 기출복원문제   180
CHAPTER 02 2024년 주요 금융권 NCS 기출복원문제   228

별책 정답 및 해설

PART 2 기출복원문제   2
PART 3 주요 금융권 NCS 기출복원문제   68

PART 1

기출유형 뜯어보기

CHAPTER 01 의사소통능력
CHAPTER 02 문제해결능력
CHAPTER 03 수리능력

CHAPTER 01 | 의사소통능력 주제·제목찾기

| 유형분석 |

- 글의 목적이나 핵심 주장을 정확하게 구분할 수 있는지 평가한다.
- 글의 전반적인 흐름과 내용을 포괄할 수 있는 중심 내용을 찾아야 한다.
- ⊕ 응용문제 : 문단별 주제·화제를 찾는 문제, 글쓴이의 주장·생각을 찾는 문제, 표제와 부제를 찾는 문제

다음 글의 제목으로 가장 적절한 것은?

> 미래 사회에서는 산업 구조에 변화가 일어나고 대량 생산 방식에 변화가 일어나면서 전반적인 사회조직의 원리도 크게 바뀔 것이다. 즉, 산업 사회에서는 대량 생산 체계를 발전시키기 위해 표준화·집중화·거대화 등의 원리에 의해 사회가 조직되었지만, 미래 사회는 이와 반대로 다원화·분산화·소규모화 등이 사회조직의 원리가 된다는 것이다. 사실상 산업 사회에서 인간 소외 현상이 일어났던 것도 이러한 표준화·집중화·거대화 등의 조직 원리로 인한 것이었다. 미래 사회의 조직 원리라고 할 수 있는 다원화·분산화·소규모화 등은 인간 소외와 비인간화 현상을 극복하는 데도 많은 도움을 줄 수 있을 것이다.

① 산업 사회와 대량 생산
② 미래 사회조직의 원리 → 제시문 내에서 '사회조직의 원리'에 대한 내용이 반복되고 있다.
③ 미래 사회의 산업 구조
④ 인간 소외와 비인간화 현상

정답 ②

유형풀이 Tip

- 글의 중심이 되는 내용은 주로 글의 맨 앞이나 맨 뒤에 위치한다. 따라서 글의 첫 부분과 마지막 부분을 먼저 확인한다.
- 첫 부분과 마지막 부분에서 실마리가 잡히지 않은 경우 그 내용을 뒷받침해주는 부분을 읽어가면서 제목이나 주제를 파악해 나간다.

CHAPTER 01 | 의사소통능력 나열하기

| 유형분석 |

- 글의 논리적인 전개 구조를 파악할 수 있는지 평가한다.
- 글의 세부 내용보다 전반적인 흐름과 맥락에 집중하며 문제를 해결하는 것이 효율적이다.
- ⊕ 응용문제 : 첫 문단을 제시한 후 이어질 내용을 순서대로 나열하는 문제

다음 제시된 문장을 논리적 순서대로 바르게 나열한 것은?

(가) 사전에 아무런 정보도 없이 판매자의 일방적인 설명만 듣고 물건을 구입하면 후회할 수도 있다.
→ (나)를 뒷받침하며 결론을 강조
(나) 따라서 소비를 하기 전에 많은 정보를 수집하여 구입하려는 재화로부터 예상되는 편익을 정확하게 조사하여야 한다. → 글의 결론
(다) 그러나 일상적으로 사용하는 일부 재화를 제외하고는 그 재화를 사용해 보기 전까지 효용을 제대로 알 수 없다. → (마)에 대한 반론
(라) 예를 들면 처음 가는 음식점에서 주문한 음식을 실제로 먹어 보기 전까지는 음식 맛이 어떤지 알 수 없다. → (다)에 대한 부연 설명
(마) 우리가 어떤 재화를 구입하는 이유는 그 재화를 사용함으로써 효용을 얻기 위함이다. → 글의 주제

① (가) - (나) - (라) - (다) - (마)
② (가) - (마) - (나) - (다) - (라)
③ (마) - (나) - (가) - (라) - (다)
④ (마) - (다) - (라) - (나) - (가)

정답 ④

유형풀이 Tip

- 각 문단에 위치한 지시어와 접속어를 살펴본다. 문두에 접속어가 오는 경우 글의 첫 번째 문단이 될 수 없다.
- 각 문단의 첫 문장과 마지막 문장에 집중하면서 글의 순서를 하나씩 맞춰나간다.
- 선택지를 참고하여 문단의 순서를 생각해 보는 것도 시간을 단축하는 좋은 방법이 될 수 있다.

CHAPTER 01 | 의사소통능력 내용일치

| 유형분석 |

- 주어진 지문을 읽고 일치하는 / 일치하지 않는 선택지를 고르는 전형적인 독해 문제이다.
- 대체로 길고 복잡한 지문이 제시되는 경우가 많아 문제를 해결하는 데 시간이 많이 소요된다.
- ⊕ 응용문제 : 은행 금융상품 약정을 읽고 이해하는 문제, 고객 문의에 적절한 답변을 선택하는 문제

다음 글의 내용으로 적절하지 않은 것은?

'갑'이라는 사람이 있다고 하자. ❶ 이때 사회가 갑에게 강제적 힘을 행사하는 것이 정당화되는 근거는 무엇일까? 그것은 갑이 다른 사람에게 미치는 해악을 방지하려는 데 있다. ❸ 특정 행위가 갑에게 도움이 될 것이라든가, 이 행위가 갑을 더욱 행복하게 할 것이라든가 또는 이 행위가 현명하다든가 혹은 옳은 것이라든가 하는 이유를 들면서 갑에게 이 행위를 강제하는 것은 정당하지 않다. 이러한 이유는 갑에게 권고하거나 이치를 이해시키거나 무엇인가를 간청하거나 할 때는 충분한 이유가 된다. 그러나 갑에게 강제를 가하는 이유 혹은 어떤 처벌을 가할 이유는 되지 않는다. 이와 같은 사회적 간섭이 정당화되기 위해서는 갑이 행하려는 행위가 다른 어떤 이에게 해악을 끼칠 것이라는 점이 충분히 예측되어야 한다. ❷ 한 사람이 행하고자 하는 행위 중에서 그가 사회에 대해서 책임을 져야 할 유일한 부분은 다른 사람에게 관계되는 부분이다.

① 개인에 대한 사회의 간섭은 어떤 조건이 필요하다.
② 한 사람의 행위는 타인에 대한 행위와 자신에 대한 행위로 구분된다.
③ 사회가 타당하다고 판단하여 개인에게 어떤 행위를 강요하는 것은 옳지 않다.
④ 사회는 개인의 해악에 관심이 있지만, 그 해악을 방지할 강제성의 근거는 가지고 있지 않다.
→ 일곱 번째 문장에 따르면 개인(갑)의 행위가 타인에게 해악을 끼칠 것이 예측되면 사회적 간섭이 정당화된다.

정답 ④

유형풀이 Tip

- 먼저 선택지의 키워드를 체크한 후, 지문의 내용과 비교하며 내용의 일치 유무를 신속하게 판단한다.

CHAPTER 01 | 의사소통능력 빈칸 추론

| 유형분석 |

- 글의 전반적인 흐름을 파악하고 있는지 평가한다.
- 첫 문장, 마지막 문장 또는 글의 중간 등 다양한 위치에 빈칸이 주어질 수 있다.
- ⊕ 응용문제 : 빈칸에 들어갈 어휘·문장을 찾는 문제

다음 글의 빈칸에 들어갈 내용으로 가장 적절한 것은?

과학은 한 형태의 자연에 대한 지식이라는 사실 그 자체만으로도 한없이 귀중하고, 과학적 기술이 인류에게 가져온 지금까지의 혜택은 아무리 부정하려 해도 부정할 수 없다. 앞으로도 보다 많고 보다 정확한 과학 지식과 고도로 개발된 과학 기술이 필요하다. 그러나 문제의 핵심은 생태학적이고 예술적인 자연관, 즉 존재 일반에 대한 넓고 새로운 시각, 포괄적인 맥락에서 과학적 지식과 기술의 의미에 눈을 뜨고 그러한 지식과 기술을 활용함에 있다. 그렇지 않고 오늘날과 같은 추세로 그러한 지식과 기술을 당장의 욕망을 위해서 인간 중심적으로 개발하고 이용한다면 그 효과가 당장에는 인간에게 만족스럽다 해도 머지않아 자연의 파괴뿐만 아니라 인간적 삶의 파괴 그리고 궁극적으로는 인간 자신의 멸망을 초래하고 말 것이다. 한마디로 지금 우리에게 필요한 것은 과학적 비전과 과학적 기술의 의미를 보다 포괄적인 의미에서 이해하는 작업이다. 이러한 작업을 _____ 라 불러도 적절할 것 같다.

↳ 포괄적 관점의 예술적 세계관을 바탕으로 부분적 관점의 과학적 지식과 기술을 이해하는 작업

① 예술의 다양화 ② 예술의 기술화
③ 과학의 예술화 ④ 과학의 현실화

정답 ③

유형풀이 Tip

- 글을 모두 읽고 풀기에는 시간이 부족하다. 따라서 빈칸의 앞·뒤 문장만을 통해 내용을 파악할 수 있어야 한다.
- 선택지에 주어진 내용을 각각 빈칸에 넣었을 때 그 흐름이 어색하지 않은지 확인하도록 한다.

CHAPTER 01 의사소통능력 추론하기

| 유형분석 |

- 문맥을 통해 글에 명시적으로 드러나 있지 않은 내용을 유추할 수 있는지 평가한다.
- 일반적인 독해 문제와는 달리 선택지의 내용이 애매모호한 경우가 많으므로 꼼꼼히 살펴보아야 한다.
- ⊕ 응용문제 : 글 뒤에 이어질 내용을 찾는 문제, 글을 뒷받침할 수 있는 근거를 찾는 문제

다음 글의 합리주의 이론에 근거하여 추론한 내용으로 적절하지 않은 것은?

> 어린이의 언어습득을 설명하는 이론에는 두 가지가 있다. 하나는 경험주의적인 혹은 행동주의적인 이론이고, 다른 하나는 합리주의적인 이론이다.
> 경험주의 이론에 의하면 어린이가 언어를 습득하는 것은 어떤 선천적인 능력에 의한 것이 아니라 경험적인 훈련에 의해서 오로지 후천적으로만 이루어진다.
> 한편, 다른 이론에 따르면 어린이가 언어를 습득하는 것은 거의 전적으로 타고난 특수한 언어학습 능력과 일반 언어 구조에 대한 추상적인 선험적 지식에 의한 것이다.

① 인간은 언어습득 능력을 가지고 태어난다.
② 일정한 나이가 되면 모든 어린이가 예외 없이 언어를 통달하게 된다.
③ 많은 현실적 악조건에도 불구하고 어린이는 완전한 언어능력을 갖출 수 있게 된다.
④ 어린이는 백지상태에서 출발하여 반복연습과 시행착오, 교정에 의해서 언어라는 습관을 형성한다.
  → 반복연습과 시행착오, 교정은 후천적인 경험적 훈련으로, 경험주의 이론에서 강조하는 것이다.

정답 ④

유형풀이 Tip

- 개인의 주관적인 판단이 개입되지 않도록 유의하며 문제를 해결해야 한다.
- 지문의 주제·중심 내용을 파악한 후 선택지의 키워드를 체크한다. 그러고 나서 지문에서 도출할 수 있는 내용을 선택지에서 찾아 소거해 나간다.

CHAPTER 01 | 의사소통능력 비판·반박하기

| 유형분석 |

- 글의 주장과 논점을 파악하고, 이에 대립하는 내용을 판단할 수 있는지 평가한다.
- 글의 주장에 대해 반박하는 내용이나 글이 비판의 대상으로 삼는 주장을 찾는 문제가 출제될 수 있다.
- ⊕ 응용문제 : 상반되는 주장 두 개를 제시하고, 하나의 관점에서 다른 하나를 비판·반박하는 내용을 찾는 문제

다음 글의 주장에 대한 반박으로 가장 적절한 것은?

> 한국 사회의 행복 수준은 단순히 풍요의 역설로 설명할 수 없다. 행복에 대한 심리학적 연구에 따르면 타인과 비교하는 성향이 강한 사람일수록 행복감이 낮아지게 된다. 비교 성향이 강한 사람은 사회적 관계에서 자신보다 우월한 사람들을 준거집단으로 삼아 비교하기 쉽고 이로 인해 상대적 박탈감이 커질 수 있기 때문이다. 한국과 같은 경쟁 사회에서는 진학이나 구직 등에서 과열 경쟁이 벌어지고 등수에 의해 승자와 패자가 구분된다. 이 과정에서 비교 우위를 차지하지 못한 사람들은 좌절을 경험하기 쉬운데, 비교 성향이 강할수록 좌절감은 더 크다. 따라서 한국 사회의 행복감이 낮은 이유는 한국 사람들이 다른 사람들과 비교하는 성향이 매우 높은 데에서 찾을 수 있다.

① 행복감을 높이는 데에는 소득 수준 말고도 다양한 요인이 작용한다.
② 한국보다 소득 수준이 높고 대학 입학을 위한 입시 경쟁이 매우 치열한 나라도 있다.
③ 한국 사회는 인당 소득 수준이 비슷한 다른 나라와 비교했을 때 행복감의 수준이 상당히 낮다.
④ 자신보다 우월한 사람들을 준거집단으로 삼는 경향이 한국보다 강해도 행복감은 더 높은 나라가 있다.
→ 자신보다 우월한 사람들을 준거집단으로 삼으면서도 행복감이 낮지 않은 나라가 있다는 사례를 통해 한국 사람들이 비교에 따른 상대적 박탈감으로 인해 행복감이 낮다는 주장을 반증할 수 있다.

정답 ④

유형풀이 Tip

- 대립하는 두 의견의 쟁점을 찾은 후, 지문 또는 보기에서 양측 주장의 근거를 찾아 각 주장에 연결하며 답을 찾는다.
- 글의 주장에 대한 반박과 이를 뒷받침하기 위해 제시된 근거에 대한 반박을 구분해야 한다.

CHAPTER 02 | 문제해결능력 명제

| 유형분석 |

- 연역추론을 활용해 주어진 문장을 치환하여 성립하지 않는 내용을 찾는 문제이다.
- ⊕ 응용문제 : 빈칸에 들어갈 명제를 찾는 문제

제시된 명제가 모두 참일 때, 다음 중 반드시 참인 것은?

	대우 명제
• 마케팅 팀의 사원은 기획 역량이 있다. 마케팅 팀 ○ → 기획 역량 ○	기획 역량 × → 마케팅 팀 ×
• 마케팅 팀이 아닌 사원은 영업 역량이 없다. 마케팅 팀 × → 영업 역량 ×	영업 역량 ○ → 마케팅 팀 ○
• 기획 역량이 없는 사원은 소통 역량이 없다. 기획 역량 × → 소통 역량 ×	소통 역량 ○ → 기획 역량 ○

① 마케팅 팀의 사원은 영업 역량이 있다.
② 소통 역량이 있는 사원은 마케팅 팀이다.
③ 영업 역량을 가진 사원은 기획 역량이 있다. ⇒ 영업 역량 ○ → 마케팅 팀 ○ → 기획 역량 ○
④ 기획 역량이 있는 사원은 소통 역량이 있다.

정답 ③

유형풀이 Tip

- 주어진 명제가 모두 참이면 명제의 대우도 모두 참이 되므로, 명제와 대우 명제를 정리한 다음 선택지에 접근한다.
- 각 명제의 핵심 단어 또는 문구를 기호화하여 정리한 후 선택지와 비교하여 참 또는 거짓을 판단한다.

CHAPTER 02 | 문제해결능력 참·거짓

| 유형분석 |

- 주어진 문장을 토대로 논리적으로 추론하여 참 또는 거짓을 구분하는 문제이다.
- ⊕ 응용문제 : 거짓을 말하는 범인을 찾는 문제

다음 A~E 5명 중 단 **1명만** 거짓을 말하고 있을 때, 범인은 누구인가?

- A : C가 범인입니다.
- B : A는 거짓말을 하고 있습니다. ┐
                              모순
- C : B는 거짓말을 하고 있습니다. ┘
  ⇒ 거짓인 경우 : B – 진실 → A – 거짓 → 1명만 거짓을 말한다는 조건에 위배
   ∴ C는 진실, B는 거짓을 말함
- D : 저는 범인이 아닙니다.
- E : A가 범인입니다.

① A, B
② A, C → 범인
③ B, C
④ C, D

정답 ②

유형풀이 Tip

- 모순이 되는 발언을 한 2명의 진술을 대조하며, 가능한 경우의 수를 모두 찾아 비교한다.
- 범인의 숫자가 맞는지, 진실 또는 거짓을 말한 인 원수가 조건과 맞는지 등 주어진 조건과 비교하며 문제를 해결한다.

CHAPTER 02 | 문제해결능력 문제처리

| 유형분석 |

- 주어진 상황과 정보를 종합적으로 활용하여 풀어가는 문제이다.
- 비용, 시간, 순서, 해석 등 다양한 주제를 다루고 있어 유형을 한 가지로 단일화하기 어렵다.

S통신, L통신, K통신 3사는 A~G카드와의 제휴를 통해 **전월에 일정 금액 이상 카드 사용 시 통신비를 할인**해 주고 있다. 통신비의 최대 할인금액과 할인조건이 다음과 같을 때, 이에 대한 내용으로 옳은 것은?

〈제휴카드별 통신비 최대 할인금액 및 할인조건〉

구분	통신사	최대 할인금액	할인조건
A카드	S통신	20,000원	• 전월 카드 사용 100만 원 이상 시 2만 원 할인 • 전월 카드 사용 50만 원 이상 시 1만 원 할인
	L통신	9,000원	• 전월 카드 사용 30만 원 이상 시 할인
	K통신	8,000원	• 전월 카드 사용 30만 원 이상 시 할인
B카드	S통신	20,000원	• 전월 카드 사용 100만 원 이상 시 2만 원 할인 • 전월 카드 사용 50만 원 이상 시 1만 원 할인
	L통신	9,000원	• 전월 카드 사용 30만 원 이상 시 할인
	K통신	9,000원	• 전월 카드 사용 50만 원 이상 시 9천 원 할인 • 전월 카드 사용 30만 원 이상 시 6천 원 할인
C카드	S통신	❶ 22,000원	• 전월 카드 사용 100만 원 이상 시 2.2만 원 할인 • 전월 카드 사용 50만 원 이상 시 1만 원 할인 • 전월 카드 ❹ 1회 사용 시 5천 원 할인
D카드	L통신	❷ 9,000원	• 전월 카드 사용 ❷ 30만 원 이상 시 할인
	K통신	9,000원	• 전월 카드 사용 30만 원 이상 시 할인
E카드	K통신	8,000원	• 전월 카드 사용 30만 원 이상 시 할인
F카드	K통신	❸ 15,000원	• 전월 카드 사용 ❸ 50만 원 이상 시 할인
G카드	L통신	15,000원	• 전월 카드 사용 70만 원 이상 시 1.5만 원 할인 • 전월 카드 사용 ❷ 30만 원 이상 시 1만 원 할인

① S통신을 이용할 경우 가장 많은 통신비를 할인받을 수 있는 제휴카드는 A카드이다.
   → C카드 : 22,000원
② 전월에 33만 원을 사용했을 경우 L통신에 대한 할인금액은 G카드보다 D카드가 더 많다.
   → G카드 : 1만 원 > D카드 : 9천 원
③ 전월에 52만 원을 사용했을 경우 K통신에 대한 할인금액이 가장 많은 제휴카드는 F카드이다.
   → F카드 : 15,000원
④ S통신의 모든 제휴카드는 전월 실적이 50만 원 이상이어야 통신비 할인이 가능하다.
   → C카드 : 전월 카드 1회 사용 시 5천 원 할인

정답 ③

유형풀이 Tip

- 문제에서 묻는 것을 정확히 파악한 후 필요한 상황과 정보를 찾아 이를 활용하여 문제를 해결한다.
- 선택지별로 필요한 정보가 무엇인지 빠르게 파악하고, 자료에서 필요한 부분을 체크하여 실수를 방지해야 한다.

CHAPTER 02 | 문제해결능력 환경분석

| 유형분석 |

- 상황에 대한 환경분석 결과를 통해 주요 과제 또는 목표를 도출하는 문제이다.
- 주로 3C 분석 또는 SWOT 분석을 활용한 문제들이 출제되고 있으므로 해당 분석 도구에 대한 사전학습이 요구된다.

금융기업에 지원하여 최종 면접을 앞둔 K씨는 성공적인 PT 면접을 위해 기업 관련 정보를 파악하고 그에 따른 효과적인 전략을 알아보고자 한다. K씨의 SWOT 분석 결과가 다음과 같을 때, 분석 결과에 대응하는 전략과 그 내용이 바르게 연결되지 않은 것은?

〈SWOT 분석 결과〉

강점(Strength)	약점(Weakness)
• 우수한 역량의 인적자원 보유 • 글로벌 네트워크 기반 다수의 해외 지점 보유 • 다년간 축적된 풍부한 거래 실적	• 고객 니즈 대응에 필요한 특정 분야별 전문성 미흡 • 핀테크 기업 증가에 따른 경영 리스크
기회(Opportunity)	위협(Threat)
• 융·복합화를 통한 정부의 일자리 창출 사업 • 해외 사업을 위한 협업 수요 확대 • 수요자 맞춤식 서비스 요구 증대	• 타사와의 경쟁 심화 • 정부의 정책적 지원 감소 • 금융기업에 대한 일부 부정적 인식 존재

① SO전략 : 우수한 인적자원을 활용한 금융시스템의 융·복합 사업 추진
② WO전략 : 분야별 전문 인력 충원을 통한 고객 맞춤형 서비스 제공 확대
③ ST전략 : 글로벌 네트워크를 통한 해외 시장 진출 → SO전략
④ WT전략 : 리스크 관리를 통한 시장 우위 선점

정답 ③

유형풀이 Tip

- 강점(Strength)과 약점(Weakness)은 기업의 내부환경에 대한 요인이며, 기회(Opportunity)와 위협(Threat)은 기업의 외부환경에 대한 요인임을 염두에 두어야 한다.
- 문제에 제시된 분석 결과를 종합적으로 판단하여 각 선택지의 전략 과제와 일치 여부를 판단해야 한다.

이론 더하기

- SWOT 분석

  기업의 내부환경과 외부환경을 분석하여 강점(Strength), 약점(Weakness), 기회(Opportunity), 위협(Threat) 요인을 규정하고 이를 토대로 경영전략을 수립하는 기법으로, 미국의 경영컨설턴트인 알버트 험프리(Albert Humphrey)에 의해 고안되었다. SWOT 분석의 가장 큰 장점은 기업의 내·외부환경 변화를 동시에 파악할 수 있다는 것으로, 기업의 내부환경을 분석하여 강점과 약점을 찾아내며, 외부환경 분석을 통해서는 기회와 위협을 찾아낸다. SWOT 분석은 외부로부터의 기회는 최대한 살리고 위협은 회피하는 방향으로 자신의 강점은 최대한 활용하고 약점은 보완한다는 논리에 기초를 두고 있다. SWOT 분석에 의한 경영전략은 다음과 같이 정리할 수 있다.

Strength 강점 기업 내부환경에서의 강점	S	W	Weakness 약점 기업 내부환경에서의 약점
Opportunity 기회 기업 외부환경으로부터의 기회	O	T	Threat 위협 기업 외부환경으로부터의 위협

- 3C 분석

자사(Company)	고객(Customer)	경쟁사(Competitor)
• 자사의 핵심역량은 무엇인가? • 자사의 장단점은 무엇인가? • 자사의 다른 사업과 연계되는가?	• 주 고객군은 누구인가? • 그들은 무엇에 열광하는가? • 그들의 정보 습득/교환은 어디에서 일어나는가?	• 경쟁사는 어떤 회사가 있는가? • 경쟁사의 핵심역량은 무엇인가? • 잠재적인 경쟁사는 어디인가?

CHAPTER 03 | 수리능력 거리·속력·시간

| 유형분석 |

- 거리·속력·시간 공식을 활용하여 문제를 해결할 수 있는지 평가한다.
- 시간차를 두고 출발하는 경우, 마주 보고 걷거나 둘레를 도는 경우 등 추가적인 조건을 꼼꼼히 살펴보아야 한다.
- ⊕ 응용문제 : 기차와 터널의 길이를 구하는 문제, 물과 같이 속력이 있는 장소가 조건으로 주어진 문제

시속 300km/h ⓐ로 달리는 KTX 열차가 있다. 목적지까지 400km ⓑ 떨어져 있으며, 정차해야 하는 역이 7개 ⓒ 있다. 각 정차역에서 10분간 대기 후 출발 ⓓ한다고 할 때, 목적지에 도착할 때까지 소요되는 시간은?(단, 일정한 속도로 달리는 것으로 가정한다)

① 1시간 10분 ② 1시간 20분
③ 2시간 20분 ④ 2시간 30분

ⓐ 열차의 속력 : 300km/h, ⓑ 목적지까지의 거리 : 400km

→ 목적지까지 달리는 시간 : $\frac{400}{300} = 1\frac{1}{3} =$ 1시간 20분

ⓒ·ⓓ 정차시간 : 10×7=70분=1시간 10분

∴ 1시간 20분+1시간 10분=2시간 30분

정답 ④

유형풀이 Tip

- 문제에서 요구하는 답을 미지수로 하여 방정식을 세우고, (시간)=$\frac{(거리)}{(속력)}$ 공식을 통해 필요한 값을 계산한다.

이론 더하기

- (거리)=(속력)×(시간), (속력)=$\frac{(거리)}{(시간)}$, (시간)=$\frac{(거리)}{(속력)}$

CHAPTER 03 | 수리능력 농도

| 유형분석 |

- 농도 공식을 활용하여 문제를 해결할 수 있는지 평가한다.
- 소금물 대신 설탕물로 출제될 수 있으며, 정수나 분수뿐 아니라 비율 등 다양한 조건이 제시될 가능성이 있다.
- ⊕ 응용문제 : 증발된 소금물 문제, 농도가 다른 소금물 간 계산 문제

농도 8%의 소금물 400g ⓐ에 농도 3%의 소금물 ⓑ 몇 g을 넣으면 농도 5%의 소금물 ⓒ이 되는가?

① 600g
② 650g
③ 700g
④ 750g

ⓐ 농도 8%인 소금물 400g에 들어있는 소금의 양 : $\frac{8}{100} \times 400$g

ⓑ 농도 3%인 소금물의 양 : xg

→ 농도 3%인 소금물 xg에 들어있는 소금의 양 : $\frac{3}{100}x$g

ⓒ 농도 5%인 소금물 $(400+x)$g에 들어있는 소금의 양 : $\frac{5}{100}(400+x)$g

$$\frac{8}{100} \times 400 + \frac{3}{100}x = \frac{5}{100}(400+x)$$

∴ $x = 600$

정답 ①

| 유형풀이 Tip |

- 정수와 분수가 같이 제시되므로, 통분이나 약분을 통해 최대한 수를 간소화시켜 계산 실수를 줄일 수 있도록 한다.
- 항상 미지수를 정하고 그 값을 계산하여 답을 구해야 하는 것은 아니다. 문제에서 원하는 값은 정확한 미지수를 구하지 않아도 풀이 과정 속에서 제시되는 경우가 있으므로, 문제에서 묻는 것을 명확히 해야 한다.

| 이론 더하기 |

- (농도) = $\frac{(용질의\ 양)}{(용액의\ 양)} \times 100$, (소금물의 양) = (물의 양) + (소금의 양)

CHAPTER 03 | 수리능력 경우의 수

| 유형분석 |

- 합의 법칙과 곱의 법칙을 구분하여 활용할 수 있는지 평가한다.
- ⊕ 응용문제 : 벤 다이어그램을 활용한 문제

10명의 학생 중에서 1명의 회장 ⓐ과 2명의 부회장 ⓑ을 뽑는 경우의 수는?

① 330가지 ② 340가지
③ 350가지 ④ 360가지

ⓐ 10명의 학생 중에서 1명의 회장을 뽑는 경우의 수 : $_{10}C_1 = 10$가지

ⓑ 나머지 9명의 학생 중 2명의 부회장을 뽑는 경우의 수 : $_9C_2 = \dfrac{9 \times 8}{2 \times 1} = 36$가지

∴ $10 \times 36 = 360$가지

정답 ④

유형풀이 Tip

- 두 개 이상의 사건이 동시에 일어나는 연속적인 사건인 경우 곱의 법칙을 활용한다.

이론 더하기

1) 합의 법칙
   ① 서로 다른 경우의 수를 각각 독립적으로 선택할 때 전체 경우의 수를 계산하는 방법이다.
   ② '또는', '~이거나'라는 말이 나오면 합의 법칙을 사용한다.
   ③ 두 사건 A, B가 동시에 일어나지 않을 때, A가 일어나는 경우의 수를 p, B가 일어나는 경우의 수를 q라고 하면, 사건 A 또는 B가 일어나는 경우의 수는 $p+q$이다.
2) 곱의 법칙
   ① 서로 연속적인 사건이 발생할 때 각 사건이 일어날 확률을 곱하여 전체 경우의 수를 계산하는 방법이다.
   ② '그리고', '동시에'라는 말이 나오면 곱의 법칙을 사용한다.
   ③ A가 일어나는 경우의 수를 p, B가 일어나는 경우의 수를 q라고 하면, 사건 A와 B가 동시에 일어나는 경우의 수는 $p \times q$이다.

CHAPTER 03 | 수리능력 확률

| 유형분석 |

- 조건부 확률과 독립 사건을 구분하여 문제를 해결할 수 있는지 평가한다.
- ⊕ 응용문제 : 최단 경로 수 구하는 문제, 여사건 또는 조건부 확률 문제

남자 4명, 여자 4명으로 이루어진 팀에서 **2명의 팀장 ⓐ**을 뽑으려고 한다. 이때 **팀장 2명이 모두 남자 ⓑ**로만 구성될 확률은?

① $\dfrac{3}{14}$
② $\dfrac{2}{7}$
③ $\dfrac{5}{14}$
④ $\dfrac{3}{7}$

ⓐ 8명 중 팀장 2명을 뽑는 경우의 수 : $_8C_2 = 28$가지
ⓑ 남자 4명 중 팀장 2명을 뽑는 경우의 수 : $_4C_2 = 6$가지

∴ $\dfrac{6}{28} = \dfrac{3}{14}$

정답 ①

유형풀이 Tip

- 한 개의 사건이 다른 한 사건의 조건하에 일어날 경우 조건부 확률을 활용한다.

이론 더하기

1) 여사건 확률
   ① '적어도'라는 말이 나오면 주로 사용한다.
   ② 사건 A가 일어날 확률이 p일 때, 사건 A가 일어나지 않을 확률은 $(1-p)$이다.
2) 조건부 확률
   ① 확률이 0이 아닌 두 사건 A, B에 대하여 사건 A가 일어났다는 조건하에 사건 B가 일어날 확률로, A 중에서 B인 확률을 의미한다.
   ② $P(B|A) = \dfrac{P(A \cap B)}{P(A)}$ 또는 $P_A(B)$로 나타낸다

CHAPTER 03 | 수리능력 자료추론

| 유형분석 |

- 주어진 수치를 토대로 비율·증감폭·증감률·수익률 등을 계산할 수 있는지 평가한다.
- 경영·경제·산업 등 최신 이슈 관련 수치가 막대 그래프, 꺾은선 그래프 등 다양한 형태로 제시된다.
- ⊕ 응용문제 : 자료의 일부 수치가 비워진 문제, 표의 내용을 그래프로 변환하는 문제

다음은 지난해 주요 자영업 10가지 업종에 대한 자료이다. 이에 대한 설명으로 옳은 것은?(단, 변화율은 증감률의 절댓값으로 비교한다)

〈주요 자영업 업종별 지표〉

(단위 : 명, %)

구분	창업자 수	폐업자 수	월평균 매출액 증감률	월평균 대출액 증감률	월평균 고용인원
병원 및 의료서비스	1,828	556	❷ 6.5	12.8	15
변호사	284	123	1.8	1.2	4
학원	682	402	-3.7	5.8	8
음식점	❶ 3,784	1,902	1.3	11.2	6
PC방	335	183	❹ -8.4	1.1	2
여행사	❸ 243	184	-6.6	0.4	3
카페	❶ 5,740	3,820	2.4	❷ 15.4	5
숙박업	1,254	886	-0.7	7.8	2
소매업	❶ 2,592	1,384	❹ 0.5	4.8	3
농사	562	❸ 122	4.1	2.4	❸ 1
합계	17,304	9,562	-	-	-

① 창업자 수 상위 3위 업종의 창업자 수의 총합은 전체 창업자 수의 절반 이상이다.
$$\frac{5{,}740+3{,}784+2{,}592}{17{,}304}\times 100 ≒ 70\%$$

② 월평균 매출액 증가율이 가장 높은 업종은 월평균 대출액 증가율 또한 가장 높다.
　병원 및 의료서비스(6.5%)　　　　　카페(15.4%)

③ 월평균 고용인원이 가장 적은 업종은 창업자 수와 폐업자 수도 가장 적다.
　농사(1명)　　　여행사(243명)　농사(122명)

④ 월평균 매출액 변화율이 가장 높은 업종과 가장 낮은 업종의 변화율의 차이는 6.0%p이다.
　PC방(-8.4%)　소매업(0.5%)　　　8.4-0.5=7.9%p

정답 ①

유형풀이 Tip

- 각 선택지의 진위 여부를 파악하는 문제이므로, 수치 계산이 필요 없는 선택지부터 소거해 나간다.
- 선택지별로 필요한 정보가 무엇인지 빠르게 파악하고, 자료에서 필요한 부분을 체크하여 계산해야 한다.

이론 더하기

- 백분율(%) : $\frac{(비교량)}{(기준량)}\times 100$

- 증감률(%) : $\frac{(비교값)-(기준값)}{(기준값)}\times 100$

- 증감량 : (비교대상의 값 A)-(또 다른 비교대상의 값 B)

CHAPTER 03 | 수리능력 금융상품 활용

| 유형분석 |

- 금융상품을 정확하게 이해하고 문제에서 요구하는 답을 도출해 낼 수 있는지 평가한다.
- 단리식, 복리식, 이율, 우대금리, 중도해지, 만기해지 등 부가적인 조건에 유의해야 한다.
- ⊕ 응용문제 : 상품별 이자·만기액 등을 계산한 후 고객에게 가장 적합한 상품을 선택하는 문제

K은행은 적금 상품 '더 커지는 적금'을 새롭게 출시하였다. A씨는 이 적금의 모든 우대금리 조건을 만족하여 이번 달부터 이 상품에 가입하려고 한다. 만기 시 A씨가 얻을 수 있는 이자 금액은 얼마인가? (단, $1.024^{\frac{1}{12}} = 1.0019$ 로 계산하고, 금액은 백의 자리에서 반올림한다)

〈더 커지는 적금〉

- 가입기간 : 12개월
- 가입금액 : 매월 초 200,000원 납입
- 적용금리 : 기본금리(연 2.1%)+우대금리(최대 연 0.3%p)
  ⇒ 모든 우대금리 조건 만족 → 적용금리 : 2.1+0.3=2.4%
- 저축방법 : 정기적립식, 연복리식
- 우대금리 조건
  - 당행 입출금 통장 보유 시 : +0.1%p
  - 연 500만 원 이상의 당행 예금상품 보유 시 : +0.1%p
  - 급여통장 지정 시 : +0.1%p
  - 이체실적 20만 원 이상 시 : +0.1%p

---

① 131,000원 ② 132,000원
③ 138,000원 ④ 141,000원

- n개월 후 연복리 이자 : (월납입금) $\times \dfrac{(1+r)^{\frac{n+1}{12}} - (1+r)^{\frac{1}{12}}}{(1+r)^{\frac{1}{12}} - 1}$ - (적립원금) (단, r : 적용금리)

- A씨의 연복리적금 이자 금액 : $200,000 \times \dfrac{(1.024)^{\frac{13}{12}} - (1.024)^{\frac{1}{12}}}{(1.024)^{\frac{1}{12}} - 1} - 200,000 \times 12$

$$= 200,000 \times 1.0019 \times \dfrac{1.024 - 1}{0.0019} - 2,400,000$$

$$\fallingdotseq 2,531,000 - 2,400,000 = 131,000원$$

> **정답** ①

유형풀이 Tip

- 금융상품의 이자액을 묻는 문제이므로 주어진 이자지급방식과 이자율을 확인한 후 그에 맞는 계산 공식에 해당하는 값들을 대입하여 문제를 해결해야 한다.
- 금융상품의 단리·복리 등의 공식은 반드시 숙지해 두어야 한다.

이론 더하기

1) 단리
   ① 개념 : 원금에만 이자가 발생
   ② 계산 : 이율이 $r\%$인 상품에 원금 a를 총 n번 이자가 붙는 동안 예치한 경우 $a(1+nr)$
2) 복리
   ① 개념 : 원금과 이자에 모두 이자가 발생
   ② 계산 : 이율이 $r\%$인 상품에 원금 a를 총 n번 이자가 붙는 동안 예치한 경우 $a(1+r)^n$
3) 이율과 기간
   ① (월이율)$=\dfrac{(연이율)}{12}$
   ② n개월$=\dfrac{n}{12}$년
4) 예치금의 원리합계
   원금 a원, 연이율 $r\%$, 예치기간 n개월일 때,
   - 단리 예금의 원리합계 : $a\left(1+\dfrac{r}{12}n\right)$
   - 월복리 예금의 원리합계 : $a\left(1+\dfrac{r}{12}\right)^n$
   - 연복리 예금의 원리합계 : $a(1+r)^{\frac{n}{12}}$
5) 적금의 원리합계
   월초 a원씩, 연이율 $r\%$일 때, n개월 동안 납입한다면
   - 단리 적금의 n개월 후 원리합계 : $an+a\times\dfrac{n(n+1)}{2}\times\dfrac{r}{12}$
   - 월복리 적금의 n개월 후 원리합계 : $\dfrac{a\left(1+\dfrac{r}{12}\right)\left\{\left(1+\dfrac{r}{12}\right)^n-1\right\}}{\dfrac{r}{12}}$
   - 연복리 적금의 n개월 후 원리합계 : $\dfrac{a(1+r)^{\frac{1}{12}}\left\{(1+r)^{\frac{n}{12}}-1\right\}}{(1+r)^{\frac{1}{12}}-1}=\dfrac{a\left\{(1+r)^{\frac{n+1}{12}}-(1+r)^{\frac{1}{12}}\right\}}{(1+r)^{\frac{1}{12}}-1}$

PART 2

기출복원문제

CHAPTER 01 2025년 상반기 기출복원문제
CHAPTER 02 2024년 하반기 기출복원문제
CHAPTER 03 2024년 상반기 기출복원문제
CHAPTER 04 2023년 기출복원문제
CHAPTER 05 2022년 기출복원문제
CHAPTER 06 2021년 기출복원문제
CHAPTER 07 2020년 기출복원문제
CHAPTER 08 2019년 기출복원문제

CHAPTER 01 | 2025년 상반기 기출복원문제

정답 및 해설 p.002

| 01 | 직업기초능력

※ 다음 글의 내용으로 적절하지 않은 것을 고르시오. [1~4]

01

> 기획재정부가 외환시장 구조개선 방안으로 국내 외환시장의 개장시간을 연장하게 되면서 국내 외환시장이 27년 만에 큰 변화를 맞이하게 되었다. 기존에는 오후 3시 30분에 마감되어 환율이 멈췄던 외환거래가 다음 날 새벽 2시까지 대폭 연장되면서 원/달러 환율도 계속하여 변동하게 된 것이다.
> 이를 통해 국내외 투자자들의 환전 편의성은 늘리고 거래비용은 줄일 수 있게 되었다. 특히 국내 주식의 구매를 원하는 해외투자자들이 RFI(Registered Foreign Investor, 등록 외국인 투자자) 자격을 갖추었을 경우 국내 금융회사 또는 외국 금융기관을 통해 미 달러화를 원화로의 실시간 환전이 가능해졌다. 때문에 새벽 2시까지 실시간 환율에 따라 거래를 할 수 있어 매수 가능 주식 수가 증가할 것으로 기대되고 있다. 다만 이는 원/달러 환율에만 국한된 것으로, 원화와 이종통화 간의 거래 시간은 이전과 동일하게 운영된다.
> 이와 같은 변화로 금융감독위원회는 새로운 회계 처리 기준을 마련하였는데, 이는 사실상 익일인 자정부터 새벽 2시까지 발생한 외환거래를 당일자로 회계 처리하는 것이다. 다만 결산일은 예외로 둔다.

① 국내 외환시장의 개장시간 연장으로 달러의 종가는 새벽 2시의 가격으로 봐야 할 것이다.
② 원화와 엔화 및 유로화 간의 거래 마감시간은 기존과 동일한 오후 3시 30분까지 운영된다.
③ 국내 외환시장의 개장시간 연장은 국내 투자자보다 해외 투자자들에게 더 큰 편의성을 가져다줄 것으로 보인다.
④ 국내 외환시장의 개장시간 연장으로 기존에는 오후 3시 30분 이후부터 동일한 환율로 이루어졌던 거래가 실시간 환율에 따라 거래가 가능해졌다.

02

공정거래위원회는 총수 일가의 지분율 확대와 경영권 승계 수단으로 RSU(양도제한 조건부 주식)가 악용될 우려가 있다며 자산 총액 5조 원 이상 대기업을 대상으로 연 1회 RSU의 지급거래 현황을 공시할 것을 의무화하겠다고 밝혔다.

이에 따라 대기업은 상장사와 비상장사 구분 없이 직전 사업연도에 총수 일가, 임원 등 특수관계인과 주식지급거래 약정을 체결했을 경우 부여일, 약정 유형, 주식 종류, 수량 등 주요 내용이 포함된 정보를 공시하여야 하며, 이를 허위로 기재하거나 지연 시에는 과태료가 부과된다. 이를 통해 시장에서는 총수 일가의 지분 변동 내역은 물론 향후 변동 가능성에 대해서도 예측이 가능해질 것으로 보인다.

RSU는 인력 유출을 막기 위해 부여하는 성과급 제도인 스톡옵션과 달리 부여 대상이나 수량, 가격 등의 제한이 없어 투명성이 의심되어 왔다. 스톡옵션은 상법상 임원, 이사, 감사 등의 임직원과 지분 10% 이상을 보유한 대주주에게는 부여할 수 없으며, 부여 가능한 수량도 발행 주식의 10% 이내로 제한되어 왔다. 또한 일정 기간 이후 약정한 가격으로 주식을 살 수 있는 권리이기 때문에 사실상 주가가 약정한 가격보다 낮으면 의미가 없는 권리이다. 반면 RSU는 일정 기간 동안 거래가 불가하다는 약정이 있지만, 자사주를 무상으로 부여받아 약정 기간 경과 시에 주식으로 전환할 수 있는 권리이다. 따라서 상당한 재산적 가치가 발생할 수 있어 주식 배분을 어려움 없이 이루어지게 하는 방편으로 사용되었다는 문제가 제기되었다.

① 스톡옵션은 일정 기간이 지나면 재산적 가치가 소멸하는 권리이다.
② RSU는 부여 당시의 주가보다 현재의 주가가 높으면 재산적 가치 또한 높아지게 된다.
③ RSU의 지급거래 현황 공시 의무화는 투자자들의 대기업 투자에 영향을 줄 것으로 예측된다.
④ RSU의 지급거래 현황 공시를 의무화하는 것은 RSU가 경영권 승계 수단으로 활용되지 않도록 방지하기 위함이다.

03

그동안 퇴직연금 시장이 원리금보장 상품 위주로 운영되어 온 가운데 그 틀을 깨는 디딤펀드가 출시되었다. 디딤펀드는 일반 금융상품과 달리 퇴직연금 가입자들에 한해 가입할 수 있는 금융상품이다. 이는 연금에 전문화되어 있는 자산 배분형 특화 펀드로 효율적인 자산 배분을 통한 경제적인 노후대비 문화 확산을 목표로 출시되었다.

특히 이 상품은 분산투자를 통해 안정성을 확보함과 동시에 높은 수익률을 목표로 해 실질적인 노후자산의 증식을 지원하겠다고 밝혀 시장에서의 기대와 관심을 한 몸에 받았다. 주 타깃층은 고변동성 때문에 투자하기는 부담스럽고 예금 금리만으로는 부족하다고 느끼는 고객이다.

하지만 처음 기대와 달리 기존 자산배분펀드와 구별되는 특징이 없을 뿐만 아니라 일부 기업에서는 기존에 출시했던 펀드를 되풀이하는 식의 상품을 보여 투자자들의 주의를 끌기는 어려워 보인다. 또한 새로운 펀드를 출시해 알리려고 하는 만큼 25개 운용사에 국한되어 판매를 진행할 것이 아니라 은행 등으로 판매창구를 넓힐 필요성도 제기되고 있다.

① 기존 퇴직연금 상품들은 수익성보다는 원리금 보전에 목표를 두었다.
② 디딤펀드는 원리금보장형 상품보다는 실적배당형 상품에 가까운 상품이다.
③ 공모펀드가 성장하기 위해서는 다양한 판매창구를 통해 판매를 진행하는 것이 유리하다.
④ 디딤펀드는 한 곳에 집중 투자하여 높은 수익률을 보고자 하는 고객에게는 적합하지 않은 상품이다.

04

이번 PG사(Payment Gateway, 전자지급결제대행사) 정산 지연 사태의 원인으로 규제 공백이 대두되고 있다. 이에 따라 금융당국은 뒤늦게 에스크로(결제 대금 예치)라는 보완책을 마련했지만 사태를 해결하긴 어려워 보인다.

사태가 발생한 가장 큰 원인은 일부 업체가 타 업체에 비해 지나치게 정산주기가 길었다는 것이다. 대부분의 PG사가 구매 확정일 기준 1~2일 내 정산하는 것에 반해, 이번 사태의 PG사 중 한 곳은 판매한 월의 말일부터 40일 후, 또 다른 곳은 구매 확정 월의 익익월 7일 등 정산주기가 과하게 길었던 것으로 밝혀졌다. 또한 일부 판매자들은 선정산 대출까지 받아야만 하는 상황이 지속되었다. 이처럼 별다른 정산 규제 없이 각 쇼핑몰이 운영되고 있음에도 PG사가 정산 자금을 어떻게 관리해야 하는지에 대한 규정이 없어 정산 자금이 정산이 아닌 사업 확장 등의 목적으로 지출되었더라도 알 수 있는 방법이 없다. 실제로 금감원 측은 이번 사태가 일부 PG사의 무리한 사업 확장에 정산 자금이 사용되면서 발생하게 되었을 가능성에 무게를 두고 있다.

물론 금융당국이 각 업체에게 개선 계획 또는 약정서 제출을 지시하거나 경영 개선 협약을 체결하도록 할 수 있다. 하지만 직접적인 경영 개선 명령을 내릴 법적 근거가 부재하기 때문에 이러한 규제에도 한계가 있다.

이처럼 PG사는 법적 규제가 없고 인가제가 아닌 등록제인 탓에 영업 시작도 용이해 금융업임에도 불구하고 건전성 규제 등 사각지대에 놓여 있어 이와 같은 사태가 발발된 것이라고 지적되고 있다.

① PG사는 금융당국의 허가가 없어도 사업 개시가 가능하다.
② 유통업체에 대금 정산주기는 PG사가 임의로 지정할 수 있다.
③ 현 규정상에서 금융당국은 PG사의 경영에 일절 관여할 수 없다.
④ 지나치게 긴 정산주기로 판매자들은 자금 융통에 어려움을 겪었다.

05 다음 글을 읽고 추론한 내용으로 적절하지 않은 것은?

> 과거에는 공공 서비스가 경합성과 배제성이 모두 약한 사회 기반 시설 공급을 중심으로 제공되었다. 이런 경우 서비스 제공에 드는 비용은 주로 세금을 비롯한 공적 재원으로 충당한다. 하지만 복지와 같은 개인 단위 공공 서비스에 대한 사회적 요구가 증가함에 따라 관련 공공 서비스의 다양화와 양적 확대가 이루어지고 있다. 이에 따라 정부의 관련 조직이 늘어나고 행정 업무의 전문성 및 효율성이 떨어지는 문제점이 나타나기도 한다. 이 경우 정부는 정부 조직의 규모를 확대하지 않으면서 서비스의 전문성을 강화할 수 있는 민간 위탁 제도를 도입할 수 있다. 민간 위탁이란 공익성을 유지하기 위해 서비스의 대상이나 범위에 대한 결정권과 서비스 관리의 책임을 정부가 갖되, 서비스 생산은 민간 업체에 맡기는 것이다.
>
> 민간 위탁은 주로 다음과 같은 몇 가지 방식으로 운용되고 있다. 가장 일반적인 것은 '경쟁 입찰 방식'이다. 이는 일정한 기준을 충족하는 민간 업체 간 경쟁 입찰을 거쳐 서비스 생산자를 선정, 계약하는 방식이다. 공원과 같은 공공 시설물 관리 서비스가 이에 해당한다. 이 경우 정부가 직접 공공 서비스를 제공할 때보다 서비스의 생산 비용이 절감될 수 있고 정부의 재정 부담도 경감될 수 있다. 다음으로는 '면허 발급 방식'이 있다. 이는 서비스 제공을 위한 기술과 시설이 기준을 충족하는 민간 업체에 정부가 면허를 발급하는 방식이다. 자동차 운전면허 시험, 산업 폐기물 처리 서비스 등이 이에 해당한다. 이 경우 공공 서비스가 갖춰야 할 최소한의 수준은 유지하면서도 공급을 민간의 자율에 맡겨 공공 서비스의 수요와 공급이 탄력적으로 조절되는 효과를 얻을 수 있다. 또한 '보조금 지급 방식'이 있는데, 이는 민간이 운영하는 종합 복지관과 같이 안정적인 공공 서비스 제공이 필요한 기관에 보조금을 주어 재정적으로 지원하는 것이다.

① 과거 공공 서비스는 주로 공적 재원에 의해 운영됐다.
② 정부로부터 면허를 받은 민간 업체는 보조금을 지급받을 수 있다.
③ 서비스 생산을 민간 업체에 맡김으로써 공공 서비스의 전문성을 강화할 수 있다.
④ 공공 서비스의 양적 확대에 따라 행정 업무 전문성이 떨어지는 부작용이 나타난다.

06 다음은 가전제품 핵심부품의 보증기간에 대한 자료이다. 제품별 핵심부품의 품질보증기간으로 옳지 않은 것은?

공정거래위원회는 가전제품에서 중추적인 기능을 하는 부품을 핵심부품으로 정해 소비자분쟁해결기준에 명시하고 있다. 핵심부품은 제품별로 분쟁이 주로 발생하는 부품과 A/S 시 소비자 입장에서 서비스비용이 가장 부담되는 부품 위주로 선정된다. 에어컨·냉장고의 컴프레서, 세탁기의 모터 등이 대표적인 핵심부품이다. 이 부품의 보증기간은 3~4년으로 통상 1년으로 정해지는 일반부품보다 월등히 길다.

핵심부품에 대한 보증기간은 제조업체들이 자체적으로 정할 수 있어 실제로는 소비자분쟁해결기준이 명시하고 있는 것보다 더 긴 경우가 많다. S전자와 L전자는 세탁기 모터의 보증기간을 10년 이상으로 정하고 있다.

스마트폰의 경우 핵심부품이 별도로 정해져 있지 않다. 공정거래위원회 측은 "플렉시블 디스플레이 등 새로운 기술이 빠르게 도입되는 스마트폰의 경우 핵심부품을 별도로 정하는 게 소비자들의 권리를 오히려 제약하는 상황이라 판단했다."며 "핵심부품에 대해서만 보증기간을 2년으로 연장하는 안을 검토하기도 했지만, 소비자들이 약정으로 사용하는 측면을 감안해 모든 부품을 2년으로 연장하게 되었다."고 밝혔다.

해당 업계 관계자는 "제품의 성능을 좌우하는 중요한 부품을 핵심부품으로 보고 별도의 보증기간을 책정하고 있다."며 "보증기간 이내라면 수리비, 출장비, 부품비가 모두 무료"라고 말했다.

〈소비자분쟁해결기준이 정하고 있는 품목별 핵심부품〉

제품	부품	보증기간	비고
LCD TV, 모니터	패널	2년	노트북 제외
PDP TV			
LED TV, 모니터			노트북 제외
퍼스널 컴퓨터	메인보드	3년	
세탁기	모터		
TV, 모니터	CPT		
전자레인지	마그네트론		
VTR	헤드드럼		
비디오카메라			
팬히터, 로터리히터	버너		
냉장고	컴프레서	4년	
에어컨			

※ TV, 모니터 패널의 경우 소비자가 확인 가능한 타이머 부착 제품으로 5,000시간 초과한 경우 기간 만료로 보증에서 제외됨

① 에어컨 – 4년
② 냉장고 – 4년
③ 스마트폰 – 2년
④ 세탁기 – 3년

07 제시된 명제가 모두 참일 때, 다음 중 반드시 참인 것은?

> • 근대화는 전통 사회의 생활양식에 큰 변화를 가져온다.
> • 생활양식의 급격한 변화로 전통 사회의 고유성을 잃는다.
> • 전통 사회의 고유성을 유지한다면 문화적 전통을 확립할 수 있다.

① 문화적 전통이 확립되지 않는다면 전통 사회의 생활양식은 급격하게 변한다.
② 근대화가 이루어지지 않는다면 전통 사회의 고유성을 유지할 수 있다.
③ 전통 사회의 생활양식이 변했다면 근대화가 이루어진 것이다.
④ 전통 사회의 고유성을 유지한다면 생활양식의 변화 없이 문화적 전통을 확립할 수 있다.

08 K은행 직원 A~E 5명이 자신들의 직급에 대하여 다음과 같이 이야기하고 있다. 이들은 각각 사원, 대리, 과장, 차장, 부장이다. 1명의 말만 진실이고 나머지 사람들의 말은 모두 거짓이라고 할 때, 진실을 말한 사람은?(단, 직급은 사원 – 대리 – 과장 – 차장 – 부장 순이다)

> • A : 나는 사원이고, D는 사원보다 직급이 높아.
> • B : E가 차장이고, 나는 차장보다 낮은 직급이지.
> • C : A는 과장이 아니고, 사원이야.
> • D : E보다 직급이 높은 사람은 없어.
> • E : C는 부장이고, B는 사원이야.

① A
② B
③ C
④ D

※ 다음은 K은행에서 이용할 수 있는 버스노선에 대한 자료이다. 이어지는 질문에 답하시오(단, K은행과 시청에서 버스 정류장까지 걸린 시간 등 기타 시간은 고려하지 않는다). [9~10]

⟨K은행 → 시청 버스노선⟩

구분	출발시간	소요시간	비용
노선 A	매시 정각, 30분	32분	1,800원
노선 B(순환)	정시부터 10분 간격	51분	1,200원
노선 C(직행)	매시 정각	18분	3,100원

⟨시청 → K은행 버스노선⟩

구분	출발시간	소요시간	비용
노선 A	매시 10분, 40분	28분	1,900원
노선 B(순환)	정시부터 15분 간격	45분	1,400원
노선 C(직행)	매시 정각	15분	3,400원

09 강대리는 K은행에서 오전 8시 30분에 나와 버스를 타고 시청에서 40분간 일을 처리한 후, K은행으로 복귀하려고 한다. 가장 일찍 K은행으로 돌아오는 노선을 이용할 때, 그 요금은?

① 2,600원 ② 3,200원
③ 4,600원 ④ 5,200원

10 강대리는 오후 4시 10분에 K은행에서 출발하여 시청에 서류를 제출하고, 다시 K은행으로 복귀하려고 한다. 오후 6시 전에 복귀하려고 할 때, 요금이 가장 저렴한 노선은?(단, 버스 소요시간 외에는 고려하지 않는다)

① 노선 A – 노선 A ② 노선 A – 노선 B
③ 노선 B – 노선 A ④ 노선 B – 노선 B

11 현수가 연이율 2.4%인 월복리 적금상품에 원금 총 2,400만 원을 납입하고자 한다. 2년 만기 적금상품에 매월 초 100만 원씩 납입할 때 만기 시 원리합계와 1년 만기 적금상품에 매월 초에 200만 원씩 납입할 때 만기 시 원리합계의 차이는?(단, $1.002^{12}=1.024$, $1.002^{24}=1.049$로 계산하며, 이자 소득에 대한 세금은 고려하지 않는다)

① 50.1만 원 ② 50.2만 원
③ 50.3만 원 ④ 50.4만 원

12 다음은 2022년 카타르 월드컵과 2026년 북중미 월드컵 진행 방식에 대한 설명이다. 두 월드컵에서 진행되는 경기의 수의 합은?

〈2022년 카타르 월드컵 진행 방식〉
- 총 32개국이 참여하여 8개 조에 4개국씩 조별리그를 진행하며, 조별리그는 풀리그 형식(4개국이 서로 한 번씩 경기)으로 진행한다.
- 조별리그 상위 2개국씩 16강에 진출하며, 16강부터 결승까지 본선 토너먼트를 진행한다.
- 4강에서 패배한 국가끼리 3, 4위전을 진행한다.

〈2026년 북중미 월드컵 진행 방식〉
- 총 48개국이 참여하여 12개 조에 4개국씩 조별리그를 진행하며, 조별리그는 풀리그 형식(4개국이 서로 한 번씩 경기)으로 진행한다.
- 조별리그 상위 2개국씩은 32강에 우선 진출하며, 각 조 3위 중 승점, 골득실 등 성적이 좋은 8개 국가가 32강에 진출한다.
- 32강부터 결승까지 본선 토너먼트를 진행한다.
- 4강에서 패배한 국가끼리 3, 4위전을 진행한다.

① 167경기 ② 168경기
③ 169경기 ④ 170경기

13. 다음은 국가별 환율 및 K은행 창구에서의 외화 송금수수료이다. 창구에서 100,000엔을 일본으로 3번 송금할 때, 지불해야 하는 당발송금수수료는?(단, 전신료는 건당 8,000원이며, 환전수수료 및 사후관리수수료는 없다고 가정한다)

⟨국가별 환율⟩

구분	미국	일본	독일	중국
환율	1,300원/달러	8.6원/엔	1,400원/유로	180원/위안

⟨K은행 창구에서의 외화 송금수수료⟩

(단위 : 원/건)

송금액	송금수수료	
	국내	국외
미화 500달러 상당액 이하	5,000	5,000
미화 500달러 상당액 초과 미화 2,000달러 상당액 이하	10,000	5,000
미화 2,000달러 상당액 초과 미화 5,000달러 상당액 이하	15,000	5,000
미화 5,000달러 상당액 초과 미화 10,000달러 상당액 이하	20,000	5,000
미화 10,000달러 상당액 초과 미화 20,000달러 상당액 이하	20,000	10,000
미화 20,000달러 상당액 초과	25,000	10,000

※ (당발송금수수료)=(건당 외화 송금수수료)+(건당 전신료)+(건당 사후관리수수료)

① 23,000원
② 29,000원
③ 33,000원
④ 39,000원

14 다음은 K국 지역별 은행 지점 수에 대한 자료이다. 2024년 은행 지점 수가 가장 많은 지역은?

〈K국 지역별 은행 지점 수〉

(단위 : 개소)

구분		2024년 은행 지점 수	2023년 은행 지점 수	2023년 대비 2024년 은행 지점 수 변동률
㉠지역	A은행		5,000	+10%
	B은행		2,000	+3%
	C은행		3,000	0%
㉡지역	D은행		6,000	−8%
	E은행		4,000	+30%
㉢지역	F은행		1,000	+25%
	G은행		4,000	−7%
	H은행		3,500	−20%
㉣지역	I은행		6,500	+8%
	J은행		3,000	−10%

① ㉠지역
② ㉡지역
③ ㉢지역
④ ㉣지역

15 다음은 서울시 자치구의 부동산 임대 계약 조건에 대한 자료이다. K기업 직원들 중 주거비를 가장 적게 지불한 사람은?(단, 차를 소유한 직원은 계약 당시부터 현재까지 소유하고 있으며, 거주기간 동안 비용의 변동은 없다고 가정한다)

〈서울시 자치구의 임대 계약 조건〉

(단위 : 천 원)

구분	전세	월세		관리비	추가금
	보증금	보증금	월 납부금		
영등포구	500,000	450,000	500	50	차량 1대당 10
금천구	450,000	330,000	450	40	-
동작구	500,000	400,000	550	30	-
관악구	400,000	300,000	500	20	-
서초구	500,000	500,000	800	70	차량 1대당 20
강남구	550,000	500,000	800	100	차량 1대당 20
송파구	540,000	500,000	600	80	차량 1대당 20
강동구	490,000	450,000	500	30	차량 1대당 10
마포구	470,000	450,000	600	50	-
은평구	450,000	380,000	500	50	-

※ 보증금 : 계약 시 1회 납부
※ 월 납부금, 관리비, 추가금 : 월 1회 납부
※ 관리비와 추가금은 전세와 월세 모두 납부하여야 함

〈K기업 직원들의 대화〉

- A직원 : 난 영등포구에서 전세로 계약하여 30년간 거주하고 있어. 차는 보유하고 있지 않아.
- B직원 : 난 은평구에서 월세로 계약하여 20년간 거주하고 있어. 차는 2대 보유하고 있어.
- C직원 : 난 강동구에서 전세로 계약하여 25년간 거주하고 있어. 차는 1대 보유하고 있어.
- D직원 : 난 금천구에서 월세로 계약하여 30년간 거주하고 있어. 차는 1대 보유하고 있어.

① A직원
② B직원
③ C직원
④ D직원

| 02 | 직무심화지식

01 다음 중 예금자보호상품에 해당하지 않는 것은?
① DC
② DB
③ IRP
④ 정기적금

02 다음 중 베타에 대한 설명으로 옳지 않은 것은?
① 베타는 1을 기준으로 시장과의 변동성을 나타낸다.
② 베타는 미래 변동성을 예측하기 쉽지 않다는 한계가 있다.
③ 베타는 시장위험 및 개별 자산의 고유위험을 모두 나타낸다.
④ 베타는 주로 과거 데이터를 활용한 회귀분석을 통해 계산한다.

03 다음 중 파생상품에 대한 설명으로 옳지 않은 것은?
① 파생상품의 기초자산은 금융상품, 일반상품 모두 가능하다.
② 파생상품 거래 시 필요한 최소한의 증거금을 개시증거금이라 한다.
③ 선물은 특정자산을 미래 특정시점에 미리 정한 가격으로 거래할 것을 약속하는 계약이다.
④ 옵션은 특정자산을 미래 특정시점에 미리 정한 가격으로 사거나 팔 수 있는 권리를 거래하는 계약이다.

04 다음 중 고정이하여신에 대한 설명으로 옳지 않은 것은?
① 요주의 여신은 3개월 이상 1년 미만 연체된 여신을 의미한다.
② 고정이하여신비율이 높을수록 부실채권 규모가 큰 것을 의미한다.
③ 회수 가능성이 거의 없어 손실처리가 불가피한 여신을 회수의문이라 한다.
④ 금융기관 여신 중 고정, 회수의문, 추정손실 여신을 합쳐 고정이하여신이라 한다.

05 다음 중 ETF(상장지수펀드)에 대한 설명으로 옳은 것은?

① 장기보다는 단기투자에 적합하다.
② 별도의 분배금이 존재하지 않는다.
③ 기존 펀드 대비 환매는 쉬우나 수수료가 더 많이 발생한다.
④ 커버드콜 ETF는 기초자산의 콜옵션을 매도하여 이익을 추구한다.

06 다음 중 DTI(총부채상환비율)에 대한 설명으로 옳은 것은?

① DSR에 비해 대출한도가 더 낮게 나온다.
② 경기부양을 목표로 할 경우 DTI 비율을 낮출 수 있다.
③ 대출자의 소득 및 담보물을 기준으로 부채의 총량을 결정한다.
④ 주택담보대출의 연간 원리금상환액과 기타대출 연간 이자상환액의 합을 연소득으로 나누어 계산한다.

07 다음 중 완전경쟁시장과 독점시장의 차이에 대한 설명으로 옳지 않은 것은?

① 완전경쟁시장은 생산되는 상품이 동질적이나, 독점시장은 상품의 차별성이 존재한다.
② 완전경쟁시장은 다수의 판매자와 구매자가 존재하나, 독점시장은 판매자가 하나만 존재한다.
③ 완전경쟁시장은 자유로운 시장진입 및 퇴출이 가능하나, 독점시장은 시장진입이 매우 어렵다.
④ 완전경쟁시장은 생산량을 조절하여 가격을 결정하나, 독점시장은 낮은 가격으로 다양한 상품을 제공할 수 있다.

08 다음 자료를 참고하여 지급준비율을 구하면?

- 총예금액 : 1,000억 원
- 지급준비금 : 200억 원
- 통화승수 : 5

① 10% ② 15%
③ 20% ④ 25%

09 다음 자료를 참고하여 BIS 비율을 구하면?

- 자기자본 : 1,000억 원(이익잉여금 100억 원 포함)
- 위험가중자산 : 1조 원

① 9%
② 10%
③ 11%
④ 12%

10 다음 자료를 참고하여 가용자본을 구하면?

- 자본금 : 100억 원
- 이익잉여금 : 30억 원
- 자본잉여금 : 20억 원
- 영업권 : 10억 원
- 신종자본증권 : 5억 원
- 이연법인세자산 : 17억 원

① 82억 원
② 95억 원
③ 115억 원
④ 128억 원

11 다음을 참고하여 전년 대비 물가상승률을 구하면?

- 전년도 통화량 : 120
- 전년도 화폐유통속도 : 10
- 전년도 실질GDP : 150
- 당해 연도 통화량 : 100
- 당해 연도 화폐유통속도 : 20
- 당해 연도 실질GDP : 200

① 10%
② 15%
③ 20%
④ 25%

12 다음 자료를 참고하여 달러 매매기준율을 구하면?

- 달러 매도율 : 1,218원
- 달러 매입률 : 1,182원
- 달러 스프레드율 : 1.5%

① 1,180원 ② 1,195원
③ 1,200원 ④ 1,220원

13 다음 중 머신러닝 기반 신용평가의 장점에 대한 설명으로 옳지 않은 것은?

① 실시간으로 신용평가 결과를 제공할 수 있다.
② 다양한 비정형 데이터도 평가에 활용할 수 있다.
③ 특정 변수의 영향력을 머신러닝이 체계적으로 설명한다.
④ 전통적인 신용평가보다 새로운 패턴을 잘 포착할 수 있다.

14 다음 중 Level 2 자율주행자동차에 대한 설명으로 옳은 것은?

① 특정 구역 내에서 운전자의 개입 없이 완전 자율주행이 가능
② 모든 도로 조건 및 상황에서 운전자의 개입 없이 완전 자율주행이 가능
③ 속도 조절 또는 차선 유지 등 한 가지 기능만 자동화되어 운전자를 보조
④ 차간 거리 유지, 조향 제어 등 여러 기능이 동시에 자동화되어 운전자가 개입해야 할 상황이 줄어듦

15 다음 중 비정형 데이터에 해당하지 않는 것은?

① 동영상　　　　　　　　　② 결제내역
③ 이메일 본문　　　　　　　④ 음성 녹음 파일

16 다음 중 중앙은행 디지털화폐(CBDC)와 민간 전자화폐의 차이에 대한 설명으로 옳지 않은 것은?

① 전자화폐는 이용 시 발행사의 신용에 의존한다.
② 전자화폐는 민간 기업이 발행하며, 법정화폐가 아니다.
③ CBDC는 온라인에서만 사용 가능하고 실물화폐로 교환할 수 없다.
④ CBDC는 중앙은행이 발행하며 법정화폐와 동일한 가치가 보장된다.

17 데이터 3법에 해당하는 것을 〈보기〉에서 모두 고르면?

> **보기**
> ㉠ 개인정보 보호법
> ㉡ 지능정보화 기본법
> ㉢ 공공기관의 정보공개에 관한 법률
> ㉣ 신용정보의 이용 및 보호에 관한 법률
> ㉤ 정보통신망 이용촉진 및 정보보호 등에 관한 법률

① ㉠, ㉡, ㉣　　　　　　　② ㉠, ㉣, ㉤
③ ㉡, ㉢, ㉣　　　　　　　④ ㉢, ㉣, ㉤

| 03 | 상식

01 다음 중 샤워실의 바보에 대한 설명으로 옳지 않은 것은?

① 샤워실의 바보에서 바보는 정부를 의미한다.
② 샤워실의 바보에서 수도꼭지는 정책을 의미한다.
③ 프리드먼이 제시한 개념으로 정부의 시장경제 개입을 비판한 데서 유래한다.
④ 정부의 시장경제 개입으로 경기가 살아나지 않고 계속 침체되는 상황을 의미한다.

02 다음 중 GDP와 GNP에 대한 설명으로 옳은 것은?

① GNP에는 외국인이 국내에서 벌어들인 소득도 포함된다.
② GDP를 측정하는 방식에는 생산접근법, 소득접근법, 투자접근법이 있다.
③ GNP는 한 국가의 영역 내에서 생산한 모든 재화와 서비스의 가치를 합산한 것이다.
④ A국가의 국민이 해외에서 벌어들인 소득이 A국가에서 외국인이 벌어들인 소득보다 많을 경우 GNP가 GDP보다 높게 나타난다.

03 다음 중 〈보기〉의 자산을 유동성이 높은 순서대로 바르게 나열한 것은?

보기	
㉠ 현금	㉡ 주식
㉢ 정기예금	㉣ 국채

① ㉠ - ㉡ - ㉢ - ㉣
② ㉠ - ㉡ - ㉣ - ㉢
③ ㉢ - ㉠ - ㉢ - ㉣
④ ㉡ - ㉠ - ㉣ - ㉢

04 다음 중 연결된 재화가 대체재 관계에 해당하는 것은?

① 빵 – 버터　　　　　　　② 커피 – 설탕
③ 콜라 – 사이다　　　　　④ 컴퓨터 – 모니터

05 다음 중 협의통화의 종류로만 나열된 것은?

① 현금, 당좌예금　　　　② 보통예금, 수익증권
③ 보통예금, 금융채　　　④ 현금, 만기 2년 이내 저축성예금

06 다음 중 시장독점에 대한 설명으로 옳은 것은?

① 독점에 따른 이윤 극대화를 위하여 제품생산을 계속 증가시킨다.
② 독점시장은 하나의 기업만이 재화 및 서비스를 공급하는 시장이다.
③ 독점기업은 시장수요와 공급을 고려하지 않고 시장가격을 결정한다.
④ 규모의 경제로 인해 단일기업이 제품을 공급하는 것을 자연독점이라 한다.

07 다음 제시된 상황으로 인해 발생하는 것으로 옳지 않은 것은?

- 중고시장의 문제점은 판매자가 구매자보다 훨씬 더 많은 정보를 알고 있다는 것이다.
- 거래 당사자 간 보유정보의 격차로 인해 품질이 떨어지는 제품이 시장에 더 많이 남게 된다.
- 정보를 가진 쪽이 정당한 행동을 하지 않음으로써 정보를 가지지 않은 쪽에 손해를 입히게 된다.
- 공장에서 발생하는 매연으로 인해 인근 주민들이 피해를 보더라도 이에 대한 별도의 보상은 하지 않는다.

① 역선택　　　　　　　② 피치마켓
③ 도덕적 해이　　　　 ④ 레몬시장

08 다음 중 브레튼 우즈 체제의 주요 내용으로 볼 수 없는 것은?

① IMF 설립
② 자유무역 촉진
③ 고정 환율제 도입
④ 무역 불균형 해소

09 다음 중 테이퍼링에 대한 설명으로 옳지 않은 것은?

① 물가가 가파르게 상승하는 원인으로 작용한다.
② 중앙은행은 채권매입을 축소하는 정책을 시행한다.
③ 시중 통화량이 감소하고 통화가치는 상승하게 된다.
④ 경기회복을 위해 시행한 양적완화를 점진적으로 줄이는 것을 의미한다.

10 다음 중 플라자 합의에 대한 설명으로 옳지 않은 것은?

① 미국 제조업체의 수출경쟁력이 회복되어 미국의 무역적자 감소에 기여하였다.
② 일본 엔화가치는 상승하여 일본기업의 수출경쟁력을 약화시키는 원인이 되었다.
③ 1980년대 프랑스, 독일, 미국, 일본, 영국 등이 진행한 환율 조정 합의를 의미한다.
④ 각국의 중앙은행이 외환시장에 개입하여 달러를 매수하고 자국 통화를 매도하는 방식으로 진행되었다.

11 다음 중 역진세에 대한 설명으로 옳지 않은 것은?

① 부가가치세는 역진세에 해당한다.
② 역진세로 인해 소득불평등이 심화될 수 있다.
③ 소득이 증가함에 따라 세율이 낮아지는 세금이다.
④ 고소득층의 소비를 늘려 전체적인 소비시장 확대에 기여할 수 있다.

12 다음 중 우리나라의 기준금리를 조절하는 기관은?

① 한국은행
② 기획재정부
③ 한국거래소
④ 금융감독원

13 다음 중 선물시장의 콘탱고, 백워데이션에 대한 설명으로 옳지 않은 것은?

① 콘탱고는 만기가 먼 선물가격이 만기가 가까운 선물가격보다 낮은 상태를 말한다.
② 콘탱고는 일반적으로 보관비용, 이자비용 등을 고려하여 발생한다.
③ 백워데이션은 비정상적인 시장상태로 간주된다.
④ 롤오버에 따른 수익은 대개 백워데이션 상황에서 발생한다.

14 다음 중 블록딜에 대한 설명으로 옳지 않은 것은?

① 기업의 지배구조 변경, 자금조달 등의 목적으로 활용된다.
② 장외에서 거래하므로 정규장 시간 내에도 거래가 가능하다.
③ 블록딜은 거래가 체결되기 전까지 시장에 따로 공개하지 않는다.
④ 매도자는 매수자를 사전에 확보하여 특정가격으로 거래하기로 약정한다.

15 다음 중 후방굴절 노동공급곡선에 대한 설명으로 옳지 않은 것은?

① 임금이 낮을 경우 대체효과가 소득효과보다 크게 나타나 노동 공급량이 증가한다.
② 임금 상승에 따른 소득 증가로 인해 정상재인 여가시간도 늘리려는 경향이 발생한다.
③ 임금이 상승하면 노동의 기회비용이 감소하여 노동시간을 더 늘리려는 경향이 발생한다.
④ 임금이 일정 수준 이상으로 높아지면 노동자들이 더 이상 노동시간을 늘리지 않아 노동 공급량이 오히려 줄어드는 현상을 나타낸다.

16 다음 중 생산가능인구에 포함되는 최소 나이는?

① 만 14세　　　　　　　　② 만 15세
③ 만 16세　　　　　　　　④ 만 17세

17 다음 중 국제연합(UN)의 기준에 따른 고령화 사회의 기준은?

① 전체 인구 중 60세 이상의 고령자가 차지하는 인구 비율이 7% 이상
② 전체 인구 중 60세 이상의 고령자가 차지하는 인구 비율이 14% 이상
③ 전체 인구 중 65세 이상의 고령자가 차지하는 인구 비율이 7% 이상
④ 전체 인구 중 65세 이상의 고령자가 차지하는 인구 비율이 14% 이상

18 개인정보처리자가 정보주체의 동의 없이 가명정보를 처리할 수 있는 경우로 옳은 것을 〈보기〉에서 모두 고르면?

> **보기**
> ㉠ 통계작성　　　　　　　　㉡ 과학적 연구
> ㉢ 공익적 기록 보존　　　　㉣ 개인화 마케팅

① ㉠, ㉡　　　　　　　　② ㉠, ㉢
③ ㉠, ㉡, ㉢　　　　　　　④ ㉠, ㉢, ㉣

CHAPTER 02 | 2024년 하반기 기출복원문제

정답 및 해설 p.012

| 01 | 직업기초능력

※ 다음 글의 내용으로 가장 적절한 것을 고르시오. [1~2]

01

> KB국민은행이 시행 중인 'KB탄소관리시스템'은 중견기업의 에너지 사용량 정보를 기반으로 온실가스 배출량을 산정·관리하는 온라인 플랫폼이다. 이는 KB국민은행 기업인터넷뱅킹 이용 고객 누구나 이용할 수 있는 무료 서비스이다.
>
> KB탄소관리시스템은 기업이 시스템 내 사업장 시설 정보 및 에너지 사용량을 등록하면, 업종별 배출시설 목록 자동생성부터 배출량 산정까지 한 번에 모든 업무를 처리할 수 있는 서비스를 제공한다.
>
> 특히, KB국민은행은 사용자에게 편의를 제공하기 위해 금융권 최초로 한국전력 오픈 API 및 고지서 자동인식을 위해 자체 개발한 인공지능 광학 문자인식 기술 'KB AI-OCR'을 적용해 에너지 데이터 수집을 자동화할 수 있도록 하였다. 고객은 이 시스템을 통해 기업의 내부 온실가스 배출량 산정, 감축 목표 대비 실적 및 배출량 등 여러 정보를 손쉽게 파악할 수 있다. 또한 계열사, 자회사 및 협력사의 배출량도 시스템 내 기능을 통해 통합적으로 관리할 수 있다.

① KB탄소관리시스템을 통해 사업장뿐만 아니라 가정집의 온실가스 배출량도 확인이 가능하다.
② KB탄소관리시스템은 금융권 최초로 한국전력 오픈 API 접근을 가능하게 하였다.
③ KB탄소관리시스템 이용 고객은 배출량 감축 이행실적의 확인이 용이해진다.
④ KB탄소관리시스템을 통해 경쟁사의 온실가스 배출량도 확인할 수 있다.

02
> KB국민은행은 'KB리브엠(Liiv M, KB리브모바일)'이 영업점 전용 요금제로 60대 고객을 위한 시니어 요금제 2종을 출시한다고 밝혔다. 시니어 요금제는 실질적 은퇴 시점인 60세부터 가입이 가능하다. KB국민은행 전국 영업점에서 상담 및 개통이 가능하며, 출시된 요금제는 국민 시니어 11(기본료 월 1만 1,300원), 국민 시니어 14(기본료 월 1만 4,900원) 총 2종이다.
> 해당 요금제 이용 고객은 상대적으로 저렴한 월 기본요금으로 데이터, 음성, 문자 서비스를 무제한으로 이용할 수 있다. 최대 할인을 적용할 경우 '국민 시니어 11' 요금제는 월 6,900원, '국민 시니어 14' 요금제는 월 1만 500원에 이용 가능하다. KB금융 거래 고객은 '포인트리'로 통신비 결제가 가능하다.
> KB국민은행 관계자는 "요금제는 은퇴를 맞이한 시니어 고객에게 합리적인 통신 서비스를 제공하기 위해 개발된 상품"이라며 "앞으로도 KB리브모바일만의 경쟁력 있는 상품과 서비스를 지속 선보일 것"이라고 말했다.
> 한편 KB리브모바일은 금융과 통신을 결합한 특화 서비스이다. 피싱보험, 통신비 보장보험, 보이스피싱 예방 서비스를 무료로 제공하여 시니어 고객들을 대상으로 하는 금융사기범죄 예방에 힘쓰고 있다. 취약계층 대상 '나눔(복지)할인제도' 운영을 통한 11억 원 규모의 통신비 지원, 국가유공자 및 유가족 복지사업 기부 등 사회공헌 활동도 수행하고 있다.

① 시니어 요금제 2종은 65세부터 가입 가능하다.
② 시니어 요금제 2종은 인터넷을 통해 가입 가능하다.
③ KB금융 거래 고객은 통신비를 '포인트리'로 결제할 수 있다
④ 최대 할인을 적용할 경우 '국민 시니어 11' 요금제는 월 1만 500원에 이용 가능하다.

03 다음 글의 내용으로 적절하지 않은 것은?

> 이제 은행은 단순히 금융에서 그치는 것을 넘어서 비금융 영역에서도 다양한 서비스를 제공하고 있다. 대표적으로 KB국민은행의 'KB스타뱅킹'을 들 수 있다.
> KB스타뱅킹은 KB국민은행의 핵심 플랫폼으로 금융 및 비금융 영역에서 다양한 서비스를 제공하여 플랫폼 경쟁력을 더하고 있으며, 현재 월간활성고객(MAU) 1,240만 명을 넘어선 금융권 슈퍼앱으로 자리 잡았다. 또한 KB스타뱅킹은 KB금융그룹 계열사의 70여 개의 서비스를 한 번에 제공하고 있어 고객의 편의성도 높였다.
> KB스타뱅킹이 제공하는 금융 서비스인 'KB모임통장 서비스(구 KB국민총무 서비스)'는 고객이 별도로 계좌를 추가 개설하는 번거로운 과정을 없앨 수 있도록 기존에 사용하던 입출금계좌를 모임통장으로 변환할 수 있게 하였다.
> 또한 KB모임통장을 등록한 고객에게는 이를 손쉽게 관리할 수 있도록 KB스타뱅킹 홈화면 하단에 별도의 공간을 제공해 고객 편의성을 높였다. 이를 클릭하면 모임통장 전용화면으로 즉각 연결돼 모임 구성원을 초대할 수 있음은 물론, 정기회비 설정과 거래내역 확인까지 손쉽게 처리할 수 있다.
> KB스타뱅킹이 제공하는 비금융 서비스에서는 KB국민은행의 알뜰폰 브랜드 KB Liiv M(KB리브모바일)과 연계해 KB스타뱅킹에서 한 번에 가입할 수 있는 'KB스타뱅킹 요금제 LTE 15GB+'를 출시했다.
> 해당 요금제는 KB스타뱅킹에서만 가입ㆍ개통할 수 있으며, 이를 이용하고 싶은 고객은 다른 채널에 들어갈 필요 없이 KB스타뱅킹 내 테마별 서비스 중 '통신'에서 편리하게 가입 가능하다. 최대 24개월 동안 전용 할인 쿠폰이 매달 1회 제공되며, 최대 할인을 받게 되면 저렴한 가격인 월 2만 200원에 통신 서비스를 이용할 수 있다.

① KB스타뱅킹 앱을 통해 KB금융그룹 각 계열사 앱을 별도 설치 없이 서비스 이용이 가능하다.
② KB국민은행 신규고객이 KB모임통장 서비스를 이용하기 위해서는 별도로 계좌 개설 과정이 필요하다.
③ KB모임통장을 이용하는 고객은 별도로 모임원들에게 연락할 필요 없이 KB스타뱅킹 앱에서 모임원을 초대할 수 있다.
④ KB스타뱅킹 요금제를 이용하는 고객은 2년 동안 최대 2만 200원의 통신비를 절감할 수 있다.

04 다음은 에너지 프로슈머에 대한 글이다. 이에 이어질 내용으로 적절하지 않은 것은?

> 국내에서 에너지 프로슈머 사업은 크게 세 가지로 구분되지만 이웃과의 잉여 거래 사업 모델은 초기 단계에 불과하다. 그동안 태양광 대여 사업 또는 설비투자비의 지원을 통하여 태양광 패널을 설치하고 한전과의 상계거래 형태로 사업이 진행됐으나 한전과의 거래가 아니라 이웃에게 잉여 전력을 판매하는 방식은 처음에는 개인 간의 소규모 시범사업을 추진하고, 이후 대규모 프로슈머의 시범사업을 추진하는 형태로 진행되고 있다. 그리고 중개사업자를 통한 소규모 분산형 전원에 의해 생산된 전력의 도매시장 거래도 아직 공식적인 시장이 개설되지 않았으나 사업자를 선정하여 시범사업에 착수할 계획이다. 이처럼 우리나라의 에너지 프로슈머 관련 사업이 활성화되기 위해서는 아직 시간이 필요하고 소비자들 간의 전력 거래 활성화를 위한 제도적인 여건이 마련될 필요가 있다. 따라서 우리나라에서 에너지 프로슈머 사업을 활성화하기 위한 여러 가지 여건들을 검토하고 향후 제도 개선을 통해 정책 방향을 정립하는 것이 필요하다.
>
> 기본적으로 에너지 프로슈머 사업은 소비자가 전력회사로부터 받은 전력을 단순 소비하는 행위로부터 신재생에너지 발전원의 직접 설치를 통한 생산과 소비 그리고 판매 등 모든 에너지 관리를 통해 전기요금을 절약하거나 수익을 창출하는 방식으로 진행되고 있다. 모든 용도의 소비자들이 주로 태양광 발전설비를 설치하여 전력을 생산하고 자가 소비한 후 잉여 전력을 판매하는 방식을 취하고 있다. 소비자의 자가 전기 소비량과 잉여 전력량을 조절하는 한편, 한전의 전력 구입량도 관리하는 등 소비자의 에너지 관리에 대한 선택이 주어지고 있다. 그리고 태양광 발전설비와 함께 저녁 시간에도 활용할 수 있는 전력 저장장치가 결합한다면 소비자의 전략이 더욱더 다양화될 것으로 보인다.
>
> 이러한 소비자의 행동 변화는 단순히 소비자가 에너지 프로슈머로 전환하는 것을 의미할 뿐만 아니라 현재의 대규모 설비 위주의 중앙집중적 에너지 공급 방식에서 분산형 전원에 의한 자급자족 에너지 시스템으로 변화되어 가고 있다는 것을 암시하고 있다. 에너지 프로슈머가 분산형 전원의 확대를 통한 에너지 시스템의 변화를 주도하는 데 기여할 수 있다는 것이다. 그리고 소비자가 에너지 생산과 소비를 포함한 에너지 관리를 전략적으로 해 나감으로써 새로운 에너지 서비스의 활성화에도 기여하고 있다. 즉, 소비자의 행동 변화는 에너지 사용 데이터를 기반으로 공급자들이 다양한 에너지 서비스의 개발 유인을 제공하는 한편, 에너지 프로슈머와 공급자들의 상호 경쟁적인 환경을 조성하는 데에도 기여하고 있다.
>
> 그런데 에너지 프로슈머 사업이 활성화되기 위해서는 소비자 스스로 태양광을 설치하여 잉여 전력을 거래할 유인이 필요하다. 이에 따라 두 가지의 유인이 필요한데, 첫 번째가 태양광 발전 설비의 설치에 대한 유인이고, 두 번째가 잉여 전력에 대한 거래 유인이다. 이러한 에너지 프로슈머의 활성화 조건을 검토하고 프로슈머의 활성화를 위해서는 어떻게 제도를 개선해야 하는지를 파악해 볼 수 있을 것이다.

① 에너지원별 한전의 생산 효율성과 생산 기술의 우수성 홍보
② 태양광 발전 설비의 필요성과 지원책에 대한 구체적 사례 제시
③ 중앙집중형, 분산전원형 전력 공급 시의 각 전력 사용료의 차이 소개
④ ESS(Energy Storage System)의 공급 및 설치에 관련된 한전의 육성 방안 소개

05 다음은 K은행 상품판매지침의 일부이다. 이를 어기지 않은 상담 내용은?

〈상품판매지침〉
… 중략 …
- 제3조(중요내용 설명의무)
  직원은 금융상품 등에 관한 중요한 사항을 금융소비자가 이해할 수 있도록 설명하여야 한다.
  … 중략 …
- 제5조(권한남용 금지의 원칙)
  직원은 우월적 지위를 남용하거나 금융소비자의 권익을 침해하는 행위를 하지 않아야 하며, 특히 다음 각 호의 사항은 권한의 남용에 해당되는 행위로 발생하지 않도록 주의하여야 한다.
  1. 여신지원 등 은행의 서비스 제공과 관련하여 금융소비자의 의사에 반하는 다른 금융상품의 구매를 강요하는 행위
  2. 대출상품 등과 관련하여 부당하거나 과도한 담보 및 보증을 요구하는 행위
  3. 부당한 금품 제공 및 편의 제공을 금융소비자에게 요구하는 행위
  4. 직원의 실적을 위해 금융소비자에게 가장 유리한 계약조건의 금융상품을 추천하지 않고 다른 금융상품을 추천하는 행위
- 제6조(적합성의 원칙)
  1. 직원은 금융소비자에 대한 금융상품 구매 권유 시 금융소비자의 성향, 재무 상태, 금융상품에 대한 이해수준, 연령, 금융상품 구매목적, 구매경험 등에 대한 충분한 정보를 파악하여 금융소비자가 적합한 상품을 구매하도록 최선의 노력을 다한다.
  2. 직원은 취약한 금융소비자(65세 이상 고령층, 은퇴자, 주부 등)에 대한 금융상품 구매 권유 시 금융상품에 대한 이해수준, 금융상품 구매목적, 구매경험 등을 파악하여 취약한 금융소비자에게 적합하다고 판단되는 상품을 권유하여야 한다.

① Q : 제가 아파트를 구입하려는데 ○○ 차량을 담보로 2천만 원 정도를 대출하고 싶어요.
　A : 지금 소유하신 ○○ 차량으로도 담보대출 진행이 가능하긴 한데, 시일이 좀 걸릴 수 있습니다. 대신에 우선 계약을 진행하시고 아파트를 담보로 하시면 훨씬 수월하게 대출 진행이 가능합니다.
　Q : 2천만 원을 대출하는데 아파트를 담보로 진행하기에는 무리가 있지 않나요?
　A : 하지만 담보물의 가격이 높을수록 대출 진행이 원활하기 때문에 훨씬 편하실 겁니다.
② Q : 저는 전업주부인데 급하게 돈이 필요해서 대출상품을 좀 알아보려고 해요.
　A : 저희 상품 중 '○○ 대출'이 고객님께 가장 알맞습니다. 이걸로 진행해 드릴까요?
　Q : 제가 금융상품을 잘 몰라서 여러 상품에 대한 설명을 좀 듣고 싶어요.
　A : '○○ 대출' 상품이 그 어떤 상품보다 고객님께 유리하기 때문에 권해 드리는 거예요.
③ Q : 제가 여러 상품을 종합적으로 판단했을 때, '□□ 적금'으로 목돈을 모아 보려고 하는데 바로 신청이 되나요?
　A : 고객님, 그 상품은 이율이 조금 떨어지는데 왜 그 상품을 가입하려고 하세요? '△△ 적금'으로 신청하는 게 유리하니까 그쪽으로 진행해 드릴게요.
④ Q : 직장에서 은퇴해서 가게를 차리려고 하는데 대출상품에 대해 아는 게 없어서 추천을 좀 해주실 수 있나요?
　A : 그럼 고객님께서는 가게를 차리기 위해서 잔금에 대한 대출이 필요하시고, 이전에 대출상품을 이용해 본 적이 없다는 말씀이시죠? 고객님의 우편주소나 전자 메일 주소를 알려주시면 대출상품 관련 안내서와 추천 드리는 상품 리스트를 발송해 드릴게요.

06 다음 글을 읽고 공공재·공공자원의 실패에 대한 해결책으로 적절하지 않은 것을 고르면?

재화와 서비스는 소비를 막을 수 있는지에 따라 배제성이 있는 재화와 배제성이 없는 재화로 분류한다. 또 어떤 사람이 소비하면 다른 사람이 소비할 기회가 줄어드는지에 따라 경합성이 있는 재화와 경합성이 없는 재화로 구분한다. 공공재는 배제성과 경합성이 없는 재화이며, 공공자원은 배제성이 없으면서 경합성이 있는 재화이다.

공공재는 수많은 사람에게 일정한 혜택을 주는 것으로 사회적으로 반드시 생산돼야 하는 재화이다. 하지만 공공재는 '무임승차' 문제를 낳는다. 무임승차 문제란 사람들이 어떤 재화와 서비스의 소비로 일정한 혜택을 보지만, 어떤 비용도 지불하지 않는 것을 말한다. 이런 공공재가 가진 무임승차 문제 때문에 공공재는 사회 전체가 필요로 하는 수준보다 부족하게 생산되거나 아예 생산되지 않을 수 있다. 어떤 사람이 막대한 비용을 들여 누구나 공짜로 소비할 수 있는 국방 서비스, 치안 서비스 같은 공공재를 제공하려고 하겠는가.

공공재와 마찬가지로 공공자원 역시 원하는 사람이면 누구나 공짜로 사용할 수 있다. 그러나 어떤 사람이 공공자원을 사용하면 다른 사람은 사용에 제한을 받는다. 배제성은 없으나 재화의 경합성만이 존재하는 이러한 특성 때문에 공공자원은 '공공자원의 비극'이라는 새로운 형태의 문제를 낳는다. 공공자원의 비극이란 모두가 함께 사용할 수 있는 공공자원을 아무도 아껴 쓰려고 노력하지 않기 때문에 머지않아 황폐해지고 마는 현상이다.

바닷속의 물고기는 어느 특정한 사람의 소유가 아니기 때문에 누구나 잡을 수 있다. 먼저 잡는 사람이 임자인 셈이다. 하지만 물고기의 수량이 한정돼 있다면 나중에 잡는 사람은 잡을 물고기가 없을 수도 있다. 이런 생각에 너도 나도 앞다투어 물고기를 잡게 되면 얼마 가지 않아 물고기는 사라지고 말 것이다. 이른바 공공자원의 비극이 발생하는 것이다. 공공자원은 사회 전체가 필요로 하는 수준보다 지나치게 많이 자원을 낭비하는 결과를 초래한다.

이와 같은 공공재와 공공자원이 가지는 문제를 해결하는 방안은 무엇일까? 공공재는 사회적으로 매우 필요한 재화와 서비스인데도 시장에서 생산되지 않는다. 정부는 공공재의 특성을 가지는 재화와 서비스를 직접 생산해 공급한다. 예를 들어 정부는 국방, 치안 서비스 등을 비롯해 철도, 도로, 항만, 댐 등 원활한 경제 활동을 간접적으로 뒷받침해 주는 사회간접자본을 생산한다. 이때 사회간접자본의 생산량은 일반적인 상품의 생산량보다 예측이 까다로울 수 있는데, 이용하는 사람이 국민 전체이기 때문에 그 수가 절대적으로 많을 뿐만 아니라 배제성과 경합성이 없는 공공재로서의 성격을 띠기 때문에 그러한 면도 있다. 이러한 문제를 해결하기 위해서 국가는 공공투자사업 전 사회적 편익과 비용을 분석하여 적절한 사업의 투자 규모 및 진행 여부를 결정한다.

공공자원은 어느 누구의 소유도 아니다. 너도 나도 공공자원을 사용하면 금세 고갈되고 말 것이다. 따라서 정부는 각종 규제로 공공자원을 보호한다. 공공자원을 보호하기 위한 규제는 크게 사용 제한과 사용 할당으로 구분할 수 있다. 사용 제한은 공공자원을 민간이 이용할 수 없도록 막아두는 것이다. 예를 들면 주인이 없는 산을 개발 제한 구역으로 설정하여 벌목을 하거나 개발하여 수익을 창출하는 행위를 할 수 없도록 하는 것이다. 사용 할당은 모두가 사용하는 것이 아닌, 일정 기간에 일정한 사람만 사용할 수 있도록 이용 설정을 해두는 것을 말한다. 예를 들어 어부가 포획할 수 있는 수산물의 수량과 시기를 정해 놓는 법이 있다. 이렇게 되면 무분별하게 공공자원이 사용되는 것을 피하고 사회적으로 필요한 수준에서 공공자원을 사용할 수 있다.

① 치안 불안 해소를 위해 지역마다 CCTV를 설치한다.
② 주인 없는 목초지에서 풀을 먹일 수 있는 소의 마릿수를 제한한다.
③ 국립공원에 사는 야생동물을 사냥하지 못 하도록 하는 법을 제정한다.
④ 항상 붐비는 공용 주차장은 요일별로 이용 가능한 자동차를 정하여 사용한다.

07 다음 제시된 문단을 논리적 순서대로 바르게 나열한 것은?

> (가) 이러한 관리 방식에 따른 차이에도 불구하고 공동주택에서 자치관리를 하느냐, 위탁관리를 하느냐는 이론적인 측면이 강한 것이 현실이다. 공동주택의 대형화 및 고급화와 더불어 단지 내 시설, 설비의 복잡화와 첨단화로 인해 공동주택 관리를 아웃소싱할 것인가에 대한 의사결정은 과거에 비해 그 중요성이 증가하고 있다.
> (나) 반면에 위탁관리 방식은 입주자대표회의가 공동주택 위탁관리를 업(業)으로 하는 주택관리업자에게 위탁관리 수수료를 지급하고 관리사무소의 운영권 전반을 맡기는 도급 방식이다. 주택관리업자는 관리사무소장과 관리 직원을 공동주택 관리사무소에 투입하여 운영한다.
> (다) 우리나라 주택 시장에서의 가장 대표적인 주택 유형은 공동주택이다. 1990년대 이전 양적 공급 확대 정책에 의해 공급된 공동주택은 노후화와 더불어 단지 내 각종 시설 등의 기능적 부재 문제를 겪고 있다. 이에 따라 입주민들의 쾌적성 및 안전성 확보를 위한 공동주택 관리의 중요성이 높아지고 있다.
> (라) 공동주택 관리는 두 가지 방식으로 제도화되어 있으며, 어떤 관리 방식을 택하느냐에 따라 공동주택 관리의 효율성과 효과성에 미치는 영향이 달라진다. 결과적으로 공동주택 관리 서비스의 품질과 입주민들이 부담하는 관리비에 직접적인 영향을 미칠 가능성이 크다.
> (마) 이러한 관리 방식에는 입주자대표회의가 공동주택을 직접 운영하는 자치관리 방식이 있으며, 다른 하나로는 주택관리업자에게 관리업무를 아웃소싱하는 형태인 위탁관리 방식이 있다. 자치관리 방식에서는 입주자대표회의가 관리사무소장을 자치관리기구의 대표자로 선임하고 관리 직원을 고용하여 관리 업무를 입주민이 스스로 결정하고 집행한다.

① (가) - (나) - (다) - (라) - (마) ② (나) - (라) - (마) - (다) - (가)
③ (다) - (라) - (마) - (나) - (가) ④ (다) - (마) - (나) - (가) - (라)

※ 다음 자료를 보고 이어지는 질문에 답하시오. [8~9]

보증회사의 회계팀 소속인 A사원은 신용보증과 관련된 온라인 고객상담 게시판을 담당하여 고객들의 문의사항을 해결하는 업무를 하고 있다.

■ 보증심사등급 기준표

CCRS 기반	SBSS 기반	보증료율
K5		1.1%
K6	SB1	1.2%
K7		1.3%
K8	SB2	1.4%
K9	SB3	1.5%
K11	SB5	1.7%

■ 보증료율 운용체계

① 보증심사등급별 보증료율		• CCRS 적용 기업(K5 ~ K11) • SBSS 적용 기업(SB1 ~ SB5)
② 가산요율	보증비율 미충족	0.2%p
	일부 해지 기준 미충족	0.4%p
	장기분할해지보증 해지 미이행	0.5%p
	기타	0.1 ~ 0.6%p
③ 차감요율	0.3%p	• 장애인기업(장애인 고용 비율이 5% 이상인 기업) • 창업초기기업(창업한 지 만 1년이 되지 않은 기업)
	0.2%p	녹색성장산업 영위기업, 혁신형 중소기업 중 혁신역량 공유 및 전파기업, 고용창출 기업, 물가 안정 모범업소로 선정된 기업
	0.1%p	혁신형 중소기업, 창업 5년 이내 여성기업, 전시 대비 중점관리업체, 회계투명성 제고기업
	기타	경쟁력 향상, 창업지원 프로그램 대상 각종 협약 보증
④ 조정요율	차감	최대 0.3%p

• 가산요율과 차감요율은 중복 적용이 가능하며, 조정요율은 상한선 및 하한선을 넘는 경우에 대해 적용
• (최종 적용 보증료율)=①+②-③±④=0.5%(하한선) ~ 2.0%(상한선)
  (단, 대기업의 상한선은 2.3%로 함)

※ (보증료)=(보증금액)×(최종 적용 보증료율)×$\dfrac{(보증기간)}{365}$

08 A사원은 온라인 상담 게시판에 올라와 있는 어느 고객의 상담 요청을 확인하였다. 요청한 내용에 따라 보증료를 계산한다면 해당 회사의 보증료는 얼마인가?(단, 1백만 원 미만은 절사한다)

〈고객 상담 게시판〉

[1 : 1 상담 요청]
제목 : 보증료 관련 문의 드립니다.

안녕하십니까.
수도권에서 소기업을 운영하고 있는 사업자입니다.
보증료를 계산하는 데 어려움이 있어 문의를 남깁니다.
현재 우리 회사의 보증심사등급은 SBSS 기준 SB3 등급에 해당됩니다.
그리고 보증비율은 일부 해지 기준 미충족 상태이며, 작년에 혁신형 중소기업으로 지정되었습니다.
보증금액은 100억 원이고, 보증기간은 3개월(90일)로 요청 드립니다.

① 3,800만 원
② 4,000만 원
③ 4,200만 원
④ 4,400만 원

09 A사원은 다음 자료를 토대로 3개 회사의 보증료를 검토하게 되었다. 이 회사들의 보증료를 모두 계산하였을 때, 보증료가 높은 순서대로 3개 회사를 나열한 것은?(단, 주어진 내용 이외의 것은 고려하지 않는다)

〈회사별 보증료 관련 자료〉

구분	대기업 여부	심사등급	가산요율	특이사항	보증금액	보증기간
가	○	SB5	• 보증비율 미충족 • 장기분할해지보증 해지 미이행	-	150억	365일
나	○	K11	• 일부 해지 기준 미충족	• 녹색성장산업 영위기업	150억	365일
다	×	K7	-	• 장애인기업 • 고용창출 기업	100억	219일

① 가 - 나 - 다
② 가 - 다 - 나
③ 나 - 가 - 다
④ 나 - 다 - 가

10 다음 글과 상황을 근거로 판단할 때, 甲에게 가장 적절한 유연근무제는?

유연근무제는 획일화된 공무원의 근무형태를 개인·업무·기관별 특성에 맞게 다양화하여 일과 삶의 균형을 꾀하고 공직생산성을 향상하는 것을 목적으로 하며, 시간제근무, 탄력근무제, 원격근무제로 나눌 수 있다.

시간제근무는 다른 유연근무제와 달리 주 40시간보다 짧은 시간을 근무하는 것이다. 수시로 신청할 수 있으며 보수 및 연가는 근무시간에 비례하여 적용한다.

탄력근무제에는 네 가지 유형이 있다. 시차출퇴근형은 1일 8시간 근무체제를 유지하면서 출퇴근시간을 자율적으로 조정할 수 있으며 7:00 ~ 10:00에 30분 단위로 출근시간을 스스로 조정하여 8시간 근무 후 퇴근한다. 근무시간선택형은 주 5일 근무를 준수해야 하지만 1일 8시간을 반드시 근무해야 하는 것은 아니다. 근무가능 시간대는 6:00 ~ 24:00이며 1일 최대 근무시간은 12시간이다. 집약근무형은 1일 8시간 근무체제에 구애받지 않으며 주 3.5 ~ 4일만을 근무한다. 근무가능 시간대는 6:00 ~ 24:00이며 1일 최대 근무시간은 12시간이다. 이 경우 정액급식비 등 출퇴근을 전제로 지급되는 수당은 출근하는 일수만큼만 지급한다. 재량근무형은 출퇴근 의무 없이 프로젝트 수행으로 주 40시간의 근무를 인정하는 형태이며 기관과 개인이 협의하여 수시로 산정한다.

원격근무제에는 재택근무형과 스마트워크근무형이 있는데, 시행 1주일 전까지 신청하면 된다. 재택근무형은 사무실이 아닌 자택에서 근무하는 것이며, 초과근무는 불인정된다. 스마트워크근무형은 자택 인근의 스마트워크센터 등 별도 사무실에서 근무하며, 초과근무를 위해서는 사전에 부서장의 승인이 필요하다.

〈상황〉

A부서의 공무원 甲은 유연근무제를 신청하고자 한다. 甲은 원격근무보다는 A부서 사무실에 출근하여 일하는 것을 원하며, 주 40시간의 근무시간은 지킬 예정이다. 이틀은 아침 7시에 출근하여 12시간씩 근무하고, 나머지 사흘은 5 ~ 6시간의 근무를 하고 일찍 퇴근하려는 계획을 세웠다.

① 시간제근무
② 시차출퇴근형
③ 근무시간선택형
④ 집약근무형

11 제시된 명제가 모두 참일 때, 다음 중 참이 아닌 것은?

- 시험기간이 되면 민아는 도서관에 간다.
- 시험기간이 아니면 경호는 커피를 마시지 않는다.
- 경호가 커피를 마시든지 성환이가 수정과를 마신다.
- 민아는 도서관에 가고 성환이는 수정과를 마신다.

① 지금은 시험기간이다.
② 경호가 커피를 마시면 시험기간이다.
③ 경호가 커피를 마시면 민아는 도서관에 간다.
④ 지금은 시험기간이거나 경호가 커피를 마시지 않는다.

12 5층인 K빌라에 A~E 5명이 살고 있다. 다음 대화에서 1명이 거짓을 말하고 있다면, 거짓을 말하는 사람은?(단, 5명 모두 다른 층에 살고 있다)

- A : C는 가장 위에 살고 있어.
- B : D의 바로 위층에는 C가 살고 있어.
- C : E보다 위에 사는 사람은 총 4명이야.
- D : C의 바로 아래층에는 B가 살고 있어.
- E : 내 바로 위층에는 A가 살고, 나는 D와 2층 차이가 나.

① A ② B
③ C ④ D

13 K은행의 연금상품에 가입한 A고객은 올해부터 10년 동안 연초에 연 10%의 물가상승률이 적용되는 연금을 받기로 하였으며, 올해 말에는 500(1+0.1)만 원이 나온다고 한다. 갑자기 사정이 생겨 목돈이 필요한 A고객이 해당 연금을 올해 초에 일시불로 받으려고 은행을 찾았다면, A고객이 일시불로 받을 수 있는 금액은?(단, 만의 자리 미만은 절사하며, $1.1^{10} = 2.5$로 계산한다)

① 2,300만 원 ② 2,800만 원
③ 3,000만 원 ④ 3,300만 원

14 다음은 국제우편 접수 매출액 현황에 대한 자료이다. 이에 대한 설명으로 옳지 않은 것은?

〈국제우편 접수 매출액 현황〉

(단위 : 백만 원)

구분	2019년	2020년	2021년	2022년	2023년				
					소계	1/4분기	2/4분기	3/4분기	4/4분기
국제통상	16,595	17,002	19,717	26,397	34,012	7,677	7,552	8,000	10,783
국제소포	17,397	17,629	19,794	20,239	21,124	5,125	4,551	5,283	6,165
국제특급	163,767	192,377	229,012	243,416	269,674	62,784	60,288	61,668	84,934
합계	197,759	227,008	268,523	290,052	324,810	75,586	72,391	74,951	101,882

① 2023년 4/4분기 매출액은 2023년 다른 분기에 비해 가장 많다.
② 2020년 대비 2023년 국제소포 분야의 매출액 증가율은 10% 미만이다.
③ 2019년 대비 2023년 매출액 증가율이 가장 큰 분야는 국제통상 분야이다.
④ 2022년 총매출액에서 국제통상 분야의 매출액이 차지하고 있는 비율은 10% 미만이다.

15 다음은 2020 ~ 2023년 갑국 기업의 남성육아휴직제 시행 현황에 대한 자료이다. 이에 대한 설명으로 옳은 것은?

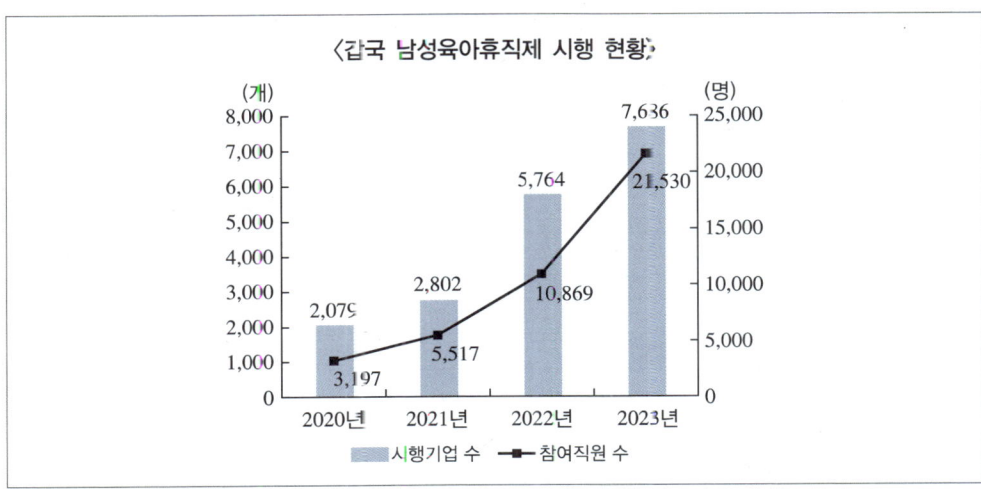

① 시행기업당 참여직원 수가 가장 많은 해는 2021년이다.
② 2023년 남성육아휴직제 참여직원 수는 2021년의 4배 이상이다.
③ 2021년 대비 2023년 시행기업 수의 증가율은 참여직원 수의 증가율보다 낮다.
④ 2020년부터 2023년까지 연간 참여직원 수 증가 인원의 평균은 약 5,000명이다.

02 | 직무심화지식

※ 다음은 KB스타적금Ⅱ의 상품설명서이다. 이어지는 질문에 답하시오. **[1~2]**

〈KB스타적금Ⅱ〉

구분	내용
가입대상	• 실명의 개인(1인 1계좌) ※ 개인사업자, 임의단체 및 공동명의 가입 불가
상품유형	• 자유적립식 예금
가입금액 및 저축방법	• 월 1만 원 이상 30만 원 이하(원 단위) ※ 매월(해당 월의 초일부터 말일까지) 자유롭게 저축(만기일 전일까지 저축 가능)
계약기간	• 12개월
가입채널	• KB스타뱅킹, 영업점
이자지급 시기	• 만기일시지급식 : 만기(후)해지 또는 중도해지 시 이자를 일시에 지급
기본금리	• 연 2.0%
우대금리	• 최고 연 6.0%p(예치기간이 1개월 미만인 중도해지계좌는 우대금리 미적용) | 구분 | 우대조건 | |---|---| | 환영해요 우대금리 (최고 연 3.0%p) | ① KB스타뱅킹 신규 또는 장기미사용 고객이 적금을 가입한 경우(연 2.0%p) ② ①에 해당하는 고객이 적금 가입일부터 만기일까지 월 1회 [금리확인] 화면에서 스탬프 찍기를 한 경우 해당 월마다 연 0.2%p 적용 후 합산하여 제공(최고 연 1.0%p) | | 함께해요 우대금리 (연 3.0%p) | 적금 신규 전일 기준 최근 6개월 동안 KB국민은행 상품*을 보유하지 않았거나 입출금이 자유로운 예금만 보유한 고객 | ※ 신규 고객 : 적금 신규일 전월 말일 기준 KB스타뱅킹 미가입 고객(해지 이력이 있는 고객 제외) ※ 장기미사용 고객 : 적금 신규일 전월 말일 기준 6개월 이상 KB스타뱅킹 로그인 이력이 없는 고객
중도해지 금리	• 가입일 당시 영업점 및 KB국민은행 홈페이지에 게시한 중도해지금리 적용 (단위 : 연 %) | 예치기간 | 금리 | |---|---| | 1개월 미만 | 0.1 | | 1개월 이상 | (가입일 당시 기본금리)+(해지일 기준 확정된 우대금리) |

*KB국민은행 상품 : 거치식/적립식 예금(외화예금 제외), 청약, 펀드, 신탁(퇴직연금 제외), 방카슈랑스, 대출

01 다음 중 KB스타적금Ⅱ에 대한 내용으로 옳지 않은 것은?

① KB스타적금Ⅱ의 금리는 최대 연 8.0%이다.
② KB스타적금Ⅱ는 온라인, 오프라인 모두 가입이 가능하다.
③ KB스타적금Ⅱ를 중도해지하는 경우 받을 수 금리는 최대 연 2.0%이다.
④ KB스타뱅킹 장기미사용 고객이 스탬프 찍기를 2회 하였다면 환영해요 우대금리는 2.4%p이다.

02 다음은 KB스타적금Ⅱ에 가입한 A ~ D 4명의 가입정보이다. 이들 중 적용금리가 가장 높은 사람은?

⟨KB스타적금Ⅱ 가입정보⟩

구분	KB스타뱅킹 정보			중도해지 여부	KB국민은행 상품 보유 기록
	가입일	마지막 로그인 일시	스탬프 횟수		
A	2023.01.05	2023.01.05	4회	×	청약통장 보유
B	2022.04.21	2022.05.30	2회	40일 후 해지	×
C	2022.07.02	2022.11.24	0회	×	외화예금통장 보유
D	2023.01.05	2023.01.05	5회	27일 후 해지	×

※ A ~ D는 모두 2023년 1월 5일에 KB스타적금Ⅱ에 가입하였음

① A ② B
③ C ④ D

※ 다음은 KB장병내일준비적금의 상품설명서이다. 이어지는 질문에 답하시오. [3~4]

〈KB장병내일준비적금〉

구분	내용
가입대상	• 가입시점에 다음 ①, ② 조건을 모두 충족하는 현역병, 상근예비역, 의무경찰, 해양의무경찰, 의무소방원, 사회복무요원, 대체복무요원(금융기관별 1인 1계좌 제한)
상품유형	• 자유적립식 예금
가입채널	• 영업점, KB스타뱅킹
계약기간	• 1개월 이상 24개월 이하(일 단위 만기일 지정) ※ 만기일은 고객의 전역예정일(소집해제예정일)이며, 단축·연장 불가 ※ 복무기간이 24개월 이상인 대체복무요원은 최대 가입기간 24개월로 제한
저축방법 및 저축금액	• 초입금 최저금액은 0원 이상, 2회차 이후는 1,000원 이상 원 단위로, 고객이 설정한 은행별 비과세 저축한도 범위 내에서 매월(월 초일부터 말일까지) 30만 원 이하 금액을 만기일 전일까지 자유롭게 저축 가능 ※ 단, 장병내일준비적금의 금융기관 합산 저축한도는 고객별 월 55만 원이며, 동 저축한도를 초과하지 않는 범위 내에서 한 은행의 저축한도는 최고 30만 원까지 설정 및 입금 가능
기본금리	• 신규가입일 당시 영업점 및 KB국민은행 홈페이지에 게시한 계약기간별 기본금리 적용 | 계약기간	1개월 이상 12개월 미만	12개월 이상 15개월 미만	15개월 이상 24개월 이하 | |---|---|---|---| | 금리 | 연 3.5% | 연 4.0% | 연 5.0% |

우대금리

• 최고 연 3.0%p(단, 모든 우대금리는 계약기간이 3개월 이상이며, 만기해지한 계좌에 대하여 계약기간 동안 적용)

구분	우대조건	우대금리
급여이체 실적	적금 신규월 초일부터 만기일 기준 전전월 말일까지 고객이 가입한 적금 계약기간(월 환산)의 2/3에 해당하는 기간 동안 고객의 KB국민은행 입출금통장으로 급여이체 실적이 매월 10만 원 이상인 경우	연 0.1%p
주택청약 종합저축 계좌보유	적금 만기일 기준 전전월 말일을 기준으로, 고객이 KB국민은행 주택청약종합저축 계좌를 보유한 경우	연 0.2%p
나라사랑 카드	적금 신규월 초일부터 만기일 기준 전전월 말일까지 KB국민나라사랑카드(체크) 이용실적이 1회 이상 발생하고, 적금 만기일 기준 전전월 말일까지 KB국민나라사랑카드(체크)를 보유한 경우	연 0.1%p
기초생활 수급자	적금 만기일 기준 전전월 말일을 기준으로 본인 명의 '수급자증명서' 또는 '사회보장급여 중지통지서(중지사유 : 군입대)'를 영업점에 제출한 경우	연 3.0%p

이자지급시기
• 만기일시지급식 : 만기(후) 또는 중도해지 요청 시 이자를 지급

중도해지금리
• 신규가입일 당시 영업점 및 KB국민은행 홈페이지에 게시한 예치기간별 중도해지금리 적용
(단위 : 연 %)

예치기간	금리
1개월 미만	0.1
1개월 이상 3개월 미만	기본금리×50%×경과월수/계약월수(단, 최저금리는 0.1)
3개월 이상 6개월 미만	기본금리×50%×경과월수/계약월수(단, 최저금리는 0.1)
6개월 이상 8개월 미만	기본금리×60%×경과월수/계약월수(단, 최저금리는 0.2)
8개월 이상 10개월 미만	기본금리×70%×경과월수/계약월수(단, 최저금리는 0.2)
10개월 이상 11개월 미만	기본금리×80%×경과월수/계약월수(단, 최저금리는 0.2)
11개월 이상	기본금리×90%×경과월수/계약월수(단, 최저금리는 0.2)

03 다음 중 KB장병내일준비적금에 대한 설명으로 옳지 않은 것은?

① KB장병내일준비적금의 만기일은 임의로 변경할 수 없다.
② KB장병내일준비적금을 통해 받을 수 있는 금리는 최대 연 8%이다.
③ 기초생활수급자가 24개월 만기해지한 경우 항상 금리를 최대로 받을 수 있다.
④ KB장병내일준비적금에 가입하기 위해서는 초회차에 1원 이상의 예금이 필요하다.

04 다음은 창구업무를 담당하는 A행원과 상담을 요청한 고객의 대화이다. 빈칸에 들어갈 금리의 값은?

> A행원 : 고객님 안녕하세요, 상담을 도와드릴 A입니다. 무엇을 도와드릴까요?
> 고 객 : 안녕하십니까? 예전에 신청했던 KB장병내일준비적금을 중도해지하고 싶어서 왔습니다.
> A행원 : 고객님, 신분증 한 번 보여주시겠어요?
> (신분증 제출 및 고객 확인 완료)
> A행원 : 고객님, 가입정보를 확인해 보니 12개월 계약에 6개월 동안 최대금액을 입금하셔서 총 180만 원이 입금이 되었네요. 맞나요?
> 고 객 : 네, 그랬던 것 같습니다. 만약 오늘 중도해지한다면 최대금리는 몇 %입니까? 적금을 가입한 이후로 KB국민나라사랑카드를 사용 중인데….
> A행원 : 오늘 중도해지하실 경우 고객님이 받으실 수 있는 중도해지금리는 연 ＿＿＿＿ 입니다.

① 1.0% ② 1.2%
③ 1.5% ④ 1.7%

05 다음에서 설명하는 것은?

> 하나의 IP 패킷이 분할된 IP 단편의 오프셋 값을 서로 중첩되도록 조작하여 이를 재조합하는 공격. 또는 대상 시스템에 에러와 부하를 유발하는 공격

① Qshing ② Smishing
③ TearDrop ④ LAND Attack

06 다음 중 지도·비지도학습에 대한 설명으로 옳지 않은 것은?

① 지도학습은 예측 결과에 대한 해석이 비교적 명확하다는 장점이 있다.
② 지도학습의 가장 큰 장점 중 하나는 학습과 평가가 매우 명확하다는 것이다.
③ 비지도학습은 정답이 명확하고 정확도가 지도학습에 비해 높아 학습 결과의 성능을 평가하기 용이하다.
④ 비지도학습은 데이터를 사전에 분류하거나 레이블을 지정할 필요가 없으므로 데이터 준비 과정이 상대적으로 간단하다.

07 다음 중 대칭키 암호 시스템에 대한 설명으로 옳지 않은 것은?

① DES(Data Encryption Standard) : 초기에 널리 사용되었던 대칭키 암호화 알고리즘으로, 56비트의 키를 사용하여 데이터를 64비트 블록 단위로 암호화한다.
② 3DES(Triple DES) : DES를 강화한 형태로, 같은 데이터에 대해 세 번의 DES 암호화를 수행하여 보안성을 향상시킨 방식이다.
③ Blowfish : 비교적 오래된 대칭키 암호화 알고리즘 중 하나로, 다양한 키 길이를 지원하며 블록 단위로 데이터를 암호화한다.
④ RC4 : 스트림 암호로서 주로 암호화된 데이터의 비트 단위를 처리하는 데 사용되고, 키스트림에 강점이 있어 권장된다.

08 다음에서 설명하는 것은?

- API를 위한 쿼리 언어(Query Language)이며 타입 시스템을 사용하여 쿼리를 실행하는 서버사이드 런타임이다.
- 특정한 데이터베이스나 특정한 스토리지 엔진과 관계되어 있지 않으며 기존 코드와 데이터에 의해 대체된다.

① gRPC ② REST
③ Webhooks ④ GraphQL

| 03 | 상식

01 다음 중 IRR(내부수익률)에 대한 설명으로 옳지 않은 것은?
① 불규칙한 현금흐름에는 적용이 어려운 단점이 있다.
② 화폐의 시간적 가치를 고려한 평균투자수익률 개념이다.
③ 투자규모와 관계없이 투자대안 간 수익률을 비교할 수 있다.
④ 내부수익률이 이자율보다 낮으면 투자가치가 없다고 할 수 있다.

02 다음 중 역선택과 도덕적 해이에 대한 설명으로 옳지 않은 것은?
① 역선택은 정보의 비대칭에 따른 거래 이후에 발생하는 문제다.
② 역선택은 정보의 불균형에 따른 불리한 의사결정 상황을 의미한다.
③ 보험을 믿고 사고 예방 노력을 게을리 하는 것은 도덕적 해이에 해당한다.
④ 도덕적 해이는 불투명한 정보로 인해 상대방의 행동을 미리 예측하지 못함을 의미한다.

03 다음 중 디지털세에 대한 설명으로 옳지 않은 것은?
① 일정 금액 이상의 초과이익에 대한 과세 권한을 매출 발생국에 배분한다.
② 다국적기업이 사업장을 운영하지 않더라도 매출이 발생한 곳에 세금을 내도록 하는 조세이다.
③ Amount A는 연결매출액 100억 유로 이상, 영업이익률 10% 이상인 다국적기업이 대상이 된다.
④ OECD, G20 등이 논의를 통해 2023년 최종 합의에 이르렀으며, 2025년 발표를 목표로 하고 있다.

04 다음 중 예금자보호법에 대한 설명으로 옳지 않은 것은?

① 우리나라에서는 1995년부터 시행되었다.
② 시중은행의 예금자보호는 예금보험공사가 운영한다.
③ 원금과 이자를 합하여 최고 3,000만 원까지 보호받을 수 있다.
④ 증권사 CMA 계좌 중 RP형, MMF형은 예금자보호 대상에 해당하지 않는다.

05 다음 중 파레토 법칙에 해당하는 경우로 옳지 않은 것은?

① 전체 영토의 20%에 80%의 국민이 거주한다.
② 가장 잘 팔리는 제품 20%가 전체 매출의 80%를 차지한다.
③ 주식시장의 상위 20% 기업이 전체 시가총액의 80%를 차지한다.
④ 음악차트 30위권 이내 음반CD의 판매량이 전체 판매량의 20%를 차지한다.

06 한계기업에 해당하지 않는 기업을 〈보기〉에서 모두 고르면?

보기
• A기업 : 영업이익 10억 원, 이자비용 12억 원 • B기업 : 영업이익 10억 원, 이자비용 15억 원 • C기업 : 영업이익 20억 원, 이자비용 30억 원 • D기업 : 영업이익 20억 원, 이자비용 20억 원 • E기업 : 영업이익 30억 원, 이자비용 25억 원

① A기업, B기업 ② B기업, D기업
③ C기업, E기업 ④ D기업, E기업

07 다음 중 리스크 관리방안에서 긍정적 위험관리전략에 해당하는 것은?

① 회피 ② 공유
③ 전가 ④ 완화

08 다음 중 개인의 신용도를 평가하는 신용조사기관에 해당하지 않는 것은?

① 한국평가데이터 ② 나이스평가정보
③ 한국신용정보원 ④ 코리아크레딧뷰로

09 다음 중 한계기업에 대한 설명으로 옳지 않은 것은?

① 기준금리가 인상될 경우 한계기업의 수가 더욱 증가할 수 있다.
② 국내 상장사의 한계기업 비중은 2020년 이후 꾸준히 감소 추세에 있다.
③ 재무상태가 부실해 영업이익으로 이자비용조차 감당하지 못하는 기업을 의미한다.
④ 우리나라는 한계기업에 해당될 경우 기업회생제도를 통해 재기의 기회를 주고 있다.

10 다음 중 BCG 매트릭스에서 캐시카우 사업에 대한 설명으로 옳은 것은?

① 시장 점유율과 성장률이 모두 낮아 철수 대상인 사업이다.
② 시장 점유율이 낮으나 향후 높은 성장률이 기대되는 사업이다.
③ 시장 점유율과 성장률이 모두 높아 투자를 계속 하는 유망한 사업이다.
④ 시장 점유율이 높아 꾸준한 현금 창출이 가능하나 성장률은 높지 않은 사업이다.

CHAPTER 03 | 2024년 상반기 기출복원문제

정답 및 해설 p.020

| 01 | 직업기초능력

01 다음 글의 제목으로 가장 적절한 것은?

> 전 세계적으로 인공지능(AI)에 대한 열풍과 함께 대규모 투자가 일어나고 있으나 관련 수익은 비교적 미미하다는 통계 결과가 나왔다. 이에 일각에서는 'AI 거품론'까지 거론되고 있다.
> 한 투자매체에 따르면 2026년까지 AI에 투자한 자본은 600억 달러에 이른다. 하지만 그에 반해 동일 기간 예상되는 매출액은 200억 달러에 그칠 것으로 보인다며, AI에 대한 투자 자본과 AI로 인한 매출액은 불일치할 것이라고 지적했다. 또한 전문가들은 AI에 대한 과도한 기대로 '묻지마 투자'가 이루어진 것이라며 우려를 표했다.
> 하지만 일각에서는 AI 서비스의 혁신으로 높은 관심을 도출해 낸다면 분위기는 바뀔 수 있다고 주장했다. 특히 AI 수혜주의 대표주자인 반도체 기업 N사에 대해서는 중기적으로 볼 때 AI 자본 지출이 앞으로 몇 년 동안 크게 유지될 것으로 보이기 때문에 갑자기 투자가 줄어드는 등의 불가피한 상황이 없다면 어려움이 없을 것이라고 전망했다.

① 인공지능 투자와 거품
② 인공지능 투자 분위기의 변곡점
③ 인공지능 거품론 사이에서도 피어나는 희망
④ 인공지능에 대한 과도한 기대가 불러일으킨 비극

02 다음 글의 제목으로 적절하지 않은 것은?

> 대・중소기업 간 동반성장을 위한 '상생'이 산업계의 화두로 조명받고 있다. 4차 산업혁명 시대 도래 등 글로벌 시장에서의 경쟁이 날로 치열해지는 상황에서 대기업과 중소기업이 힘을 합쳐야 살아남을 수 있다는 위기감이 상생의 중요성을 부각하고 있다고 분석한다. 재계 관계자는 "그동안 반도체, 자동차 등 제조업에서 세계적인 경쟁력을 갖출 수 있었던 배경에는 대기업과 협력업체 간 상생의 역할이 컸다."며 "고속 성장기를 지나 지속 가능한 구조로 한 단계 더 도약하기 위해 상생 경영이 중요하다."라고 강조했다.
> 우리 기업들은 협력사의 경쟁력 향상이 곧 기업의 성장으로 이어질 것으로 보고 2・3차 중소 협력업체들과의 상생 경영에 힘쓰고 있다. 단순히 갑을 관계에서 대기업을 서포트해야 하는 존재가 아니라 상호 발전을 위한 동반자라는 인식이 자리 잡고 있다는 분석이다. 이에 따라 협력사들에 대한 지원도 거래대금 현금 지급 등 1차원적인 지원 방식에서 벗어나 경영 노하우 전수, 기술 이전 등을 통한 '상생 생태계' 구축에 도움을 주는 방향으로 초점이 맞춰지는 추세다.
> 특히 최근에는 상생 협력이 대기업이 중소기업에 주는 일시적인 시혜 차원의 문제가 아니라 경쟁에서 살아남기 위한 생존 문제와 직결된다는 인식이 강하다. 협약을 통해 협력업체를 지원해 준 대기업이 업체의 기술력 향상으로 더 큰 이득으로 보상받고 이를 통해 우리 산업의 경쟁력이 강화될 것이라는 설명이다.
> 경제 전문가는 "대・중소기업 간의 상생 협력이 강제 수단이 아니라 문화적으로 자리 잡아야 할 시기"라며 "대기업, 특히 오너 중심의 대기업들도 단기적인 수익이 아닌 장기적인 시각에서 질적 평가를 통해 협력업체의 경쟁력을 키울 방안을 고민해야 한다."라고 강조했다.
> 이와 관련해 국내 주요 기업들은 대기업보다 연구개발(R&D) 인력과 관련 노하우가 부족한 협력사들을 위해 각종 노하우를 전수하는 프로그램을 운영 중이다. S전자는 협력사들에 기술 노하우를 전수하기 위해 경영・제조・개발・품질관리 등 해당 전문 분야에서 20년 이상 노하우를 가진 S전자 임원과 부장급 100여 명으로 '상생 컨설팅팀'을 구성했다. 지난하부터는 해외에 진출한 국내 협력사에도 노하우를 전수하고 있다.

① 상생 경영, 함께 가야 멀리 간다.
② 동반성장을 위한 상생의 중요성
③ 시혜적 차원에서의 대기업 지원의 중요성
④ 지속 가능한 구조를 위한 상생 협력의 중요성

※ 다음 제시된 문장을 읽고, 이어질 문장을 논리적 순서대로 바르게 나열한 것을 고르시오. [3~5]

03

가상화폐를 주도하던 비트코인의 가격이 6만 달러 선까지 하락하자, 시장에서는 비트코인이 5만 달러 선까지 하락하는 것이 아니냐는 우려가 퍼지고 있다.

(가) 이처럼 비트코인이 하락세를 이어가는 원인으로 전문가들은 최근 시장에서의 대규모 자금 이동을 주장하고 있다.
(나) 우선 2014년 해킹으로 파산에 이른 일본의 비트코인 거래소 M사가 채권자들에게 상환으로 14만 개 규모, 약 90억 달러 수준의 비트코인을 지급하겠다고 밝히면서 비트코인의 급락을 만들었다.
(다) 비트코인은 지난 3월 7만 3,000달러로 최고가를 기록했지만, 이후에는 계속 하락세를 보이며 겨우 두 달 만인 5월에 최저가인 5만 8,000달러를 기록했다. 이는 20% 이상 하락한 수준이다.
(라) 여기에다 통상적으로 암호화폐는 중앙화 거래소를 사용해 자산의 판매가 이루어지므로 암호화폐가 중앙화 거래소로 옮겨지는 것은 하락세로 판단되는데, 독일과 미국이 압류한 비트코인을 크라켄과 코인베이스 등의 암호화폐 거래소로 이동시키면서 비트코인 투자에 부정적인 영향을 준 것으로 보인다.

① (가) - (나) - (다) - (라) ② (가) - (나) - (라) - (다)
③ (다) - (가) - (나) - (라) ④ (다) - (라) - (가) - (나)

04

한 금융정보업체에 따르면, 올해 상반기 장외 시장에서 개인 투자자들의 채권 순매수 금액이 24조 원에 다다랐다고 한다.

(가) 지금과 같은 고금리 환경에서는 채권 가격이 상대적 낮기 때문에 저가로 매수해 높은 이자 수익을 얻다가, 이후 저금리 환경에서 채권 가격이 높아지면 해당 채권을 매도하면서 그 매매차익을 얻는 것이다.
(나) 이는 기준금리가 인하된다는 분위기가 고조되자 이후 취득할 매매 차익을 기대한 투자 수요로 예측되고 있기 때문이다.
(다) 금리가 하락하는데 투자가 상승하는 이유는 채권금리와 가격이 반대로 진행하기 때문이다.

① (가) - (나) - (다) ② (가) - (다) - (나)
③ (나) - (가) - (다) ④ (나) - (다) - (가)

05 국민은행은 S전자와 협업하여 국내 최초로 실시간 위치 확인이 가능한 기능을 탑재한 IoT(사물인터넷) 신용카드를 선보이겠다고 전했다.

(가) IoT 신용카드는 저전력 블루투스 기술을 사용한 '스마트 싱스 파인드' 서비스를 기반으로 한 상품이다. 이 서비스를 통해 스마트폰이나 웨어러블 장치처럼 실시간으로 카드의 위치를 확인할 수 있다.
(나) 현재 위치뿐만 아니라, 만일 IoT 신용카드와 스마트폰의 연결이 해제되었더라도 그 해제된 장소도 알 수 있고, 최근 7일간의 IoT 신용카드 위치 이력도 조회할 수 있다. 반대로 스마트폰을 분실하였다면 IoT 신용카드 하단의 버튼을 눌러 스마트폰에 알람소리가 나도록 하여 찾을 수도 있다.
(다) 그러므로 만일 카드를 보관한 장소가 기억이 나지 않거나, 혹은 지갑을 잃어버렸을 경우 실시간으로 위치를 확인할 수 있어 보다 수월하게 찾을 수 있을 것이다.

① (가) - (나) - (다) ② (가) - (다) - (나)
③ (다) - (가) - (나) ④ (다) - (나) - (가)

※ 다음 글의 내용으로 적절하지 않은 것을 고르시오. [6~7]

06

물가 상승률은 일반적으로 가격 수준의 상승 속도를 나타내며 소비자 물가지수(CPI)와 같은 지표를 사용하여 측정된다. 높은 물가 상승률은 소비재와 서비스의 가격이 상승하고 돈의 구매력이 감소한다. 이는 소비자들이 더 많은 돈을 지출하여 물가 상승에 따른 가격 상승을 감수해야 함을 의미한다.

물가 상승률은 경제에 다양한 영향을 미친다. 먼저 소비자들의 구매력이 저하되므로 가계소득의 실질 가치가 줄어든다. 이는 소비 지출의 감소와 경기 둔화를 초래할 수 있다. 또한 물가 상승률은 기업의 의사결정에도 영향을 준다. 예를 들어, 높은 물가 상승률은 이자율의 상승과 함께 대출 조건을 악화시키므로 기업들은 생산 비용 상승과 이로 인한 이윤 감소에 직면하게 된다.

정부와 중앙은행은 물가 상승률을 통제하기 위해 다양한 금융 정책을 사용한다. 대표적으로 세금 조정, 통화량 조절, 금리 조정 등이 있다.

물가 상승률은 경제 활동에 큰 영향을 주는 중요한 요소이므로 정부, 기업, 투자자 및 개인은 이를 주의 깊게 모니터링하고 전망을 평가하는 데 활용해야 한다. 또한 소비자의 구매력과 경기 상황에 직간접적인 영향을 주므로 경제 주체들은 물가 상승률의 변동에 대응하여 적절한 전략을 수립해야 한다.

① 지나친 물가 상승은 소비 심리를 위축시킨다.
② 중앙은행의 금리 조정으로 지나친 물가 상승을 진정시킬 수 있다.
③ 정부와 중앙은행이 실행하는 금융 정책의 목적은 물가 안정성을 유지하는 것이다.
④ 소비재와 서비스의 가격이 상승하므로 기업의 입장에서는 물가 상승률이 커질수록 이득이다.

07

신혼부부 가구의 주거안정을 위해서는 우선적으로 육아와 보육지원 정책의 확대 및 강화가 필요한 것으로 나타났다.

신혼부부 가구는 주택 마련 지원 정책보다 육아수당, 육아보조금, 탁아시설 확충과 같은 육아·보육지원 정책의 확대·강화가 더 필요하다고 생각하고 있으며 특히, 믿고 안심할 수 있는 육아·탁아시설의 확대가 필요한 것으로 나타났다. 이는 최근 부각된 보육기관에서의 아동학대문제 등 사회적 분위기의 영향과 맞벌이 가구의 경우, 안정적인 자녀 보육환경이 전제되어야만 안심하고 경제활동을 할 수 있기 때문인 것으로 보인다.

신혼부부 가구 중 아내의 경제활동 비율은 평균 38.3%이며 맞벌이 비율은 평균 37.2%로 나타났으나, 일반적으로 자녀 출산 시기로 볼 수 있는 혼인 3년 차에서의 맞벌이 비율은 30% 수준까지 낮아지는 경향을 보이는데 자녀의 육아환경 때문으로 판단된다. 또한, 외벌이 가구의 81.5%가 자녀의 육아·보육을 위해 맞벌이를 하지 않는다고 하였으며 이는 결혼 여성의 경제활동 지원을 위해서는 무엇보다 육아를 위한 보육시설의 확대가 필요하다는 것을 시사한다.

맞벌이의 주된 목적이 주택비용 마련임을 고려할 때, 보육시설의 확대는 결혼 여성에게 경제활동의 기회를 제공하여 신혼부부 가구의 경제력을 높이고 내 집 마련 시기를 앞당길 수 있다는 점에서 중요성을 갖는다.

특히 신혼부부 가구가 계획하고 있는 자녀의 수는 총 1.83명이나, 자녀 양육 환경문제 등으로 추가적인 자녀계획을 포기하는 경우가 나타날 수 있으므로 실제 자녀수는 이보다 낮은 수치를 보일 것으로 예상된다. 따라서 출산장려를 위해서도 결혼 여성의 경제활동을 지원하기 위한 강화된 국가적 차원의 배려와 관심이 필요하다고 할 수 있다.

① 육아·보육지원은 신혼부부의 주거안정을 위한 정책이다.
② 자녀의 보육환경이 개선되면 맞벌이 비율이 상승할 것이다.
③ 경제활동에 참여하는 여성이 많아질수록 출산율은 낮아질 것이다.
④ 신혼부부들은 육아수당, 육아보조금 등의 정책이 주택 마련 지원 정책보다 더 필요하다고 생각한다.

08 다음 글을 읽고 추론한 내용으로 가장 적절한 것은?

> 2024년은 그야말로 정치의 해이다. 4월에는 국내에서 국회의원 선거가, 11월 미국에서는 대통령 선거가 열려 금융시장의 불확실성은 그 어느 때보다 클 것으로 보인다. 특히 트럼프 전 미국 대통령이 다시 대선으로 돌아옴과 동시에 당선 가능성이 높아지고 있어 이것 역시 금융시장에 역시 큰 변수로 작용될 것으로 예측된다.
>
> 금융 전문가들은 국내 총선보다는 미국의 대선이 정치 이벤트의 큰 변곡점이 될 것으로 보인다며, 트럼프 전 대통령의 출마 여부가 확정되고 국내 정책 방향성이 결정되는 2024년 1분기 말에 주목하고 있다.
>
> 또한 과거 미국 대선이 있던 시기에는 항상 경제정책 불확실성이 높아 주가수익비율(PER)을 압박하는 요인으로 작용했으며, 특히 현 미국 재정정책을 향한 불만이 커질 가능성이 높으므로 2024년 하반기에는 미국 대선을 앞둔 경계심과 주경기 사이클 하락 등 여러 요인이 금융시장의 불확실성으로 작용할 것으로 보인다고 덧붙였다.
>
> 이에 대해 S증권 센터장은 역사적으로 미국의 대선 2~3개월 전을 기점으로 증권시장의 흐름은 활발하지 않고 시장 변동성은 유의미한 상승세를 보였다며, 2024년 미국 대선은 트럼프 전 대통령의 법적 분쟁과 더불어 과거 어느 때보다 정치 경제적 불확실성이 커질 것으로 보인다고 말했다.
>
> H증권 센터장 또한 2024년 대선에서 바이든 대통령이 당선된다면 현재와 유사한 흐름이 지속될 것으로 보이나, 만일 트럼프 전 대통령이 당선된다면 지금과는 사뭇 분위기가 다를 것으로 예측된다고 말했다. 특히 셰일 개발과 IRA 재검토, 우크라이나 지원 중단, 미중 갈등이 확대될 것으로 보여 이는 한국 증권시장에 큰 악재로 작용할 것으로 보인다며 우려를 표했다.

① 미국 대선 2~3개월 전 증권시장의 흐름은 부진할 것이다.
② 트럼프 전 미국 대통령의 당선은 주가수익비율을 높일 것이다.
③ 국내 대선보다는 미국 대선이 국내 증시에 큰 영향을 줄 것이다.
④ 바이든 대통령이 당선된다면 이는 국내 증시에 호재가 될 것이다.

09 다음 글을 읽고 〈보기〉의 밑줄 친 정책 방향에 대해 추론한 내용으로 가장 적절한 것은?

동일한 환경에서 야구공과 고무공을 튕겨 보면 고무공이 훨씬 민감하게 튀어 오르는 것을 볼 수 있다. 즉, 고무공은 야구공보다 탄력이 좋다. 일정한 가격에서 사람들이 사고자 하는 물건의 양인 수요량에도 탄력성의 개념이 적용될 수 있다. 재화의 가격이 변화할 때 수요량도 변화하게 되는 것이다. 이때 경제학에서는 가격 변화에 대한 수요량 변화의 민감도를 측정하는 표준화된 방법을 수요 탄력성이라고 한다.

수요 탄력성은 수요량의 변화 비율을 가격의 변화 비율로 나눈 값이다. 일반적으로 가격과 수요량은 반비례하므로 수요 탄력성은 음(-)의 값을 가진다. 그러나 통상적으로 음의 부호를 생략하고 절댓값만 표시한다.

가격에 따른 수요량 변화율에 따라 상품의 수요는 '단위 탄력적', '탄력적', '완전 탄력적', '비탄력적', '완전 비탄력적'으로 나눌 수 있다. 수요 탄력성이 1인 경우 수요는 '단위 탄력적'이라고 불린다. 또한, 수요 탄력성이 1보다 큰 경우 수요는 '탄력적'이라고 불린다. 한편 영(0)에 가까운 아주 작은 가격 변화에도 수요량이 매우 크게 변화하면 수요 탄력성은 무한대가 된다. 이 경우의 수요는 '완전 탄력적'이라고 불린다. 소비하지 않아도 생활에 지장이 없는 사치품이 이에 해당한다. 반면, 수요 탄력성이 1보다 작다면 수요는 '비탄력적'이라고 불린다. 만일 가격이 아무리 변해도 수요량에 어떠한 변화도 나타나지 않는다면 수요 탄력성은 영(0)이 된다. 이 경우 수요는 '완전 비탄력적'이라고 불린다. 생필품이 이에 해당한다.

수요 탄력성의 크기는 상품의 가격이 변할 때 이 상품에 대한 소비자의 지출이 어떻게 변하는지를 알려 준다. 상품에 대한 소비자의 지출액은 가격에 수요량을 곱한 것이다. 먼저 상품의 수요가 탄력적인 경우를 따져 보자. 이 경우에는 수요 탄력성이 1보다 크기 때문에 가격이 오른 정도에 비해 수요량이 많이 감소한다. 이에 따라 가격이 상승하면 소비자의 지출액은 가격이 오르기 전보다 감소한다. 반면에 가격이 내릴 때는 가격이 내린 정도에 비해 수요량이 많아지므로 소비자의 지출액은 증가한다. 물론 수요가 비탄력적이면 위와 반대되는 현상이 일어난다. 즉, 가격이 상승하면 소비자의 지출액은 증가하며 가격이 하락하면 소비자의 지출액은 감소하게 된다.

> **보기**
> A국가의 정부는 경제 안정화를 위해 개별 소비자들이 지출액을 줄이도록 유도하는 정책을 시행하기로 하였다.

① 생필품과 사치품의 가격을 모두 낮추려 하겠군.
② 생필품과 사치품의 가격을 모두 유지하려 하겠군.
③ 생필품의 가격은 낮추고 사치품의 가격은 높이려 하겠군.
④ 생필품의 가격은 높이고 사치품의 가격은 유지하려 하겠군.

10 K은행에 근무하는 직원 4명은 함께 5인승 택시를 타고 A지점으로 가고자 한다. 〈조건〉에 따라 택시에 탑승할 때, 다음 중 항상 참인 것은?

> **조건**
> • 직원은 각각 부장, 과장, 대리, 사원의 직책을 갖고 있다.
> • 직원은 각각 흰색, 검은색, 노란색, 연두색 신발을 신었다.
> • 직원은 각각 기획팀, 여신팀, 보험팀, 홍보팀 소속이다.
> • 대리와 사원은 옆으로 붙어 앉지 않는다.
> • 과장 옆에는 직원이 앉지 않는다.
> • 부장은 홍보팀이고 검은색 신발을 신었다.
> • 보험팀 직원은 조수석에 앉았고 노란색 신발을 신었다.
> • 사원은 기획팀 소속이다.

① 부장은 조수석에 앉는다. ② 부장 옆에는 과장이 앉는다.
③ 사원은 흰색 신발을 신었다. ④ 과장은 노란색 신발을 신었다.

11 다음은 2023년 9 ~ 12월의 원/100엔 환율 변동에 대한 자료이다. 이에 대한 설명으로 옳지 않은 것은?

① 원/100엔 환율이 가장 큰 달은 2023년 12월이다.
② 원/100엔 환율이 가장 작은 달은 2023년 11월이다.
③ 원/100엔 환율이 가장 큰 폭으로 증가한 시기는 2023년 9월과 2023년 10월 사이이다.
④ 원/100엔 환율이 가장 큰 폭으로 감소한 시기는 2023년 10월과 2023년 11월 사이이다.

12 다음은 2023년 9월과 2023년 12월의 원/달러 환율에 대한 자료이다. 2023년 9월에 100만 원을 달러로 환전하고 2023년 12월에 다시 원화로 환전했을 때, 손해를 보는 금액은?(단, 환전수수료는 고려하지 않으며, 백의 자리에서 반올림한다)

〈원/달러 환율〉

구분	2023년 9월	2023년 12월
환율	1,327원/달러	1,302원/달러

① 17,000원 ② 19,000원
③ 21,000원 ④ 23,000원

13 다음은 2021년 1분기부터 2023년 4분기까지의 전체 시설자금 및 운전자금 대출 금액에 대한 자료이다. 이에 대한 설명으로 옳지 않은 것은?

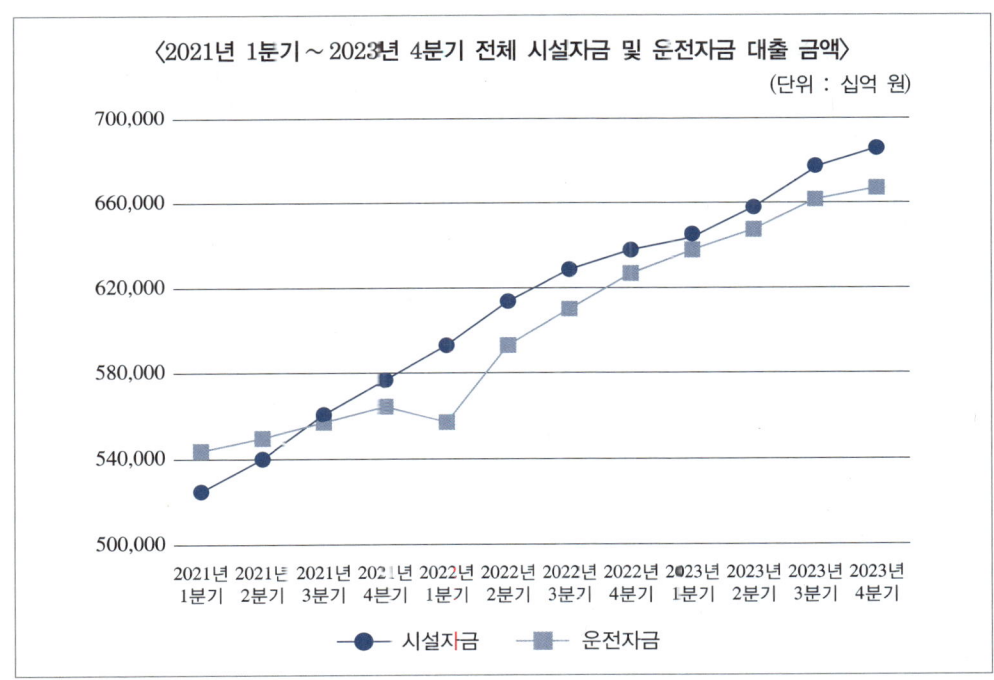

① 시설자금 대출 금액이 운전자금 대출 금액을 앞서기 시작한 때는 2021년 4분기이다.
② 2021년 2분기부터 2023년 4분기까지 전분기 대비 시설자금 대출 금액은 증가 추세이다.
③ 2021년 1분기 대비 2023년 4분기의 대출 금액의 증가율이 더 큰 것은 시설자금 대출 금액이다.
④ 2021년 2분기부터 2023년 4분기까지 전분기 대비 운전자금 대출 금액이 가장 크게 증가한 때는 2022년 2분기이다.

※ 다음은 여비규정에 대한 자료이다. 이어지는 질문에 답하시오. [14~15]

〈국내여비 정액표〉

구분			가군	나군	다군
운임	항공운임		실비(1등석/비지니스)	실비(2등석/이코노미)	
	철도운임		실비(특실)		실비(일반실)
	선박운임		실비(1등급)	실비(2등급)	
	자동차운임	버스운임	실비		
		자가용승용차운임	실비		
일비(1일당)			2만 원		
식비(1일당)			2만 5천 원	2만 원	
숙박비(1박당)			실비	실비(상한액 : 서울특별시 7만 원, 광역시·제주도 6만 원, 그 밖의 지역 5만 원)	

〈실비 단가(1일당 상한액)〉

구분	가군	나군	다군
항공운임	100만 원	50만 원	
철도운임		7만 원	3만 원
선박운임	50만 원	20만 원	
버스운임	1,500원		
자가용승용차운임	20만 원		
숙박비	15만 원	–	–

14 지난주 출장을 다녀온 A부장의 출장 내역이 다음과 같을 때, A부장이 받을 수 있는 최대 여비는?

〈A부장 출장 내역〉

- 2박 3일 동안 가군으로 출장을 간다.
- 항공은 첫째 날과 셋째 날에 이용한다.
- 철도는 첫째 날과 둘째 날에 이용한다.
- 자가용은 출장 기간 동안 매일 이용한다.

① 315만 5천 원 ② 317만 원
③ 317만 5천 원 ④ 318만 원

15 영업팀 3명이 다음과 같이 각각 다른 군으로 출장을 갈 때, 영업팀이 받는 여비의 총액은?

〈영업팀 출장 내역〉

- 1박 2일 동안 출장을 간다.
- 비용은 최대로 받는다.
- 항공은 첫째 날에 이용한다.
- 선박은 둘째 날에 이용한다.
- 기차는 출장 기간 동안 매일 이용한다.
- 버스는 출장 기간 동안 매일 이용한다.
- 자가용은 출장 기간 동안 매일 이용한다.
- 나군은 서울에 해당한다.
- 다군은 제주도에 해당한다.

① 485만 9천 원 ② 488만 6천 원
③ 491만 6천 원 ④ 497만 9천 원

02 | 직무심화지식

※ 다음은 온국민 건강적금의 상품설명서이다. 이어지는 질문에 답하시오. [1~2]

〈온국민 건강적금〉

구분	내용
가입대상	실명의 개인(1인 1계좌)
상품유형	자유적립식 예금
가입금액 및 저축방법	월 1만 원 이상 20만 원 이하 ※ 매월(해당 월의 초일부터 말일까지) 자유롭게 저축(만기일 전일까지 저축 가능)
계약기간	6개월
가입채널	KB스타뱅킹(단, 가입일 기준 만 60세 이상 고객은 영업점을 통해 가입 가능)
이자지급시기	만기일시지급식 : 만기해지 또는 중도해지 시 이자를 일시에 지급
기본금리	연 2.0%
우대금리	[최고 연 6.0%p] • 즐거운 걷기 우대금리(매월 연 0.5%p, 최고 연 3.0%p) : 매월 10만 걸음 걷기(단, 가입일 기준 만 60세 이상 고객은 5만 걸음 걷기) • 발자국 찍기 우대금리(연 1.0%p) : KB스타뱅킹 내 발자국 스탬프 찍기를 매월 1회씩 6회 모두 완료한 경우 • 웰컴 스뱅 우대금리(연 2.0%p) : 적금 가입 전전월 말 기준 6개월 이상 KB스타뱅킹 로그인 이력이 없는 경우 ※ 우대금리는 적용 조건을 충족하는 경우 만기해지 시 계약기간 동안 적용
중도해지금리 (단위 : 연 %)	• 1개월 미만 : 0.1 • 1개월 이상 3개월 미만 : 기본금리×50%×경과월수÷계약월수(단, 최저금리는 0.1) • 3개월 이상 : 기본금리×50%×경과월수÷계약월수(단, 최저금리는 0.1) ※ 경과월수 : 입금일 다음 날로부터 해지월 입금해당일까지를 월수로 하고, 1개월 미만은 절상 ※ 계약월수 : 6개월 ※ 금리는 소수점 둘째 자리까지 표시(소수점 셋째 자리에서 절사)
계약해지방법	• KB스타뱅킹, 인터넷뱅킹, 영업점 및 고객센터를 통해 해지 • 만기자동해지 신청 가능(사전 지정계좌로 입금)
유의사항	• 본 상품의 '즐거운 걷기 우대금리'를 받기 위해서 안드로이드 기기에는 '구글 피트니스', iOS 기기에는 '건강' 앱이 설치되어 있어야 함 • 인정되는 걸음 수는 KB스타뱅킹 내 [금리확인] 화면에서 확인할 수 있음

01 다음 중 온국민 건강적금 상품설명서에 대한 설명으로 옳지 않은 것은?

① 온국민 건강적금의 최종금리는 최대 연 8%이다.
② 온국민 건강적금으로 받을 수 있는 이자는 최대 96,000원이다.
③ 매월 10만 걸음 걷기를 4개월간 성공했다면, 우대금리는 최소 2%p이다.
④ 즐거운 걷기 우대금리를 받기 위해서는 별도의 스마트폰 애플리케이션이 필요하다.

02 다음 고객정보를 참고할 때, A ~ D 4명이 받는 이자의 총합은?

<A ~ D 고객정보>

구분	월 납입금액	경과(납입)월수	걷기 미션 성공 횟수	스탬프 미션 성공 횟수	웰컴 스뱅 적용 여부
A	50,000원	4개월	3회	4회	O
B	100,000원	6개월	6회	6회	×
C	160,000원	6개월	6회	5회	O
D	200,000원	2개월	1회	2회	×

※ A ~ D는 모두 같은 날 상품에 가입하였으며, 경과월수 동안 매월 빠짐없이 납입 후 해지함

① 48,960원　　　　　　　　　　② 50,220원
③ 52,260원　　　　　　　　　　④ 61,280원

※ 다음은 KB청년도약플러스적금의 상품설명서이다. 이어지는 질문에 답하시오. **[3~4]**

<KB청년도약플러스적금>

구분	내용
가입대상	KB청년도약계좌를 일시 납입 방식으로 가입한 실명의 개인(1인 1계좌)
상품유형	자유적립식 예금
가입금액 및 저축방법	월 1만 원 이상 50만 원 이하 ※ 매월(해당 월의 초일부터 말일까지) 자유롭게 저축(만기일 전일까지 저축 가능)
계약기간	12개월
가입채널	KB스타뱅킹
이자지급시기	만기일시지급식 : 만기해지 또는 중도해지 시 이자를 일시에 지급
기본금리	연 4.0%
우대금리	[연 1.0%p] • 저축장려 우대금리(연 1.0%p) : KB청년도약플러스적금 만기 전일 기준 'KB청년도약계좌 일시납입계좌'를 보유한 경우 ※ 우대금리는 적용 조건을 충족하는 경우 만기해지 시 계약기간 동안 적용
중도해지금리 (단위 : 연 %)	• 1개월 미만 : 0.1 • 1개월 이상 6개월 미만 : 기본금리×50%×경과월수÷계약월수(단, 최저금리는 0.1) • 6개월 이상 8개월 미만 : 기본금리×60%×경과월수÷계약월수(단, 최저금리는 0.2) • 8개월 이상 10개월 미만 : 기본금리×70%×경과월수÷계약월수(단, 최저금리는 0.2) • 10개월 이상 11개월 미만 : 기본금리×80%×경과월수÷계약월수(단, 최저금리는 0.2) • 11개월 이상 : 기본금리×90%×경과월수÷계약월수(단, 최저금리는 0.2) ※ 경과월수 : 입금일 다음 날로부터 해지월 입금해당일까지를 월수로 하고, 1개월 미만은 절상 ※ 계약월수 : 신규일 다음 날로부터 만기월 신규해당일까지를 월수로 하고, 1개월 미만은 절상 ※ 금리는 소수점 둘째 자리까지 표시(소수점 셋째 자리에서 절사)
계약해지방법	• KB스타뱅킹, 영업점 및 고객센터를 통해 해지 • 비대면으로 신규 가입한 계좌는 만기자동해지의 신청 없이 만기일에 자동해지되어 근거계좌(국민은행 출금계좌)로 입금됨

03 다음 중 KB청년도약플러스적금 상품설명서에 대한 설명으로 옳은 것은?

① 경과월수가 11개월일 때 중도해지할 경우 금리는 연 2.93%이다.
② 청년도약계좌와 달리 여러 명이 한 계좌에 자유롭게 예금할 수 있다.
③ KB청년도약플러스적금을 가입하기 위해서는 영업점에 방문해야 한다.
④ 비대면으로 신규 가입할 경우 만기 시 자동으로 국민은행 출금계좌로 입금된다.

04 KB청년도약플러스적금에 가입한 A와 B는 다음과 같이 중도해지하였다. A와 B의 연이율 차이는?

- A : 8개월 중도해지, KB 청년도약계좌 일시 납입 계좌 보유
- B : 4개월 중도해지, KB 청년도약계좌 일시 납입 계좌 미보유

① 0.8%p
② 1.2%p
③ 1.8%p
④ 2.2%p

05 다음 중 소스코드의 이용 가능성을 통해 디자인을 사용, 복사, 연구, 변경, 개선할 권한을 사용자에게 부여하는 소프트웨어는?

① FOSS
② PVM
③ 디지털 아카이빙
④ 보안 프로그램

06 다음 중 네트워크 장비에 대한 설명으로 옳지 않은 것은?

① 허브는 네트워크 장비들을 서로 연결해주는 통신 장치이다.
② 허브는 물리 계층 장치로 여러 PC를 하나의 LAN에 연결하는 장치이다.
③ 라우터는 컴퓨터 네트워크 간의 데이터 패킷을 전송하는 네트워크 장치이다.
④ 스위치는 패킷의 위치를 추출하여 그 위치에 대한 최적의 경로를 지정 후 다음 장치로 전향시키는 장치이다.

07 다음 중 브로드 데이터에 대한 설명으로 옳지 않은 것은?

① 소비자의 SNS 활동, 위치 정보 등이 이에 속한다.
② 다양한 채널에서 소비자와 상호작용을 통해 생성된 다양한 데이터이다.
③ 일반적인 관리 방법 및 분석 체계로는 처리하기 어려운 매우 방대한 양의 데이터 집합이다.
④ 이전에 사용하지 않거나 알지 못했던 새로운 데이터 또는 기존 데이터에 새로운 가치를 더한 데이터이다.

08 다음 중 여러 개의 독립된 통신장치가 UWB 또는 블루투스 기술을 사용하여 통신망을 형성하는 무선 네트워크 기술은?

① 블루투스
② 스몰 셀
③ 메시 네트워크
④ 피코넷

| 03 | 상식

01 다음 중 블록체인의 특징으로 옳지 않은 것은?

① 집중성　　　　　　　　② 확장성
③ 투명성　　　　　　　　④ 보안성

02 다음 중 ETF 및 DLS에 대한 설명으로 옳지 않은 것은?

① ETF는 투자자들이 거래소를 통해 인덱스펀드를 거래할 수 있도록 만든 상품이다.
② ETF는 주가지수, 종목 등 다양한 기초자산을 추종할 수 있다.
③ DLS는 기초자산의 변동에 따라 수익률이 변동되는 상품이다.
④ DLS는 이자율, 통화 등을 기초자산으로 상품을 만들 수 있다.

03 다음에서 설명하는 용어는?

- 많은 양의 데이터를 사용하여 시스템이 자율적으로 학습할 수 있도록 하는 것을 의미한다.
- 패턴 식별 또는 객체 인식과 같은 예상 결과를 달성하기 위해 데이터에 대한 알고리즘을 학습하는 방식으로 작동한다.
- 물류, 소매, 제조 등 거의 모든 산업 및 비즈니스 활동에서 사용된다.
- 자율주행, 드론, 가상현실, 로봇공학과 같은 미래 산업에서 중요한 역할을 담당할 것으로 기대된다.

① 머신러닝　　　　　　　② 딥러닝
③ RNN　　　　　　　　　④ GAN

04 다음 중 ELW에 대한 설명으로 옳지 않은 것은?

① 증권사에서 발행하며, 투자자는 옵션과 유사한 전략을 구사할 수 있다.
② 거래를 위해 주식계좌 외에 별도계좌 개설 및 교육수료가 필요하다.
③ 코스피200 기준 ELW 거래 승수는 1pt당 100원이다.
④ 원활한 거래를 위해 유동성공급자(LP)가 있다.

05 다음 중 금융투자소득세에 대한 설명으로 옳지 않은 것은?

① 펀드 환매 차익은 금융종합소득과세에서 제외된다.
② 2020년 소득세법 개정안이 통과되면서 2023년부터 시행 중에 있다.
③ 주식, 채권, 펀드 등 금융투자와 관련해 발생한 소득에 대해 과세하는 세금이다.
④ 금융투자 손익이 연간 5,000만 원을 넘지 않는 경우에는 세금을 납부하지 않아도 된다.

06 다음 중 스트레스 DSR에 대한 설명으로 옳지 않은 것은?

① 스트레스란 실제로 발생할 수 있는 여러 가지 경제적 위기 상황을 의미한다.
② 일반 시중은행뿐만 아니라 저축은행, 보험사 등 제2금융권에도 동일한 기준이 적용된다.
③ 주택담보대출, 신용대출의 신규, 대환 약정에 모두 적용하며, 재약정인 경우는 제외된다.
④ 금리 상승으로 인한 원리금 상환 부담 증가를 고려하여 DSR 산정 시 가산금리를 적용한다.

07 다음 중 뱅크런에 대한 설명으로 옳지 않은 것은?

① 우리나라의 경우 은행의 법정 지급 준비율은 7%이다.
② 부분지급준비제도를 채택하는 대부분의 은행이 대상이 된다.
③ 단기간에 펀드의 대량 환매 요구가 일어나는 사태를 의미한다.
④ 초인플레이션 또는 마이너스 금리가 발생할 경우 뱅크런이 발생할 수 있다.

08 다음 중 엔저현상이 인해 우리나라 경제에 미칠 수 있는 영향으로 옳은 것은?

① 원화가치가 상승하고, 물가가 상승한다.
② 원화가치가 상승하고, 물가가 하락한다.
③ 원화가치가 하락하고, 물가가 상승한다.
④ 원화가치가 하락하고, 물가가 하락한다.

09 다음 중 매몰비용에 대한 설명으로 옳지 않은 것은?

① 매몰비용은 기회비용의 일부분이라고 할 수 있다.
② 매몰비용은 이미 발생하여 회수가 불가능한 비용을 말한다.
③ 매몰비용의 현재 및 미래의 경제적 가치는 0으로 고정된다.
④ 기업 광고 비용, 연구개발(R&D) 비용 등이 대표적인 매몰비용이다.

10 다음 중 대손충당금에 대한 설명으로 옳지 않은 것은?

① 재무상태표상 자본으로 분류한다.
② 은행의 재무건전성이 높아질 경우 대손충당금을 줄이게 된다.
③ 대손충당금과 대손준비금을 합한 금액을 은행의 손실 흡수능력으로 평가한다.
④ 국제회계기준(IFRS)에 따라 은행이 자체적으로 평가하여 이익의 일부를 적립하는 돈을 의미한다.

CHAPTER 04 | 2023년 기출복원문제

정답 및 해설 p.028

|01| 직업기초능력

01 다음 글에 대한 내용으로 적절하지 않은 것은?

> KB국민은행은 고금리 및 경기둔화로 어려움을 겪고 있는 취약차주에 대한 상생금융과 기업의 사회적 책임 실천을 위해 'KB국민희망대출'을 출시한다고 밝혔다.
> KB국민희망대출은 제2금융권 신용대출을 낮은 금리의 은행권 대출로 전환해 주는 대환 대출상품이다. 은행 대출이 어려웠던 중저신용 차주들은 KB국민희망대출을 통한 은행권 진입으로 이자비용은 경감하고 개인의 신용도는 개선할 수 있게 되었다.
> 대상 고객은 제2금융권 신용대출을 보유한 근로소득자로, KB국민은행 고객뿐만 아니라 타행 거래 고객도 신청 가능하다. KB국민은행은 5천억 원 규모로 대출을 지원할 방침이다.
> KB국민은행은 최대한 많은 금융소비자들이 KB국민희망대출의 혜택을 누릴 수 있도록 대상 요건을 대폭 완화했다. 자체 내부평가모델을 활용해 일반적으로 은행권 대출이 어려운 다중채무자 등 중저신용 차주들도 이용할 수 있게 했다.
> 차주의 재직기간 및 소득 요건도 최소화했다. 재직기간의 경우 사회초년생 고객을 고려해 1년 이상 재직 시 대출 신청이 가능하도록 했다. 소득 요건도 크게 낮춰 2023년 최저임금수준을 고려한 연소득 2천 4백만 원 이상으로 결정했다.
> 대출금리는 고객의 실질적인 이자 부담 경감 효과를 위해 최고금리를 연 10% 미만으로 제한하여 운영한다. 이는 대출 이후에도 적용되어, 상환기간 중 기준금리(금융채 12개월물)가 상승하더라도 연 10% 미만의 금리로 대출을 이용할 수 있다.
> 대출한도 산정에 있어서도 큰 폭의 변화를 주었다. 일반적으로 여러 금융기관의 대출을 보유한 다중채무자의 경우 대출한도가 부여되기 어려우나 KB국민희망대출은 다중채무자라 하더라도 별도의 감액이나 거절 기준 없이 신용등급에 따라 최대 1억 원까지 한도를 부여한다. 최종 대출금액은 고객이 현재 보유한 제2금융권 신용대출의 상환금액이며, 고객별 금융기관 대출잔액 및 소득금액에 따른 DSR 범위 내에서 대환이 가능하다.
> 대출상환은 분할상환 방식으로 이뤄지며 원금균등분할상환과 원리금균등분할상환 중 선택이 가능하다. 대부분의 제2금융권 신용대출이 5년 이내 분할상환으로 운영되고 있으나, KB국민은행은 상환기간을 최장 10년까지 확대하여 고객의 선택권을 강화했다.

① KB국민희망대출은 대출 이후에도 금리가 연 10% 미만으로 적용된다.
② KB국민희망대출을 통해 자금을 빌릴 경우, 대출원금은 만기일에 일시상환한다.
③ 여러 금융사로부터 중복해서 돈을 빌렸어도 KB국민희망대출을 이용할 수 있다.
④ 같은 이자율과 같은 금액으로 대출했을 경우, KB국민희망대출은 제2금융권 신용대출에 비해 월 상환부담금을 낮출 수 있다.

02 다음 제시된 문단을 논리적 순서대로 바르게 나열한 것은?

(가) 온국민 건강적금은 6개월간 월 1만 원부터 20만 원까지 저축이 가능하며, 기본이율은 연 2.0%이다. 또한 일정 조건을 만족한 고객은 최고 연 6.0%의 우대이율을 받을 수 있다. 먼저 KB스타뱅킹 스마트폰 애플리케이션의 '즐거운 걷기'를 통해 걸음 수를 측정하여 매월 10만 보를 걸을 경우, 월 0.5%p씩 최고 연 3.0%p의 즐거운 걷기 우대이율을 제공한다.
(나) 즐거운 걷기 등 우대이율을 모두 받기 위해서는 적금 가입 시 '상품별 선택 개인정보 수집 이용 및 제공'에 동의해야 하며, 안드로이드폰의 경우 '구글 피트니스', 아이폰의 경우 '건강 앱'이 설치되어 있어야 한다.
(다) KB국민은행은 2022년 12월 15일 '온국민 건강적금'을 출시하였다. 온국민 건강적금은 건강관리와 금융을 결합한 앱테크형 금융상품으로, 건강관리와 재정안정을 동시에 추구하는 고객을 위한 자유적립식 예금이다.
(라) 또한 KB스타뱅킹에서 '발자국 스탬프 찍기'를 매월 1회씩 총 6회를 모두 완료할 경우 연 1.0%p의 발자국 찍기 우대이율을 제공한다. 이외에도 적금 가입 전월 말 기준 6개월 이상 KB스타뱅킹 로그인 이력이 없는 신규고객의 경우 연 2.0%의 웰컴스뱅 우대이율을 제공한다.

① (나) - (다) - (가) - (라)
② (나) - (라) - (가) - (다)
③ (다) - (가) - (라) - (나)
④ (다) - (라) - (가) - (나)

03 다음 글의 빈칸에 들어갈 접속어로 가장 적절한 것은?

KB국민은행은 소중한 가족의 부동산을 안전하고 효과적으로 승계하기 위한 신탁 솔루션인 'KB가족부동산 지킴신탁'을 출시했다고 밝혔다.
KB가족부동산 지킴신탁은 부동산을 안전하게 관리하기 위해 은행과 신탁계약을 체결하는 상품이다. 부동산 처분을 위해 계약을 해지하고자 하는 경우 사전에 지정한 보호자의 동의를 거쳐야 하므로, 부동산이 임의로 처분되지 않도록 보호할 수 있다. 부동산을 증여하고 싶지만 자녀의 변심이 우려되거나 의사능력 미약으로 소유 부동산에 대한 보호가 필요한 경우 KB가족부동산 지킴신탁을 통해 고민을 해결할 수 있다. _____ KB가족부동산 지킴신탁 이용 고객은 보유 부동산의 증여를 통해 종합부동산세 등 보유세를 절감하거나 사전 증여를 통해 가족자산의 세금 부담도 경감시킬 수 있다. 이외에도 상담 시 전문가 그룹의 상속·증여 종합 컨설팅을 통해 해당 부동산을 포함하는 고객 맞춤 여생관리 설계 서비스를 이용할 수 있다.
KB국민은행 관계자는 "KB가족부동산 지킴신탁은 고령화 사회의 당면과제인 다음 세대로의 슬기로운 '부의 이전'을 위한 솔루션을 제시하기 위해 준비했다."며, "자녀를 걱정하는 부모, 부모를 걱정하는 자녀 모두에게 꼭 필요한 신탁 솔루션이 될 것이다."라고 밝혔다.

① 그러나
② 또한
③ 따라서
④ 그래서

04 다음은 KB청년도약계좌의 상품설명서이다. 이에 대한 내용으로 옳지 않은 것은?

<KB청년도약계좌>

구분	내용
가입대상	• 거주자로서 다음 각 호의 요건을 모두 충족하는 실명의 개인 ① 나이요건 : 가입일 현재 만 19세 이상 만 34세 이하인 사람(국내 거주 외국인 포함) ② 개인소득요건 : 가입일 현재 다음 항목 중 하나의 개인소득기준을 충족하는 사람 　가. 직전 과세기간의 총급여액이 7,500만 원 이하 　나. 직전 과세기간의 종합소득금액이 6,300만 원 이하
가입제한	• 전 금융기관 1인 1계좌 • 청년희망적금 보유자 가입 불가(청년희망적금 해지 전 가입신청은 가능) • 개인사업자 및 서류 미제출 임의단체 가입 불가, 공동명의 불가 • 외국인의 경우 실명확인증표는 외국인등록증만 사용 가능
상품유형	자유적립식 예금
계약기간	60개월
저축금액	회차별 최소 1천 원 이상, 1천 원 단위로 매월(월 초일부터 말일까지) 70만 원 이하
최종금리	• 기본금리 : 연 4.5% • 우대금리 : 최고 연 1.5%p 　- 급여이체 : 연 0.6%p 　- 자동납부 : 연 0.3%p 　- 거래감사 : 연 0.1%p 　- 소득플러스 : 최고 연 0.5%p(1년 주기로 소득요건을 확인하여 충족할 경우 0.1%p씩 증가)
이자지급시기	만기일시지급식 : 만기 (후) 또는 중도해지 요청 시 이자를 지급
정부기여금	• 정부기여금은 만기해지 시 이자소득과 함께 지급(단, 외국인에게는 정부기여금 미지급) • 유의사항 ① 정부기여금은 서민금융진흥원이 정부예산으로 지급하는 지원금으로 정책 및 관련 법률 등이 변경될 경우 지급이 중단될 수 있음 ② 정부기여금의 이자는 서민금융진흥원이 은행에 입금한 날부터 만기일 전일까지의 기간 동안 기본금리를 적용하여 계산함 ③ 중도해지 시 정부기여금을 지급하지 않으며, 중도해지 후 재가입하는 경우 정부 정책 등에 따라 받을 수 있는 정부기여금의 규모가 축소될 수 있음 ④ 계약기간 동안 추심, 상계 등으로 가입자가 본인 납입금을 수령할 수 없는 경우 정부기여금을 지급하지 않음 ⑤ 가입자에게 지급하는 정부기여금이 공공재정 부정청구 금지 및 부정이익 환수 등에 관한 법률에 따른 부정이익으로 확인되는 경우에는 같은 법에 따라 부정이익 환수 등의 제재를 받을 수 있음

① 저축 가능한 최대 금액은 4,200만 원이다.
② KB청년도약계좌는 국내 외국인 거주자도 가입할 수 있다.
③ 중도해지 후 재가입을 한 경우 정부기여금을 지급받을 수 없다.
④ KB청년도약계좌에 가입 후 다른 은행의 청년도약계좌를 가입할 수 없다.

※ 다음은 미국 달러 1달러를 기준으로 한 국가별 화폐 환율에 대한 자료이다. 이어지는 질문에 답하시오 (단, 모든 환율 계산에서 환전수수료는 고려하지 않고, 소수점 둘째 자리에서 반올림한다). **[5~7]**

〈국가별 화폐 환율〉

구분	미국	한국	일본	중국
환율	1달러	1,320원	145엔	7.5위안
구분	독일	호주	베트남	사우디아라비아
환율	0.95유로	1.55AUD	24,180동	3.75리얄

05 한국 10,000원을 일본 화폐로 교환하면 얼마인가?

① 1,023.7엔 ② 1,059.3엔
③ 1,077.1엔 ④ 1,098.5엔

06 독일 3유로를 사우디아라비아 화폐로 교환하면 얼마인가?

① 11.8리얄 ② 12.2리얄
③ 12.6리얄 ④ 13리얄

07 베트남 10,000동을 호주 화폐로 교환하면 얼마인가?

① 0.4AUD ② 0.5AUD
③ 0.6AUD ④ 0.7AUD

08 다음은 10개 도시의 2022년 6월 및 12월의 부동산 전세 가격지수 동향에 대한 자료이다. 2022년 6월 대비 12월 부동산 전세 가격지수의 증가량이 가장 작은 도시의 증감률은?

〈도시별 부동산 전세 가격지수 동향〉

구분	6월	12월	구분	6월	12월
A도시	90.2	95.4	F도시	98.7	98.8
B도시	92.6	91.2	G도시	100.3	99.7
C도시	98.1	99.2	H도시	92.5	97.2
D도시	94.7	92.0	I도시	96.5	98.3
E도시	95.1	98.7	J도시	99.8	101.5

① 약 −2.9% ② 약 −1.5%
③ 약 1%   ④ 약 5.8%

09 다음은 K기업의 분기별 매출이익, 영업이익, 순이익에 대한 자료이다. 매출이익 대비 순이익의 비가 가장 낮은 분기의 전분기 대비 영업이익 증감률은?

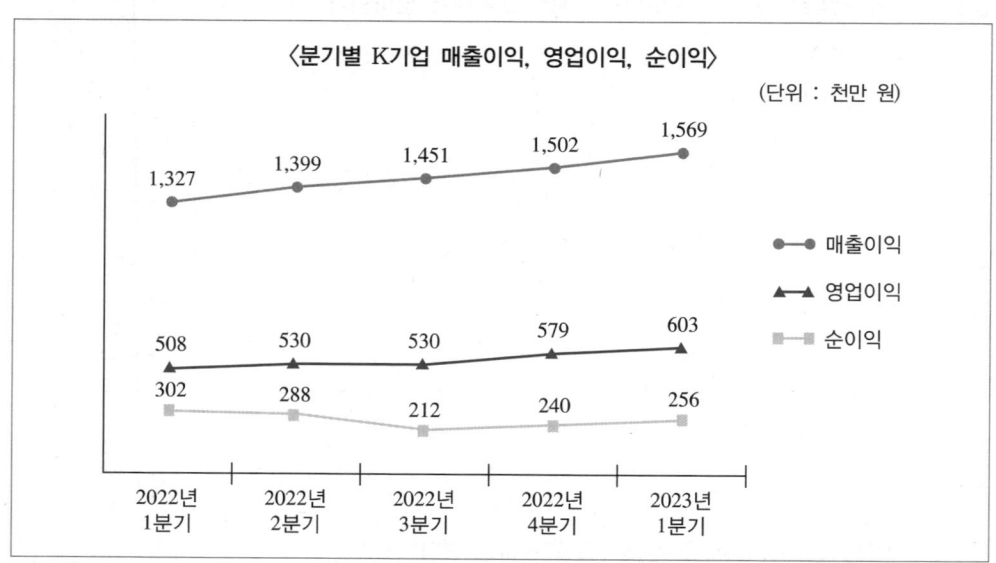

① 0%   ② 약 4.1%
③ 약 4.3% ④ 약 9.2%

10 다음은 KB Star 정기예금의 적용금리와 KB 국민UP 정기예금의 적용금리에 대한 자료이다. 두 예금의 예치기간에 따른 만기 시 최종 적용금리의 차이가 바르게 연결되지 않은 것은?(단, KB 국민UP 정기예금의 최종 적용금리는 누적 평균으로 가정한다)

⟨KB Star 정기예금 적용금리⟩

(단위 : 연 %)

구분	기본금리	고객 적용금리
1개월 이상 3개월 미만	0.75	2.84
3개월 이상 6개월 미만	0.85	3.51
6개월 이상 12개월 미만	0.95	3.65
12개월 이상 24개월 미만	0.95	3.68
24개월 이상 36개월 미만	1.05	3.15
36개월	1.15	3.16

※ 고객 적용금리를 최종 적용금리로 적용함

⟨KB 국민UP 정기예금 적용금리⟩

(단위 : 연 %)

구분	1개월	1개월 초과 2개월 이하	2개월 초과 3개월 이하	3개월 초과 4개월 이하	4개월 초과 5개월 이하	5개월 초과 6개월 이하
기본금리	1.85	1.85	1.85	2.35	2.35	2.35
누적 평균	1.85	1.85	1.85	1.97	2.05	2.10
구분	6개월 초과 7개월 이하	7개월 초과 8개월 이하	8개월 초과 9개월 이하	9개월 초과 10개월 이하	10개월 초과 11개월 이하	11개월 초과 12개월 이하
기본금리	2.65	2.65	2.65	2.65	2.65	2.90
누적 평균	2.19	2.25	2.30	2.34	2.37	2.42

　　　예치기간　　최종 적용금리 차이
① 　3개월　　　　1.66%p
② 　6개월　　　　1.55%p
③ 　9개월　　　　1.35%p
④ 　12개월　　　 1.23%p

11 K은행 행원들이 이번 달 성과급에 대해 이야기를 나누고 있다. 성과급은 반드시 늘거나 줄어들었으며 행원 중 1명만 거짓말을 하고 있을 때, 다음 중 항상 참인 것은?

- 행원 A : 나는 이번에 성과급이 늘어났어. 그래도 B만큼 오르지는 않았네.
- 행원 B : 맞아, 난 성과급이 좀 늘어났지. D보다 조금 더 늘었어.
- 행원 C : 좋겠다. 오~ E도 성과급이 늘어났네.
- 행원 D : 무슨 소리야. E는 C와 같이 성과급이 줄어들었는데.
- 행원 E : 그런 것보다 D가 A보다 성과급이 조금 올랐는데?

① 직원 C는 성과급이 줄어들었다.
② 행원 E의 성과급 순위를 알 수 없다.
③ 행원 D의 성과급이 가장 많이 올랐다.
④ 행원 A의 성과급이 오른 사람 중 가장 적다.

12 K금융의 영업팀 팀장은 팀원들의 근태를 평가하기 위하여 영업팀 팀원 A~F 6명의 출근 시각을 확인하였다. 확인한 결과가 다음과 같을 때, 항상 참인 것은?(단, A~F의 출근 시각은 모두 다르며, 먼저 출근한 사람만 자신보다 늦게 출근한 사람의 시각을 알 수 있다)

- C는 E보다 먼저 출근하였다.
- D는 A와 B보다 먼저 출근하였다.
- E는 A가 도착하기 직전 또는 직후에 출근하였다.
- E는 F보다 늦게 출근하였지만, 꼴찌는 아니다.
- F는 B가 도착하기 바로 직전에 출근하였다.

① B는 C의 출근 시각을 알 수 있다.
② C는 A~F의 출근 순서를 알 수 있다.
③ D가 C보다 먼저 출근했다면, D는 모두의 출근 순서를 알 수 있다.
④ F가 C보다 먼저 출근했다면, F는 D의 출근 시각을 알 수 있다.

13 20대 남녀, 30대 남녀, 40대 남녀 6명이 K금융상품 설명회에 참석하기 위해 K금융그룹의 대강당을 찾았다. 〈조건〉에 따라 지정된 자리에 앉았다고 할 때, 다음 중 항상 참인 것은?

> **조건**
> - 양 끝자리에는 다른 성별이 앉는다.
> - 40대 남성은 왼쪽에서 두 번째 자리에 앉는다.
> - 30대 남녀는 서로 인접하여 앉지 않는다.
> - 30대와 40대는 서로 인접하여 앉지 않는다.
> - 30대 남성은 맨 오른쪽 끝자리에 앉는다.

[대강당 좌석]

① 20대 남녀는 왼쪽에서 첫 번째 자리에 앉을 수 없다.
② 20대 남성은 40대 여성과 인접하여 앉는다.
③ 30대 남성은 20대 여성과 인접하여 앉지 않는다.
④ 40대 남성과 여성은 서로 인접하여 앉지 않는다.

14 다음은 K시 아파트 실거래지수 현황에 대한 자료이다. 2023년 4월 아파트 실거래지수가 137.8일 때, 2022년 3월 대비 2023년 3월 아파트 실거래지수의 증감률은?

〈K시 아파트 실거래지수 현황〉

구분	전월 대비 아파트 실거래지수 증감량	구분	전월 대비 아파트 실거래지수 증감량
2022년 1월	−1.3(▼)	2022년 9월	+1.2(▲)
2022년 2월	+0.3(▲)	2022년 10월	−0.9(▼)
2022년 3월	+1.3(▲)	2022년 11월	−1.1(▼)
2022년 4월	+2.7(▲)	2022년 12월	+0.7(▲)
2022년 5월	+3.3(▲)	2023년 1월	+1.3(▲)
2022년 6월	+2.1(▲)	2023년 2월	−2.1(▼)
2022년 7월	−0.7(▼)	2023년 3월	+1.7(▲)
2022년 8월	−0.5(▼)	2023년 4월	−1.5(▼)

① 약 4.3% ② 약 5.2%
③ 약 5.9% ④ 약 6.4%

15 A~D고객 4명은 KB직장인든든 신용대출을 통해 대출을 받고자 KB국민은행에 방문하여 상담을 받았다. 다음 중 A~D고객 각각의 대출 한도 및 최종금리를 바르게 짝지은 것은?(단, 4명 모두 대출한도 및 금리에 대한 불만은 없다)

<KB직장인든든 신용대출>

구분	내용
상품특징	직장인이라면 신청 가능
대출신청자격	재직기간 3개월 이상의 당행 선정 우량 직장인 및 재직기간 6개월 이상의 일반 직장인 ※ 최종합격자를 포함한 정규직 공무원, 중사 이상의 군인, 교사는 재직기간에 관계없이 자격 부여
대출금액	최대 3억 원 이내(단, 재직기간 1년 미만의 사회초년생은 최대 5천만 원 이내로 제한) – 종합통장자동대출은 최대 1억 원 이내로 제한 – 금융소외계층(최근 2년 이내 신용카드 실적 및 최근 3년 이내 대출실적이 없는 고객)은 최대 3백만 원 이내의 기본한도 제공
대출금리	(기준일 : 2022.08.28) | 구분	기준금리	가산금리	우대금리	최저금리	최고금리
---	---	---	---	---	---
CD 91일물	연 3.69%	연 2.36%p	최고 연 0.9%p	연 5.15%	연 6.05%
금융채 6개월	연 3.80%	연 2.34%p	최고 연 0.9%p	연 5.24%	연 6.14%
금융채 12개월	연 3.88%	연 2.29%p	최고 연 0.9%p	연 5.27%	연 6.17% | ※ 기준금리 : 금융채 금리는 금융투자협회가 고시하는 「AAA등급 금융채 유통수익률」로 전주 최종영업일 전 영업일 종가 적용 ※ 가산금리 : 신용등급, 대출기간 등에 따라 차등 적용(대출기간 2년 미만, 신용등급 3등급 기준) ※ 우대금리 : 최고 연 0.9%p 각 항목의 우대조건 충족 여부에 따라 대출신규 3개월 이후 매월 재산정 후 적용 ① KB신용카드 이용실적 우대 : 최고 연 0.3%p – 결제계좌를 KB국민은행으로 지정하고, 최근 3개월간 KB신용카드 이용실적이 있는 경우 | KB신용카드 이용실적	우대금리
30만 원 이상 60만 원 미만	연 0.1%p
60만 원 이상 90만 원 미만	연 0.2%p
90만 원 이상	연 0.3%p | ② 급여(연금) 이체 관련 실적 우대 : 연 0.3%p – 전월 말 기준 최근 3개월간 2회 이상 본인 계좌로 급여(연금) 이체(단, 건별 50만 원 이상) ③ 적립식 예금 잔액 30만 원 이상의 계좌 보유 : 연 0.1%p ④ 자동이체 3건 이상 실적 우대 : 연 0.1%p – 신규 3건, 재산정 시 2건 이상의 자동이체 출금실적 ⑤ KB스타뱅킹 이용 우대 : 연 0.1%p ※ 적용금리 : (기준금리)+(가산금리)−(우대금리)

구분	조건

A고객	• 재직기간 2개월 초임 교사
	• 적용 기준금리 : CD 91일물
	• 당행 이용실적
	  – 최근 3개월간 KB신용카드 50만 원 이용내역 확인(결제계좌 : KB국민은행)
	  – 잔액 100만 원 이상의 적립식 예금 계좌 보유

B고객	• 무직
	• 적용 기준금리 : 금융채 6개월
	• 당행 이용실적
	  – 최근 3개월간 KB신용카드 100만 원 이용내역 확인(결제계좌 : KB국민은행)
	  – KB스타뱅킹 이용

C고객	• 재직기간 9개월 사무직
	• 적용 기준금리 : CD 91일물
	• 당행 이용실적
	  – 최근 3개월간 KB신용카드 80만 원 이용내역 확인(결제계좌 : KB국민은행)
	  – 전월 말 기준 최근 3개월 이상 당행 본인 계좌로 월 200만 원 급여 입금내역 확인
	  – 잔액 50만 원 이상의 적립식 예금 계좌 보유

D고객	• 재직기간 5년 사무직
	• 적용 기준금리 : 금융채 12개월
	• 당행 이용실적
	  – 최근 3개월간 KB신용카드 120만 원 이용내역 확인(결제계좌 : KB국민은행)
	  – 전월 말 기준 최근 1년 이상 당행 본인 계좌로 월 280만 원 급여 입금내역 확인
	  – 잔액 1,300만 원 이상의 적립식 예금 계좌 보유
	  – KB스타뱅킹 이용

※ A~D 모두 대출기간은 1년, 신용등급은 3등급
※ 가산금리는 2022년 8월 28일 기준 최대치로 계산함

고객	대출한도	최종금리
① A고객	1억 원	5.75%
② B고객	5천만 원	5.39%
③ C고객	5천만 원	5.45%
④ D고객	3억 원	6.17%

16 올해 2월에 퇴직한 A씨는 올해 8월 11일에 KB골든라이프 연금우대통장에 가입하고자 한다. KB골든라이프 연금우대통장의 우대금리 조건 및 A씨의 최근 입금 내역이 다음과 같을 때, A씨에게 적용되는 금리는?(단, 결산일은 2, 5, 8, 11월 둘째 주 금요일이고, 올해 8월 11일은 둘째 주 금요일이다)

〈KB골든라이프 연금우대통장〉

- 우대금리
  최저 연 0.5%p 최고 연 1.5%p
- 적용대상
  결산일 전월 말일 기준 직전 3개월[1])간 이 통장으로 대상연금[2])의 입금 건수에 따라 차등 적용

결산일 전월 말일 기준 직전 3개월간 입금 건수	우대금리 (기본금리 포함)
9건 이상	연 1.5%p
6건 이상 8건 이하	연 1.0%p
1건 이상 5건 이하	연 0.5%p

주1) 결산일 전월 말일 기준 직전 3개월은 결산일이 포함된 월을 제외하고 앞선 3개월이다.
  [예] 결산일이 11월 13일이면 직전 3개월은 11월을 제외한 8, 9, 10월임
주2) 대상연금 : 아래 항목에 해당하는 경우(입금건수 산정은 종류 구분 없음)
  ① 4대 연금(국민연금, 공무원연금, 사립학교교직원연금, 군인연금)공단에서 입금된 금액
  ② 기타 연금 : 고객이 지정한 연금수령일(전후 1영업일 포함 3영업일)에 타행으로부터 건별 50만 원 이상 입금된 금액으로, 이 통장 적요란에 '연금'이라는 문구가 인쇄되는 경우에만 월 최대 1회 인정
  ③ 국가보훈처에서 입금된 금액
  ④ 「KB골든라이프 공사주택연금론」 및 「KB골든라이프 주택연금론」의 월지급금
  ⑤ KB국민은행 연금신탁에서 입금되는 연금
  ⑥ KB국민은행 퇴직연금에서 입금되는 연금
  ⑦ 「KB골든라이프 연금우대예금(KB Hi!Story 정기예금 및 KB골든라이프 예금 포함)」의 월 균등분할원금[또는 원리금(원금과 이자)]
  [예] 'KB국민은행 연금신탁에서 입금되는 연금'이 기간 중 9건 입금 시 9회로 인정
- 적용금액
  이 통장의 결산기 평균잔액 중 1백만 원 이하의 금액까지는 우대금리 적용
※ 1백만 원을 초과하는 금액에 대하여는 기본금리 적용

거래일	내용	입금액(원)
⋮		
6/10	국가보훈처에서 국가유공자 사망위로금 지급	300,000
6/15	일반 입금 예금주 : 장○○	1,000,000
7/8	KB국민은행 퇴직연금 입금	550,000
	타행 X은행으로부터 퇴직연금 입금 예금주 : X은행 퇴직연금	500,000
	타행 Y은행으로부터 퇴직연금 입금 예금주 : Y은행 퇴직연금	500,000
7/10	국가보훈처에서 국가유공자 사망위로금 지급	300,000
7/20	복권 당첨금 수령	2,276,369
8/8	KB국민은행 퇴직연금 입금	550,000
	타행 X은행으로부터 퇴직연금 입금 예금주 : X은행 퇴직연금	500,000
	타행 Y은행으로부터 퇴직연금 입금 예금주 : Y은행 퇴직연금	500,000
8/10	국가보훈처에서 국가유공자 사망위로금 지급	300,000
⋮		

〈A씨 최근 입금 내역〉

※ A씨는 올해 3월부터 퇴직연금 입금 내역이 매월 일정한 금액으로 3건씩 있음
※ A씨는 올해 6월 10일부터 국가유공자 사망위로금을 수령했음

① 0.1%p ② 0.5%p
③ 1.0%p ④ 1.5%p

17 다음은 대한민국의 2022년 10월부터 2023년 3월까지의 수출액 동향 및 KOSPI지수에 대한 자료이다. 이에 대한 설명으로 옳지 않은 것은?

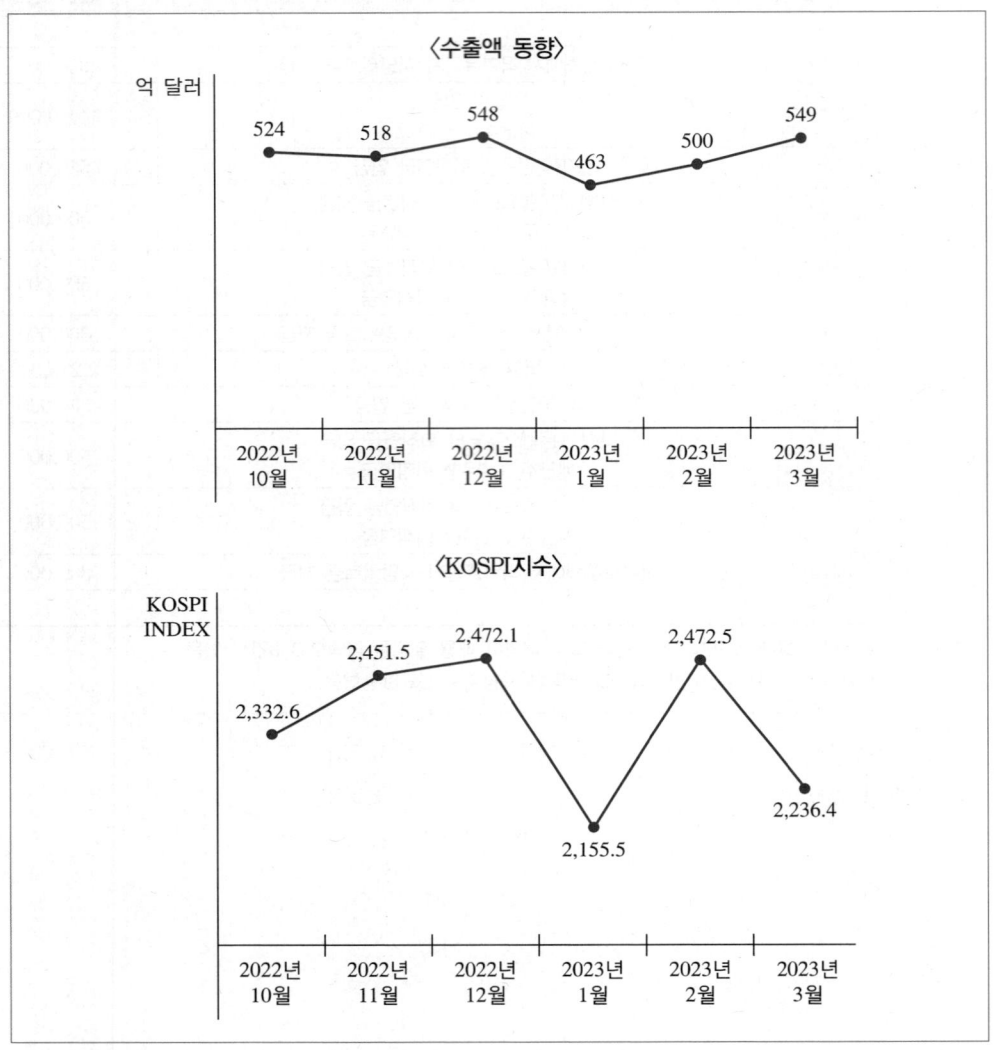

① 수출액이 가장 적은 달은 KOSPI지수도 가장 낮다.
② 수출액의 증감 추이와 KOSPI지수의 증감 추이가 서로 반대인 때는 두 번이다.
③ 수출액의 전월 대비 증가율이 가장 높은 달은 KOSPI지수의 전월 대비 증가율도 가장 높다.
④ 2022년 12월부터 2023년 2월까지 수출액 동향과 KOSPI지수의 전월 대비 증감 추이는 같다.

| 02 | 직무심화지식

01 다음은 KB국민ONE대출의 상품설명서와 A씨의 대출 정보에 대한 자료이다. 대출금리가 최고금리일 때와 최저금리일 때의 A씨가 납부할 월평균 상환금액의 차이는?(단, A씨는 대출신청 자격을 모두 충족한다)

〈KB국민ONE대출 상품설명서〉

구분	내용
상품특징	입증소득 및 재직증빙이 없어도 당행 거래실적에 따라 신용평가시스템(CSS) 평가 후 산출되는 CSS 평가 등급별로 무보증 대출한도가 부여되는 신용대출 상품
대출금액	• 무보증 최고 2,000만 원 이내(KB국민ONE통장 가입고객 중 거래실적 우수고객 자격으로 대출을 받는 경우에는 최고 500만 원) ※ 대출한도는 신용평가 결과에 따라 차등 적용
대출기간 및 상환방법	• 일시상환(종합통장자동대출 포함) : 1년(최장 10년까지 기한 연장 가능) • 원리금균등분할상환 – CSS 1 ~ 3등급 : 최저 1년 이상 최장 10년 이내 – CSS 4등급 이하 : 최저 1년 이상 최장 5년 이내 ※ 대출기간 30% 이내 최장 12개월까지 거치기간 운용 가능 ※ KB국민ONE통장 가입고객 중 거래실적 우수고객 자격으로 대출을 받는 경우 종합통장자동대출만 가능
대출금리	<table><tr><th>구분</th><th>기준금리</th><th>가산금리</th><th>우대금리</th><th>최저금리</th><th>최고금리</th></tr><tr><td>CD 91일물</td><td>연 3.69%</td><td>연 4.32%p</td><td>연 0.90%p</td><td>연 7.11%</td><td>연 8.01%</td></tr></table> • 기준금리 : 금융투자협회가 고시하는 'CD 91일물 유통수익률' 적용 • 가산금리 : 고객별 가산금리는 신용등급 등에 따라 차등 적용(대출기간 2년 미만, 신용등급 3등급 기준) • 우대금리 : 최고 연 0.9%p – KB신용카드 이용실적 우대 : 연 0.3%p – 급여(연금) 이체 관련 실적 우대 : 연 0.3%p – 적립식 예금(30만 원 이상) 보유 우대 : 연 0.1%p – 자동이체(3건 이상) 실적 우대 : 연 0.1%p – KB스타뱅킹 이용 우대 : 연 0.1%p • 적용금리 : (기준금리)+(가산금리)−(우대금리)
대출상환 관련 안내	• 이자 계산 방법 : 이자는 원금에 고객별 적용금리를 곱한 후 12개월로 나누어 계산(원 미만 절사) • 원금 및 이자의 상환 시기 – 일시상환 : 대출기간 중에는 이자지급일에 이자만 납부하고, 대출기간 만료일에 대출원금을 전액 상환 – 원리금균등분할상환 : 매월 이자지급일에 동일한 할부금을 상환(원 미만 절사)

〈A씨의 대출 정보〉

• 대출금액 : 1,200만 원   • 대출기간 : 1년
• 상환방법 : 원리금균등분할상환 • 신용등급 : 3등급

① 4,875원
② 5,380원
③ 5,632원
④ 5,873원

02 다음은 KB내맘대로적금의 적용금리이다. A씨는 월복리상품인 KB내맘대로적금에 24개월 만기로 가입하고자 한다. 매월 초 30만 원씩 자유적립식과 정액적립식으로 납입할 때, 만기 시 받을 수 있는 세금 공제 전 원리합계 금액의 차이는?(단, A씨는 최고금리가 적용되고, 자료의 근삿값을 사용하여 계산하며, 소수점 둘째 자리에서 반올림한다)

〈KB내맘대로적금 적용금리〉

계약기간	6개월 이상 12개월 미만	12개월 이상 24개월 미만	24개월 이상 36개월 미만	36개월 이상
자유적립식	최저 연 2.30% 최고 연 2.90%	최저 연 2.60% 최고 연 3.20%	최저 연 2.90% 최고 연 3.50%	최저 연 3.10% 최고 연 3.70%
정액적립식	최저 연 2.35% 최고 연 2.95%	최저 연 2.65% 최고 연 3.25%	최저 연 2.95% 최고 연 3.55%	최저 연 3.15% 최고 연 3.75%

〈자료〉

식	근삿값	식	근삿값	식	근삿값	식	근삿값
$1+\dfrac{0.023}{12}$	1.002	$1+\dfrac{0.029}{12}$	1.002	$1+\dfrac{0.032}{12}$	1.003	$1+\dfrac{0.037}{12}$	1.003
$1+\dfrac{0.0235}{12}$	1.002	$1+\dfrac{0.0295}{12}$	1.002	$1+\dfrac{0.0325}{12}$	1.003	$1+\dfrac{0.0375}{12}$	1.003
$1+\dfrac{0.026}{12}$	1.002	$1+\dfrac{0.031}{12}$	1.003	$1+\dfrac{0.035}{12}$	1.003		
$1+\dfrac{0.0265}{12}$	1.002	$1+\dfrac{0.0315}{12}$	1.003	$1+\dfrac{0.0355}{12}$	1.003		

식	근삿값	식	근삿값	식	근삿값	식	근삿값
$\left(1+\dfrac{0.023}{12}\right)^{24}$	1.047	$\left(1+\dfrac{0.029}{12}\right)^{24}$	1.060	$\left(1+\dfrac{0.032}{12}\right)^{24}$	1.066	$\left(1+\dfrac{0.037}{12}\right)^{24}$	1.077
$\left(1+\dfrac{0.0235}{12}\right)^{24}$	1.048	$\left(1+\dfrac{0.0295}{12}\right)^{24}$	1.061	$\left(1+\dfrac{0.0325}{12}\right)^{24}$	1.067	$\left(1+\dfrac{0.0375}{12}\right)^{24}$	1.078
$\left(1+\dfrac{0.026}{12}\right)^{24}$	1.056	$\left(1+\dfrac{0.031}{12}\right)^{24}$	1.064	$\left(1+\dfrac{0.035}{12}\right)^{24}$	1.072		
$\left(1+\dfrac{0.0265}{12}\right)^{24}$	1.054	$\left(1+\dfrac{0.0315}{12}\right)^{24}$	1.065	$\left(1+\dfrac{0.0355}{12}\right)^{24}$	1.073		

① 10만 원
② 20만 원
③ 30만 원
④ 40만 원

03 다음은 KB올인원급여통장의 상품설명서이다. 이에 대한 내용으로 옳지 않은 것을 〈보기〉에서 모두 고르면?

〈KB올인원급여통장〉

구분	내용
상품특징	소득이 있는 누구나 혜택을 받을 수 있는 온 국민의 급여통장
가입대상	• 실명의 개인(1인 1계좌) ※ 개인사업자 및 서류 미제출 임의단체 포함(단, 공동명의 가입 불가)
상품유형	• 신규 금액에 제한이 없고, 입출금이 자유로운 예금(보통예금) ※ 창구 또는 비대면 채널을 통한 전환 가입 가능(단, 동일 예금과목에 한해 가능)
기본금리	연 0.1%(세전, 결산일 현재 영업점에 고시한 예금과목별 기본금리 적용)
이자지급시기	• 이자는 매년 5월과 11월의 말일에 월 단위로 결산해 다음 날 원금에 더함(이자 계산 시 원 미만에서 반올림함) ※ 최종거래일로부터 5년이 경과한 날부터는 이자를 원금에 더하지 않고, 계좌해지 또는 추가 입출금 거래 발생일에 일괄 계산해 지급 가능
거래방법	• 신규 및 전환 : 영업점(은행창구) 방문, KB스타뱅킹 • 해지 : 영업점(은행창구) 방문, 개인 인터넷뱅킹, KB스타뱅킹 ※ 개인 인터넷뱅킹, KB스타뱅킹을 통한 해지 시 해지잔액을 입금할 수 있는 본인 명의의 입출금이 자유로운 예금 계좌가 필요함
수수료 면제	• 수수료 면제 조건 충족 시 이 통장 거래에서 발생한 아래의 수수료를 면제 　- KB국민은행 인터넷·폰·모바일뱅킹 타행 이체수수료 　- 납부자 자동이체수수료(타행 자동이체 포함) 　- KB국민은행 자동화기기 타행 이체수수료 　- KB국민은행 자동화기기 시간 외 출금수수료 　- 타행 자동화기기 출금수수료 　　※ 타행 ATM의 경우 제휴 ATM 및 VAN사(H사·N사·HNT 등) ATM 제외 • 면제 기간 : 이번 달 11일 ~ 다음 달 10일 • 면제 조건 : 이 통장으로 전월(1일 ~ 말일) 내 아래 실적 중 1가지 이상 충족한 경우 　- 합산 50만 원 이상 입금 이력이 있는 경우(단, 당행 본인 명의 계좌에서 이체된 건 및 본인의 주민등록번호로 입금된 건 제외) 　- KB 리브 모바일(KB Liiv M) 자동이체 출금 이력이 있는 경우 　　※ 체크카드 및 신용카드를 통해 출금된 건 제외
부가서비스	• 다양한 출처의 불규칙적인 입금 내역을 한눈에 확인할 수 있는 입금 관리 서비스 　※ 인컴박스별로 입금 적요(보낸 사람)를 키워드로 설정(박스별 키워드는 3개까지 설정 가능) 　→ 해당 적용 입금 건에 대해 카드형/달력형 입금 정보 제공 • 이용 경로 : KB스타뱅킹 앱 → 전체계좌조회 → KB 올인원급여통장 계좌 하단 '인컴박스'

보기

㉠ 이자를 지급하는 시기는 매년 2회이며, 지급된 이자는 원금에 가산된다.
㉡ 개인 인터넷뱅킹을 통해서 신규 가입, 전환 가입, 계약 해지 등이 모두 가능하다.
㉢ 앱(Application)을 통해 입금 내역을 한눈에 확인할 수 있는 부가서비스를 받을 수 있다.
㉣ 조건을 충족할 경우 이 통장 거래에서 발생한 이체 및 출금에 따른 수수료를 면제받을 수 있다.
㉤ 1월 1일에 이 예금에 가입해 매월 1일에 10만 원씩을 입금한 경우, 12월 말일이 되면 최종 1,202,000원 이상을 모을 수 있다(세전).

① ㉠, ㉢
② ㉡, ㉤
③ ㉠, ㉡, ㉣
④ ㉢, ㉣, ㉤

04 다음은 KB맑은바다적금의 상품설명서이다. 이에 대한 내용으로 옳지 않은 것을 〈보기〉에서 모두 고르면?

〈KB맑은바다적금〉

구분	내용
상품특징	해양 쓰레기 줄이기 활동에 동참할 경우 친환경 실천 우대금리를 제공하고, 맑은 바다의 소중함에 대한 공감대를 형성하는 친환경 특화 상품
가입대상	• 실명의 개인 ※ 개인사업자 및 서류 미제출 임의단체 포함(단, 공동명의 가입 불가)
상품유형	• 자유적립식 ※ 매월(1일 ~ 말일) 자유롭게 저축(만기일 전일까지 저축 가능)
저축금액	월 1만 원 ~ 1백만 원(원 단위)
계약기간	1년
이자지급시기	만기일시지급식 : 만기 후 또는 중도해지 요청 시 지급
기본금리 (세전)	• 연 2.25% ※ 신규가입일 당시 영업점 및 KB국민은행 홈페이지에 게시한 계약기간별 금리 적용
우대금리 (세전)	• 아래 항목별 제공 조건을 충족한 경우 신규가입일 당시 영업점 및 KB국민은행 홈페이지에 게시한 우대금리 적용(최고 연 0.8%p) ※ 단, 모든 우대금리는 만기해지하는 계좌에 대해 계약기간 동안 적용 | 구분 | 우대금리 | 적용조건 | |---|---|---| | NO! 플라스틱 | 연 0.1%p | 이 적금 신규 시 해양 쓰레기 줄이기 활동에 동의한 경우 | | NO! 페이퍼[1] | 연 0.1%p | 이 적금 만기해지까지 종이통장으로 발행한 이력이 없는 경우 | | NO! 페이퍼[2] | 연 0.3%p | 이 적금 만기해지까지 본인 명의 예금이 '손으로 출금(영업점창구/자동화기기' 이용계좌로 등록되어 있는 경우 | | NO! 페이퍼[3] | 연 0.3%p | 이 적금 신규 월의 다음 월 말일 기준으로 아래 2가지 조건을 모두 충족한 경우 ① 오픈뱅킹 다른 금융 계좌 등록 ② [은행] 개인(신용)정보 수집·이용(상품서비스 안내 등) 및 오픈뱅킹 활용 상품서비스 안내 등) 동의 |
만기이자 계산 방법 (산출 근거)	• 입금금액마다 입금일부터 만기일 전일까지의 기간에 대해 약정금리로 계산한 이자를 합계(원 미만 절사) • 입금건별 이자 계산 : (입금금액)×(약정금리)×[일수(입금일 ~ 만기일 전일)]÷365 1회차 2회차 3회차 … 마지막 회차 만기일 → (입금금액)×(약정금리)×(일수)÷365 → (입금금액)×(약정금리)×(일수)÷365 → (입금금액)×(약정금리)×(일수)÷365 ⋮ → (입금금액)×(약정금리)×(일수)÷365

> **보기**
>
> ㉠ 환경보호 활동에 동참할 경우 최대 연 0.8%p의 우대금리를 제공하는 친환경 특화 상품이다.
> ㉡ 계약기간이 종료되기 전에 중도해지하는 경우에도 우대금리 중 일부 항목을 적용받을 수 있다.
> ㉢ 만기해지하는 경우에 KB맑은바다적금의 최종금리는 최대 연 3.0%이다.
> ㉣ 매월 1일에 1회씩 10만 원을 입금하고 만기해지 시 모을 수 있는 최고 금액과 최소 금액의 차이는 5,000원 이상이다(세전이며, 계약을 맺은 해는 윤년이 아니며, 계약과 동시에 10만 원을 입금했다고 가정한다).

① ㉠, ㉢
② ㉠, ㉣
③ ㉡, ㉢
④ ㉡, ㉣

05 임베디드 금융(Embedded Finance)에 대한 설명으로 옳지 않은 것을 〈보기〉에서 모두 고르면?

> **보기**
>
> ㉠ 임베디드 금융의 참가자 중에 가장 중요한 역할을 하는 주체는 전통적인 금융 서비스 기능을 제공하는 금융회사이다.
> ㉡ 임베디드 금융의 시장 구조는 금융회사, 비금융회사, 핀테크회사 등이 참가하여 수익을 나눠 갖는 방식으로 이루어져 있다.
> ㉢ 비대면 금융 서비스에 대한 수요의 급증, 금융기관의 디지털 전환 가속화, IT·디지털 기술의 발달, 금융 규제의 완화 등은 임베디드 금융 성장을 촉진한다.
> ㉣ 임베디드 금융은 금융회사가 비금융회사와 제휴를 맺고 자사의 금융 서비스 중 필요한 일부만을 비금융회사에 제공하는 일종의 플랫폼 렌털 사업으로 볼 수 있다.

① ㉠, ㉡
② ㉠, ㉣
③ ㉡, ㉢
④ ㉢, ㉣

06 마이데이터에 대한 설명으로 옳지 않은 것을 〈보기〉에서 모두 고르면?

> **보기**
> ㉠ 마이데이터는 은행 등의 금융기관들에 산재된 개인의 신용정보·금융정보를 하나의 플랫폼에서 통합해 관리하는 것이다.
> ㉡ 우리나라는 개인정보보호법 등 흔히 '데이터 3법'이라 부르는 법률을 통해 마이데이터 산업을 법적·제도적으로 관리하고 있다.
> ㉢ 은행은 소비자 개인의 허락이 없어도 해당 소비자의 분산된 개인정보에 접근해 이를 한데 모아 맞춤 컨설팅 제공을 제안할 수 있다.
> ㉣ 마이데이터 생태계에 참여하는 주요 당사자 중에 정보주체(개인)의 요구에 따라 개인의 신용정보를 전송할 의무가 있는 주체는 중계기관이다.

① ㉠, ㉡
② ㉠, ㉣
③ ㉡, ㉢
④ ㉢, ㉣

07 다음은 KB국민은행의 디지털 전환(DT)에 대한 기사이다. 빈칸에 공통으로 들어갈 용어는?

> KB국민은행(이하 'KB')은 전사적인 디지털 서비스 경쟁력 강화를 목표로 1등 금융 플랫폼 은행으로의 전환에 총력을 기울이고 있다. 이를 위해 모바일뱅킹 애플리케이션 KB스타뱅킹 서비스의 고도화와 함께 마이데이터, 블록체인, 메타버스 등 디지털 신사업으로의 전환에도 만전을 기하고 있다. 특히 메타버스 등 디지털 신사업에 매진한 결과 KB는 가상공간(VR)에서 금융 시스템과 연동을 할 수 있는 'KB VR 브랜치' 2단계 _____를 구축했다고 밝혔다. _____는 본격적인 운용에 앞서 신기술·시제품의 성능·효과·안정성 및 양산 가능성, 편의성 등을 실험하기 위한 환경, 공간, 시스템, 설비·시설 등의 총체를 가리킨다. KB는 이번 'KB VR 브랜치' 2단계 _____를 통해 은행이 제공하는 API를 가상공간에서 구현하는 금융 실험을 진행했다. 한편 이와 관련해 KB 관계자는 "AR, VR 등 새로운 기술 도입에 따른 금융 변화에 선제적으로 대응할 수 있도록 준비하겠다."며 "앞으로도 가상공간에서 뱅킹 서비스 구현을 위한 기술 검증을 지속할 예정이다."라고 밝혔다.

① 테스트 베드(Test Bed)
② 스트레스 테스트(Stress Test)
③ 에퀴티 파이낸스(Equity Finance)
④ 인벤토리 파이낸스(Inventory Finance)

08 대칭 암호화 기법과 비대칭 암호화 기법을 비교한 것으로 옳지 않은 것을 〈보기〉에서 모두 고르면?

> **보기**
> ㉠ 대칭 암호화 기법은 비대칭 암호화 기법보다 키의 길이가 길고 암호화·복호화 속도가 느리다.
> ㉡ 대칭 암호화 기법은 알고리즘이 내부적으로 치환과 전치의 간단한 구조를 이루기 때문에 알고리즘을 개발하기 용이하다.
> ㉢ 대칭 암호화 기법으로 데이터를 암호화·복호화하려면 2개(1쌍)의 키가 필요한 것과 달리 비대칭 암호화 기법은 1개의 키가 필요하다.
> ㉣ 송수신되는 데이터의 기밀성을 높이고 신뢰할 만한 인증을 가능하게 하려면 대칭 암호화 기법이 아니라 비대칭 암호화 기법을 사용하는 알고리즘을 선택해야 한다.
> ㉤ 데이터의 암호화와 복호화에 필요한 키를 생성하고 전달하는 등 교환·공유·관리함에 있어 비대칭 암호화 기법은 대칭 암호화 기법보다 더 큰 어려움이 뒤따른다.

① ㉠, ㉡
② ㉡, ㉣
③ ㉠, ㉢, ㉤
④ ㉢, ㉣, ㉤

|03| 상식

01 다음 중 잠재GDP가 실질GDP보다 클 경우의 정부정책으로 옳지 않은 것은?

① 국고채를 발행한다.
② 정부지출을 증가시킨다.
③ 소득세, 법인세를 인상한다.
④ 사회 인프라 등의 대규모 투자를 한다.

02 다음 중 실업에 대한 설명으로 옳지 않은 것은?

① 실업은 크게 자발적 실업과 비자발적 실업으로 나눌 수 있다.
② 일자리보다 일하려는 사람이 많은 경우를 불균형 실업이라 한다.
③ 우리나라에서 청년실업은 19세에서 29세 사이 청년의 실업을 의미한다.
④ 실업률은 전체 경제활동인구 중에서 직장이 없는 사람의 비율을 의미한다.

03 다음 중 금리노마드에 대한 설명으로 옳지 않은 것은?

① 저금리 현상이 지속됨에 따라 나타나는 현상이다.
② 이자가 조금이라도 높은 상품을 찾아 계속하여 이동하는 것을 의미한다.
③ 금리노마드족이 늘어남에 따라 단기시장 내 자금이 급속히 유출되고 있다.
④ 예적금뿐만 아니라 수익형 부동산, 주식시장 등으로의 자금이동도 해당된다.

04 다음 자료에 따라 대손충당금을 계산하면 얼마인가?

구분	1년	9개월	6개월	3개월	1개월
채권액	20억 원	15억 원	15억 원	10억 원	5억 원
대손적용비율	15%	10%	5%	3%	0%

① 4.55억 원
② 5.55억 원
③ 6.75억 원
④ 7.25억 원

05 다음 중 황금낙하산에 대한 설명으로 옳지 않은 것은?

① 정관 변경 없이 주주총회 결의로 반영할 수 있다.
② 우리나라에는 2000년 초반에 처음으로 도입되었다.
③ 적대적 M&A를 방어하기 위한 주요 수단 중 하나이다.
④ 임기를 채우지 않고 비자발적으로 임원 또는 경영진을 해고할 때 거액의 퇴직금 등을 지급하여야 한다.

06 다음 중 부도거리를 구하는 계산식은?

① [(자산가치)+(장단기부채의 평균)]÷[(자산가치)×(자산변동성)]
② [(자산가치)−(장단기부채의 평균)]÷[(자산가치)×(자산변동성)]
③ [(자산가치)+(장단기부채의 합)]÷[(자산가치)×(자산변동성)]
④ [(자산가치)−(장단기부채의 합)]÷[(자산가치)×(자산변동성)]

07 다음 중 주가가 저평가되어 있다고 볼 수 있는 기업은?

- A기업의 당기순이익은 30억 원이며, 시가총액은 420억 원이다(업종 평균 PER : 12).
- B기업의 주가는 24,000원이며, 주당순자산은 18,000원이다(업종 평균 PBR : 1.2).
- C기업의 당기순이익은 40억 원이며, 시가총액은 350억 원이다(업종 평균 PER : 10).
- D기업의 주가는 20,000원이며, 주당순자산은 16,000원이다(업종 평균 PBR : 0.8).

① A기업　　　　　　　　　　② B기업
③ C기업　　　　　　　　　　④ D기업

08 다음 중 기대신용손실에 대한 설명으로 옳지 않은 것은?

① 신용손실은 계약상 수취하기로 한 현금의 현재가치이다.
② 금융상품의 가격에 기대신용손실에 따른 대가가 포함된다.
③ 신용손실을 개별 채무불이행 발생 위험으로 가중평균한 값을 의미한다.
④ 현금의 예상 지급시점이 계약상 지급시점보다 늦을 경우 신용손실이 발생한다.

09 자산 관련 계산식으로 옳은 것을 〈보기〉에서 모두 고르면?

> **보기**
> ㉠ (부채비율)=(부채)÷(자기자본)
> ㉡ (이자보상비율)=(이자, 법인세 비용 차감 후 당기순이익)÷(이자비용)
> ㉢ (총자산회전율)=(매출액)÷(평균총자산)
> ㉣ (총자산순이익률)=(영업이익)÷(평균총자산)

① ㉠, ㉡
② ㉠, ㉢
③ ㉡, ㉢
④ ㉡, ㉣

10 다음 자료에 따라 포트폴리오의 기대수익률을 계산하면 얼마인가?

구분	비중	예상수익률	
		호황	불황
A투자안	30%	10%	8%
B투자안	40%	6%	9%
C투자안	30%	8%	8%

※ 단, 호황일 가능성과 불황일 가능성은 50%로 동일함

① 7.2%
② 7.7%
③ 8.1%
④ 9.2%

CHAPTER 05 | 2022년 기출복원문제

정답 및 해설 p.039

| 01 | 직업기초능력

01 다음 글에서 (가) ~ (라) 문단의 핵심 화제로 적절하지 않은 것은?

> (가) 최근 대출금리가 큰 폭으로 상승한 반면, 예금금리는 낮아 청년층이 안정적으로 목돈을 마련할 수 있는 고금리 금융상품이 부족하다. 이로 인해 청년층의 안정적 주거를 위한 주택구입 및 전월세 자금 마련에 어려움이 있어 청년층이 목돈을 마련할 수 있는 금융상품이 절실한 상황이다. 이를 위해 마련된 청년 우대형 청약통장은 기존의 청약기능은 그대로 유지하면서 우대금리와 이자소득 비과세 혜택을 통해 청약통장의 재형기능을 대폭 강화하여 청년층의 주거안정 및 목돈 마련 기회를 제공하기 위한 상품이다.
> (나) 이미 주택청약종합저축에 가입한 사람도 가입요건을 충족하면 청년 우대형 청약통장으로 전환・가입이 가능하다. 청년 우대형 청약통장으로의 전환・가입하는 경우 기존 주택청약종합저축의 납입기간과 납입금액은 인정된다. 다만, 전환・가입으로 인한 전환원금은 우대금리 적용에서 제외된다.
> (다) 현재 주택청약종합저축은 누구나 가입이 가능한 반면, 청년 우대형 청약통장은 일정 요건(나이, 소득, 무주택 등)을 충족 시 가입이 가능해 이에 대한 확인이 필요하다. 가입 시에는 주민등록등본 및 무주택확약서 등으로 확인하고, 해지 시에는 지방세 세목별 과세증명서 및 주택소유시스템 등으로 가입기간에 대한 무주택 여부를 확인한다. 또한 ISA 가입용 소득확인증명서 및 소득원천징수 영수증 등으로 직전년도 소득을 확인하며, 이밖에도 병역기간은 병적증명서를 통해 확인한다.
> (라) 그리고 청년 우대형 청약통장은 주택청약종합저축의 일종으로 재형기능 강화를 위해 우대금리와 이자소득 비과세 혜택을 제공하는 상품으로 주택청약종합저축의 하위 상품이라 할 수 있다. 따라서 현재 주택청약종합저축에서 제공하고 있는 소득공제 조건(조세특례제한법 제87조)을 그대로 적용받게 된다. 연소득 7,000만 원 이하 무주택세대주로 무주택확인서를 제출하는 경우 연간 납입액 240만 원 한도로 40%까지 소득공제가 가능하다.

① (가) : 청년 우대형 청약통장의 출시 목적
② (나) : 청년 우대형 청약통장의 문제점
③ (다) : 청년 우대형 청약통장의 가입요건 확인 방법
④ (라) : 청년 우대형 청약통장의 소득공제 혜택

02 남자 5명, 여자 7명 중 2명의 대표를 선출한다고 한다. 이때, 대표가 모두 여자로 선출될 확률은? (단, 소수점 첫째 자리에서 반올림한다)

① 22%   ② 32%
③ 33%   ④ 44%

03 K은행의 기획팀에서 근무하고 있는 직원 A ~ D 4명은 서로의 프로젝트 참여 여부에 대해 다음과 같이 진술하였고, 이들 중 단 1명만이 진실을 말하였다. 이들 중 프로젝트에 반드시 참여하는 사람은?

- A : 나는 프로젝트에 참여하고, B는 프로젝트에 참여하지 않는다.
- B : A와 C 중 적어도 1명은 프로젝트에 참여한다.
- C : 나와 B 중 적어도 1명은 프로젝트에 참여하지 않는다.
- D : B와 C 중 1명이라도 프로젝트에 참여한다면, 나도 프로젝트에 참여한다.

① A   ② B
③ C   ④ D

04 K은행은 2022년을 맞이하여 이웃과 함께하는 봉사 프로젝트 준비를 위해 회의를 진행하려고 한다. 〈조건〉에 따라 회의를 준비할 때, 다음 중 항상 참인 것은?

> **조건**
> - 회의장을 세팅하는 사람은 회의록을 작성하지 않는다.
> - 회의에 쓰일 자료를 복사하는 사람은 자료 준비에 참여한 것이다.
> - 자료 준비에 참여하는 사람은 회의장 세팅에 참여하지 않는다.
> - 자료 준비를 하는 사람은 회의 중 회의록을 작성한다.

① A사원이 회의록을 작성하면 회의 자료를 준비한다.
② B사원이 회의록을 작성하지 않으면 회의 자료를 복사하지 않는다.
③ C사원이 회의에 쓰일 자료를 복사하면 회의록을 작성하지 않는다.
④ D사원이 회의장을 세팅하면 회의 자료를 복사한다.

05 K회사의 해외사업부, 온라인 영업부, 영업지원부에서 각각 2명, 2명, 3명이 대표로 회의에 참석하기로 하였다. 원탁 테이블에 같은 부서 사람이 인접하여 앉는다고 할 때, 7명이 앉을 수 있는 자리 배치의 경우의 수는?

① 24가지
② 27가지
③ 36가지
④ 48가지

06 다음 글의 내용으로 적절하지 않은 것은?

1982년 프루시너는 병에 걸린 동물을 연구하다가, 우연히 정상 단백질이 어떤 원인에 의해 비정상적인 구조로 변하면 바이러스처럼 전염되며 신경 세포를 파괴한다는 사실을 밝혀냈다. 프루시너는 이 단백질을 '단백질(Protein)'과 '바이러스 입자(Viroid)'의 합성어인 '프리온(Prion)'이라 명명하고 이를 학계에 보고했다.

프루시너가 프리온의 존재를 발표하던 당시, 분자 생물학계의 중심 이론은 1957년 크릭에 의해 주창된 '유전 정보 중심설'이었다. 이 이론의 핵심은 유전되는 모든 정보는 DNA 속에 담겨 있다는 것과 유전 정보는 핵산(DNA, RNA)에서 단백질로만 이동이 가능하다는 것이다. 크릭에 따르면 모든 동식물의 세포에서 DNA의 유전 정보는 DNA로부터 세포핵 안의 또 다른 핵산인 RNA가 전사되는 과정에서 전달되고, 이 RNA가 세포질로 나와 단백질을 합성하는 번역의 과정을 통해 단백질로의 전달이 이루어진다. 따라서 단백질은 핵산이 없으므로 스스로 정보를 저장할 수 없고 자기 복제를 할 수 없다는 것이다.

그런데 프루시너는 프리온이라는 단백질은 핵산이 아예 존재하지 않음에도 자기 복제를 한다고 주장하였다. 이 주장은 크릭의 유전 정보 중심설에 기반한 분자 생물학계의 중심 이론을 흔들게 된다. 아직 논란이 끝난 것은 아니지만 '자기 복제하는 단백질'이라는 개념이 분자 생물학자들에게 받아들여지기까지는 매우 험난한 과정이 필요했다.

과학자들은 충분하지 못한 증거를 가진 주장에 대해서는 매우 보수적일 뿐만 아니라, 기존의 이론으로 설명할 수 없는 현상을 대했을 때는 어떻게든 기존의 이론으로 설명해내려 노력하기 때문이다. 프루시너가 프리온을 발견한 공로로 노벨 생리학·의학상을 받은 것은 1997년에 이르러서였다.

① 프루시너에 따르면 프리온은 다른 단백질과 달리 핵산을 가지고 있다.
② 프리온은 신경 세포를 파괴하는 단백질로, 병에 걸린 동물에게 나타난다.
③ 프루시너의 프리온에 대한 주장은 크릭의 유전 정보 중심설과 대립되는 내용이다.
④ 프리온을 제외한 단백질은 스스로 정보를 저장할 수 없고 자기 복제도 할 수 없다.

07 다음은 예금보험공사의 금융부실관련자 책임추궁에 대한 자료이다. 이를 읽고 추론한 내용으로 적절하지 않은 것은?

〈금융부실관련자 책임추궁〉

공사는 자금이 투입된 금융회사에 대하여 예금자보호법 제21조의2에 따라 부실에 책임이 있는 금융회사 전·현직 임직원 등에 대한 책임추궁과 금융회사에 빌린 돈을 갚지 아니함으로써 금융회사 부실의 부분적인 원인을 제공한 부실채무기업의 기업주와 임직원 등에 대하여도 책임추궁을 위한 조사를 실시하고 있습니다.

- 금융부실책임조사본부 운영
  부실금융회사 및 부실채무기업에 대한 부실책임조사는 부실을 초래한 관련자들에게 민사상 책임을 묻기 위한 것으로, 업무처리과정에서 법령, 정관 위반 등으로 해당 금융회사 또는 해당 기업에 손실을 끼친 행위를 찾아내고 그 내용과 행위자 등 구체적인 사실관계와 입증자료 등을 확보하는 것입니다. 공사는 지난 2008년 3월 검찰과 협조하여 부실금융회사와 부실채무기업에 대한 조사를 총괄하는 '금융부실책임조사본부'를 발족하였으며, 2013년 3월에는 부실저축은행에서 빌린 돈을 갚지 않은 부실채무기업의 수가 3천여 개가 넘어감에 따라 전담조직(조사2국)을 신설하여 부실채무기업에 대한 조사를 강화하고 있습니다.

- 외부 전문가 위주의 금융부실책임심의위원회 운영
  공사는 부실책임조사 결과에 대한 객관적이고 공정한 심의를 위하여 변호사 등 전문가 위주로「금융부실책임심의위원회」를 구성하여 운영하고 있으며, 객관적이고도 철저한 부실책임심의를 통해 부실관련자 책임내용과 범위, 책임금액 등을 심의하고 있습니다.

- 금융부실관련자에 대한 재산조사 실시
  공사는 부실관련자에 대한 손해배상청구에 따른 책임재산을 확보하기 위해 부실관련자에 대한 철저한 재산조사를 실시하고 있으며, 부실책임조사결과 및 부실관련자 재산조사 결과를 토대로 해당 금융회사 등을 통하여 손해배상청구소송 및 채권보전조치 등 필요한 법적조치를 취하고 있습니다.

이와 같이 공사는 부실관련자에 대한 철저한 책임추궁을 통하여 기존의 잘못된 경영관행을 혁신하여 건전한 책임경영 풍토를 정착시키고, 투입된 자금을 한푼이라도 더 회수하여 국민부담을 최대한 경감시키고자 최선을 다하고 있습니다.

① 금융부실관련자에 대한 예금보험공사의 책임추궁은 법률에 근거한다.
② 예금보험공사는 타 기관과 협조하여 부실채무기업에 대해 조사를 수행하고 있다.
③ 예금보험공사는 부실채무기업의 증가에 따라 전담조직 신설을 통해 대응하고 있다.
④ 금융회사 부실에 대해 핵심 원인을 제공한 인물만 예금보험공사의 조사 대상이 된다.

08 다음과 같은 길을 따라 A에서 C까지 최단 거리로 이동을 하려고 한다. 이때, 최단 거리로 이동을 하는 동안 B를 지나며 이동하는 경우의 수는?

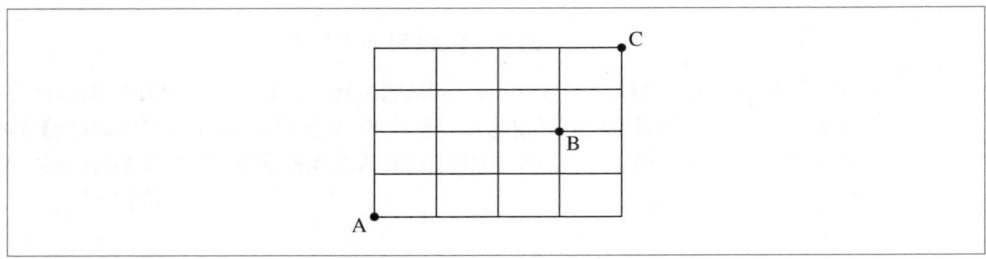

① 15가지 ② 24가지
③ 28가지 ④ 30가지

09 사내 워크숍 준비를 위해 직원 A ~ E 5명의 참석 여부를 조사하고 있다. 다음 〈조건〉에 따라 C가 워크숍에 참석한다고 할 때, 워크숍에 참석하는 직원을 모두 고르면?

조건
- B가 워크숍에 참석하면 E는 참석하지 않는다.
- D는 B와 E가 워크숍에 참석하지 않을 때 참석한다.
- A가 워크숍에 참석하면 B 또는 D 중 1명이 함께 참석한다.
- C가 워크숍에 참석하면 D는 참석하지 않는다.
- C가 워크숍에 참석하면 A도 참석한다.

① A, B, C ② A, C, D
③ A, B, C, D ④ A, C, D, E

10 다음 제시된 문장을 논리적 순서대로 바르게 나열한 것은?

(가) 그렇기 때문에 사람들은 자신의 투자 성향에 따라 각기 다른 금융상품을 선호한다.
(나) 그중 주식은 예금에 비해 큰 수익을 얻을 수 있지만 손실의 가능성이 크고, 예금은 상대적으로 적은 수익을 얻지만 손실의 가능성이 적다.
(다) 그렇다면 금융회사가 고객들의 투자 성향을 판단하는 기준은 무엇일까?
(라) 금융상품에는 주식, 예금, 채권 등 다양한 유형의 투자상품이 있다.
(마) 그리고 금융회사는 이러한 고객의 성향을 고려하여 고객에게 최적의 투자상품을 추천한다.
(바) 금융사는 투자의 기대 효용에 대한 고객들의 태도 차이를 기준으로 고객들을 위험 추구형, 위험 회피형 등으로 분류한다.

① (라) - (나) - (가) - (마) - (다) - (바)
② (라) - (나) - (다) - (바) - (가) - (마)
③ (바) - (마) - (가) - (다) - (라) - (나)
④ (바) - (마) - (다) - (가) - (라) - (나)

11 도어록의 비밀번호를 새로 설정하려고 한다. 도어록 번호판은 다음과 같이 0을 제외한 1~9까지의 9가지 숫자로 되어 있다. 비밀번호를 서로 다른 4개의 숫자로 구성한다고 할 때, 5와 6을 제외하고 1과 8이 포함된 4자리 숫자로 만들 확률은?

〈도어록 비밀번호〉

1 2 3
4 5 6
7 8 9

① $\dfrac{5}{63}$
② $\dfrac{2}{21}$
③ $\dfrac{1}{7}$
④ $\dfrac{10}{63}$

12 제시된 명제가 모두 참일 때, 다음 중 항상 참인 것은?

- 노란 상자는 초록 상자에 들어간다.
- 파란 상자는 빨간 상자에 들어간다.
- 빨간 상자와 노란 상자가 같은 크기이다.

① 노란 상자는 빨간 상자에 들어간다.
② 초록 상자는 빨간 상자에 들어간다.
③ 초록 상자는 파란 상자에 들어가지 않는다.
④ 파란 상자는 초록 상자에 들어가지 않는다.

02 | 직무심화지식

※ 다음은 국민수퍼정기예금의 상품설명서이다. 이어지는 질문에 답하시오. [1~3]

〈국민수퍼정기예금(개인)〉

가입자가 금리, 이자지급, 만기일 등을 직접 설계해 저축할 수 있는 다기능 맞춤식 정기예금

구분	내용
가입대상	제한없음(단, 무기명으로는 가입 불가)
계약기간	• 고정금리형 : 1개월 ~ 3년 이내에서 월 또는 일단위 • 단위기간 금리연동형 : 12 ~ 36개월 이내에서 월단위로 정하고, 연동(회전) 단위기간은 1 ~ 6개월 이내 월단위 또는 30 ~ 181일 이내 일단위로 정할 수 있음
가입금액	• 신규 시 최저 100만 원 이상 원단위로 예치 • 건별 10만 원 이상 원단위로 추가입금 가능(신규 포함 30회까지 가능)
분할인출	• 대상계좌 : 가입일로부터 1개월 이상 경과된 고정금리형 계좌(단위기간 금리연동형 불가) • 분할인출 횟수 : 계좌별 3회(해지 포함) 이내에서 총 15회 한도 • 적용이율 : 가입 당시 예치기간별 고정금리형 국민수퍼정기예금 기본금리 • 인출금액 : 제한 없음. 단, 분할인출 후 계좌별 잔액은 100만 원 이상 유지
거래방법	• 신규 : 은행창구 방문, 고객센터 • 해지 : 은행창구 방문, 인터넷뱅킹, KB스타뱅킹, 고객센터 ※ 은행창구에서 신규(추가입금)한 미성년자 명의 예금의 해지는 은행창구에서만 가능 ※ 고객센터 해지 시 만기해지만 가능하며, 미성년자 명의 예금은 해지 불가
유의사항	만기 전 해지할 경우 계약에서 정한 금리보다 낮은 중도해지금리가 적용됨
기본금리	(아래 표 참조)

• 고정금리형(조회일 기준, 세금공제 전, 연 %)

기간	만기지급식 (확정금리)	월이자지급식 (확정금리)	월이자복리식 (확정금리)
1개월 이상 3개월 미만	0.95	–	–
3개월 이상 6개월 미만	1.35	1.25	1.25
6개월 이상 1년 미만	1.60	1.50	1.50
1년 이상 2년 미만	1.80	1.70	1.70
2년 이상 3년 미만	1.90	1.80	1.80
3년	1.95	1.85	1.85

1. 월이자복리식은 고정금리형의 1년제 이상 가입 시 가능하며, 적용금리는 월이자지급식 금리와 같음
2. 추가입금분은 추가입금일 현재 영업점에 고시된 예치기간별 금리 적용

• 단위기간 금리연동형 적용금리(조회일 기준, 세금공제 전, 연 %)

연동(회전) 단위기간	1, 2개월(30 ~ 90일)	3, 4, 5개월(91 ~ 180일)	6개월(181일)
금리	0.90	1.15	1.40

– 보너스 금리 : 단위기간 금리연동형 가입 후 2회전(단위기간 1, 2개월은 3회전) 이상 경과 후 해지 시 약정금리 외에 0.1%의 보너스 금리 추가 적용
– 단위기간 금리연동형은 KB-Star 클럽 고객 대상 우대금리 제공에 해당하지 않음

우대금리	• 고정금리형 또는 단위기간금리 연동형 신규 시(추가입금 제외) 아래에 해당하는 경우 우대금리 적용 – 비과세가계저축 및 중장기주택부금 만기계좌를 해지일로부터 2개월 이내에 본인이나 배우자 또는 직계존비속 명의로 계약기간 1년 이상 가입하는 계좌 : 연 0.1%p

최종금리

• 고정금리형(조회일 기준, 세금공제 전, 연 %)

기간	만기이자지급식	월이자지급식	월이자복리식
1개월 이상 3개월 미만	최저 0.95 최고 1.05	–	–
3개월 이상 6개월 미만	최저 1.35 최고 1.45	최저 1.25 최고 1.35	–
6개월 이상 1년 미만	최저 1.60 최고 1.70	최저 1.50 최고 1.60	–
1년 이상 2년 미만	최저 1.80 최고 1.90	최저 1.70 최고 1.80	최저 1.70 최고 1.80
2년 이상 3년 미만	최저 1.90 최고 2.00	최저 1.80 최고 1.90	최저 1.80 최고 1.90
3년	최저 1.95 최고 2.05	최저 1.85 최고 1.95	최저 1.85 최고 1.95

※ 최고금리는 우대금리 최대 0.1%p 적용 시

• 단위기간 금리연동형(조회일 기준, 세금공제 전, 연 %)

연동(회전) 단위기간	1, 2개월(30~90일)	3, 4, 5개월(91~180일)	6개월(181일)
금리	1.00	1.25	1.50

※ 금리 변경 시 기존 가입계좌에 대해서는 다음 단위기간부터 변경된 금리 적용
※ 최고금리는 우대금리는 최대 0.1%p 적용 시

이자지급 시기

구분		내용
고정금리형	만기이자지급식	만기 시 이자를 단리 계산, 원금과 함께 지급
	월이자지급식	이자를 매월 단리 계산, 매월 약정일에 지급
	월이자복리식	이자를 매월 복리 계산, 만기 시 원금과 함께 지급
단위기간 금리연동형	이자지급식	연동 단위기간별로 이자를 단리 계산해 지급
	이자복리식	연동 단위기간별 이자를 복리로 계산해 만기 시 원금과 함께 지급

만기 후 금리

• 고정금리형(조회일 기준, 세금공제 전, 연 %)

경과기간	금리
만기 후 1개월 이내	약정금리×50%
만기 후 1개월 초과 3개월 이내	약정금리×30%
만기 후 3개월 초과	0.1

1. 약정금리 : 신규가입일 당시 영업점에 고시된 계약기간별 금리(우대금리 제외)
2. 금리는 소수점 둘째 자리까지 표시(소수점 셋째 자리에서 절사)

• 단위기간 금리연동형(조회일 기준, 세금공제 전, 연 %)
– 경과기간 3개월 이내 : 0.2%
– 경과기간 3개월 초과 : 0.1%

01 국민수퍼정기예금을 바르게 이해한 사람을 〈보기〉에서 모두 고르면?

> **보기**
> - A씨 : 고정금리형 계좌의 가입일로부터 2개월이 지났다면 분할인출이 가능하며, 이때 잔액을 100만 원 이상 유지해야 한다.
> - B씨 : 신규가입 시에는 최소 150만 원 이상 예치해야 하며, 건별로 20만 원 이상 추가입금이 가능하다.
> - C씨 : 미성년자의 명의로 은행창구에서 신규가입한 계좌는 은행창구뿐만 아니라 고객센터에서도 해지할 수 있다.
> - D씨 : 고정금리형 계좌의 계약기간은 12개월 이상 36개월 이내에서 월단위로 정한다.
> - E씨 : 고정금리형과 단위기간 금리연동형 모두 일단위 또는 월단위 중 하나를 선택할 수 있다.

① A씨, B씨
② A씨, E씨
③ C씨, D씨
④ B씨, E씨

02 K씨(만 30세)는 단위기간 금리연동형으로 국민수퍼정기예금에 가입하려고 은행창구에서 상담을 받고 있다. 이때 은행 직원이 K씨에게 안내할 사항으로 옳은 것은?

① 고객님께서 원하신다면 최대 15회까지 분할인출을 하실 수 있습니다.
② KB-Star 클럽 고객을 대상으로 하는 우대금리 적용 혜택을 받으실 수 있습니다.
③ 만기 후 금리는 경과기간이 3개월 이내인지 또는 초과인지를 불문하고 연 0.2%로 같습니다.
④ 연동(회전) 단위기간이 6개월인 경우에는 가입 후 2회전이 지나고 나서 해지하실 때 0.1%의 보너스 금리를 추가로 적용받으실 수 있습니다.

03 고정금리형 계좌에 만기지급식(확정금리)으로 신규가입해 100만 원을 예치한 후 3년의 만기가 지났다면, 우대금리를 추가로 적용해 최종적으로 얻게 되는 최대 이자금액은?(단, 세금공제 전을 기준으로 하며, 계산의 편리를 위해 이후 추가입금은 없었다고 가정한다)

① 59,600원
② 60,500원
③ 61,500원
④ 62,700원

※ 다음은 KB Star 정기예금에 대한 설명이다. 이어지는 질문에 답하시오. [4~6]

⟨KB Star 정기예금⟩

인터넷뱅킹, KB스타뱅킹, 콜센터를 통해서만 가입 가능한 Digital KB 대표 정기예금으로, 자동 만기관리부터 분할인출까지 가능한 편리한 온라인 전용 정기예금

구분	내용
가입대상	개인 및 개인사업자
계약기간	1개월 이상 36개월 이하(월단위)
가입금액	100만 원 이상(추가입금 불가)
만기해지 방법	최초 가입 시 아래의 구분 중 1개의 만기해지 방법을 필수로 선택해야 함 • 자동해지 : 만기일 당일 상품 신규가입 시 출금계좌에 만기해지 금액 전액 입금 • 자동재예치(원금) : 만기(재예치)일 당일 고시한 고객적용금리를 적용하며, 적용금리를 제외한 가입조건은 기존 가입조건과 동일하게 원금 부분만 재예치, 이자 금액은 신규가입 시 출금계좌에 입금 • 자동재예치[(원금)+(이자)] : 만기(재예치)일 당일 고시한 고객적용금리를 적용하며, 적용금리를 제외한 가입조건은 기존 가입조건과 동일한 조건으로 만기해지 금액 전액 재예치 • '오픈뱅킹' 서비스를 통해 신규 가입한 경우, 자동해지(재예치) 시 만기해지금액(이자금액)은 국민은행 출금계좌로 입금됨
분할인출	• 대상계좌 : 가입일로부터 1개월 이상 경과된 계좌 • 분할인출 횟수 : 계좌별 3회(해지 포함) 이내 가능 • 적용금리 : 신규 및 자동재예치 시 계약기간별 기본금리를 적용함 • 인출금액 : 제한 없음. 단, 분할인출 후 계좌별 잔액은 100만 원 이상 유지되어야 함
거래방법	• 신규 : KB스타뱅킹, 인터넷뱅킹, 고객센터(영업점 가입 불가) • 해지 : KB스타뱅킹, 인터넷뱅킹, 은행창구(영업점) 방문
양도 및 담보제공	가능(예금담보대출은 예금잔액 95% 이내로 가능)
유의사항	만기 전 해지할 경우 계약에서 정한 금리보다 낮은 중도해지금리가 적용됨
이자지급 시기	만기일시지급식 : 만기(후) 또는 중도해지 요청 시 이자를 지급
이자계산 방법 (세전)	• 신규일부터 만기일 전일까지의 기간에 대하여 약정금리로 계산한 금액(원 미만 절사) • 이자계산 산식 : (신규금액)×(약정금리)×(약정개월수)÷12

(단위 : 연 %)

기본금리 (세전)	기간	기본금리	고객적용금리
	1개월 이상 3개월 미만	0.50	1.3
	3개월 이상 6개월 미만	0.60	1.88
	6개월 이상 12개월 미만	0.70	2.45
	12개월 이상 24개월 미만	0.70	2.73
	24개월 이상 36개월 미만	0.80	2.84
	36개월	0.90	2.87

중도해지 금리 (세전)	• 긴급 자금수요 등으로 중도해지할 경우 정기예금 중도해지금리에 비해 회전식 정기예금이 유리할 수 있음 • 신규가입일 당시 영업점 및 인터넷 홈페이지에 고시한 예치기간별 중도해지금리 적용 (단위 : 연 %) | 예치기간	금리
1개월 미만	0.1
1개월 이상 3개월 미만	기본금리×50%×경과월수/계약월수 (단, 최저금리 0.1%)
3개월 이상 6개월 미만	기본금리×50%×경과월수/계약월수 (단, 최저금리 0.1%)
6개월 이상 8개월 미만	기본금리×60%×경과월수/계약월수 (단, 최저금리 0.2%)
8개월 이상 10개월 미만	기본금리×70%×경과월수/계약월수 (단, 최저금리 0.2%)
10개월 이상 11개월 미만	기본금리×80%×경과월수/계약월수 (단, 최저금리 0.2%)
11개월 이상	기본금리×90%×경과월수/계약월수 (단, 최저금리 0.2%) | 1. 기본금리 : 신규가입일 당시 영업점에 고시된 계약기간별 이율(우대금리 제외) 2. 경과월수 : 입금일 다음 날로부터 해지월 입금해당일까지를 월수로 하고, 1개월 미만은 절상 3. 계약월수 : 신규일 다음 날로부터 만기월 신규해당일까지를 월수로 하고, 1개월 미만은 절상 4. 금리는 소수점 둘째 자리까지 표시(소수점 셋째 자리에서 절사)
최종금리 (세전)	신규(또는 재예치)일 당시 영업점 및 인터넷 홈페이지에 고시한 계약기간별 고객적용금리 적용
만기 후 금리 (세전, 산출근거)	(단위 : 연 %) | 경과기간	금리
만기 후 1개월 이내	기본금리×50%
만기 후 1개월 초과 3개월 이내	기본금리×30%
만기 후 3개월 초과	0.1 | 1. 기본금리 : 신규가입일 당시 영업점에 고시된 계약기간별 금리(우대금리 제외) 2. 경과월수 : 입금일 다음 날로부터 해지월 입금해당일까지를 월수로 하고, 1개월 미만은 절상 3. 금리는 소수점 둘째 자리까지 표시(소수점 셋째 자리에서 절사)

04 다음 중 KB Star 정기예금을 바르게 이해한 사람은?

① A씨 : 영업점 등 KB국민은행에서 운용하는 모든 채널을 통해 가입할 수 있어.
② B씨 : 가입금액은 100만 원 이상이고 건별 10만 원 이상 추가입금이 15회까지 가능해.
③ C씨 : 가입일로부터 3개월이 지나면 분할인출이 가능하고 이때 인출 횟수에 제한이 없어.
④ D씨 : 분할인출 금액에는 제한이 없지만 인출 후 잔액이 100만 원 이상이어야 해.

05 M씨는 온라인 고객센터를 통해 KB Star 정기예금 가입 상담을 하고 있다. 이때 은행 직원이 안내할 사항으로 옳은 것을 〈보기〉에서 모두 고르면?

보기
㉠ 이 상품의 계약기간은 월단위로 최대 36개월 이내입니다.
㉡ 만기가 되기 전 또는 중도에 해지하시기 전에도 3개월마다 이자를 받으실 수 있습니다.
㉢ 이 상품을 담보로 대출을 받으실 수 있는데요, 예금잔액의 95%까지 대출이 가능합니다.
㉣ 만기 전에 해지해도 계약에서 정한 금리와 동일한 수준의 금리를 적용받으실 수 있습니다.

① ㉠, ㉡
② ㉠, ㉢
③ ㉡, ㉢
④ ㉢, ㉣

06 신규가입한 해에 200만 원을 예치한 후 36개월의 만기가 지났을 때, 원리금의 합계액은?(단, 세금공제 전을 기준으로 하고, 계산의 편리를 위해 이후 추가입금은 없었다고 가정하며, 원 미만은 절사한다)

① 2,172,200원
② 2,210,300원
③ 2,242,400원
④ 2,261,500원

07 다음 중 넷플릭스가 등장한 것처럼 같은 업계에 강자가 나타나 산업의 판도가 바뀌게 되는 현상을 가리키는 용어는?

① Netflixiate
② Netflixed
③ Netflixism
④ Netflix Moment

08 다음 중 양자컴퓨터를 구현하기 위한 핵심 기술로, 원자를 고정시키는 방식으로 신호를 만들어 낸 것은?

① 퀀텀닷(Quantum Dot)
② 퀀텀비트(Quantum Bit)
③ 퀀텀점프(Quantum Jump)
④ 퀀텀 디바이스(Quantum Device)

09 다음 중 최신 정보로 변경이 잦은 웹사이트에서 사용자들의 이해를 쉽게 하기 위해 변경된 정보를 간략하게 정리하여 제공하는 것을 가리키는 용어는?

① Hoax
② API
③ CSS
④ RSS

10 다음 중 핀테크의 장점으로 옳지 않은 것은?

① 비대면 금융거래의 확대
② 정보의 질적, 양적 격차 해소
③ 금융산업과 금융시장의 개편
④ 기존의 금융과 비교하여 보안성 강화

| 03 | 상식

01 다음 중 공공재의 특성으로 옳지 않은 것은?

① 비시장성
② 무임승차
③ 축적성과 유형성
④ 비배제성과 비경합성

02 다음 중 CAPM(자본자산가격결정모형)의 의의와 한계에 대한 설명으로 옳지 않은 것은?

① 위험과 그에 따르는 균형 기대수익률을 제시해 주는 것이 특징이다.
② 완전자본시장 가정 및 모든 투자자가 동일한 예상을 갖는다는 가정이 비현실적이다.
③ 베타가 위험에 관한 모든 것을 설명하지 못하기 때문에 실무에서 거의 사용되지 않고 있다.
④ 기업고유요인으로 수익률 변동이 클 때에는 역사적 자료를 통한 베타의 통계 추정이 어렵다.

03 다음 중 국제유가 상승과 같은 공급충격이 우리나라 경제에 미치는 영향에 대한 설명으로 옳은 것은?

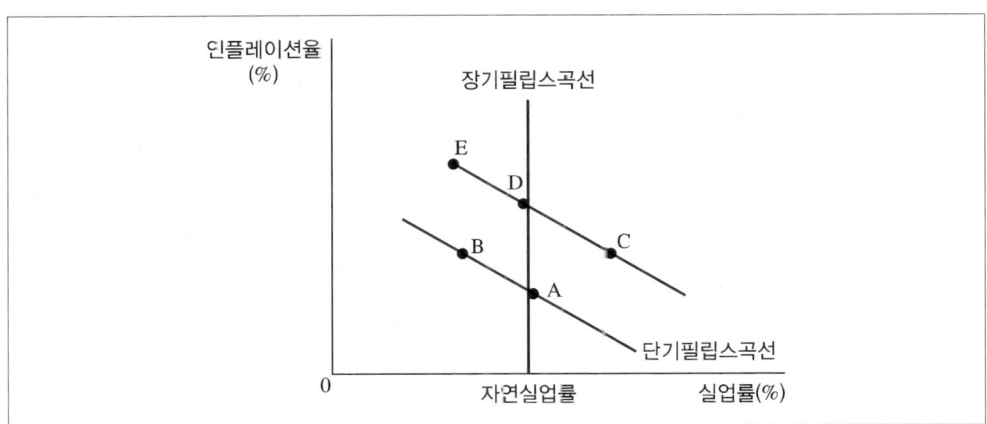

① 경제가 A → B → D로 움직일 것이다.
② 경제가 A → C → A로 움직일 것이다.
③ 경제가 D → B → A로 움직일 것이다.
④ 경제가 D → C → A로 움직일 것이다.

04 다음 글을 읽고 추론한 내용으로 적절하지 않은 것은?

> 통계청이 발표한 '10월 고용동향'에 따르면 지난달 비경제활동인구는 1,673만 6,000명으로, 전년 동월 대비 50만 8,000명(3.1%)이 증가했다. 통계 기준이 변경된 1999년 6월 이후 10월 기준으로 역대 최대치다. 지난 7월에 이어 네 달 연속 동월 기준 최대치를 기록하고 있는 반면, 경제활동인구(2,811만 6,000명)는 25만 7,000명이 감소했다. 코로나 위기가 반영된 이후부터 8개월째 감소세가 이어지고 있는데 이는 역대 최장 기간이다.
>
> 비경제활동인구를 활동 상태별로 보면 지난달 구직활동 계획없이 '쉬었음'이라고 답한 사람은 235만 9,000명으로 24만 7,000명(11.7%) 늘어 2003년 통계 작성 이래 동월 기준 최대치를 기록했다. '쉬었음'이라고 대답한 인구는 50대(-4,000명)를 제외한 전 세대에서 모두 늘었다.
>
> '쉬었음'이라고 대답한 인구와 달리 구직활동을 희망했으나 채용 중단 등 노동시장 문제로 일자리를 구하지 못한 구직 단념자는 61만 7,000명으로, 통계 기준이 변경된 2014년 이후 동월 기준 최대치를 기록했다. 이는 전년 동월 대비 11만 2,000명 증가한 수치로, 코로나19 사태가 장기화되며 만성적인 '취업포기 현상'이 심화하고 있음을 여실히 보여준다.
>
> '쉬었음'이라고 대답한 인구는 모든 연령계층에서 증가했지만, 특히 20대(7만 1,000명, 20.9%)에서 가장 크게 늘었다. 방역 강화에 따라 기업 채용이 연기되고, 숙박・음식업이나 교육서비스업 등 대면업종 타격이 지속되면서 20대의 구직기회와 활동이 줄어든 것을 반영했다.
>
> 실업률 역시 20대(20~29세)가 8.4%로 전 연령층에서 가장 높았다. 전년 동월 대비 1.1%p 상승했고 이 뒤로는 30대(1.0%p), 40대(0.7%p), 50대(0.4%p) 순으로 이었다. 청년층(15~24세)으로 한정해도 취업자는 전년 동월 대비 25만 명 감소했고, 고용률은 2.0%p 하락했다.
>
> 고용률은 60세 이상을 제외한 전 세대에서 모두 하락했는데, 특히 20대(-3.1%) 하락폭이 컸다. 반면 60세 이상 고용률은 전년 동월 대비 0.8% 증가하며 유일하게 상승했다. 이는 공공 일자리 등 정부 정책 효과 영향이라는 것이 통계청의 설명이다.
>
> 통계청 사회통계국장은 "60세 이상에서 고용률이 상승한 것은 코로나 영향으로 올 2월 이후부터 중단됐던 노인일자리가 5월 이후부터 조금씩 완화되면서 풀렸고, 재확산으로 주춤하다가 사회적 거리두기가 완화된 10월에 노인일자리가 다시 증가한 영향으로 보인다."라고 말했다.

① 실업률은 실업자 수를 경제활동인구 수로 나눈 값으로 계산된다.
② '쉬었음'이라고 대답한 인구는 다른 말로 실망노동자라고도 한다.
③ 고용률은 취업자 수를 15세 이상 인구수로 나눈 값으로 계산된다.
④ 경제활동인구란 만 15세 이상 인구 중 취업자와 일을 하려고 구직활동을 하는 실업자를 합한 인구를 뜻한다.

05 다음 중 죄수의 딜레마(Prisoner's Dilemma) 모형에 대한 설명으로 옳은 것은?

① 내쉬균형이 존재하지 않는다.
② 게임 참가자 간의 자유로운 의사소통이 가능하다.
③ 완전경쟁시장에서 기업 간 관계를 잘 설명할 수 있다.
④ 과점기업들이 공동행위를 통한 독점이윤을 누리기 어려운 이유를 잘 설명할 수 있다.

06 다음은 2017년 1분기부터 2022년 2분기까지의 우리나라 분기별 국내총생산(GDP)과 국민총소득(GNI)의 전년 동기 대비 성장률 동향에 대한 자료이다. 해당 기간에 나타난 경제현상에 대한 설명으로 옳은 것은?

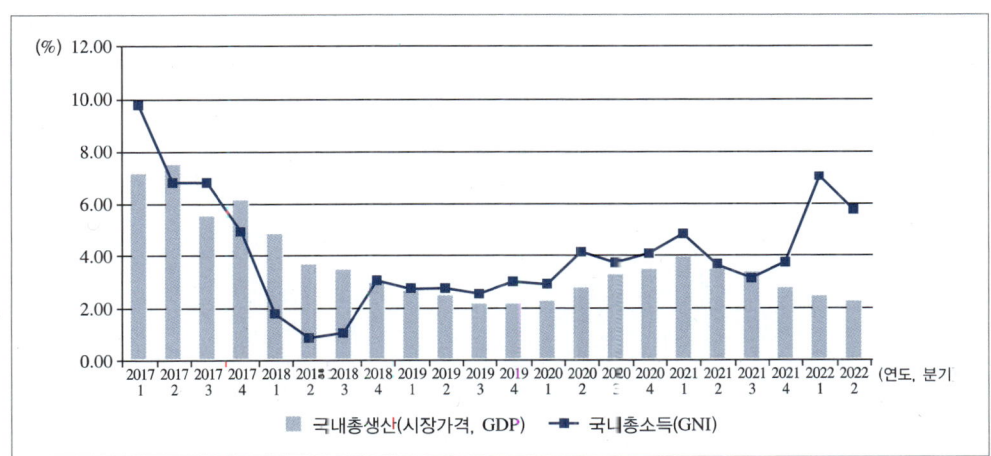

① 2017년 1분기부터 2022년 2분기까지의 소비는 증가할 것이다.
② 전체 기간 동안 우리나라에서의 경제활동은 전년 동기 대비 규모가 커졌다.
③ 교역조건이 개선되는 경우에 위와 같이 GDP성장률에 비해 GNI성장률이 낮을 수 있다.
④ 제시된 자료만으로는 GDP성장률과 GNI성장률이 명목변수인지 실질변수인지 판단할 수 없다.

07 한계비용이 체증하는 공장을 2개 가지고 있는 독점기업이 있다. 다음 중 이 기업이 이윤을 극대화하는 생산량은?

① 각 공장의 평균비용곡선과 한계수입곡선이 교차하는 생산량
② 각 공장의 평균비용곡선과 평균수입곡선이 교차하는 생산량
③ 각 공장의 한계비용곡선과 한계수입곡선이 교차하는 생산량
④ 두 공장의 한계비용곡선을 수평으로 합한 곡선과 한계수입곡선이 교차하는 생산량

08 다음 중 코로나19 팬데믹으로 침체됐던 경제활동이 다시 시작되는 것을 가리키는 용어는?

① 리커플링
② 리쇼어링
③ 리오프닝
④ 리프로파일링

09 다음 중 미국의 투자은행인 모건 스탠리가 발표하는 세계 주가지수는?

① S&P 지수
② MSCI 지수
③ FTSE 지수
④ FT월드 지수

10 다음은 K기업의 주식을 기초자산으로 하는 옵션의 시세에 대한 자료이다. 이에 대한 설명으로 옳지 않은 것은?(단, K기업의 현재주가는 370.00이다)

<옵션시세표>

콜옵션	행사가격	풋옵션
1월물		1월물
4.34	375.00	13.65
5.17	372.50	12.05
6.12	370.00	10.40
7.23	367.50	9.23
8.50	365.00	7.99

① 행사가 375.00의 콜옵션은 외가격 옵션이다.
② 행사가 367.50의 풋옵션은 외가격 옵션이다.
③ 행사가 370.00의 콜옵션의 내재가치는 0이다.
④ 행사가 365.00의 콜옵션의 시간가치는 5이다.

CHAPTER 06 | 2021년 기출복원문제

정답 및 해설 p.046

| 01 | 직업기초능력

01 다음 중 스마트폰과 가속도 센서에 대한 설명으로 적절하지 않은 것은?

> 스마트폰을 기울여 가며 장애물을 피하는 게임을 해 본 사람은 '스마트폰의 움직임이 어떻게 화면에 반영될 수 있을까?'하는 의문을 가져 보았을 것이다. 가속도 센서는 이러한 동작 인식에 사용되는 센서 중 하나로, 단위 시간당 속도 변화를 검출하여 물체의 움직임을 인식하는 장치이다.
> 가속도 센서가 3차원 공간에서의 움직임을 인식하기 위해서는 x, y, z 세 축 방향에서 가속도를 감지할 수 있어야 한다. 이에 착안한 것이 3축 가속도 센서이다. 스마트폰 기기의 가로 방향을 x축, 세로 방향을 y축, 앞면과 뒷면 방향을 z축으로 하는 3축 가속도 센서값은 $\langle ax, ay, az \rangle$와 같이 방향성을 가진 세 요소로 구성된다.
> 물체는 항상 중력의 영향을 받기 때문에 가속도 센서로 물체가 움직인 궤적을 파악하려면 중력으로 인한 가속도와 그 외의 힘으로 인한 가속도를 함께 고려하는 복잡한 과정이 요구된다. 그러나 물체가 정지된 상태에서는 중력가속도만 고려하면 되기 때문에 물체가 정지된 경우를 살펴보는 것이 3축 가속도센서 작동의 기본 원리를 이해하는 데 용이하다.
> 예를 들어 3축 가속도 센서가 장착된 스마트폰을 지면과 수평인 책상 위에 화면이 위로 가도록 평평하게 놓으면 정지된 상태에서도 중력가속도가 감지되므로 z축의 가속도 센서값 az는 9.8이 된다. x축과 y축은 중력가속도 방향과 이루는 각이 90°가 되어 x축과 y축의 가속도 센서값은 0이 된다. 이 상태에서 스마트폰의 기울기를 변화시킨 후 정지된 상태로 두면 z축이 아닌 다른 축의 가속도 센서도 중력가속도를 감지하게 된다. 물론 이 경우에도 중력가속도 방향과 이루는 각이 90°인 축이 있다면 그 축의 가속도 센서값은 0이 된다.

① 3차원 공간에서의 움직임을 인식하기 위해서는 세 개의 축이 필요하다.
② 스마트폰은 가속도 센서를 통해서 3차원으로 이루어지는 동작을 인식한다.
③ 가속도 센서의 기본 원리는 속도 변화를 통해서 움직임을 감지하는 것이다.
④ 물체가 움직일 때 중력으로 인한 가속도는 받지 않으므로 가속도 센서는 그 외의 힘으로 인한 가속도만 계산하면 된다.

※ 다음은 결재 및 위임전결규정에 대한 자료이다. 이어지는 질문에 답하시오. [2~4]

<결재규정>

제1조(결재)
결재를 받으려는 업무에 대해서는 최고 결재권자(대표)를 포함한 이하 직책자의 결재를 받아야 한다.

제2조(전결)
전결이란 최고 결재권자로부터 결재권을 위임받은 자가 행하는 결재를 말하며, 전결권자는 자신의 서명란에 전결 표시를 한 후 최고 결재권자의 서명란에 서명한다.

제3조(대결)
대결이란 결재권자가 휴가·출장 기타 사유로 결재할 수 없을 때 그 직무 대리자가 행하는 결재를 말하며, 직무 대리자는 결재권자의 서명란에 대결 표시를 한 후 서명한다.

<위임전결규정>

제1조(목적)
제반업무에 관한 위임 및 전결사항과 그 절차를 정하여 효율적인 업무수행을 기함을 목적으로 한다.

제2조(적용)
위임 및 전결에 관한 사항은 다른 법령에 별도 규정이 있는 것을 제외하고는 이 규정에 의한다.

제3조(전결권자의 구분)
이 규정에서의 전결권자는 팀장, 과장, 부장, 국장 등으로 구분한다.

제4조(전결사항)
전결권자의 전결 사항은 [별표1]과 같다.

제5조 (전결처리의 예외)
① 최고 결재권자가 특히 필요하다고 인정하여 지시하는 사항에 대하여는 이 규정에 의한 전결사항에도 불구하고 그 지시에 따라 전결권자를 별도로 지정하여 처리할 수 있다.
② [별표1]에 규정된 전결사항이라 하더라도 처리결과에 따라 중대한 민원이 발생할 것으로 예상되거나 객관적인 처리기준이 정립되어 있지 않은 경우에는 그 전결권을 상향 전결하여 처리하여야 한다.

제6조(전결권의 상향 및 하향처리 금지)
제5조의 규정에 의한 경우를 제외하고는 당해 업무에 대한 처리권을 상향 또는 하향 전결하여 처리할 수 없다.

제7조(전결권자의 책임)
전결 처리한 사항에 대하여는 그 전결권자가 책임을 진다.

제8조(보고)
전결권자가 전결로써 처리할 예정이거나 기 처리한 사항 중 중요하다고 인정되는 사항은 즉시 그 내용을 사전 또는 사후에 전결권자의 상급자에게 보고하여야 한다.

[별표1]

구분	내용	팀장	과장	부장	국장
복무관리 (휴가, 조퇴, 출장)	부장급 이상				○
	과장			○	
	팀장급 이하		○		
기록관리	기록물 정리	○			
	기록물 폐기, 이관		○		
민원관리	중요사항				○
	일반사항			○	
	경미한 사항		○		
예산집행 (공사, 물품, 재산 구입 등)	추정 가격 1,000만 원 이상				○
	추정 가격 100만 원 이상			○	
	추정 가격 100만 원 미만		○		

02 다음 중 결재 및 위임전결규정에 대해 바르게 이해하고 있는 사람은?

A사원 : 결재 권한을 위임하는 전결을 통해 업무의 효율성을 확보할 수 있겠군.
B사원 : 맞아. 전결권자가 부장인 경우 팀장과 과장의 결재는 필요하지 않으니까 훨씬 효율적이지.
C사원 : 아니야. 그건 부장이 부득이한 사유로 결재가 불가능할 때만 해당하는 사항이야.
D사원 : 그러면 중요한 일이라도 부장이 전결 처리한 사항이라면 국장은 그 사항에 대해서 전혀 알 수 없겠네.

① A사원
② B사원
③ C사원
④ D사원

03 총무팀 O사원은 회사 창립일 기념 체육대회를 진행할 체육관을 대관하기 위해 1,500만 원 상당의 지출결의서를 작성하려 한다. 다음 중 O사원이 작성한 지출결의서의 결재양식에서 전결 표시와 전결권자의 서명란 위치로 옳은 것은?

①

팀장	과장	부장	국장	대표
			✓	전결

②

팀장	과장	부장	국장	대표
				전결 ✓

③

팀장	과장	부장	국장	대표
			전결 ✓	

④

팀장	과장	부장	국장	대표
			전결	✓

04 다음과 같은 상황에서 귀하의 결재 방법으로 옳은 것은?

> 영업팀 과장으로 근무하고 있는 귀하는 오늘 오후 지방의 영업점으로부터 급하게 해결해야 할 문제가 발생하였으니 내일 오전에 방문해 달라는 연락을 받았다. 귀하는 출장신청서를 작성하였고, 결재 과정에 따라 금일 퇴근 전으로 결재를 받으려 한다. 귀하는 전결권자의 결재를 받기 위해 찾아갔으나, 해외 출장으로 인해 부재중이었다.

① 부장의 직무 대리자를 찾아가 대결 처리한다.
② 부장을 전결권자로 지정하여 부장의 전결을 받는다.
③ 부득이한 사유에 해당하므로 자신의 전결로써 처리한다.
④ 부장의 결재란을 비워놓은 채 국장을 찾아가 결재를 받는다.

05 제시된 문장을 바탕으로 내린 A, B의 결론에 대한 판단으로 항상 참인 것은?

> - 왼쪽부터 차례대로 1, 2, 3, 4, 5, 6번 방이 있고, 각 방에 1명씩 들어간다.
> - A와 B 사이에는 2명이 있고, B는 항상 A의 오른편에 있다.
> - C는 D의 바로 왼쪽 방에 있다.
> - E는 5번 방에 있다.

> A : F는 6번 방에 있다.
> B : E는 항상 F의 옆방에 있다.

① A만 옳다.   ② B만 옳다.
③ A, B 모두 옳다.   ④ A, B 모두 틀리다.

06 K은행 M지점 직원 A∼J 10명이 점심식사를 하러 가서 〈조건〉에 따라 6인용 원형테이블 2개에 각각 4명, 6명씩 나눠 앉았다. 다음 중 항상 거짓인 것은?

> **조건**
> - A와 I는 빈 자리 하나만 사이에 두고 앉아 있다.
> - C와 D는 1명을 사이에 두고 앉아 있다.
> - F의 양 옆 중 오른쪽 자리만 비어 있다.
> - E는 C나 D의 옆자리가 아니다.
> - H의 바로 옆에 G가 앉아 있다.
> - H는 J와 마주보고 앉아 있다.

① A와 B는 같은 테이블이다.   ② H와 I는 다른 테이블이다.
③ C와 G는 마주보고 앉아 있다.   ④ A의 양 옆은 모두 빈 자리이다.

※ 다음은 K은행의 7월 일정표이다. 이어지는 질문에 답하시오. [7~8]

〈7월 일정표〉

월요일	화요일	수요일	목요일	금요일	토요일	일요일
			1 김사원 휴가	2	3	
4 전체 회의	5 최사원 휴가	6	7 정대리 휴가	8	9	10
11 최팀장 휴가	12	13 정과장 휴가	14 정과장 휴가	15 김팀장 휴가	15	17
18 유부장 휴가	19	20	21	22 임사원 휴가	23	24
25 박과장 휴가	26 최대리 휴가	27	28 한과장 휴가	29 유부장 휴가	30	31

- 소속 부서
  - 총무부 : 최사원, 김대리, 한과장, 최팀장
  - 인사부 : 임사원, 정대리, 박과장, 김팀장
  - 자금부 : 김사원, 최대리, 정과장, 유부장
- ※ 휴가는 공휴일과 주말을 제외하고 사용하며, 전체 일정이 있는 경우 휴가를 사용하지 않음

07 K은행 직원들은 휴가일이 겹치지 않게 하루 이상 휴가를 쓰려고 한다. 다음 중 총무부 김대리의 휴가 일정으로 가장 적절한 것은?

① 1일
② 4일
③ 8~9일
④ 20~21일

08 K은행 직원들이 동일한 일수로 최대한 휴가를 쓴다고 할 때, 1명당 최대로 쓸 수 있는 휴가 일수는?

① 1일
② 2일
③ 3일
④ 4일

09 A는 1.5km 떨어진 회사까지 40m/min의 속도로 걸어가다가 늦을 것 같아 60m/min의 속도로 뛰어갔다. 집에서 회사까지 도착하는 데 30분이 걸렸을 때, A가 걸어간 시간은?

① 5분 ② 7분
③ 10분 ④ 15분

10 다음은 청년 고용동향에 대한 자료이다. 이에 대한 설명으로 옳지 않은 것은?

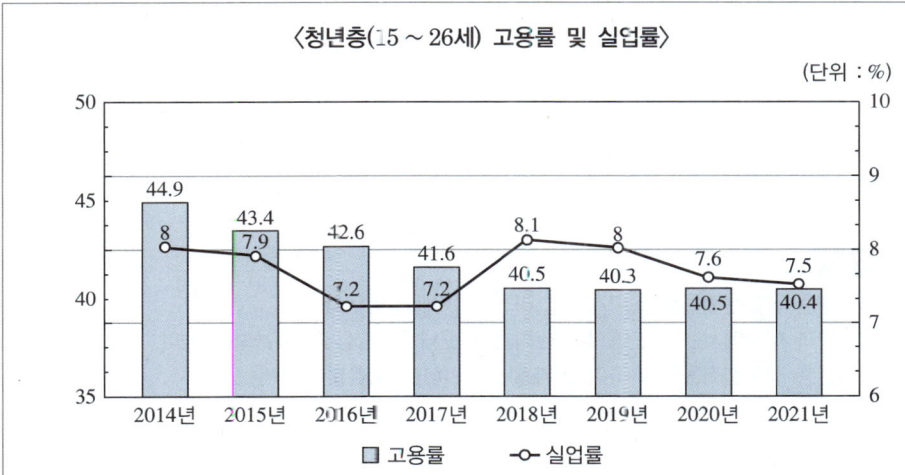

① 생산가능인구는 매년 감소하고 있다.
② 청년층 고용률과 실업률 사이에는 상관관계가 없다.
③ 고용률 대비 실업률 비율이 가장 높았던 해는 2018년이다.
④ 전년과 비교했을 때, 2015년에 경제활동인구가 가장 많이 감소했다.

11 다음은 A~D 네 국가의 정부신뢰에 대한 자료이다. 〈조건〉에 근거하여 A~D에 해당하는 국가를 바르게 짝지은 것은?

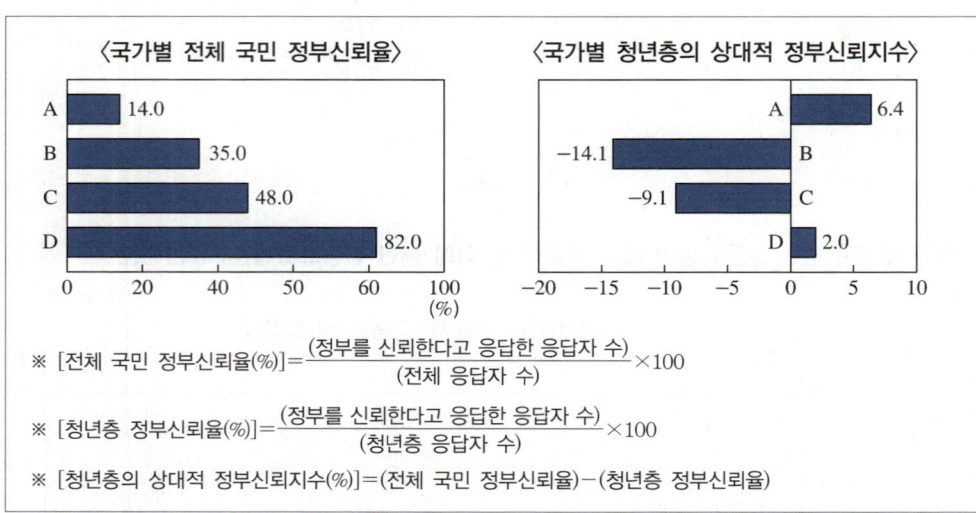

※ [전체 국민 정부신뢰율(%)] = (정부를 신뢰한다고 응답한 응답자 수) / (전체 응답자 수) × 100

※ [청년층 정부신뢰율(%)] = (정부를 신뢰한다고 응답한 응답자 수) / (청년층 응답자 수) × 100

※ [청년층의 상대적 정부신뢰지수(%)] = (전체 국민 정부신뢰율) − (청년층 정부신뢰율)

조건
- 청년층 정부신뢰율은 스위스가 그리스의 10배 이상이다.
- 영국과 미국에서는 청년층 정부신뢰율이 전체 국민 정부신뢰율보다 높다.
- 청년층 정부신뢰율은 미국이 스위스보다 30%p 이상 낮다.

	A	B	C	D
①	스위스	미국	영국	그리스
②	스위스	영국	미국	그리스
③	그리스	영국	미국	스위스
④	그리스	미국	영국	스위스

12 다음 글의 내용으로 가장 적절한 것은?

비재무적 위험요인이 초래할 수 있는 재무적 충격을 숫자로 나타내고자 하는 노력은 점차 성과를 거두고 있다. 특히 ESG 중에서 E(환경)를 중심으로 가시화된 형태가 나타나고 있다. 이미 EU(유럽연합)를 시작으로 한국·미국 등 주요국에서는 온실가스 거래시장이 만들어졌다. 지구온난화를 초래하는 온실가스에 가격을 매겨 온실가스를 배출하는 기업들이 비용을 치르게 하자는 발상이 현실화된 대표적 사례다.

2008년 금융위기 극복을 위한 글로벌 협의체 G20(주요 20개국) 회의의 하부기구인 TCFD(기후변화 위험의 재무공시를 위한 태스크포스)를 비롯해 SASB(지속가능회계기준위원회), ISO(국제표준화기구) 등 기구들이 ESG 요소를 재무적으로 관측할 수 있도록 하는 수단을 만들어 왔고 이를 보다 세련되게 다듬는 노력을 기울이고 있다. 예전에는 측정할 수 없다는 이유로 경영·투자판단에 고려되지 않았던 ESG 등 비재무적 요소들이 하나둘씩 숫자의 형태로 나타나기 시작했다는 것이다.

외국 기관투자자들의 전유물로만 여겨지곤 했던 ESG를 국내에서 가장 선도적으로 투자에 반영한 곳이 바로 국민연금이다. 국민 노후보장의 최후 보루인 국민연금 기금의 규모는 2020년 말 기준 834조 원에 이르고 이 중 국내 주식 자산의 규모만 177조 원에 달한다. 코스피·코스닥 전체의 시가총액 합계가 약 2,300조 원인데 이 중 7.5%가량을 국민연금이 보유하고 있다는 얘기다. 더불어 국민연금은 국내 회사채·여신채 등 민간기업들이 발행한 채권도 75조 원가량을 보유하고 있다.

국내 기업들의 자금상환 능력이 쪼그라들거나 기업가치가 훼손될 경우 국민연금이 타격을 입을 수밖에 없는 구조다. 이 때문에 국민연금이 가장 선도적으로 ESG 요소를 투자에 접목해 왔던 것이다. 국민연금은 이미 15년 전, 국내에선 아직 ESG 이슈가 낯설었던 2006년부터 위탁 운용을 통해 ESG 전략을 투자에 접목해 왔고 ESG 투자 규모를 늘려 왔다.

2020년을 기준으로 전체 기금 자산에서 차지하는 ESG 투자자산의 비중은 현재 10%에 불과하지만 이를 내년까지 50%까지 늘리겠다는 비전을 제시한 바 있다. ESG 투자 대상 자산도 현재의 국내 주식 일부에서 국내 채권, 해외 주식·채권 등으로 대폭 확장될 예정이다.

국민연금은 2009년 UN PRI(유엔책임투자원칙) 서명 기관으로 가입한 것은 물론이고 2019년에는 ICGN(국제기업지배구조네트워크), 2020년에는 AIGCC(기후변화 관련 아시아 투자자 그룹)에 잇따라 가입했다. 글로벌 연기금 및 기관들과의 적극적인 정보교류와 협력 인프라를 구축하겠다는 차원에서다. 나아가 ESG투자와 관련한 글로벌 원칙과 기준을 형성하는 과정에도 국민연금의 목소리가 반영될 수 있을 것으로 보인다. 머지않아 기금 규모 1,000조 원 돌파를 눈앞에 둔 국민연금의 ESG 투자는 세계 일류로 도약하는 우리 기업들의 지속가능성을 높이는 데도 기여하고 있다는 평가를 받는다.

① 국민연금은 10여 년 전부터 ESG 관련 투자를 해왔다.
② 이전에도 사람들은 투자에 있어서 비재무적인 요소를 고려했다.
③ 미국에서 처음으로 온실가스 배출에 비용을 치르자는 제안을 했다.
④ 2020년을 기준으로 국민연금 전체 기금 자산에서 ESG 투자자산이 차지하는 비율은 50%에 달한다.

| 02 | 직무심화지식

01 30개월 전에 가입하였던 예금을 불가피한 사정으로 해지하려고 한다. 가입한 상품의 정보가 다음과 같을 때, 환급금은 얼마인가?

〈상품 정보〉
- 상품명 : K은행 함께 예금
- 가입기간 : 6년
- 가입금액 : 1,500만 원
- 이자지급방식 : 만기일시지급, 단리식
- 기본금리 : 연 2.5%
- 중도해지금리(연 %, 세전)
  - 12개월 미만 : 0.2
  - 18개월 미만 : 0.3
  - 24개월 미만 : (기본금리)×40%
  - 36개월 미만 : (기본금리)×60%

① 15,050,000원
② 15,562,500원
③ 15,737,500원
④ 15,975,000원

※ 다음은 노란우산공제에 대한 자료이다. 이어지는 질문에 답하시오. [2~4]

〈노란우산공제〉

소기업·소상공인이 폐업이나 노령 등의 생계위협으로부터 생활의 안정을 기하고 사업재기 기회를 제공받을 수 있도록 중소기업협동조합법 제115조 규정에 따라 운영되는 사업주의 퇴직금(목돈마련)을 위한 공제제도

• 제도특징
1. 공제금에 대한 수급권 보호
   공제금은 법에 의해 압류, 양도, 담보제공이 금지되어 있어 안전한 생활안정과 사업재기를 위한 자금으로 활용할 수 있습니다.
2. 연간 최대 500만 원 소득공제
   납입부금에 대해 연간 최대 500만 원 소득공제 혜택을 부여하므로 세 부담이 높은 사업자의 절세 전략으로 탁월합니다.

[소득공제 절세효과]

구분 (사업자 기준)	사업소득금액 (과세표준)	최대 소득공제 한도	예상 세율	절세효과
개인·법인	4천만 원 이하	500만 원	6.6~16.5%	330,000~825,000원
개인	4천만 원 초과 1억 원 이하	300만 원	16.5~38.5%	495,000~1,155,000원
법인	4천만 원 초과 5,675만 원 이하			
개인	1억 원 초과	200만 원	38.5~49.5%	770,000~990,000원

- 위 예시는 노란우산 소득공제만을 받았을 경우의 예상 절세효과 금액입니다.
- 2018년 종합소득세율(지방소득세 포함) 적용 시 절세효과이며, 세법 제·개정에 따라 변경될 수 있습니다.
- 법인대표자(2016-01-01 이후 가입)는 총급여액 7천만 원(근로소득금액 5,675만 원) 초과 시 소득공제를 받을 수 없습니다.
  ※ 2015-12-31 이전 가입자는 종합소득금액을 한도로 소득공제받으실 수 있습니다.
- 개정세법
  조세특례제한법(법률 제14390호, 2016-12-20 일부개정) 제86조의 3 제1항, 부칙 제23조

[소득공제 대상소득과 공제금 과세방식]

구분	소득공제 대상소득	공제금과세
2015-12-31 이전 가입자 (종전세법 적용)	- 종합소득금액	이자소득세 (과세대상 : 이자)
2016-01-01 이후 가입자 (개정세법 적용)	- 개인사업자는 사업소득금액 - 총급여 7천만 원 이하 법인 대표자는 근로소득금액	퇴직소득세 (과세대상 : 실제 소득공제받은 부금 및 이자)
2019-01-01 이후 가입자	- 개인사업자는 사업소득금액(부동산임대업 소득금액 제외) - 총급여 7천만 원 이하 법인 대표자는 근로소득금액	

- 2015-12-31 이전 가입자 중 2015-12-31까지 중소기업중앙회로 개정세법 적용을 신청한 가입자는 2016-01-01 이후의 개정세법 적용

- 개정세법
    조세특례제한법(법률 제12853호, 2014-12-23) 제86의 3조 제1항, 제3항, 부칙 제24조, 제65조
    조세특례제한법(법률 제13560호, 2015-12-25) 제86의 3조 제1항, 부칙 제20조
  - 2019-01-01 이후 가입자 적용 세법(개정내용)
    공제대상 중 부동산임대업소득금액 제외
    공제금액에서 부동산임대업 소득 비율만큼 제외
    ※ (공제한도 내의 부금납부액)×[1-(부동산임대업소득금액)/(사업소득금액)]
  3. 일시 / 분할금으로 목돈 마련
    납입원금 전액이 적립되고 그에 대해 복리이자를 적용하기 때문에 폐업 시 일시금 또는 분할금의 형태로 목돈을 돌려받을 수 있습니다.
  4. 공제계약 대출(부금내 대출)을 통한 자금 활용
    공제부금 납부를 연체하고 있지 않은 가입자는 임의해약환급금의 90% 이내에서 대출기간 1년(연장가능), 대출이자 2.8%의 조건으로 대출을 활용할 수 있습니다.
  5. 무료 상해보험 가입
    상해로 인한 사망 및 후유장애 발생 시 2년간 최고 월부금액의 150배까지 보험금이 지급되며 보험료는 중소기업중앙회가 부담합니다.

- 가입대상 : 사업체가 소기업·소상공인 범위에 포함되는 개인사업자 또는 법인의 대표자
  ※ 단, 비영리법인의 대표자 및 가입제한 대상에 해당되는 대표자는 가입할 수 없습니다.
  - 기업·소상공인의 범위

업종	3년 평균 매출액
제조업(의료용 물질·의약품 등 15개)	120억 원 이하
제조업(펄프·종이·종이제품 등 9개), 광업, 건설업, 운수업	80억 원 이하
출판·영상·정보서비스	50억 원 이하
하수·폐기물처리업, 예술·스포츠·여가서비스, 부동산임대업	30억 원 이하
개인서비스업, 교육서비스업, 숙박·음식점업	10억 원 이하

  - 가입제한 업종 : 주점업, 무도장 / 도박장 운영업, 의료행위 아닌 안마업
  - 기타 가입제한 : 부금연체 또는 부정수급으로 해약처리된 후 1년이 지나지 않은 대표자

- 가입기간 : 폐업 등 공제금 지급사유 발생 시까지 가입

- 가입금액 : 5만 원 이상 100만 원 이하(1만 원 단위)
  - 부금의 변경은 제한이 없으나 부금감액의 경우 공제금을 3회 이상 납부한 이후부터 신청 가능

- 가입방법 : 콜센터 상담, 은행지점 방문, 공제상담사, 인터넷 가입, 중소기업중앙회 방문
  - 청약서를 작성 후 부금납부를 자동이체로 하기 위한 예금 계좌를 지정하여 청약금(1회 부금)을 납입해야만 가입이 정상적으로 완료됩니다.
  - 중소기업중앙회 통합콜센터에 전화하거나 상담신청을 남기면 전문상담원이 상세한 가입방법을 안내해 드립니다(전화로 직접 가입은 불가합니다).

02 다음 중 노란우산공제에 대한 내용으로 옳은 것은?

① 가입만 하면 공제계약 대출로 자금 활용을 할 수 있다.

② 5만 원에서 100만 원 안에서 부금의 변경을 자유롭게 할 수 있다.

③ 노란우산공제를 추가로 가입하면 최대 절세효과보다 더 큰 효과를 얻을 수 있을 것이다.

④ 2016년 이후 가입한 법인대표자는 근로소득금액 5,675만 원 초과 시 공제를 받을 수 없다.

03 노란우산공제에 가입할 수 없는 사람을 〈보기〉에서 모두 고르면?

> **보기**
> - 3년 평균 매출액이 100억 원인 펄프 제조업을 운영하는 A씨
> - 3년 평균 매출액이 6억 원인 음식점을 운영하는 B씨
> - 3년 평균 매출액이 10억 원인 주점을 운영하는 C씨
> - 3년 평균 매출액이 20억 원인 출판사를 운영하는 D씨
> ※ D씨는 2년 전 부금연체로 해약처리된 적이 있음

① A씨, B씨   ② B씨, C씨
③ A씨, C씨   ④ A씨, C씨, D씨

04 사업소득금액이 1,000만 원인 E씨는 소득금액이 200만 원인 부동산 임대업과 타업종을 영위하고 있다. 2021년 노란우산공제에 가입해 연간 부금 500만 원을 납부하고 있다면 E씨의 소득공제 금액은?

① 100만 원   ② 200만 원
③ 300만 원   ④ 400만 원

05 다음은 KB국민은행의 새희망홀씨에 대한 자료이다. 이에 대한 설명으로 옳지 않은 것은?

〈새희망홀씨〉

- 상품특징 : 소득금액 확인서류로 증빙된 소득뿐만 아니라 국민연금납부액, 건강보험료납부액 등에 의한 환산인정소득(한국주택금융공사 보금자리론 소득추정방식 준용) 기준으로 대출한도 산출 가능
- 대출신청자격 : 개인신용평가시스템(CSS)에 의해 대출적격자로 판정된 국내거주 국민으로서 연간소득 3천5백만 원 이하(다만, 개인신용평점 하위 20% 이하인 경우에는 연간소득 4천5백만 원 이하)이고 다음 각 항목 중 하나에 해당하는 고객
    ① 증빙소득서류 제출자(직업 및 소득 확인서류 등으로 증빙된 소득)
    ② 국민연금보험료 또는 지역건강보험료(세대주에 한함) 3개월 이상 정상 납부액 기준으로 소득금액이 산출되는 고객
- 대출한도 : 무보증대출 최대 3천만 원
    ※ 대출한도는 소득금액 또는 환산인정소득금액에 따라 차등 적용
- 대출기간 및 상환방법
    - 대출기간 : 최저 1년 이상 최장 7년 이내(거치기간 설정불가)
    - 상환방법 : 원금균등 또는 원리금균등 분할상환
- 원리금상환방법 : 원금은 약정된 분할상환납입일에 균등분할상환하고, 이자는 원금상환방법과 동일한 월단위로 후취
- 대출금리 : 예 2021.7.19. 현재, 신용등급 3등급, 대출기간 2년 미만

구분	적용기준	적용금리
기준금리	금융채 12개월 변동금리	연 1.17%
가산금리	신용등급 및 대출기간에 따라 차등적용	연 5.41%
우대금리	아래 항목당 연 0.5%p 우대 ① 기초생활수급권자 ② 한부모가정 ③ 다문화가정 ④ 만 20세 미만인 자녀를 3명 이상 부양고객 ⑤ 만 60세 이상인 부모를 부양고객 ⑥「맞춤형서민금융상담」참여고객 ⑦ 등록 장애인	항목별 우대금리를 합산하여 최고 연 1.0%p 이내
	아래 항목당 연 0.1%p 우대 ① 만 29세 이하인 고객 ② 만 65세 이상인 고객 ③ 금융교육이수자 ※ 서민금융진흥원, 한국금융연수원, 신용교육원에서 진행	

① 기준금리 : 금융채 금리는 금융투자협회(www.kofia.or.kr)가 고시하는 「AAA등급 금융채 유통수익률」로 전주 최종영업일 전 영업일 종가 적용
② 가산금리 : 고객별 가산금리는 신용등급 등에 따라 차등적용됩니다.
③ 우대금리 : 최고 연 1.0%p 우대
④ 최종금리 : 고객별 적용금리는 신용평가등급 등에 따라 산출된 기본금리와 우대금리에 따라 차등 적용되며, 실제 적용금리는 대출신청 영업점으로 상담하셔야 확인하실 수 있습니다.
- 중도상환수수료 : 면제

- 연체이자(지연배상금)에 관한 사항
  ① 연체이자율 : 최고 연 15%[(차주별 대출이자율)+(연체가산이자율)]
     ※ 단, 대출이자율이 최고 연체이자율 이상인 경우 대출이자율 연 2.0%p
     ☞ 『연체가산이자율』은 연 3%를 적용합니다.
  ② 연체이자(지연배상금)를 내셔야 하는 경우
     ☞ 「이자를 납입하기로 약정한 날」에 납입하지 아니한 때
        이자를 납입하여야 할 날의 다음 날부터 1개월까지는 내셔야 할 약정이자에 대해 연체이자가 적용되고, 1개월이 경과하면 기한이익상실로 인하여 대출잔액에 연체금리를 곱한 연체이자를 내셔야 합니다.
     ☞ 「분할상환금(또는 분할상환원리금)을 상환하기로 한 날」에 상환하지 아니한 때
        분할상환금(또는 분할상환원리금)을 상환하여야 할 날의 다음 날부터는 해당 분할상환금(또는 분할상환원리금)에 대한 연체이자를, 2회 이상 연속하여 지체한 때에는 기한이익상실로 인하여 대출잔액에 대한 연체이자를 내셔야 합니다.
- 가입방법 : 영업점, 비대면채널(인터넷뱅킹, KB스타뱅킹, KB스마트대출)

① 영업점에 방문하지 않고 가입이 가능하다.
② 대출한도는 차등 적용되고 최대 3천만 원까지 가능하다.
③ 연간소득이 3천만 원인 A씨는 증빙소득서류를 제출하면 대출이 가능하다.
④ 혼자 만 5세 이하 자녀 셋을 키우고 있는 만 29세 B씨의 우대금리는 1.1%p이다.

06 다음에서 설명하는 것은?

'서비스형 은행', '탑재금융', '화이트 라벨 은행' 등으로 불리는 이것은 금융기관이 핀테크 등 비금융 기관인 제3자에게 계좌개설·주식 매매 등의 서비스를 하나의 솔루션처럼 만들어서 쉽고 편리하게 쓸 수 있도록 지원한다. 금융회사와 핀테크사 간의 협업 모델 중 하나이며, 핀테크 업체가 금융 라이선스를 직접 보유하지 않고 은행이나 증권회사의 인프라를 활용해 고객에게 서비스를 제공할 수 있게 된다.

① BaaS   ② SaaS
③ IaaS   ④ PaaS

07 다음 중 법정화폐나 다른 암호화폐를 담보로 잡거나 정교한 알고리즘을 이용해 공급량을 조정하는 방식으로 일정한 가치를 유지하는 암호화폐는?

① 비트코인　　　　　　　　　② 알트코인
③ 라이트코인　　　　　　　　④ 스테이블코인

08 다음 중 특정 시점을 기준으로 특정 가상화폐를 가지고 있는 사람에게 투자율에 따라 무상으로 코인을 지급하기 위해 특정 시점의 특정 가상화폐 보유정보를 기록하는 것을 지칭하는 용어는?

① 에어드랍　　　　　　　　　② 배당락
③ 스냅샷　　　　　　　　　　④ 하드포크

09 다음 중 사전에 정해 놓은 특정 요건이 일치하여야만 약정이 이행되는 방식으로 계약이 진행되는 가상화폐는?

① 리플　　　　　　　　　　　② 큐덤
③ 이더리움　　　　　　　　　④ 폴리비우스

10 다음 중 디파이(De-Fi)에 대한 설명으로 옳지 않은 것은?

① 중앙정부의 제한 없는 금융 시스템 서비스를 말한다.
② 디파이 서비스상 보안사고 발생 시에 그 책임자는 디파이 투자자가 된다.
③ 인터넷만 있으면 은행·증권사 등의 중개자 없이도 모든 금융 서비스를 이용할 수 있다.
④ 디파이 서비스는 기존의 금융 서비스보다 진입 장벽이 낮으며, 중개자가 없어 중개 관련 비용이 절약된다.

| 03 | 상식

01 다음 중 제3의 인터넷 은행은?

① 토스 ② 카카오뱅크
③ 케이뱅크 ④ 키위뱅크

02 다음 중 국제적 대형 프로젝트 금융에 대한 금융기관의 환경 및 사회적 책임을 내세운 자발적 행동원칙은?

① 관리원칙 ② 보상원칙
③ 책임원칙 ④ 적도원칙

03 시장의 이상현상에 대한 설명으로 옳은 것을 〈보기〉에서 모두 고르면?

> **보기**
> ㉠ 주말효과는 월요일의 평균수익률이 나머지 다른 요일들의 평균수익률보다 높게 나타나는 현상이다.
> ㉡ 1월효과는 1월의 평균투자수익률이 다른 달의 수익률보다 체계적으로 높게 얻어지는 현상이다.
> ㉢ 소외기업효과는 증권분석가들이 관심을 많이 가지는 관심종목에 비해 그렇지 않은 소외종목의 수익률이 더 높게 나타나는 현상이다.
> ㉣ 규모효과는 PER 값이 낮은 주식의 수익률이 PER 값이 높은 주식의 수익률보다 높게 나타나는 현상이다.

① ㉠, ㉡ ② ㉠, ㉢
③ ㉡, ㉢ ④ ㉡, ㉣

04 다음 중 개별 금융회사의 부실 방지를 목적으로 하는 미시건전성정책과 달리 경제 전체의 금융안정을 위해 시스템 리스크를 억제하는 정책은?

① 경기조절정책 ② 거시건전성정책
③ 통화정책 ④ 금융정책

05 다음 글의 밑줄 친 빈칸에 공통으로 들어갈 내용으로 옳은 것은?

> **탈석탄 선언까지… ESG 강조하는 국내 기관투자가 현주소는?**
>
> 국내 '큰 손'으로 분류되는 연기금과 공제회 등 기관투자가들이 ESG(환경·사회·지배구조) 투자에 속도를 내고 있지만 아직 구체적인 기준을 토대로 뚜렷한 변화나 성과가 나오지 않았다는 지적이 나온다.
> 금융투자업계에 따르면 국내 주요 연기금과 공제회들은 지속 가능한 발전을 위해 ESG를 강조하는 세계적인 추세에 따라 자체적인 가이드라인을 마련하는 등 체계를 갖춰 나가며 출자사업 평가 항목에도 ESG 요소를 고려하고 있다.
> 지난해 국민연금은 국내외 석탄발전소 신규 건설 프로젝트에 투자하지 않겠다는 계획을 밝히며 탈석탄을 선언했다. 신종 코로나바이러스 감염증(코로나19) 사태가 발발한 이후 기후변화의 심각성을 인지하고 탄소 배출 감축 등 ESG 투자가 더욱 중요해졌다는 설명이다. 국민연금은 앞으로 석탄 채굴 및 발전 사업에 대해 투자를 제한하는 내용의 _____ 전략을 도입하기로 했다. 이러한 _____ 은/는 ESG 관점에서 부정적으로 평가되는 산업이나 기업군은 투자 대상에서 제외하는 전략을 말한다.

① 네거티브 리스트 ② 네거티브 자유화 방식
③ 네거티브 방식 ④ 네거티브 스크리닝

06 다음 중 X재의 공급탄력성이 완전비탄력적인 경우, X재에 대한 수요가 증가할 때 균형가격과 균형수급량의 변화로 옳은 것은?

① 균형가격과 균형수급량은 모두 감소한다.
② 균형가격과 균형수요량은 모두 증가한다.
③ 균형가격은 상승하지만 균형수급량은 불변이다.
④ 균형가격은 상승하지만 균형수급은 감소한다.

07 다음 중 중앙은행 디지털화폐(CBDC)에 대한 설명으로 옳은 것은?

① 거래의 익명성이 보장된다.
② 전자화폐이므로 가치 변동이 크다.
③ 실물 명목화폐를 대체하거나 보완하기 위해 각국 중앙은행이 발행한 것이다.
④ 블록체인이나 분산원장기술 등을 이용해 전자적 형태로 저장한다는 점에서 암호화폐와 유사하여 안정성이 낮다.

08 다음 중 용어에 대한 설명으로 옳지 않은 것은?

① PBR : 주가를 한 주당 순자산으로 나눈 것으로, 주가순자산비율이라고 한다.
② ROE : 당기순이익(10년 이상)을 월 이익으로 나눈 것으로, 자기자본이익률이라고 한다.
③ ROA : 기업의 일정 기간 순이익을 자산총액으로 나눈 것으로, 총자산순이익률이라고 한다.
④ EPS : 기업이 벌어들인 순이익을 발행한 총 주식수로 나눈 것으로, 주당순이익이라고 한다.

09 다음 중 인터넷 은행들의 예적금 금리가 시중은행보다 높은 이유로 옳은 것은?

① 예대율을 높이기 위해서
② 예수금을 확보하기 위해서
③ 예적금의 수요가 더 많아서
④ 예수금 유지를 잘하고 있어서

10 A국의 사과 시장 국내 수요곡선(D)과 공급곡선(S)은 다음과 같으며, A국은 소국이므로 국제 시장 가격에 영향을 미치지 못한다. 이에 대한 설명으로 옳지 않은 것은?

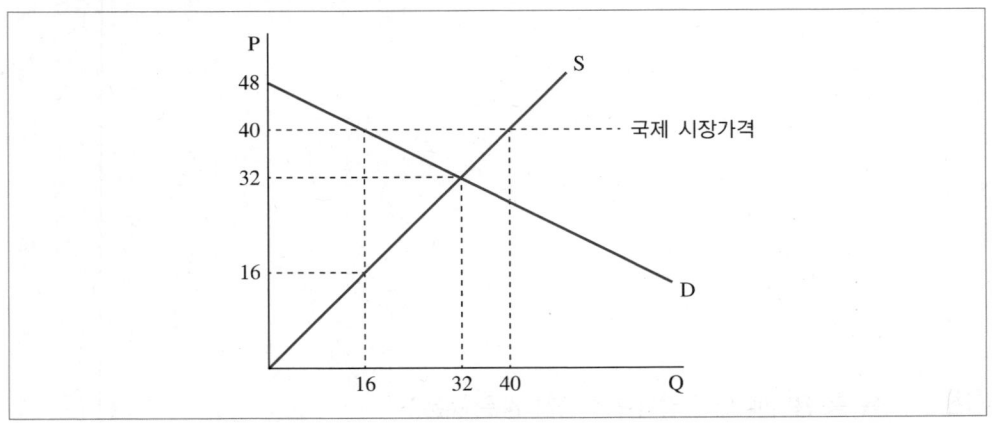

① 사과의 자유무역이 시작되기 전 A국 사과시장의 국내가격은 32이다.
② 사과의 자유무역이 시작되면 국내 소비량은 기존보다 16만큼 감소한다.
③ 사과의 자유무역이 시작되면 A국은 사과를 8만큼 수출한다.
④ 사과의 자유무역이 시작되면 A국의 소비자잉여는 감소한다.

CHAPTER 07 | 2020년 기출복원문제

| 01 | 직업기초능력

01 다음 글의 제목으로 가장 적절한 것은?

> 중국과 한국 사이에 오가는 수출입 과정에서 인천항을 이용할 경우 나라 전체가 상당한 물류비용을 절감할 수 있고, 한·중 간의 교역도 더욱 활성화될 것으로 예상된다. 또한 수도권에서 남부권까지 가면서 발생하는 에너지 비용을 절약하고, 환경문제 해결에도 도움을 줄 것이다.
> 인천공항이 세계 4대 항공물류거점으로 발전하고 있지만, 항만과의 연계를 통해 시너지를 키워야 한다는 과제가 제기되고 있다. 또한 대북교역이 활성화되면 인천은 서울과 개성을 잇는 삼각축에서 물류거점의 역할을 맡아야 한다. 이처럼 21세기의 인천항은 한국경제의 활로를 여는 중대한 역할을 수행해야 한다.
> 남부권의 항만시설로는 증가하는 한국경제 물동량을 다 감당할 수 없다. 인천공항과 인천항 배후지역, 향후 활성화될 개성공단을 비롯한 산업클러스터의 물동량 추이를 예측한다면 인천항의 종합개발은 시급한 국가적 과제이다. 인천항을 동북아물류 거점으로 집중 투자해야 한다는 주장은 지역주의적인 요구가 아니라 지정학적 우위에 근거한 시대적인 요구라 할 수 있다.

① 세계물류흐름, 중국으로 집중
② 효율적인 운영 시스템 도입의 필요성
③ 인천항 종합개발은 시급한 국가적 과제
④ 항만시설 부족현상이 가중되고 있는 상황

02 다음 글에서 (가) ~ (라) 문단의 주제로 적절하지 않은 것은?

(가) 건강보험제도는 질병이나 부상으로 인해 발생한 고액의 진료비로 가계에 과도한 부담이 되는 것을 방지한다. 국민들이 평소에 보험료를 내고 보험자인 국민건강보험공단이 이를 관리·운영하다가 필요할 때 보험급여를 제공함으로써 국민 상호 간 위험을 분담하고 필요한 의료서비스를 받을 수 있도록 하는 사회보장제도이다.

(나) 의료보장제도는 일반적으로 사회보험과 국민보건서비스 두 가지로 구별된다. 사회보험은 국가가 기본적으로 의료보장에 대한 책임을 지지만, 의료비에 대한 국민의 자기 책임을 일정부분 인정하는 체계이다. 반면, 국민보건서비스는 국민의 의료문제는 국가가 모두 책임져야 한다는 관점에서 정부가 일반조세로 재원을 마련하고 모든 국민에게 무상으로 의료를 제공하여 국가가 직접적으로 의료를 관장하는 방식이다. 건강보험은 사회보험과 마찬가지로 사회 연대성을 기반으로 보험의 원리를 도입한 의료보장체계이지만, 다수 보험자를 통해 운영되는 전통적인 사회보험 방식과 달리 단일한 보험자가 국가 전체의 건강보험을 관리·운영한다.

(다) 건강보험은 피보험대상자 모두에게 필요한 기본적 의료를 적정한 수준까지 보장함으로써 그들의 의료문제를 해결하고 누구에게나 균등하게 적정수준의 급여를 제공한다. 사회보험으로써 건강에 대한 사회 공동의 책임을 강조하여 비용(보험료)부담은 소득과 능력에 따라 부담하고, 가입자 모두에게 균등한 급여를 제공함으로써 사회적 연대를 강화하고 사회통합을 이루는 기능도 가지고 있다.

(라) 민간보험은 보장의 범위, 질병 위험의 정도, 계약의 내용 등에 따라 보험료를 부담하는 데 비해, 사회보험방식으로 운영되는 건강보험은 사회적 연대를 기초로 의료비 문제를 해결하는 것을 목적으로 하므로 소득수준 등 보험료 부담능력에 따라서 보험료를 부과한다. 또한 민간보험은 보험료 수준과 계약 내용에 따라 개인별로 다르게 보장되지만, 사회보험인 건강보험은 보험료 부담 수준과 관계없이 관계 법령에 의하여 균등하게 보험급여가 이루어진다.

① (가) : 건강보험제도의 의의 ② (나) : 건강보험제도의 목적
③ (다) : 건강보험제도의 기능 ④ (라) : 건강보험제도의 특성

03 다음 글의 내용으로 가장 적절한 것은?

> 3월 저소득·의료소외계층의 병원비 부담 완화에 기여하기 위해 2021년도 진료비 지원 사회공헌 사업 시행이 계획되었다. 공단의 진료비 지원 사회공헌 사업은 국민건강보험 일산병원 및 전국 병·의원과 연계하여 추진하고 있으며, 2011년부터 시작된 진료비 지원 사업은 올해로 11년째를 맞아 그간 239명의 의료취약계층이 공단 임직원들이 모금한 사회공헌기금으로 약 4억 원의 진료비를 지원받았다.
> 지원 대상은 기초생활수급자, 기준중위소득 70% 이하의 내국인 의료소외층이며, 대상질환은 안과, 척추·인공관절, 간·신장 이식이다. 2019년부터는 국민건강보험 일산병원 대상 특화사업으로 아동·청소년 정신질환(정신분열 및 틱성기 우울증)도 지원하고 있다. 지원 범위는 지원 승인 후 발생된 진료비 본인부담금 및 비급여 비용(일부항목 제외)이며, 질환당 지원 한도는 안과 300만 원, 척추·인공관절 400만 원, 간·신장 이식 500만 원, 정신질환 300만 원이다.
> 신청방법은 입원(수술) 예정일로부터 1개월 전까지 병·의원에서 신청 대상자 거주지 관할 공단 지사로 신청하면 되고, 서류 검토 및 세부 조사를 통하여 지원 여부가 결정된다.
> 공단은 "공단의 본업과 연계된 사회공헌 사업으로 보험자로서의 사회적 책임을 다하는 것에 큰 보람을 느끼며, 앞으로도 모든 국민이 건강하게 살아가는 사회를 만들기 위해 앞장서겠다."라고 말했다.

① 2019년 이후로 간 이식은 의료비 지원 대상 질환에 포함되었다.
② 정신질환과 간 이식 모두 동일하게 300만 원을 지원받을 수 있다.
③ 모든 병원에서 아동 정신질환 관련 의료비 지원을 받을 수 있었다.
④ 공단은 11년간 총 239명의 사람들에게 의료비 지원 사업을 펼쳤다.

04 4cm/s의 일정한 속력으로 달리는 장난감 A기차와 B기차가 있다. A기차가 12초, B기차가 15초에 0.3m 길이의 터널을 완전히 지났다면, A기차와 B기차의 길이의 합은?

① 46cm
② 47cm
③ 48cm
④ 49cm

05 철도 길이가 720m인 터널이 있다. A기차는 터널을 완전히 빠져나갈 때까지 56초가 걸리고, 길이가 A기차보다 40m 짧은 B기차는 160초가 걸렸다. 두 기차가 터널 양 끝에서 동시에 출발하면 $\frac{1}{4}$ 지점에서 만난다고 할 때, B기차의 길이는?(단, 두 기차의 속력은 일정하다)

① 50m
② 60m
③ 70m
④ 80m

06 다음은 K그룹의 주요 경영지표에 대한 자료이다. 이에 대한 설명으로 옳은 것은?

〈K그룹 주요 경영지표〉

(단위 : 억 원)

구분	공정자산총액	부채총액	자본총액	자본금	매출액	당기순이익
2015년	2,610	1,658	952	464	1,139	170
2016년	2,794	1,727	1,067	481	2,178	227
2017년	5,383	4,000	1,383	660	2,666	108
2018년	5,200	4,073	1,127	700	4,456	-266
2019년	5,242	3,378	1,864	592	3,764	117
2020년	5,542	3,634	1,908	417	4,427	65

① 자본총액은 꾸준히 증가하고 있다.
② 각 지표 중 총액 규모가 가장 큰 것은 매출액이다.
③ 공정자산총액과 부채총액의 차가 가장 큰 해는 2020년이다.
④ 전년 대비 당기순이익이 가장 많이 증가한 해는 2015년이다.

07 다음은 주요 SNS 관련 회사의 분기별 매출액 및 영업이익에 대한 자료이다. 이에 대한 설명으로 옳은 것은?(단, 소수점 둘째 자리에서 반올림한다)

〈분기별 매출액 및 영업이익 현황〉

(단위 : 억 원)

구분		2019년				2020년	
		1분기	2분기	3분기	4분기	1분기	2분기
A사	매출액	5,748	5,902	6,204	3,584	6,890	7,152
	영업이익	509	583	611	652	690	711
B사	매출액	8,082	8,221	8,298	3,492	8,550	8,592
	영업이익	787	790	840	859	888	905
C사	매출액	3,410	3,560	3,981	4,201	4,852	4,656
	영업이익	291	302	341	355	369	302
D사	매출액	2,810	3,303	3,210	3,031	3,482	3,287
	영업이익	285	293	300	328	320	305
E사	매출액	4,830	5,020	5,520	5,921	5,520	6,102
	영업이익	849	902	920	915	882	894

※ (영업이익률) = $\frac{(영업이익)}{(매출액)} \times 100$

① C사의 2020년 2분기 영업이익률은 직전 분기 대비 증가하였다.
② 2020년 1분기 매출액이 전년 동분기 대비 가장 많이 증가한 회사는 C사이다.
③ 2019년 1분기에서 2020년 2분기까지 D사의 매출액이 가장 높은 분기는 영업이익도 가장 높다.
④ 2020년 1분기 매출액이 가장 높은 회사와 가장 낮은 회사의 매출액의 차이는 영업이익 차이의 10배 이상이다.

08 다음은 2020년 3월부터 7월까지 주요 국가별 코로나19 현황에 대한 자료이다. 이에 대한 설명으로 옳은 것은?(단, 소수점 첫째 자리에서 반올림한다)

〈주요 국가별 코로나19 현황〉

(단위 : 명)

구분		3월	4월	5월	6월	7월
한국	확진자	1,120	2,485	5,482	4,622	1,840
	완치자	54	882	1,850	3,552	6,842
	사망자	3	44	128	180	41
중국	확진자	12,490	48,302	125,448	100,231	55,482
	완치자	1,203	22,484	59,212	88,820	120,322
	사망자	88	594	1,884	2,210	942
일본	확진자	884	2,920	11,239	56,492	33,581
	완치자	88	211	1,952	33,952	52,392
	사망자	28	119	1,818	682	214
미국	확진자	5,582	28,684	122,428	88,482	42,651
	완치자	1,002	12,294	46,482	68,885	55,483
	사망자	55	284	1,029	1,850	881
인도	확진자	4,482	28,883	111,283	77,593	42,182
	완치자	21	112	789	1,885	46,482
	사망자	112	488	1,320	1,120	1,008

① 각 국가의 4월부터 7월까지 매월 완치자 수는 전월 대비 증가하고 있다.
② 한국의 4월 대비 5월 확진자 수 증가율은 121%이고, 6월 대비 7월 확진자 수 감소율은 50%이다.
③ 각 국가의 확진자 수는 5월까지 증가하다가 그 이후 감소하며, 사망자 수는 6월까지 증가하다가 그 이후 감소하고 있다.
④ 중국의 확진자 수가 가장 많은 달의 완치자 수 대비 사망자 수의 비율은 인도의 7월 완치자 수 대비 사망자 수의 비율보다 높다.

09 다음은 주요 업종별 영업이익에 대한 자료이다. 이에 대한 설명으로 옳지 않은 것은?

〈주요 업종별 영업이익〉

(단위 : 억 원)

구분	2019년 1분기 영업이익	2019년 4분기 영업이익	2020년 1분기 영업이익
반도체	40,020	40,540	60,420
통신	5,880	6,080	8,880
해운	1,340	1,450	1,660
석유화학	9,800	9,880	10,560
건설	18,220	19,450	16,410
자동차	15,550	16,200	5,240
철강	10,740	10,460	820
디스플레이	4,200	4,620	-1,890
자동차부품	3,350	3,550	-2,110
조선	1,880	2,110	-5,520
호텔	980	1,020	-3,240
항공	-2,880	-2,520	120

① 2019년 흑자였다가 2020년 적자로 전환된 업종은 4개이다.
② 2019년 1분기 대비 2019년 4분기의 영업이익은 모든 업종에서 높다.
③ 2020년 1분기 영업이익이 전년 동분기 대비 영업이익보다 높은 업종은 5개이다.
④ 2020년 1분기 영업이익이 적자가 아닌 업종 중 영업이익이 직전 분기 대비 감소한 업종은 3개이다.

10 다음은 각종 암 환자의 육식률 대비 사망률에 대한 자료이다. 이에 대한 설명으로 옳지 않은 것은?

〈각종 암 환자의 육식률 대비 사망률〉

(단위 : %)

구분	육식률 80% 이상	육식률 50% 이상 80% 미만	육식률 30% 이상 50% 미만	육식률 30% 미만	채식률 100%
전립선암	42	33	12	5	8
신장암	62	48	22	11	5
대장암	72	64	31	15	8
방광암	66	52	19	12	6
췌장암	68	49	21	8	5
위암	85	76	27	9	4
간암	62	48	21	7	3
구강암	52	42	18	11	10
폐암	48	41	17	13	11
난소암	44	37	16	14	7

※ '육식률 30% 미만'에는 '채식률 100%'가 속하지 않음

① 채식률이 100%여도 육식하는 사람보다 사망률이 항상 낮지 않다.
② '육식률 30% 이상' 구간에서의 사망률이 1위인 암은 모두 동일하다.
③ '육식률 80% 이상'의 사망률과 '채식률 100%'에서의 사망률의 차이가 가장 큰 암은 '위암'이다.
④ '육식률 80% 이상'에서의 사망률이 50% 미만인 암과 '육식률 50% 이상 80% 미만'에서 사망률이 50% 이상인 암의 수는 동일하다.

02 | 직무심화지식

※ 다음은 KB국민첫재테크예금의 상품설명서이다. 이어지는 질문에 답하시오. **[1~3]**

〈KB국민첫재테크예금〉

구분	내용		
가입자격	만 18세 이상 38세 이하 개인		
가입기간	6개월, 12개월		
가입금액	100만 원 이상 2,000단 원 이하(※ 1인 다계좌 가입 가능하나, 1인당 가입 한도 2,000만 원 이하)		
기본금리	계약기간	6개월	12개월
	기본금리	연 0.6%	연 0.7%
우대금리	아래 항목 4개 중 최대 2개까지 적용(항목당 0.1%p)		
	구분	제공 조건	비고
	첫예금 우대금리	KB국민은행 적립식예금을 만기해지하고 1개월 내에 이 예금에 가입하는 경우	최초계약기간(6개월 또는 1년) 동안만 제공
	패키지 우대금리	① KB국민은행 입출금통장, KB국민첫재테크적금, KB국민카드를 모두 보유하거나 ② KB樂star통장과 樂star체크카드를 모두 보유한 경우	-
	급여이체 우대금리	신규일이 속한 달의 초일부터 3개월이 경과한 날이 속한 달의 말일까지 KB국민은행으로 급여이체 실적이 1회 이상 있는 경우	-
	재예치 우대금리	이 예금이 자동재예치되는 경우	재예치 계좌부터 적용
이자계산 방법	월복리식(단, 중도해지금리 및 만기 후 금리는 단리 계산)		
중도해지 금리	기본금리를 단리로 적용 (단위 : 연 %)		
	예치기간	금리	
	1개월 미만	0.1	
	1개월 이상 6개월 미만	기본금리×50%×경과월수/계약월수	
	6개월 이상 8개월 미만	기본금리×60%×경과월수/계약월수	
	8개월 이상 10개월 미만	기본금리×70%×경과월수/계약월수	
	10개월 이상 11개월 미만	기본금리×80%×경과월수/계약월수	
	11개월 이상	기본금리×90%×경과월수/계약월수	
	※ 1개월 미만은 절상하고, 원 미만은 절사		
만기 후 금리	(단위 : 연 %)		
	경과기간	금리	
	만기 후 1개월 이내	기본금리×50%	
	만기 후 1개월 초과 3개월 이내	기본금리×30%	
	만기 후 3개월 초과	0.1	
재예치	자동재예치 신청 시 제세금을 공제한 해지원금과 이자를 당초 계약기간과 동일하게 최장 3년(최초 계약기간 포함)까지 자동재예치 (단, 재예치 시점에 압류, 사고신고, 질권설정 등 법적지급제한 사유가 있는 경우 재예치 대상에서 제외) ※ 자동재예치 시 재예치 통지를 요청한 고객에게만 고객이 신청한 방법(SMS 또는 이메일)으로 통지(재예치 통지신청은 재예치 전영업일까지 가능)		
분할해지	자동재예치된 계좌만 계약기간 중 만기(또는 중도)해지를 포함하여 총 3회까지 가능(인출금액에 제한은 없으나, 예금 일부 인출 후 잔액 1백만 원 이상 유지)		

01 같은 회사에 근무하고 있는 A ~ E직원 5명은 KB국민첫재테크예금에 대해 다음과 같이 대화하였다. 이들 중 잘못된 내용을 이야기하고 있는 사람은?

> A대리 : 나는 올해로 만 39세가 되면서 더 이상 해당 상품에 가입할 수 없게 되었어.
> B사원 : 아쉽네요. 저는 6개월 상품보다 금리가 조금 더 높은 12개월 상품으로 계약하려고 합니다.
> C사원 : 어? 가입 한도만 지키면 6개월 상품과 12개월 상품 둘 다에 가입할 수 있던데요?
> D주임 : 맞아요. 그래서 저는 500만 원은 6개월로, 나머지 2,500만 원은 12개월로 계약하려고요.
> E부장 : 으휴, 여기서 상품을 잘못 이해하고 있는 사람이 있네.

① A대리 ② B사원
③ C사원 ④ D주임

02 다음 고객 가입 정보를 참고할 때, 만기 시 고객이 받게 되는 이자는?

> 〈고객 가입 정보〉
> • 가입금액 : 2,000만 원
> • 가입기간 : 12개월
> • 해당 상품 만기 시 자동재예치 신청
> • 1년 전부터 KB국민은행을 통해 급여이체를 받고 있음
> • KB Star 통장과 체크카드를 모두 보유하고 있음

① $2,000 \times \left(1 + \dfrac{0.007}{12}\right)^{11}$ 만 원   ② $2,000 \times \left(1 + \dfrac{0.007}{12}\right)^{12}$ 만 원

③ $2,000 \times \left(1 + \dfrac{0.009}{12}\right)^{11}$ 만 원   ④ $2,000 \times \left(1 + \dfrac{0.009}{12}\right)^{12}$ 만 원

03 02번의 고객이 계약 금액을 9개월 동안 예치한 후 해당 상품을 중도해지하였다면, 받을 수 있는 이자는?

① 72,000원 ② 73,000원
③ 73,500원 ④ 75,000원

※ 다음은 KB전세금안심대출의 상품설명서이다. 이어지는 질문에 답하시오. **[4~6]**

〈KB전세금안심대출〉

구분	내용
상품특징	전세계약 만료 시 임차보증금을 안전하게 보장받고 대출금 지원도 가능한 전세자금 대출상품
신청자격	• 부동산 중개업소를 통하여 임차보증금의 5% 이상을 계약금으로 지급하고 주택임대차계약을 체결한 민법상 성년인 세대주 • 본인과 배우자(결혼예정자 포함)가 합산한 주택보유수가 무주택 또는 1주택(부부합산소득 1억 원 이하) 이내인 고객(주택보유수가 1주택인 경우 보유주택가액이 9억 원 초과하는 주택이거나 2020.7.10. 이후 투기지역 또는 투기과열지구 내 취득시점 시가 3억 원 초과 아파트를 구입한 경우는 제외)
대출금액	• 최소 5백만 원 이상 최대 4억 원 이하로 아래 세 가지 조건 중 적은 금액 기준 – 임차보증금액의 80% 이내 – 전세반환금 반환 보증금액의 80% – 부부 합산(결혼예정자 포함) 1주택인 경우 최대 2억 원
대출기간	10개월 이상 25개월 이내(대출만기일은 임대차계약만기일 후 1개월 경과 해당일)
상환방법	만기일시상환
대상주택	아파트(주상복합 포함), 연립, 다세대, 주거용 오피스텔, 단독주택, 다가구주택
신청시기	• 임대차계약서상 입주일 또는 주민등록전입일로부터 3개월 이내 • 갱신계약 체결일로부터 3개월 이내
대출금리	• 신용등급 3등급 기준 (단위 : 연 %) | 구분	기준금리	가산금리	우대금리	최종금리
---	---	---	---	---
당행기준금리(12개월 이내)	0.90	2.95	1.20	2.65 ~ 3.85
당행기준금리(24개월 이상)	0.90	2.70	1.20	2.40 ~ 3.60	
우대금리 (최고 연 1.2%p)	• 실적연동 우대금리 : 최고 연 0.9%p – KB국민카드(신용) 이용실적 우대 : 연 0.1 ~ 0.3%p (결제계좌를 당행으로 지정하고, 최근 3개월간 30 / 60 / 90만 원 이상 이용실적이 있는 경우) – 급여 이체 실적 우대 : 최고 연 0.1 ~ 0.3%p – 자동이체 거래실적 우대(3건 이상) : 연 0.1%p – KB스타뱅킹 이용실적 우대 : 연 0.1%p – 적립식 예금 30만 원 이상 계좌 보유 우대 : 연 0.1%p ※ 실적연동 우대금리는 각 항목의 우대조건 충족여부에 따라 대출신규 3개월 이후 매월 재산정되어 적용됩니다. • 부동산 전자계약 우대(연 0.2%p), 주택자금대출에 대한 장애인 고객 우대(연 0.1%p) ※ 대출신규 시에만 적용 가능하며, 적용된 우대금리는 대출기간 만료일까지 적용됩니다.

04 다음 중 고객의 문의에 대한 행원의 대답으로 옳지 않은 것은?

> 고객 : 안녕하세요. 제가 전세자금을 대출받으려고 KB전세금안심대출 상품을 보고 있는데요. 혹시 일반 대출상품과 다른 점이 무엇인지 알 수 있을까요?
> 행원 : ① 네, 고객님. 해당 상품을 통해서 전세자금 대출뿐만 아니라 전세계약 만료 시에 임차보증금을 안전하게 보장받으실 수 있습니다.
> 고객 : 아, 그러면 제가 이번에 단독주택으로 이사를 하는데 이 상품으로 대출을 받을 수 있을까요?
> 행원 : ② 해당 상품은 아파트가 아니더라도 주거용 오피스텔이나 단독주택 등 다양한 주택을 대상으로 대출이 가능한 상품입니다.
> 고객 : 음, 그런데 사실 제 명의로 된 아파트가 한 채 있는데, 현재 부모님이 거주하고 있습니다. 혹시 대출받는 데 문제가 없을까요?
> 행원 : ③ 네, 고객님. 보유 주택과 관계없이 임차보증금액이나 전세반환금 반환 보증금액의 80% 이내에서 최고 4억 원까지 대출 가능합니다.
> 고객 : 아, 정말 다행이네요. 그러면 언제까지 대출 신청을 완료해야 하나요?
> 행원 : ④ 계약서상의 입주일이나 전입일로부터 3개월 이내 또는 계약 체결일로부터 3개월 이내에 신청해 주셔야 합니다.
> 고객 : 네, 잘 알겠습니다.

05 KB전세금안심대출을 통해 신규로 24개월간 대출을 받으려는 고객의 정보가 다음과 같을 때, 고객의 최대 대출 가능 금액에 대한 적용금리와 그에 따른 첫 달의 지불 금액을 바르게 짝지은 것은?

〈고객 정보〉

- 신용등급 : 3등급
- 임차보증금액 : 4억 8천만 원
- 일반 지역 내 5억 원 상당의 1주택 보유
- 부부합산소득 : 8천만 원
- 급여 이체 실적을 통한 최고 우대금리
- 가입 기간 중 50만 원의 적립식 예금 계좌 보유 예정
- 전자계약을 통한 부동산 계약

	적용금리	지불 금액		적용금리	지불 금액
①	연 3.6%	1,152,000원	②	연 3.6%	600,000원
③	연 3.0%	960,000원	④	연 3.0%	500,000원

06 다음 인지세에 대한 정보를 참고할 때, 05번의 고객이 가능한 최대 금액을 대출받는다면 납부해야 할 인지세는?

〈인지세〉

인지세법에 의해 대출약정 체결을 할 때 납부하는 세금으로, 대출금액에 따라 세액이 차등 적용되며, 50%씩 고객과 은행이 부담합니다.

대출금액	5천만 원 이하	5천만 원 초과 1억 원 이하	1억 원 초과 10억 원 이하	10억 원 초과
인지세	비과세	7만 원	15만 원	35만 원

① 비과세
② 3만 5천 원
③ 7만 원
④ 7만 5천 원

※ 다음은 신노후생활연금신탁(채권형) 약관의 일부이다. 이어지는 질문에 답하시오. [7~8]

〈신노후생활연금신탁(채권형) 약관〉

제2조(신탁관계인)
① 이 약관에서 위탁자란 은행에 금전을 신탁한 자이며, 수탁자란 금전을 인수한 자, 즉 은행을 말합니다.
② 이 신탁의 위탁자는 만 18세 이상의 개인으로 하며, 수익자는 위탁자 본인이나 위탁자가 지정하는 개인으로 합니다. 다만, 세금우대계좌의 경우에는 위탁자와 수익자가 동일인이어야 합니다.

제3조(실명거래)
① 위탁자 및 수익자는 실명으로 거래하여야 합니다.
② 위탁자 및 수익자는 은행이 실명을 확인하기 위하여 주민등록증 등 증표나 기타 필요한 서류의 제시나 제출을 요구할 경우에는 이에 응하여야 합니다.

제4조(거래장소)
위탁자 및 수익자는 신탁계좌를 개설한 영업점(이하 '개설점'이라 함) 이외의 사전에 안내한 다른 영업점이나 다른 금융기관 또는 현금자동지급기·현금자동입출금기·컴퓨터·전화기 등(이하 '전산 통신기기'라 함)을 통하여 거래할 수 있습니다. 다만, 거래 내용에 따라 거래 장소 또는 거래 방법 등이 달라질 수 있습니다.

제6조(인감 또는 서명 등의 신고)
① 위탁자 및 수익자는 신탁거래에 사용할 위탁자 및 수익자의 인감 또는 서명 등을 미리 신고하여야 합니다.
② 위탁자 및 수익자는 인감과 서명을 함께 신고하거나 인감 또는 서명을 추가로 신고할 수 있습니다.

제7조(입금)
① 위탁자 및 수익자는 현금이나 즉시 추심할 수 있는 수표, 어음, 기타 증권(이하 '수표 등'이라 함) 등으로 입금할 수 있습니다.
② 위탁자 및 수익자는 현금이나 수표 등으로 계좌송금(개설점 이외에서 자기계좌에 입금하거나 제3자가 개설점 또는 다른 영업점이나 다른 금융기관에서 위탁자 및 수익자 계좌에 입금하는 것)하거나 계좌이체(다른 계좌에서 위탁자 및 수익자 계좌에 입금하는 것)할 수 있습니다.
③ 수표 등으로 입금할 때 입금인은 수표 등의 백지보충이나 배서 또는 영수기명날인 등 필요한 절차를 밟아야 하며, 은행은 백지보충 등의 의무를 지지 아니합니다.
④ 수표나 어음으로 입금되는 경우 은행은 소정금액란에 적힌 금액으로 처리하며, 입금 시 기준가격은 당일의 기준가격을 적용합니다.

제11조(신탁방법)
이 신탁의 신탁방법은 다음 각 호에 의합니다.
1. 적립식 : 일정 신탁기간을 정하여 자유롭게 적립한 후 연금으로 지급받는 방법
2. 즉시연금식 : 일정금액을 신탁하여 거치기간 없이 연금으로 지급받는 방법

제12조(신탁금액)
이 신탁의 신탁금액은 다음 각 호에 의합니다.
1. 적립식 : 1만 원 이상. 다만, 적립만기일의 적립원금 합계액이 100만 원 이상이 되어야 하며, 이에 미달할 경우에는 연금으로 지급하지 아니하고 일시금으로 지급할 수 있습니다.
2. 즉시연금식 : 100만 원 이상

제13조(신탁기간)
① 이 신탁의 신탁기간은 다음 각 호에 의합니다.
  1. 적립식 : 적립기간은 1년 이상 연단위로 수익자의 연령이 만 40세 이상이 되는 때까지로 하며, 연금지급기간은 수익자의 연령이 만 40세가 경과하고 적립기간이 종료한 때로부터 5년 이상 연단위

2. 즉시연금식 : 연금지급기간은 수익자의 연령이 만 40세가 경과하고 신탁계약일로부터 5년 이상 연단위
② 제1항의 신탁기간은 위탁자의 요청이 있을 경우 1년 이상 연단위로 변경할 수 있습니다. 다만, 연금지급기간 중 변경신청일 현재 신탁 잔액이 100만 원 미만인 경우와 연금지급기간 만료 1년 이내에는 변경할 수 없습니다.

제17조(연금지급)
① 연금은 다음 각 호에서 정한 날 이후에 수익자 및 위탁자가 지정한 계좌에 자동이체하여 지급합니다.
  1. 적립식 : 수익자의 연령이 만 40세가 경과하고 적립기간이 종료한 때
  2. 즉시연금식 : 수익자의 연령이 만 40세가 경과하는 신탁계약일
② 연금지급주기는 월단위로 정함을 원칙으로 하되 수익자 및 위탁자의 신청에 따라 3개월, 6개월, 1년 단위로 정할 수 있으며, 연금지급기간만료 1년 전까지 수익자 및 위탁자의 신청에 따라 변경할 수 있습니다.
③ 연금지급시기는 제1항 각 호에서 정한 날의 익일을 연금지급기준일로 하여 제2항의 연금 지급주기가 경과한 해당일에 지급합니다.
④ 연금지급금액은 연금지급일 현재 신탁잔액과 미지급신탁이익을 가감한 신탁평가액을 잔여 연금지급 횟수(미지급 연금횟수 포함)로 균등 분할하여 지급하며, 연금지급금액은 지급일 현재의 기준가격에 따라 변동됩니다.

07 다음 중 신노후생활연금신탁(채권형) 상품에 대한 설명으로 옳은 것은?

① 위탁자 본인이 아니라면 수익자가 될 수 없다.
② 현금자동입출금기를 통해서는 입금할 수 없다.
③ 위탁자는 인감과 서명 둘 중 하나만 사용할 수 있다.
④ 위탁자는 현금 이외의 수표나 증권 등으로 입금할 수 있다.

08 KB국민은행에서 근무 중인 K씨는 신노후생활연금신탁(채권형) 상품에 대한 고객의 문의를 받게 되었다. 약관을 참고하여 답변할 때, 다음 중 답변할 수 없는 질문은?

① 즉시연금식 신탁의 경우 신탁금액에 대한 제한이 있나요?
② 가입하면서 지정해 놓은 연금지급주기를 변경할 수 있나요?
③ 적립식 신탁의 경우 신탁금액을 언제까지 적립할 수 있나요?
④ 위탁자인 제가 수익자를 지정하려고 하는데 수익자에 대한 연령 제한이 있나요?

09 다음 중 웹페이지에 악의적인 스크립트를 삽입하여 방문자들의 정보를 탈취하거나 비정상적인 기능 수행을 유발하는 보안 약점은?

① SQL삽입
② XSS
③ 경로조작 및 자원삽입
④ Injection SQL

10 다음에서 설명하는 용어는?

> 인포메이션(Information)과 전염병을 뜻하는 에피데믹스(Epidemics)의 합성어로서 '정보전염병'을 의미하며, IT기기나 미디어를 통해 사실여부가 확인되지 않은 정보들이 빠르게 퍼져나가면서 경우에 따라 사회, 경제, 정치 그리고 안보 등에 치명적 위기를 초래하는 것이 흡사 전염병과 유사하다고 하여 붙여졌다.

① 인포데믹스
② 인포메믹스
③ 에피데이션
④ 에피메이션

03 | 상식

01 다음 글의 밑줄 친 7개국에 속하지 않는 국가는?

> 2021년 주요 7개국(G7) 정상회의를 개최하는 영국은 한국, 인도, 호주를 참관국으로 초대하겠다고 밝혔다. G7을 개최하는 의장국은 G7 외의 국가를 참관국으로 초청할 수 있는 권한이 있다. 미국은 2008년부터 G7을 D10 체제로 확대하는 것을 검토하고 있다.

① 프랑스
② 독일
③ 중국
④ 캐나다

02 다음 중 실업급여에 대한 설명으로 옳은 것은?

① 실업급여 신청 시 최소 240일 동안 급여를 받을 수 있다.
② 본인의 중대한 귀책 사유로 해고된 경우에도 구직급여를 받을 수 있다.
③ 구직급여는 퇴직 다음 날로부터 12개월이 경과하면 더 이상 지급받을 수 없다.
④ 구직급여는 이직일 이전 1년 동안의 피보험단위 기간이 통산 180일 이상이어야 지급받을 수 있다.

03 다음 중 코로나19의 확산으로 일상에 변화가 생기면서 생긴 우울감이나 무기력증을 뜻하는 말로, 코로나와 우울감이 합쳐진 신조어는?

① 코비디어트(Covidiot)
② 코로나 블루(Corona Blue)
③ 코로나 디바이드(Corona Divide)
④ 코로노미 쇼크(Coronomy Shock)

04 다음 글의 빈칸에 공통으로 들어갈 용어는?

> 미국은 셰일오일 생산량을 늘려 세계 최대 산유국이 되었지만, 사우디와 러시아의 석유 증산과 코로나19의 여파로 큰 피해를 입었다. 사우디가 주도하는 OPEC은 러시아를 비롯한 비(非)OPEC 산유국과 감산을 논의했으나, 러시아가 반대하면서 증산을 결정하였다. 사우디와 러시아가 증산을 결정하자 국제 유가는 급락하기 시작하였고, 코로나19의 영향으로 석유 소비가 줄어들면서 국제 유가는 더욱 하락하였다. 이는 미국의 대표적인 원유인 _____에 큰 피해를 입혔는데, 이 기간 동안 _____은/는 22년 만에 최저치인 배럴당 7달러대를 기록하기도 했다.

① 브렌트유
② 두바이유
③ 창칭유전
④ WTI유

05 다음 중 지구의 자전에 대한 설명으로 옳지 않은 것은?

① 지구는 태양을 기준으로 24시간마다 한 바퀴 회전한다.
② 우리나라에서는 김석문이 처음으로 지전설을 주장하였다.
③ 별의 일주운동과 지구에 밤과 낮이 나타나는 원인이 된다.
④ 남극과 북극을 잇는 선을 축으로 지구가 시계 방향으로 회전하는 현상이다.

06 다음 글의 빈칸에 들어갈 용어는?

> _____을 마케팅에 이용한 레트로 마케팅(Retrospective Marketing)은 과거의 제품이나 서비스를 현재 소비자들의 기호에 맞게 재수정하여 다시 유행시키는 마케팅 기법이다. 1990년대 음악과 1세대 아이돌을 추억하게 하는 '토토가', 과거의 좋은 시절과 아름다운 첫사랑을 떠올리게 하는 '응답하라' 시리즈 등이 대표적이다. 이를 본 중장년층은 과거를 아름답게 회상하고, 젊은 세대는 새로움을 느끼게 된다.

① 순교자 증후군(Martyr Syndrome)
② 스톡홀름 증후군(Stockholm Syndrome)
③ 므두셀라 증후군(Methuselah Syndrome)
④ 스마일 마스크 증후군(Smile Mask Syndrome)

07 코로나19의 확산으로 손소독제 판매량이 늘어나자 불법 제조된 제품으로 인한 피해 사례도 늘고 있다. 다음 중 손소독제의 성분으로 옳지 않은 것은?

① 에탄올(C_2H_6O)
② 과산화수소(H_2O_2)수
③ 아이소프로판올(C_3H_8O)
④ 메탄올(CH_3OH)

08 다음 중 가상화폐를 기존 화폐로 환전하려는 수요가 일시적으로 몰리는 상황을 의미하는 용어는?

① 뱅크런
② 마진콜
③ 펀드런
④ 코인런

09 다음 중 IPO의 뜻으로 옳은 것은?

① 기업공개
② 유상증자
③ 주식발행
④ 채권발행

10 다음 사례에 대한 설명으로 옳은 것은?

> 맞벌이 부부인 A씨와 B씨는 회사 일이 바빠 대부분의 식료품을 온라인으로 주문한다. 이들은 온라인 사이트에서 판매하는 제품의 금액이 오르든 말든 별로 상관하지 않고 구매하는 편이다.

① 가격탄력성이 높다.
② 가격탄력성이 낮다.
③ 소득탄력성이 높다.
④ 소득탄력성이 낮다.

CHAPTER 08 | 2019년 기출복원문제

정답 및 해설 p.061

※ 2019년에는 직업기초능력과 상식만 출제되었습니다.

|01| 직업기초능력

01 다음은 KB국민은행 예금거래 기본약관의 일부이다. 이에 대한 설명으로 옳지 않은 것은?

> **제1조(적용범위)**
> 이 약관은 입출금이 자유로운 예금, 거치식예금, 적립식예금 거래에 적용합니다.
>
> **제2조(실명거래)**
> ① 예금주는 실명으로 거래하여야 합니다.
> ② 은행은 예금주의 실명확인을 위하여 주민등록증・사업자등록증 등 실명확인증표 또는 그밖에 필요한 서류의 제시나 제출을 요구할 수 있고, 예금주는 이에 따라야 합니다.
>
> **제3조(거래장소)**
> 예금주는 예금계좌를 개설한 영업점(이하 '개설점')에서 모든 예금거래를 합니다. 다만, 은행이 정하는 바에 따라 다른 영업점이나 다른 금융기관 또는 현금자동출금기・현금자동입출금기・컴퓨터・전화기 등(이하 '전산통신기기')을 통해 거래할 수 있습니다.
>
> **제4조(거래방법)**
> 예금주는 은행에서 내준 통장(증서, 전자통장을 포함 합니다) 또는 수표・어음 용지로 거래하여야 합니다. 그러나 입금할 때와 자동이체약정・전산통신기기・바이오인증 이용약정 등에 따라 거래할 때는 통장 없이도 거래 할 수 있습니다.
>
> **제5조(인감과 비밀번호 등의 신고)**
> ① 예금주는 거래를 시작할 때 인감 또는 서명, 비밀번호, 성명, 상호, 대표자명, 대리인명, 주소 등 거래에 필요한 사항을 신고하여야 합니다. 다만, 비밀번호는 비밀번호입력기(이하 'Pin-Pad기')에 의하여 예금주가 직접 등록할 수 있으며, 예금주가 은행에 내점할 수 없는 경우 예금주는 개설된 예금의 첫 거래 전에 은행이 정한 방법에 따라 전산통신기기를 이용하여 비밀번호를 등록하여야 합니다.
> ② 제1항에 불구하고 은행에서 따로 정하는 예금은 비밀번호를 신고하지 않습니다.
> ③ 예금주는 인감과 서명을 함께 신고하거나, 인감 또는 서명을 추가 신고할 수 있습니다.

제6조(입금)
① 예금주는 현금이나 즉시 추심할 수 있는 수표·어음·기타 증권(이하 '증권') 등으로 입금할 수 있습니다.
② 예금주는 현금이나 증권으로 계좌송금(예금주가 개설점 이외에서 자기 계좌에 입금하거나, 제3자가 개설점 또는 다른 영업점이나, 다른 금융기관 에서 예금주 계좌에 입금하는 것)하거나, 계좌 이체(예금주의 신청에 따라 은행이 특정계좌에서 자금을 출금하여 같은 은행 또는 다른 은행의 다른 계좌에 입금하는 것)를 할 수 있습니다.
③ 증권으로 입금할 때 입금인은 증권의 백지보충이나 배서 또는 영수기명날인 등 필요한 절차를 밟아야 하며, 은행은 백지보충 등의 의무를 지지 않습니다.
④ 입금하는 증권이 수표나 어음일 때 은행은 소정 금액란에 적힌 금액으로 처리합니다.

① 모든 예금은 비밀번호를 등록해야 한다.
② 예금주는 현금이나 즉시 추심할 수 있는 증권 등으로 입금할 수 있다.
③ 예금주는 은행이 정한 기관이나 전자통신기기를 통해 금융거래를 할 수 있다.
④ 자동이체약정·전산통신기기·바이오인증 이용약정 등에 따라 통장 없이도 거래 가능하다.

02 50원짜리 동전 a개, 100원짜리 동전 b개, 500원짜리 동전 c개를 가지고 750원을 지불할 수 있는 경우의 수는?

① 10가지 ② 11가지
③ 12가지 ④ 13가지

※ 다음은 KB스타클럽제도의 상품설명서이다. 이어지는 질문에 답하시오. [3~4]

〈KB스타클럽제도〉

- KB스타클럽이란?
  KB금융그룹(KB국민은행, KB손해보험, KB국민카드, KB증권, KB생명보험, KB캐피탈, KB저축은행)을 이용해주시는 고객님들께 평생 든든한 금융파트너가 되고자 KB스타클럽제도를 통해 우대서비스를 제공해 드립니다.
- 대상고객 : 개인회원
- 선정기준

구분	KB평점	총자산	비고
MVP스타	10,000점 이상	3천만 원 이상	-
로얄스타	4,000점 이상	1천만 원 이상	-
골드스타	1,600점 이상	1백만 원 이상	-
프리미엄스타	800점 이상	1백만 원 이상	또는 KB평점 3,000점 이상

※ 프리미엄스타 고객은 두 가지 기준 중 한 가지만 충족되어도 선정됩니다.
※ 총자산은 은행자산(총예금평잔), 손해보험/생명보험자산(총납입보험료), 증권자산(주식평가액, 펀드평잔, 기타상품평잔)의 최근 3개월 평잔 합계입니다.

- 거래실적 범위

구분		항목	기준	단위점수	최대평점
KB 국민은행	상품 거래 실적	총예금평잔	요구불예금평잔	10만 원당 10점	제한 없음
			신탁, 투신(MMDA제외), 방카	10만 원당 6점	
			기타예금(MMDA, MMF포함)	10만 원당 4점	
		총여신평잔	여신(가계, 기업)평잔	10만 원당 3점	
		외환거래실적	환전, 송금, T/C매도, 외화, 수표매입	1만 원당 1점	800점
	기타 거래 실적	급여(연금) 이체 건수	최근 3개월 이내 2개월 이상 이체하는 경우	250점	250점
		주거래 이체	KB카드결제, 공과금, 아파트관리비, 가맹점 이체	건당 20점	80점
		거래기간	최초 거래일 기준 KB국민은행 거래년수	1년당 10점	300점
		상품군 개수	요구불, 적립식, 거치식, 주택청약, 신탁, 투신, 방카슈랑스, 일반대출, 주택대출, 무역외거래, 인터넷뱅킹	상품군 1개당 25점	250점
KB증권		주식평가액	최근 3개월 주식평잔(예수금 포함)	10만 원당 2점	제한 없음
		약정금액	최근 3개월 주식/선물/옵션 약정금액	10만 원당 5점	
		예수금평잔	최근 3개월 예수금평잔(주식/선물/옵션)	10만 원당 3점	
		펀드평잔	최근 3개월 펀드, ELS평잔(MMF제외)	10만 원당 4점	
		기타상품평잔	최근 3개월 펀드 외 평잔(MMF포함)	10만 원당 4점	
		대출평잔	최근 3개월 신용대출, 예탁증권담보대출, 매도자금담보대출	10만 원당 10점	

- KB국민은행 금리우대서비스

구분	국민수퍼정기예금	일반정기적금 / KB상호부금
MVP스타	0.15%p 이내	0.15%p
로얄스타	0.1%p 이내	0.1%p

- KB국민은행 무보증신용대출서비스

구분	무보증 신용대출	비대면 무서류대출
MVP스타	최대 2억 원까지	최대 5,000만 원까지
로얄스타	최대 1억 원까지	최대 5,000만 원까지
골드스타	최대 6,000만 원까지	최대 3,400만 원까지

- KB국민은행 특별우대 서비스

혜택	대상고객
영업점 VIP라운지 이용 서비스	MVP스타, 로얄스타
장례용품 지원 서비스	MVP스타
대여금고 무료이용 서비스	MVP스타, 로얄스타

03 다음 중 KB스타클럽에 대한 설명으로 옳지 않은 것은?

① 로얄스타는 특별우대 서비스 중 2가지 혜택을 받을 수 있다.
② KB국민은행에서 외환거래실적 기준을 만족시키면 최대 800점을 받을 수 있다.
③ KB금융그룹 계열사를 이용하는 고객에게 우대서비스를 제공하기 위한 제도이다.
④ 로얄스타 등급이 되기 위해서는 KB평점 4,000점 이상, 총자산 1백만 원 이상의 기준을 만족해야 한다.

04 다음 고객 정보를 바탕으로 2019년 2월 현재 A고객의 등급을 구하면?

〈고객 정보〉
- A고객은 국민은행의 요구불예금평잔이 500만 원이다.
- 지난달 딸의 유학비로 1,000만 원을 송금했다.
- A고객은 1년 전부터 급여를 국민은행의 통장으로 받고 있다.
- A고객은 1978년 1월에 처음으로 국민은행에 예금통장을 개설하였고, 국민은행만 이용하고 있다.
- 현재 국민은행에서 요구불, 적립식, 주택청약, 신탁, 방카슈랑스, 일반대출, 주택대출, 무역외거래, 인터넷뱅킹 상품을 이용 중이다.
- KB증권에 투자하고 있는 A고객의 주식평가액은 현재 5,000만 원이다.
- KB증권의 최근 3개월 펀드거래의 평잔은 3,200만 원이다.
- 현재 A고객의 총자산은 1억 원 이상이다.

① MVP스타　　　　　　　　② 로얄스타
③ 골드스타　　　　　　　　④ 프리미엄스타

※ 다음은 KB맑은하늘적금의 상품설명서이다. 이어지는 질문에 답하시오. [5~7]

〈KB맑은하늘적금〉

- 상품특징 : 맑은 하늘을 위한 생활 속 작은 실천에 대해 우대금리를 제공하고, 대중교통 / 자전거 상해 관련 무료 보험서비스(최대 2억 원 보장)를 제공하는 친환경 특화 제품
- 거래조건

구분	내용			
가입대상	• 실명의 개인 ※ 개인사업자 및 서류 미제출 임의단체 가입 가능, 공동명의 가입 불가			
상품유형	정액적립식			
저축방법 및 저축금액	매월 납입일에 1만 원 이상 1백만 원 이하 금액을 저축			
기본금리	• 신규가입일 당시 영업점에 고시한 계약기간별 금리 적용			
	구분	1년	2년	3년
	기본금리	연 0.9%	연 1.0%	연 1.1%
우대금리	• 맑은 하늘을 위한 아래 미션별 제공조선을 달성하는 경우 미션별 우대금리 적용			
	구분	제공조건		우대금리
	종이통장 줄이기 미션	만기해지할 때까지 이 적금을 종이통장으로 발행한 이력이 없는 경우		연 0.1%p
	종이서식 줄이기 미션	영업점의 디지털창구 및 KB태블릿브랜치, 비대면채널(인터넷뱅킹 / KB스타뱅킹)을 통해 이 적금을 가입한 경우		연 0.2%p
	대중교통 미션	이 적금의 신규일이 포함된 월의 1일부터 만기일이 포함된 월을 기준으로 전전월 말일까지, 본인명의의 KB국민카드(KB국민비씨카드 제외) 대중교통 이용실적 발생월수가 계약기간의 1/2 이상인 경우		(1년제) 연 0.4%p (2년제) 연 0.5%p (3년제) 연 0.6%p
	퀴즈 미션	만기해지할 때까지 이 적금 전용화면을 통해 미세먼지 관련 퀴즈(총 3문항)를 모두 맞힌 경우		연 0.1%p

	※ 대중교통 미션 우대금리의 경우 신규 가입할 때, 상품별 선택 개인(신용)정보 수집·이용·제공에 동의하는 경우에 한하여 제공되며, 신규 가입 이후 등의 여부 변경이 불가합니다.
	※ 대중교통 이용실적 인정기준
	   - 이용실적 산정 시 예금주의 가족카드, 기업카드 및 선불카드 매입금액은 제외
	   - 대중교통은 이용매체가 '버스' 및 '지하철'인 경우에 한하여 인정
	   - 이용실적은 해당 교통 이용건이 KB국민카드사에서 매입된 경우로 티머니(T-money) 카드 / 모바일 / 삼성페이 등 다른 결제 시스템을 통한 대중교통 이용건은 KB국민카드 대중교통 이용실적이 아님			

이자지급방법	만기일시지급식, 단리식			

• 보험서비스 내용 : 대중교통상해 및 자전거 상해 KB손해보험 단체보험

담보위험	보장금액	보상내용
대중교통상해 사망 / 후유장해 (미세먼지 오염경보일)	최대 2억 원	미세먼지 오염경보가 발생한 날에 승객으로서 대중교통 이용 중 교통사고로 인한 상해로 사망 또는 후유장해가 발생한 경우 ※ 미세먼지 오염경보가 발생한 날 : 대기환경보전법 관련 법령에 따라 미세먼지(PM-10 또는 PM-2.5) 오염경보가 발령된 날의 00시부터 해제일의 24시까지 해당일
대중교통상해 사망 / 후유장애 (미세먼지 오염경보일 외)	최대 1억 원	대중교통 이용 중 교통사고로 인한 상해로 사망 또는 후유장해가 발생한 경우
자전거 상해 입원위로금	30만 원	자전거 사고로 인한 상해의 직접적인 결과로 6일 이상 계속 입원하여 치료를 받는 경우

(무료보험 가입서비스)

※ 가입대상 : 신규가입 시 보험가입 및 개인(신용)정보의 제3자 제공에 동의한 고객
※ 보장기간 : 보험개시일(이 적금 신규 다음 날)로 부터 1년(1년마다 갱신)되며, 보장기간은 적금 계약기간을 초과할 수 없고, 적금의 중도해지 시에는 보험가입 서비스 제공 중단

05 다음 중 KB맑은하늘적금을 설명한 내용으로 옳은 것은?

> 안녕하세요, 고객님. KB맑은하늘적금에 대해 문의 주셨군요.
> KB맑은하늘적금은 ① 환경 보호를 위한 생활 속 작은 실천에 대해 우대금리를 적용해 드리는 상품으로, 최대 1억 원을 보장하는 대중교통 / 자전거 상해 관련 무료 보험서비스를 함께 제공하는 상품입니다.
> 해당 상품은 ② 자유적립식 상품으로 매월 일정한 날에 1 ~ 100만 원 사이의 금액을 납입해 주셔야 합니다. 해당 상품은 1년, 2년, 3년으로 나눠서 가입할 수 있는데 계약기간마다 다른 기본금리와 우대금리를 적용합니다.
> ③ 이 상품에서 고객님이 받으실 수 있는 최대 금리는 3년을 가입하셨을 때 2.1%입니다. 대중교통 미션의 경우 선택 개인(신용)정보 수집·이용·제공에 동의하는 경우에 한하여 우대금리가 적용되므로 동의 부탁드립니다. 또한 고객님께서 자전거를 이용해서 출퇴근하시면 함께 가입되는 보험상품이 도움 되실 것 같습니다. ④ 해당 상품의 경우 자전거를 타고 가다 사고가 나서 3일 이상 입원하시면 30만 원을 지원받으실 수 있습니다. 더 궁금한 내용이 있으시면 언제든지 문의 주세요. 감사합니다.

06 A고객은 KB맑은하늘적금에 가입했다. A고객의 정보가 다음과 같을 때, 만기 시 A고객이 받을 수 있는 금액은?

〈고객 정보〉
- A고객은 매월 3일 80만 원씩 저축한다.
- 계약기간은 2년(24개월)이다.
- A고객은 항상 대중교통을 이용하여 출퇴근하며, KB국민카드를 사용한다.
- A고객은 적금의 미세먼지 관련 퀴즈 중 2문제를 맞혔다.
- A고객은 이 상품의 만기 때까지 종이 통장을 만들지 않을 것이다.
- A고객은 KB스타뱅킹을 통해 해당 상품에 가입했다.
- A고객은 개인정보를 보호하기 위해 상품별 선택 개인(신용)정보 수집·이용·제공에 동의하지 않았다.
- 해당 상품은 이자소득세 15.4%를 징수한다.

① 19,419,960원
② 19,442,560원
③ 19,483,660원
④ 19,523,420원

07 다음 중 적금가입과 함께 제공되는 보험에 대해 잘못 이해하고 있는 사람은?

민정 : 미세먼지 오염경보일이 적용되는 날과 적용되지 않는 날의 보상내용이 달라지는 상품이구나.
하경 : 미세먼지 오염경보일에 대중교통 이용으로 인한 사고가 나면 보상금액을 더 크게 받을 수도 있겠다.
혜란 : 자전거 사고로 인해 상해의 보상을 받으려면 상해의 직접적인 원인이 자전거여야 해.
은빈 : 보험개시일은 적금가입과 동시에 시작이며, 적금을 중도해지하는 경우에는 보험가입 서비스도 중단되니까 잘 알아봐야겠어.

① 민정
② 하경
③ 혜란
④ 은빈

08 다음은 A ~ M은행의 2018년과 2019년 매출액 및 영업이익에 대한 자료이다. 이에 대한 설명으로 옳은 것은?

〈은행별 매출액 및 영업이익〉

(단위 : 백만 원)

구분	2018년		2019년		전체 매출 순위	
	매출액	영업이익	매출액	영업이익	2018년	2019년
A은행	17,133,742	381,790	29,313,199	1,545,939	12	30
B은행	2,295,414	292,786	2,464,004	339,704	196	205
C은행	12,709,341	374,836	14,688,241	270,070	41	49
D은행	14,656,536	1,733,685	16,672,315	1,958,961	35	40
E은행	6,549,092	44,020	8,141,461	−1,948,376	80	84
F은행	15,397,591	1,473,910	16,992,875	1,491,949	33	36
G은행	16,346,500	1,159,449	17,826,443	1,168,411	29	32
H은행	20,450,040	1,351,586	23,556,006	1,574,204	19	22
I은행	25,924,261	−1,102,292	25,923,541	−35,507	16	18
J은행	1,621,639	260,634	1,499,130	267,892	303	275
K은행	2,968,890	418,814	2,778,583	426,609	185	170
L은행	13,873,438	−364,683	13,051,317	208,696	46	42
M은행	11,926,330	496,558	11,692,591	365,820	54	51

① 2018년 대비 2019년에 전체 매출 순위가 내려간 은행은 총 8곳이다.
② A은행을 제외하고 2018년 대비 2019년에 매출액이 가장 많이 오른 은행은 D은행이다.
③ 2019년에 영업이익이 마이너스인 은행 수는 2018년에 영업이익이 마이너스인 은행 수보다 많다.
④ A ~ M은행을 서로 비교할 때, C은행은 2018년 매출액의 순위와 영업이익의 순위가 같다.

02 상식

01 다음 사례가 설명하는 것은?

> '방카슈랑스'란 은행과 보험사가 제휴와 업무협력을 통해 종합금융서비스를 제공하는 것을 말한다. 프랑스의 크레디아그리콜 은행은 생명보험사인 프레디카를 자회사로 설립하여 전국 46개의 은행창구에서 보험상품 판매를 시작하였다. 개인의 저축 성향이 단순한 복지 차원이 아닌 노후를 대비하는 쪽으로 바뀌고, 은행과 고객의 유대관계가 갈수록 느슨해지고, 다변화하는 추세에 따라 보다 광범위한 서비스를 제공하기 위함이었다. 프랑스와 에스파냐에서는 보험가입의 70% 이상이 방카슈랑스 형태로 이루어지고 있으며, 국내에서도 방카슈랑스를 통한 양로보험상품의 판매량 또한 급증하여 보험 판매가 중단되는 일이 벌어지기도 했다.

① 규모의 경제　　　　　② 범위의 경제
③ 내부불경제　　　　　④ 외부불경제

02 다음과 같은 사회문제를 해결하기 위한 운동은?

> 2018년 환경부에서 실시한 조사결과에 따르면 우리나라 국민 한 사람이 하루에 버리는 쓰레기의 양은 약 1kg에 육박했다. 이 중 재활용이 가능한 자원은 306.5g으로 약 33%를 차지했다. 이에 많은 사람들이 공감하고 '텀블러 사용하기'나 '장바구니 들고 다니기', '물티슈 대신 손걸레 사용하기' 등의 노력을 하고 있다.

① 그린오션　　　　　② 클래시 페이크
③ 세포마켓　　　　　④ 제로웨이스트

03 한국에서 노벨상을 수상한 사람은 역대 몇 명인가?(단, 2019년을 기준으로 한다)

① 0명　　　　　② 1명
③ 2명　　　　　④ 3명

04 다음 중 금융실명제에 대한 설명으로 옳지 않은 것은?

① 대통령의 긴급명령으로 전격 시행되었다.
② 1993년 8월 금융실명거래에 대한 법률이 처음으로 제정되었다.
③ 금융거래 정상화, 경제정의 실현, 국민 경제발전 도모, 금융거래 투명성 확보 등을 목적으로 한다.
④ 모든 금융거래는 실명으로 진행해야 하고, 금융기관 종사자는 경의인의 서면 요구나 동의 없이는 그 정보를 타인에게 제공하거나 누설할 수 없다.

05 블록체인에 대한 설명으로 옳은 것을 〈보기〉에서 모두 고르면?

> 보기
> ㉠ 중앙집중형 데이터 저장 기술이다.
> ㉡ 거래 시 모든 거래 참여자가 정보를 공유하고 이를 위조나 변조할 수 없다.
> ㉢ 블록체인이 적용된 기술로 비트코인이 있다.
> ㉣ 데이터를 저장하는 단위를 노드(Node)라고 한다.

① ㉠　　　　　　　　　　② ㉣
③ ㉠, ㉢　　　　　　　　④ ㉡, ㉢

06 다음 중 윤창호법에 대한 설명으로 옳지 않은 것은?

① '특정범죄 가중처벌 등에 관한 법률 개정안'과 '도로교통법 개정안'을 말한다.
② 음주운전 사망사고가 발생하는 경우 최대 20년 징역을 법정형으로 받을 수 있다.
③ 운전면허 취소 기준이 혈중알코올농도 0.1% 이상에서 0.08% 이상으로 개정되었다.
④ 음주운전으로 인명 피해를 낸 운전자에 대한 처벌 수위를 높이고 음주운전 기준을 강화하는 내용을 담고 있다.

07 다음 중 드론에 대한 설명으로 옳지 않은 것은?

① 20세기 초에는 군사용으로 탄생하였다.
② 드론은 벌이 웅웅거리는 소리를 뜻하는 말이다.
③ 드론 시장에 나온 제품 가운데 90% 이상은 방송·촬영용이다.
④ 미국의 기업 아마존에서는 드론을 이용한 새로운 배송 서비스를 준비 중이다.

08 리니언시 제도에 대한 설명으로 옳지 않은 것을 〈보기〉에서 모두 고르면?

> **보기**
> ㉠ 담합 사실을 1순위로 신고한 업체에만 과징금을 면제해 준다.
> ㉡ 처음 리니언시 제도를 도입할 당시 75%의 감면율을 적용했다.
> ㉢ 우리나라에는 2005년에 도입되었다.
> ㉣ 기업에 면죄부를 줌으로써 담합 신고를 유도한다.
> ㉤ 시장점유율이 높은 기업이 담합을 통해 막대한 이익을 얻은 후 자진신고를 통해 감면 혜택을 받음으로써 실제로는 하위업체들이 처벌을 받게 되는 문제점이 있다.

① ㉠, ㉢　　　　　　　　　　② ㉠, ㉤
③ ㉡, ㉢　　　　　　　　　　④ ㉢, ㉣

09 다음 중 선물거래와 선도거래를 비교한 내용으로 옳은 것은?

① 선도거래와 선물거래 모두 표준단위를 사용한다.
② 선도거래는 계약 불이행의 위험성이 있고, 선물거래는 계약 이행을 보장받을 수 있다.
③ 거래소를 통해 거래하는 것을 선도거래라고 하고, 사적으로 이루어지는 거래를 선물거래라고 한다.
④ 선도거래는 거래조건이 표준화되어 있고, 선물거래는 매매 당사자 간의 합의에 따라 다양한 계약조건을 만들 수 있다.

10 X재의 가격이 5% 상승할 때 X재의 소비지출액은 전혀 변화하지 않은 반면, Y재의 가격이 10% 상승할 때 Y재의 소비지출액은 10% 증가하였다. 이때 두 재화에 대한 수요의 가격탄력성은?

	X재	Y재
①	완전탄력적	단위탄력적
②	단위탄력적	완전탄력적
③	단위탄력적	완전비탄력적
④	완전비탄력적	비탄력적

PART 3

주요 금융권 NCS 기출복원문제

CHAPTER 01 2025년 주요 금융권 NCS 기출복원문제
CHAPTER 02 2024년 주요 금융권 NCS 기출복원문제

CHAPTER 01 | 2025년 주요 금융권 NCS 기출복원문제

정답 및 해설 p.068

| 하나은행

01 다음 글의 중심 내용으로 가장 적절한 것은?

> H은행이 은행권 최초로 인공지능 기술을 이용한 '기술력 기반 ML 모형'을 개발했다. 이를 통해 H은행은 기존의 재무제표 기반으로 진행했던 중소기업의 신용평가 방법에서 벗어나, 2014년부터 기술신용평가에서 축적된 중소기업의 정보 및 보유 기술을 기반으로 성장 가능성을 평가할 수 있게 되었다.
> AI 학습데이터인 기술력 기반 ML 모형은 기업이 보유한 기술과 관련한 정보, 예를 들어 특허 및 기술 인증뿐만 아니라 기술 인력, 기술개발 현황, 기술 사업화 역량 등을 활용하여 해당 기업이 현재 보유한 기술들을 바탕으로 미래에 얼마나 성장할 수 있을지에 대해 평가한다. 즉, 재무제표를 통해서는 알 수 없었던 기업의 미래의 신용을 평가할 수 있게 된 것이다.
> H은행은 기술력 기반 ML 모형으로 기업의 기술 평가 데이터를 분석하여 리스크 측면에서 설명 가능한 항목을 구별하고 변동성이 낮은 항목을 학습해 평가 결과의 안정성을 확보했다. 이를 통해 기업의 미래 신용도에 긍정 및 부정 영향을 미치는 요인이 무엇인지 파악이 가능하게 되었다.

① 은행권 최초로 중소기업의 기술력을 평가하다.
② 인공지능 기술을 통해 기업의 미래를 평가하다.
③ 은행권 최초로 인공지능 기술을 신용평가에 도입하다.
④ 인공지능 기술을 통해 기업평가에 안정성을 확보하다.

02 다음 글을 읽고 〈보기〉의 빈칸에 들어갈 내용으로 가장 적절한 것을 고르면?

> H은행이 금융권 최초로 퇴직연금 가입 투자자의 '로보어드바이저 일임운용 서비스'를 시작하였다. 이는 투자자의 분석을 통해 맞춤형 포트폴리오를 생성한 뒤, 컴퓨터 알고리즘을 통해 고객이 어떤 상품에 투자하면 좋을지 판단해 개인형 IRP 적립금을 일임운용하는 금융서비스이다.
> 로보어드바이저 일임운용 서비스는 개인형 IRP 가입자가 이용할 수 있으며, 매년 추가로 납입한 가입자부담금 중 연간 900만 원에 한해 가입자 동의 시 일임이 가능하다.
> H은행은 고객이 장기적으로 더 편리하고 더 안정적으로 노후 소득재원을 확보하고 관리할 수 있도록 이 금융서비스를 도입했다고 말하며, 이후에도 보다 혁신적인 금융서비스를 고객에게 제공할 수 있도록 지속적으로 개발하겠다고 밝혔다.

보기
'로보어드바이저 일임운용 서비스'란 _____ 알고리즘이 자동으로 개인형 IRP 적립금을 투자 관리해 안정적인 노후 소득재원을 확보해 주는 서비스이다.

① 투자 금액에 맞춰
② 투자 흐름에 맞춰
③ 투자자 성향에 맞춰
④ 투자자 소득에 맞춰

03 다음은 H은행 369 정기예금의 상품설명서이다. 이에 대한 설명으로 옳지 않은 것은?

〈369 정기예금〉

구분	내용
상품특징	• 3개월마다 높은 금리로 갈아탈 수 있는 옵션 보너스 제공 • 입출금과 거치식 예금의 장점만을 모은 편리하고 유용한 상품 • 내집 마련, 결혼 등 기쁜 날 해지 시 해당 기간별 고시 이율 적용
가입대상	• 실명의 개인 또는 개인사업자
예금종류	• 정기예금
가입기간	• 1년제
최저가입금액	• 3백만 원 이상(단, 인터넷뱅킹 및 스마트폰뱅킹은 최저 1만 원 이상)
이자지급방법	• 만기일시지급식
금리	• 예치 경과 기간에 따라 적용 (단위 : 연 %) | 구분 | 3개월(중도해지) | 6개월(중도해지) | 9개월(중도해지) | 1년 | |---|---|---|---|---| | 금리 | 1.0 | 1.1 | 1.2 | 2.5 |
일부해지	• 가입기간 중 만기해지 포함 총 3회 분할인출 가능(중도해지금리 적용) • 분할해지 후 예금 잔액이 3백만 원 이상인 경우에만 가능
부가서비스	• 기쁜 날 서비스 : 자녀 결혼 등 목돈 필요로 중도해지 시, 가입 당시의 경과 기간별 금리 적용 지급 • 해지예약 서비스 : 신청 시 제일 먼저 돌아오는 3개월 해당 일에 자동해지 후 연결계좌 입금(연결계좌는 본인 명의 요구불통장만 가능하며, 해지예약 서비스를 통한 분할중도해지 불가)

① 중도해지를 이용할 수 있는 최대 횟수는 2회이다.
② 가입기간이 3개월 경과할 때마다 금리가 변경되는 상품이다.
③ 가입금액이 2백만 원인 고객은 일부해지 서비스를 이용할 수 없다.
④ 중도해지 신청 시 적용되는 금리는 제일 먼저 돌아오는 3개월에 해당하는 금리이다.

04 다음은 H은행 신혼부부전세론의 상품설명서이다. 이에 대한 설명으로 옳은 것은?

〈신혼부부전세론〉

구분	내용
상품특징	• 신혼부부 또는 결혼예정자를 대상으로 한국주택금융공사의 보증서를 담보로 하여 임차보증금의 90% 이내에서 주택의 전세(반전세 포함)자금을 지원하는 상품
대출대상	• 주택임대차계약을 체결한 국민인 거주자로 아래의 조건을 모두 충족하는 경우(임차보증금액 수도권 7억 원, 지방 5억 원을 초과하는 경우 대출 불가) − 현재 배우자와의 혼인기간이 7년 이내인 신혼부부 또는 보증신청일로부터 3개월 이내에 결혼하기로 한 결혼예정자 − 임차보증금의 5% 이상 지급한 만 19세 이상의 세대주 − 세대주와 동일세대를 이루고 있는 세대원 중 다음 하나에 해당하는 자 : 배우자, 직계존비속 및 그의 배우자, 신청인 및 배우자의 형제자매, 배우자의 직계존비속 및 그의 배우자
대상주택	• 공부상(등기부등본 등) 주거용 주택(미등기 주택도 가능)
대출한도	• 최대 2억 원 범위 내 아래 중 적은 금액 − 임차보증금의 90% 이내 − 신청인(배우자 포함) 연간소득의 최대 4.5배 이내
대출기간	• 전세계약 만기일 범위 내 최장 2년 • 최대 20년까지 1년 단위로 연장 가능 • 대출만기 시 자동연장되지 않으며, 임대차계약내용 변경(종료) 및 신용도에 따라 연장이 제한될 수 있으므로 반드시 단기 1개월 전에 대출받은 영업점 사전 상담 권장
대출신청시기	• 신규 : 임대차계약서상 잔금지급일과 주민등록전입일 중 빠른 날로부터 3개월 이내 • 갱신 : 주민등록전입일로부터 3개월 이상 경과하고 계약갱신일로부터 3개월 이내(계약갱신일 이전에도 보증신청 가능)
상환방식	• 만기일시상환, 원(리)금균등분할상환
이자납입	• 이자 매월 후취

① 수도권의 대출 가능 금액은 지방보다 높다.
② 신혼부부전세론의 최대 대출 가능 한도는 1억 8천만 원이다.
③ 주민등록전입을 하지 않은 경우 기존 전세대출의 갱신이 불가하다.
④ 신청자인 세대주가 배우자와 동일세대를 이루고 있지 않다면 대출이 불가하다.

05 다음은 A지점에서 B지점까지 가는 도로망이고, 오른쪽이나 아래로만 이동할 수 있다. C지점이 공사로 인하여 통행이 불가능할 때, A지점에서 B지점까지 가는 경로의 경우의 수는?

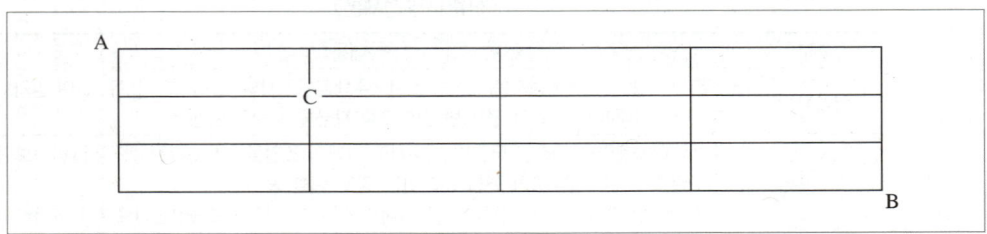

① 15가지 ② 20가지
③ 25가지 ④ 30가지

06 A와 B는 각각 1,000만 원을 가지고 두 가지 종목에 500만 원씩 다음과 같이 투자하였다. 총수익을 토대로 수익률을 산정할 때, 수익률이 더 높은 사람과 두 사람의 수익률 차이는?

- A의 투자 결과
  - 첫 번째 종목에서 1차 +20%, 2차 −10%의 변동이 있었다.
  - 두 번째 종목에서 1차 −10%, 2차 +30%의 변동이 있었다.
- B의 투자 결과
  - 첫 번째 종목에서 1차 −10%, 2차 +10%의 변동이 있었다.
  - 두 번째 종목에서 1차 +10%, 2차 −10%의 변동이 있었다.

	높은 수익자	수익률 차이		높은 수익자	수익률 차이
①	A	11.5%p	②	A	13.5%p
③	B	11.5%p	④	B	13.5%p

※ 다음은 H기업 제품의 2024년 분기별 평균 판매 실적에 대한 자료이다. 이어지는 질문에 답하시오.
[7~8]

〈2024년 H기업 제품의 분기별 평균 판매 실적〉

구분	출고단가(원)	판매수량(천 개)	할인율(%)	원가율(%)
1분기	12,000	40	25	60
2분기	15,000	30	20	60
3분기	10,000	50	0	65
4분기	14,000	50	0	50

※ (실제 판매단가)=(출고단가)×[1−(할인율)]
※ (매출액)=(실제 판매단가)×(판매수량)
※ (매출원가)=(매출액)×(원가율)
※ (매출총이익)=(매출액)−(매출원가)
※ 원가율은 실제 판매단가 기준으로 적용

| 하나은행

07 제시된 자료를 참고할 때, H기업의 2024년 연간 매출액은?

① 18.6억 원 ② 18.8억 원
③ 19.0억 원 ④ 19.2억 원

| 하나은행

08 제시된 자료를 참고할 때, H기업의 2024년 연간 매출총이익은?

① 7.64억 원 ② 7.82억 원
③ 8.05억 원 ④ 8.13억 원

09 다음 중 4P 전략에 대한 설명으로 옳지 않은 것은?

① 가격(Price)은 기업이 제품을 생산하는 데 들어가는 비용만을 고려하여 결정한다.
② 유통(Place)은 제품이나 서비스가 고객에게 전달되는 모든 경로와 장소를 의미한다.
③ 4P 전략은 마케팅 믹스 전략으로, 각 요소가 상호작용하여 고객의 구매 결정에 영향을 미친다.
④ 제품(Product)에는 품질, 디자인, 브랜드, 서비스 등 고객에게 제공되는 모든 혜택이 포함된다.

10 H은행에서 열린 국제 콘퍼런스에 대하여 A~E 5명은 서로의 참석 여부를 다음과 같이 진술하였다. 콘퍼런스에 참석하지 않은 2명은 항상 거짓을 말하고, 참석한 3명은 항상 참을 말할 때, 콘퍼런스에 참석하지 않은 2명은?

- A : B와 D 중 1명만 콘퍼런스에 참석했다.
- B : E는 콘퍼런스에 참석하였다.
- C : B는 콘퍼런스에 참석하지 않았다.
- D : B와 E는 모두 콘퍼런스에 참석하지 않았다.
- E : A는 콘퍼런스에 참석하지 않았다.

① A, C 　　　　　　　　　② B, D
③ B, E 　　　　　　　　　④ C, D

11 다음은 H은행을 분석한 자료이다. 이때 활용된 분석 기법은?

<H은행 분석 결과>

구분	분석 결과
요소 1	• 금융기관에 대한 정부 정책, 규제, 감독 강화가 지속되고 있음. 디지털 금융 확산에 따라 개인정보 보호, 자금세탁방지 등 새로운 규제 환경이 등장하고 있으며, 정부의 핀테크 육성 정책, 금융혁신지원 특별법 등은 H은행의 진출과 성장에 기회인 동시에 규제 준수의 부담으로 작용 • 정부의 디지털 전환 촉진 정책과 금융산업 혁신 지원은 H은행에 긍정적이지만, 각종 규제는 진입장벽이 될 수 있음
요소 2	• 금리, 환율, 경기 변동, 인플레이션 등 환경이 은행의 수익성과 리스크에 직접적인 영향을 미침 • 디지털 뱅킹 성장으로 기존 오프라인 점포 운영비 절감과 비대면 금융서비스 확대에 따른 신규 수익모델 창출이 가능하지만, 경기 침체 시 대출 부실 등 리스크 존재 • 금융시장 경쟁 심화, 빅테크 기업의 금융 진출 등으로 수익성 압박이 증대
요소 3	• 모바일・비대면 금융서비스에 대한 소비자 수요 증가, 젊은 층을 중심으로 디지털 금융 선호도 상승 • 고령층이나 디지털 소외계층에 대한 접근성 문제, 금융소비자 보호에 대한 사회적 요구도 증가 • 개인정보 보호, 신뢰성 투명성 등 사회적 가치 실현이 중요한 이슈로 부상
요소 4	• AI, 빅데이터, 클라우드, 블록체인 등 첨단 IT기술이 H은행 핵심 경쟁력으로 작용 • AI 기반 가상 은행원, 자동화된 신분증 검사, 빅데이터 활용 맞춤형 금융서비스, 개방형 API를 통한 외부 서비스 연계가 가능해짐 • 사이버 보안, 데이터 보호, 신기술 도입 속도 등이 경쟁 우위를 좌우

① 3C 분석
② PEST 분석
③ 5 Force 분석
④ 가치사슬 분석

12 H사원은 휴대폰 요금제를 변경하려고 한다. 다음 자료를 참고할 때, H사원이 변경할 요금제로 가장 적절한 것은?

〈H사원의 최근 3달간 서비스 이용량〉

구분	데이터 이용량	통화 이용량	문자 이용량
1월	32GB	752분	78건
2월	19GB	816분	132건
3월	33GB	571분	63건

〈가입 가능한 요금제 목록〉

구분	통신사	요금	데이터 제공량	통화 제공량	문자 제공량	프로모션
A요금제	X	84,000원	무제한	무제한	무제한	–
B요금제	X	79,000원	30GB	1,000분	500건	–
C요금제	Y	65,000원	30GB	800분	무제한	통신사 변경 시 10% 할인
D요금제	Y	56,000원	25GB	700분	600건	통신사 변경 시 10% 할인

〈H사원의 요금제 선택 조건〉

- H사원은 현재 X통신사를 3년 째 이용 중이다.
- X통신사와 Y통신사 모두 2년 이상 장기 이용 고객에게 25%의 요금 할인을 제공한다.
- 최근 3개월간의 이용량 평균보다 적게 제공하는 요금제는 선택하지 않는다.
- 모든 사항을 고려하여 한 달 요금이 가장 낮은 요금제를 선택한다.
- 한 달에 내야 할 요금이 같을 경우, 데이터 제공량이 더 많은 요금제를 선택한다.

① A요금제 ② B요금제
③ C요금제 ④ D요금제

| 하나은행

13 다음은 외래 진료 시 환자가 부담하는 비용에 대한 자료이다. 〈보기〉에 제시된 금액이 요양급여비용 총액이라고 할 때, 세 사람의 본인부담금 총액은?(단, 모든 Z역은 의약분업을 실시하고 있다)

〈외래 진료 시 본인부담금〉

구분		본인부담금 비율
의료 급여기관	상급종합병원	(진찰료 총액)+(나머지 진료비의 60%)
	종합병원	요양급여비용 총액의 45%(읍, 면지역), 50%(동지역)
	일반병원	요양급여비용 총액의 35%(읍, 면지역), 40%(동지역)
	의원	요양급여비용 총액의 30%
	※ 단, 65세 이상인 경우(의약분업 실시 지역) - 요양급여비용 총액이 25,000원 초과 : 요양급여비용 총액의 30% 부담 - 요양급여비용 총액이 20,000원 초과 25,000원 이하 : 요양급여비용 총액의 20% 부담 - 요양급여비용 총액이 15,000원 초과 20,000원 이하 : 요양급여비용 총액의 10% 부담 - 요양급여비용 총액이 15,000원 이하 : 1,500원 부담	
약국	요양급여비용 총액의 30%	
	※ 단, 65세 이상인 경우(처방전에 의한 의약품조제 시) - 요양급여비용 총액이 12,000원 초과 : 요양급여비용 총액의 30% 부담 - 요양급여비용 총액이 10,000원 초과 12,000원 이하 : 요양급여비용 총액의 20% 부담 - 요양급여비용 총액이 10,000원 이하 : 1,000원 부담	

※ 요양급여비용이란 아래 범위에 해당하는 요양서비스의 비용을 말함
1. 진찰·검사
2. 약제(藥劑)·치료재료의 지급
3. 처치·수술 및 그 밖의 치료
4. 예방·재활
5. 입원
6. 간호
7. 이송(移送)

보기

㉠ 67세 이○○씨가 Q동 종합병원에서 재활을 받은 진료비는 21,500원이다.
㉡ 34세 김□□씨가 P읍 의원에서 진찰을 받은 비용은 12,000원, 처방전을 받아 약국에서 조제한 약제비 총액은 10,000원이다.
㉢ 60세 최△△씨가 M면 일반병원에서 진료를 받은 비용은 25,000원, 처방전을 받아 약국에서 조제한 약제비 총액은 60,000원이다.

① 36,600원
② 37,650원
③ 38,600원
④ 39,650원

14 다음 제시된 글을 읽고, 이어질 문장을 논리적 순서대로 바르게 나열한 것은?

> 농업생명자원에 생명공학기술을 도입하여 부가가치를 만들어 내는 신산업인 그린바이오산업은 농업, 종자, 미생물, 곤충, 천연물, 의약품 등 다양한 분야를 포함하는 신성장동력 산업으로 주목받고 있다.

> (가) 예를 들어 전통 식품 소재나 생물체에서 유래한 물질을 활용하여 새로운 물질을 만들어 내거나 친환경 바이오 소재를 개발하는 것도 그린바이오산업의 한 분야이다.
> (나) 우리나라 역시 2022년부터 그린바이오 사업의 일환으로 작물 재배와 품종 개량 연구를 통해 건강 기능성 성분 극대화 재배 매뉴얼을 개발 중에 있으며, 기존 품종보다 재배 가치가 높은 종자 지식 재산권을 확보해 궁극적으로 누구나 쉽게 개인 건강에 필요한 맞춤 식물 재배가 가능한 환경을 만드는 것을 목표로 하고 있다.
> (다) 특히 현재 인류가 직면한 문제인 지구온난화로 인한 기후변화, 각종 전염병, 세계 인구 증가 추세 속에서 그린바이오산업을 통해 식량 생산성을 향상시켜 안정적인 식량 공급 체계를 구축할 수 있을 뿐만 아니라, 고령화 사회로 접어들면서 급증하는 의료비 부담을 줄이기 위한 헬스케어 서비스 역시 그린바이오산업을 통해 대응할 수 있을 것이라 기대되고 있다.

① (가) – (나) – (다)
② (가) – (다) – (나)
③ (나) – (가) – (다)
④ (다) – (가) – (나)
⑤ (다) – (나) – (가)

※ 다음 글의 내용으로 적절하지 않은 것을 고르시오. [15~16]

| 지역농협 6급(70문항)

15

금리상승과 환율의 큰 변동성, 대내외적으로 불확실한 정치 상황 등으로 인해 은행권의 관리 부담을 줄이기 위해 연기되었던 '스트레스 완충자본' 제도가 시행될 예정이다.

스트레스 완충자본제도란 예외적이지만 발생할 수 있는 사건이나 금리, 환율, 성장률과 관련한 위기 상황을 추정하여 금융시스템의 잠재적 취약성을 판단하는 위기상황분석(스트레스 테스트)을 거쳐 보통주자본비율 하락 수준에 따라 최대 2.5%p의 추가자본 적립 의무를 부고하는 것이다.

만일 은행이 이를 준수하지 못한다면, 이익배당, 상여금 지급 등에 규제를 받게 된다. 다만, 독자적으로 자본을 보강하기 어렵거나 위기상황 시 정부의 손실보전 의무가 있는 산업은행과 수출입은행, 기업은행은 적용대상에서 배제되며, 새롭게 설립된 인터넷전문은행의 경우는 2년간의 유예기간을 거친 후 적용된다.

물론 이전에도 금융당국은 일정기간마다 은행에 스트레스 테스트를 시행해 손실흡수능력을 평가해 왔지만 그 결과가 미흡하더라도 해당 은행에 직접적인 조치를 취할 법적 근거가 없었다. 그러나 스트레스 완충자본 제도가 도입된다면 이제 법적 근거가 마련되는 셈이다.

이로써 은행은 예상치 못한 위기상황이 발생하더라도 정상적인 기능을 지속할 수 있는 자본을 확충하게 되었다. 하지만 당장 은행 입장으로선 추가로 자본을 적립해야 하는 부담을 지게 되어 원활한 자금 공급이 어려울 것으로 예측된다. 실제로 최근 경기 악화로 인해 중소기업을 시작으로 연체율이 증가해 은행권은 기업 대출 관리 중에 있어 해당 제도가 도입된다면 기업 대출의 문턱은 더 높아질 것으로 보인다.

① 스트레스 완충자본 제도는 모든 은행에 적용되지 않는다.
② 스트레스 완충자본 제도는 미래의 위기에 대응하는 대비책이다.
③ 스트레스 완충자본 제도는 은행에 당장의 자금 관리를 어렵게 한다.
④ 스트레스 완충자본 제도의 도입으로 은행의 손실흡수능력을 평가할 수 있게 되었다.
⑤ 스트레스 완충자본 제도가 시행된다면 은행의 중소기업 대출은 기존보다 어려워질 것이다.

16

ESG 경영이란 기업이 비재무적 가치인 환경 보호와 사회적 기여도를 고려하고 지배구조를 개선하여 이를 재무적 가치와 통합해 장기적인 성장을 이루고 리스크를 관리해 나가며 지속 가능한 경영을 추구하는 방식을 말한다.

환경적으로는 탄소 배출을 감축하거나 친환경 기술을 개발하는 등 환경오염과 기후변화에 대응할 수 있으며, 사회적으로는 장애인 등 사회적인 약자를 지원한다거나 지역사회에 공헌하는 등 사회적인 책임을 실천할 수 있다. 이는 투명하고 공정한 경영을 추구하고 주주의 권리를 보호하고, 윤리적인 의사결정 체계를 구축하는 등의 방식을 통해 지배구조를 개선하는 방식으로 이루어진다.

이러한 경영방식은 기업의 수익적인 측면을 우선하지 않기 때문에 기업의 이윤 창출에 단기적으로는 부정적인 영향을 미칠 수 있다. 하지만 ESG 경영으로 기업은 지속 가능한 성장과 리스크 감소로 수익률 향상을 기대할 수 있다. 환경적 그리고 사회적으로 책임을 다하는 모습은 기업 이미지를 향상시킴으로써 소비자와 투자자 모두에게 신뢰를 쌓아 결과적으로 수익률 향상으로 이어질 수 있기 때문이다. 이러한 기업환경 개선은 장기적인 이익뿐 아니라 단기적으로도 비용 절감, 내부 조직문화 개선 등 기업 발전에 큰 효용을 불러오고 있다.

예를 들어 친환경적인 가치를 가진 전기차의 배터리를 생산하는 기업인 L사는 자사 소유의 차량을 모두 친환경 차량으로 교체하는 것은 물론, 폐배터리 폐기 문제성을 인지하고 이에 대한 대응책으로 폐배터리 재활용 법인을 운영하기로 결정하였다. 또한 개발도상국의 배터리 주요 원자재를 생산하는 과정에서 아동 노동착취가 행해진 것을 인지하고 이를 직접 실사하며 후속 조치를 취하는 등 자사의 직접적인 잘못이 아님에도 불구하고 책임을 지는 모습을 보여 기업 이미지 강화에 성공하였다.

이처럼 ESG 경영은 이제 단순히 따르고 지켜야 할 가치 판단의 기준을 넘어서 기업의 생존과 직결된 핵심 전략으로 위치하고 있다.

① ESG 경영은 단기적으로 볼 때 기업의 발전을 저해한다.
② ESG 경영이란 기업의 비재무적인 요소를 개선해 나가는 경영방식을 말한다.
③ ESG 경영은 소비자와 투자자들이 기업을 판단하는 데 긍정적인 영향을 준다.
④ ESG 경영은 앞으로 선택사항이 아닌 필수사항으로 기업의 존립에 영향을 줄 것이다.

17 어떤 일을 A가 혼자 하면 15일, B가 혼자 하면 10일, C가 혼자 하면 30일이 걸린다. A~C 3명이 함께 일하면 일을 끝내는 데 며칠이 걸리는가?

① 4일　　　　　　　　　　② 5일
③ 6일　　　　　　　　　　④ 7일
⑤ 8일

18 농도 40%의 소금물 150g과 농도 20%의 소금물 100g을 모두 섞은 후 가열하여 50g의 물을 증발시켰을 때, 최종 소금물의 농도는?

① 30%　　　　　　　　　　② 35%
③ 40%　　　　　　　　　　④ 45%
⑤ 50%

19 A씨는 N은행의 만기일시지급식 예금에 가입하였다. 원금 100만 원을 3년간 단리로 예금하고 96,000의 이자를 받았다면, 해당 상품의 연 이율은?

① 3.0%　　　　　　　　　　② 3.1%
③ 3.2%　　　　　　　　　　④ 3.4%

20 1부터 10까지의 정수가 적힌 공 10개 중에서 첫 번째는 2의 배수, 두 번째는 3의 배수가 나오도록 공을 뽑을 확률은?(단, 뽑은 공은 다시 넣는다)

① $\dfrac{5}{18}$　　　　　　　　　　② $\dfrac{3}{20}$
③ $\dfrac{1}{7}$　　　　　　　　　　④ $\dfrac{5}{24}$

21 다음은 N국의 연도별 민간투자사업방식에 따른 사업 현황에 대한 자료이다. 이에 대한 설명으로 옳지 않은 것은?

〈수익형 민간투자사업(BTO) 현황〉

구분	사업 개수(개)	사업 투입 인원(천 명)	사업 비용(백만 원)	사업 평균수익률(%)
2017년	60	100	1,000	5
2018년	70	150	1,100	4
2019년	77	140	1,200	3
2020년	30	50	500	−4
2021년	45	55	700	1
2022년	70	120	1,000	7
2023년	60	60	600	6
2024년	85	180	900	2

〈임대형 민간투자사업(BTL) 현황〉

구분	사업 개수(개)	사업 투입 인원(천 명)	사업 비용(백만 원)	사업 평균수익률(%)
2017년	270	1,700	15,000	2
2018년	300	2,000	16,000	1
2019년	400	2,600	18,000	4
2020년	200	1,000	7,500	−2
2021년	270	1,300	10,000	−1
2022년	150	1,600	12,000	5
2023년	200	2,300	11,500	4
2024년	300	2,200	14,500	−3

① BTO 사업에서 사업 비용의 전년 대비 증가율이 가장 큰 해는 2024년이다.
② BTO 사업과 BTL 사업 모두 사업 개수의 전년 대비 증가율이 가장 큰 해는 2022년이다.
③ BTL 사업에서 사업 평균수익률이 가장 낮은 해의 전년 대비 사업 비용 증가율은 25% 이상이다.
④ BTL 사업에서 사업 개수당 사업 비용이 가장 큰 해의 사업 평균수익률은 흑자를 기록하였다.
⑤ BTO 사업에서 사업 개수당 사업 투입 인원이 가장 많은 해의 전년 대비 사업 비용 증가율은 10%이다.

22 다음은 8개국을 대상으로 조사한 국가별 자살률과 행복지수에 대한 자료이다. 이에 대한 설명으로 옳지 않은 것은?(단, 제시된 국가만을 대상으로 해석한다)

⟨8개 국가별 자살률⟩

(단위 : 명)

구분	북아메리카		아시아			유럽			
	미국	캐나다	대한민국	일본	중국	러시아	독일	영국	프랑스
2020년	7.4	5.1	26.8	14.5	17.8	10.5	8.4	9.4	5.5
2021년	7.1	5.0	25.7	13.7	17.2	11.1	8.1	9.1	5.6
2022년	7.2	4.8	26.0	14.8	22.1	12.3	8.5	9.5	5.1
2023년	7.0	5.2	25.8	14.2	22.0	11.5	7.6	9.4	5.3
2024년	7.3	5.5	27.3	15.5	21.9	15.7	7.7	9.3	5.8

※ 자살률 : 인구 10만 명당 자살한 사람의 수

⟨8개 국가별 행복지수⟩

(단위 : 점)

구분	북아메리카		아시아			유럽			
	미국	캐나다	대한민국	일본	중국	러시아	독일	영국	프랑스
2020년	7.4	7.5	6.7	7.5	5.3	5.2	6.1	7.1	5.5
2021년	7.7	8.1	7.4	7.7	4.8	4.5	5.4	7.5	5.7
2022년	8.1	7.8	7.2	6.5	5.1	4.1	5.7	7.3	6.1
2023년	7.8	7.7	7.3	7.4	5.5	3.9	6.8	7.4	5.9
2024년	7.4	7.2	7.5	7.4	5.4	4.3	6.4	7.8	6.3

※ 행복지수 : 개인이 자신의 삶에 대해 느끼는 주관적인 만족감이나 행복의 정도를 10점 만점으로 측정하는 지수

① 자살률의 연도별 증감 추이가 대한민국과 동일한 국가는 3곳이다.
② 2022년 아시아 국가의 평균 행복지수는 2023년 유럽 국가의 평균 행복지수보다 높다.
③ 2021년 캐나다와 프랑스의 자살한 사람의 수가 동일하다면 인구는 캐나다가 더 많다.
④ 2020 ~ 2024년 평균 행복지수가 가장 높은 국가와 2022 ~ 2024년 평균 자살률이 가장 낮은 국가는 동일하다.
⑤ 2020년 행복지수가 가장 낮은 국가의 2020 ~ 2024년 평균 자살률은 2023년 북아메리카 국가의 자살률의 합보다 크다.

23 다음은 연도별 OECD 주요국의 보건통계에 대한 자료이다. 이에 대한 설명으로 옳은 것은?(단, 제시된 자료들은 연도별로 같은 시점에 측정되었다)

〈연도별 국민 천 명당 임상 의사 수〉

(단위 : 명)

구분	대한민국	일본	미국	독일	칠레	뉴질랜드	OECD 평균
2020년	3.1	3.8	5.8	3.8	2.7	3.4	3.4
2021년	2.3	4.0	5.2	3.8	2.4	3.5	3.5
2022년	2.7	3.7	6.1	3.8	3.1	3.3	3.4
2023년	2.5	4.2	5.5	3.7	2.9	3.2	3.6
2024년	2.6	4.1	5.4	3.7	2.8	3.2	3.7

※ (국민 천 명당 임상 의사 수)=(국내 전체 임상 의사 수)÷(국민 천 명)

〈연도별 국민 천 명당 임상 간호사 수〉

(단위 : 명)

구분	대한민국	일본	미국	독일	칠레	뉴질랜드	OECD 평균
2020년	10.1	11.1	14.5	9.8	6.4	20.7	10.0
2021년	9.4	10.4	15.1	11.8	5.5	19.4	9.9
2022년	9.1	9.5	14.9	10.4	7.1	18.8	9.7
2023년	8.6	10.8	15.2	9.9	6.8	20.1	10.1
2024년	8.8	9.1	14.5	10.7	8.1	19.9	9.8

※ (국민 천 명당 임상 간호 인력 수)=(국내 전체 임상 간호사 수)÷(국민 천 명)

〈연도별 종합병원당 병상 수〉

(단위 : 명)

구분	대한민국	일본	미국	독일	칠레	뉴질랜드	OECD 평균
2020년	12.3	11.1	4.9	14.4	5.5	10.4	4.2
2021년	12.5	12.0	5.2	14.0	5.7	10.4	4.1
2022년	12.7	12.1	5.5	14.2	5.4	10.4	3.8
2023년	12.9	11.4	5.4	13.7	5.9	10.4	3.9
2024년	12.8	11.7	5.1	13.5	6.1	10.4	4.3

※ (종합병원당 병상 수)=(종합병원 전체 병상 수)÷(국내 종합병원 수)

① 2023년에 국내 전체 임상 의사 수가 가장 많은 국가는 국내 전체 임상 간호사 수도 가장 많았다.
② 2022년 독일의 전년 대비 종합병원당 병상 수의 증가율은 같은 해 대한민국의 전년 대비 종합병원당 병상 수의 증가율보다 높다.
③ 2021년 일본의 인구가 대한민국의 인구보다 2배 많다면 일본의 전체 임상 의사 수는 대한민국의 임상 의사 수보다 4배 이상 많다.
④ 2020년부터 2024년까지 뉴질랜드의 인구수가 변하지 않았다면 같은 기간 동안 뉴질랜드 종합병원 전체 병상 수도 동일하다.
⑤ 2022년 대한민국의 임상 의사 수 대비 간호사 수는 2021년 독일의 임상 의사 수 대비 간호사 수보다 많다.

| 지역농협 6급(60문항)

24 다음은 N국의 출산율과 이혼율에 대한 자료이다. 이에 대한 설명으로 옳지 않은 것은?

〈N국의 출산율과 이혼율〉

(단위 : 명, 건)

구분	출산율	신생아 수	이혼율	이혼 건수
2017년	1.17	460,000	2.1	100,000
2018년	1.05	400,000	2.2	110,000
2019년	0.98	380,000	2.3	115,000
2020년	0.92	370,000	2.1	100,000
2021년	0.84	365,000	2.0	90,000
2022년	0.81	360,000	1.95	90,000
2023년	0.78	350,000	1.75	85,000
2024년	0.72	340,000	1.85	90,000

※ 출산율 : 가임기 여성 1명이 평생 동안 낳을 것으로 예상되는 평균 신생아 수
※ 이혼율 : 인구 1,000명당 이혼 건수

① 2022년의 전체 인구는 전년 대비 증가하였다.
② 이혼율이 증가한 해에는 이혼 건수도 증가하였다.
③ 인구 1,000명당 신생아 수는 2018년이 2022년보다 적다.
④ 이혼 건수가 가장 많이 증가한 해에 신생아 수는 가장 많이 감소하였다.

25 N은행의 A ~ D 4개 부서는 내일 있을 부서별 회의에서 필요한 사항을 충족하도록 회의실을 예약하고자 한다. 회의실 현황과 부서별 회의 정보가 다음과 같을 때, 부서별로 예약할 회의실을 바르게 짝지은 것은?

〈회의실 현황〉

구분	최대수용인원	화이트보드	빔 프로젝터	화상회의 시스템	이용가능시간
가	9명	×	○	×	09:00 ~ 16:00
나	6명	○	×	○	10:00 ~ 14:30
다	8명	○	×	×	10:00 ~ 17:00
라	8명	×	×	○	11:30 ~ 19:00
마	10명	×	○	×	08:30 ~ 12:00

〈부서별 회의 정보〉

- 각 부서는 서로 다른 회의실을 예약한다.
- A부서는 총 8명이며, 전원 회의에 참석할 예정이다. 빔 프로젝터를 이용할 예정이며, 오전과 오후로 세션을 나누어 동일한 회의실을 2시간씩 사용하고자 한다.
- B부서는 총 7명이며, 전원이 회의에 참석하여 오후 4시부터 2시간 동안 싱가폴 지부와 화상회의를 진행할 예정이다.
- C부서는 총 10명이며, 3명은 출장으로 인해 불참할 예정이다. 회의는 오전 11시부터 2시간 동안 진행될 예정이며, 회의 시 화이트보드를 사용하고자 한다.
- D부서는 총 4명이며, 전원이 회의에 참석하여 빔 프로젝터를 이용하여 오전 중 3시간 반 동안 신상품 사전협의 회의를 진행하고자 한다.

	부서	회의실			부서	회의실
①	A	마		②	B	가
③	C	나		④	C	다
⑤	D	라				

26 제시된 명제가 모두 참일 때, 다음 중 반드시 참인 것은?

- 클래식을 좋아하는 사람은 고전을 좋아한다.
- 사진을 좋아하는 사람은 운동을 좋아한다.
- 고전을 좋아하지 않는 사람은 운동을 좋아하지 않는다.

① 사진을 좋아하는 사람은 고전을 좋아한다.
② 클래식을 좋아하지 않는 사람은 운동을 좋아한다.
③ 고전을 좋아하는 사람은 운동을 좋아하지 않는다.
④ 운동을 좋아하는 사람은 클래식을 좋아하지 않는다.

27 A ~ G 7명은 주말 여행지를 고르기 위해 투표를 진행하였다. 〈조건〉에 따라 투표를 진행하였을 때, 다음 중 투표를 하지 않은 사람은?

조건
- D나 G 중 적어도 1명이 투표하지 않으면, F는 투표한다.
- F가 투표하면, E는 투표하지 않는다.
- B나 E 중 적어도 1명이 투표하지 않으면, A는 투표하지 않는다.
- A를 포함하여 투표한 사람은 모두 5명이다.

① B, E
② B, F
③ C, F
④ D, G

※ 다음 글을 읽고 이어지는 질문에 답하시오. [28~29]

채권은 어떤 사람이 다른 사람에게 특정 행위를 요구할 수 있는 권리이다. 이 특정 행위를 급부라고 하고, 특정 행위를 해야 할 의무를 채무라고 한다. 채무자가 채권을 가진 이에게 급부를 이행하면 채권에 대응하는 채무는 소멸한다. 급부는 재화나 서비스 제공인 경우가 많지만 그 외의 내용일 수도 있다.

민법상의 권리는 여러 가지가 있는데, 계약 없이 법률로 정해진 요건의 충족으로 발생하기도 하지만 대개 계약의 효력으로 발생한다. 계약이란 권리 발생 등에 관한 당사자의 합의로, 계약이 성립하면 합의 내용대로 권리 발생 등의 효력이 인정되는 것이 원칙이다. 당장 필요한 재화나 서비스는 그 제공을 급부로 하는 계약을 성립시켜 확보하면 되지만 미래에 필요할 수도 있는 재화나 서비스라면 계약을 성립시킬 수 있는 권리를 확보하는 것이 유리하다. 이를 위해 '예약'이 활용된다. 일상에서 예약이라고 할 때와 법적인 관점에서의 예약은 구별된다. ㉠ 기차 탑승을 위해 미리 돈을 지불하고 승차권을 구입하는 것을 '기차 승차권을 예약했다.'라고도 하지만, 이 경우는 예약에 해당하지 않는 계약이다. 법적으로 예약은 당사자들이 합의한 내용대로 권리가 발생하는 계약의 일종으로, 재화나 서비스 제공을 급부 내용으로 하는 다른 계약인 '본계약'을 성립시킬 수 있는 권리 발생을 목적으로 한다.

예약은 예약상 권리자가 가지는 권리의 법적 성질에 따라 두 가지 유형으로 나뉜다. 첫째는 채권을 발생시키는 예약이다. 이때 내용은 '예약상 권리자의 본계약 성립요구에 대해 상대방이 승낙하는 것'이다. 회사의 급식 업체 공모에 따라 여러 업체가 신청한 경우 그중 한 업체가 선정되었다고 회사에서 통지하면 예약이 성립한다. 이때 선정된 업체가 급식을 제공하고 대금을 받기로 하는 본계약체결을 요청하면 회사는 이에 응할 의무를 진다. 둘째는 예약 완결권을 발생시키는 예약이다. 이 경우 예약상 권리자가 본계약을 성립시키겠다는 의사를 표시하는 것만으로 본계약이 성립한다. 가족 행사를 위해 식당을 예약한 사람이 식당에 도착하여 예약 완결권을 행사하면 곧바로 본계약이 성립하므로 식사 제공이라는 급부에 대한 계약상의 채권이 발생한다.

예약에서 예약상의 급부나 본계약상의 급부가 이행되지 않는 문제가 생길 수 있는데, 예약의 유형에 따라 발생 문제의 양상이 다르다. 일반적으로 급부가 이행되지 않아 채권자에게 손해가 발생한 경우 채무자는 자신의 고의나 과실에서 비롯된 것이 아님을 증명하지 못하는 한 채무 불이행 책임을 진다. 이로 인해 채무의 내용이 바뀌는데, 원래의 급부의 내용이 무엇이든 채권자의 손해를 돈으로 물어야 하는 손해 배상 채무로 바뀐다.

만약 타인이 고의나 과실로 예약상 권리자가 가진 권리 실현을 방해했다면 예약상 권리자는 그에게도 책임을 물을 수 있다. 법률에 의하면 누구든 고의나 과실에 의해 타인에게 피해를 끼치는 행위를 하고 그 행위의 위법성이 인정되면 불법행위 책임이 성립하여 가해자는 피해자에게 손해를 돈으로 배상할 채무를 지기 때문이다. 다만 예약상 권리자에게 예약 상대방이나 방해자 중 누구라도 손해 배상을 하면 다른 한쪽의 배상 의무도 사라진다. 이는 급부 내용이 동일하기 때문이다.

28 다음 중 윗글을 읽고 이해한 내용으로 적절하지 않은 것은?

① 불법행위의 책임은 계약의 당사자 사이에 국한된다.
② 급부가 이행되면 채무자의 채권자에 대한 채무가 소멸된다.
③ 예약상 권리자는 본계약상 권리의 발생 여부를 결정할 수 있다.
④ 재화나 서비스 제공을 대상으로 하는 권리 외에 다른 형태의 권리도 존재한다.

29 다음 중 밑줄 친 ㉠에 대해 이해한 내용으로 가장 적절한 것은?

① 기차 탑승은 채권에 해당하고 돈을 지불하는 행위는 그 채권의 대상인 급부에 해당한다.
② 기차에 탑승하지 않는 것은 승차권 구입으로 발생한 채권에 대응하는 의무를 포기하는 것이다.
③ 기차 승차권을 미리 구입하는 것은 계약을 성립시키면서 채권의 행사 시점을 미래로 정해 두는 것이다.
④ 승차권 구입은 계약 없이 법률로 정해진 요건을 충족하여 서비스를 제공받을 권리를 발생시키는 행위이다.

30 다음 글의 제목으로 가장 적절한 것은?

> 시장경제는 국민 모두가 잘 살기 위한 목적을 달성하고자 수단으로써 선택한 나라 살림의 운영 방식이다. 그러나 최근에 재계, 정계 그리고 경제 관료 사이에 벌어지고 있는 시장경제에 대한 논쟁은 마치 시장경제 그 자체가 목적인 것처럼 왜곡되고 있다. 국민들이 잘 살기 위해서는 경제가 성장해야 한다. 그러나 경제가 성장했는데도 다수의 국민들이 잘 사는 결과를 가져오지 못하고 경제적 강자들의 기득권을 확대 생산하는 결과만을 가져온다면 국민들은 시장경제를 버리고 대안적 경제 체제를 찾을 것이다. 그렇기 때문에 시장경제를 유지하기 위해서는 성장과 분배의 균형이 중요하다.
> 시장경제는 경쟁을 통해서 효율성을 높이고 성장을 달성한다. 경쟁의 동기는 사적인 이익을 추구하는 인간의 이기적 속성에서 기인한다. 국민 각자는 모두가 함께 잘 살기 위해서가 아니라 내가 잘 살기 위해서 경쟁을 한다. 모두가 함께 잘 살기 위한 공동의 목적을 달성하고자 하는 수단으로 시장경제를 선택한 것이지만, 개개인은 이기적인 동기로 시장에 참여하는 것이다. 이와 같이 시장경제는 개인과 공동의 목적이 서로 상반되는 모순인 것이 그 본질이다. 그래서 시장경제가 제대로 운영되기 위해서는 국가의 소임이 중요하다.
> 시장경제에서 국가가 할 일은 크게 세 가지로 나누어 볼 수 있다. 첫째는 경쟁을 유도하는 시장 체제를 만드는 것이고, 둘째는 공정한 경쟁이 이루어지도록 시장 질서를 세우는 것이며, 셋째는 경쟁의 결과로 얻은 성과가 모두에게 공평하게 분배되도록 조정하는 것이다. 최근에 벌어지고 있는 시장경제의 논쟁은 국가의 세 가지 역할 중에서 논쟁의 주체들이 자신의 이해관계에 따라서 선택적으로 시장경제를 왜곡하고 있다. 경쟁에서 강자의 위치를 확보한 재벌들은 경쟁 촉진을 주장하면서 공정 경쟁이나 분배를 말하는 것은 반시장적이라고 매도한다. 정치권은 인기 영합의 수단으로, 일부 노동계는 이기적 동기로 분배를 주장하면서 분배의 전제가 되는 성장을 위해 필요한 경쟁을 훼손하는 모순된 주장을 한다. 경제 관료들은 자신의 권력을 강화하기 위한 부처의 이기적인 관점에서 경쟁촉진과 공정경쟁 사이를 갈팡질팡하고 있다. 그러면서도 분배에 대해서 말하는 것은 금기시한다. 모두가 자신들의 기득권을 위해서 선택적으로 왜곡하고 있다.
> 경쟁은 원천적으로 공정성을 보장하지 못한다. 서로 다른 능력이 주어진 천부적인 차이는 물론이고, 물려받는 재산과 환경의 차이로 인하여 출발선에서부터 불공정한 경쟁이 시작된다. 그럼에도 불구하고 경쟁은 창의력을 가지고 노력하는 사람에게 성공을 가져다주는 체제이다. 그래서 출발점이 다를지라도 노력과 능력에 따라 성공의 기회가 제공되도록 보장하는 차원에서 공정경쟁이 중요하다.
> 또한 경쟁은 분배의 공평성을 보장하지 못한다. 경쟁의 결과는 경쟁에 참여한 모든 사람의 노력의 결과로 이루어진 것이지, 승자만의 노력으로 이루어진 것은 아니다. 경쟁의 결과가 승자에 의해서 독점된다면 국민들은 경쟁의 참여를 거부할 수밖에 없다. 그래서 경쟁에 참여한 모두에게 공평한 분배가 이루어지는 것이 중요하다.

① 시장경제에서의 국가의 역할
② 시장경제에서의 개인 상호 간의 경쟁
③ 시장경제에서의 개인과 경쟁의 상호 관계
④ 시장경제에서의 경쟁의 양면성과 그 한계

31 다음 글에 대한 내용으로 적절하지 않은 것은?

유전자는 지구상의 모든 생물이 가지고 있는 것으로, 생물의 유전 형질을 결정하는 유전 정보의 기본 단위이다. 머리카락의 색, 키, 외모, 건강 등 생물의 모든 요소는 유전자에 담겨 있어 일종의 생물 설계도라고 불린다. 그런데 이 설계도에 작은 오류가 생긴다면 질병이 생기거나 신체 기능에 여러 문제가 발생할 수 있다. 대표적인 경우가 혈우병, 다운 증후군 등의 유전병이며, 통상적인 치료법으로는 완치하기 어려운 특징을 가진다. 그러나 최근에는 유전자 편집 기술을 통해 이러한 질병들을 고칠 수 있을 것으로 예상되어 의학·과학계에서 뜨거운 이슈로 떠오르고 있다.

유전자 가위라고도 불리는 유전자 편집 기술은 세포 속에 유전 정보를 담고 있는 DNA(디옥시리보핵산)에서 문제가 되는 부분을 핵산 분해 효소를 활용하여 제거한 뒤, 인공적으로 편집하여 더하거나 대체하는 유전자 조작 기술이다. 기존의 유전자 편집 기술은 특정한 염기서열을 선택적으로 식별하고, 그 부위의 DNA의 이중사슬을 절단하는 효소를 사용하는 제한효소법(ZFN, TALEN 등)을 사용하였다. 그러나 이는 DNA의 특정 부위를 절단하기 위해 각각의 표적 서열에 맞는 단백질(엔도뉴클레이즈)을 새로 설계하여 제작해야 하고 단백질을 직접 조작하는 방식으로 인해 적용할 수 있는 표적이 제한적이다. 또한 제작이 복잡하며 시간과 비용이 많이 드는 단점이 있다. 하지만 최근 새로운 유전자 가위 기술인 크리스퍼(CRISPR)가 개발되어 이러한 문제점이 상당 부분 해결됨에 따라 크리스퍼는 유전 공학의 혁명이라고 불리고 있다.

크리스퍼는 세균의 면역 시스템에서 착안한 유전자 편집 도구로 가이드 RNA(gRNA)와 Cas9 단백질을 활용한다. gRNA는 원하는 표적 DNA 서열을 정확히 인식하고 DNA를 자르는 효소인 Cas9을 이동시킨다. gRNA의 안내를 받아 이동한 Cas9 효소는 목표 위치의 DNA 이중사슬을 정확히 절단하고, 절단된 DNA는 세포의 복구 과정을 통해 유전자 삽입, 삭제, 변형을 할 수 있도록 한다. 기존에는 유전자를 자르기 위해 목표 위치에 맞는 효소가 일일이 필요했던 반면, 크리스퍼 방식은 변환이 쉬운 gRNA만 바꾸면 다양한 위치의 DNA를 정확히 자를 수 있을 뿐만 아니라 다양한 생물종의 DNA를 쉽게 편집할 수 있다.

이러한 유전자 편집 기술의 활용 범위는 매우 넓다. 대표적으로 유전병이 생기는 원인 유전자를 제거하고 정상 유전자로 고친다면 병의 원인을 없앨 수 있을 것이다. 농업 분야에서도 병충해에 강한 벼, 가뭄을 잘 견디는 옥수수, 영양소가 더 풍부한 토마토 등 무궁무진한 활용이 기대된다. 물론 유전자 편집 기술이 항상 긍정적인 결과만을 가져오지는 않는다. 원하는 부분을 고쳐도 예기치 않은 돌연변이가 생길 수 있으며, 사람의 유전자를 마음대로 바꾸는 것이 옳은 일인지에 대한 윤리적 정당성 문제도 있다. 과학자들은 기술을 안전하게 사용하기 위한 방법을 연구하고, 사회의 다양한 의견을 듣고 있다.

아직 해결해야 할 과제도 많지만, 유전자 편집 기술이 가져올 변화와 가능성은 무궁무진하다. 앞으로 이 기술이 인류의 삶과 건강에 어떤 영향을 미칠지 우리는 계속해서 관심을 가지고 지켜볼 필요가 있다.

① Cas9 효소는 DNA의 표적 이중사슬을 탐색하고 절단한다.
② 유전자 편집 기술은 활용 범위가 넓지만 돌연변이의 가능성이 있다.
③ 크리스퍼 방식으로 다수의 DNA 염기서열을 편집하려면 gRNA만 바꿔주면 된다.
④ 크리스퍼 방식은 기존의 유전자 가위 기술에 비해 유전자 편집 기술 적용 범위가 넓다.

32 다음 글의 빈칸에 들어갈 내용으로 가장 적절한 것을 〈보기〉에서 골라 순서대로 바르게 나열한 것은?

_____ 저축은 미래의 소비를 위해 현재의 소비를 억제하는 것을 의미하는데, 이때 그 대가로 주어지는 것이 이자이다. 하지만 저금리 상황에서는 현재의 소비를 포기하는 대가로 보상받는 비용인 이자가 적기 때문에 사람들은 저축을 신뢰하지 못한다.
화폐의 효용성과 합리적인 손익을 따져 본다면 저금리 시대의 저축률은 줄어드는 것이 당연하다. 물가 상승에 비해 금리가 낮을 때에는 시간이 경과할수록 화폐의 가치가 떨어지게 되어 저축으로부터 얻을 수 있는 실질적인 수익이 낮아지거나 오히려 손해를 입을 수 있기 때문이다. _____ 재작년에 3.4%였던 가계 저축률이 올해에는 6.1%로 상승한 것이다. 왜 그럴까? 사람들이 저축을 하는 데에는 단기적인 금전상의 이익 이외에 또 다른 요인이 작용할 수 있다. 살아가다 보면 예기치 않은 소득 감소나 질병 등으로 인해 갑자기 돈이 필요한 상황이 생길 수 있고, 이자율이 낮다고 해서 돈이 필요한 상황에 대비할 필요가 없어지는 것은 아니다. 이런 점에서 볼 때 금리가 낮음에도 불구하고 사람들이 저축을 하는 것은 장래에 닥칠 위험에 대비하기 위한 적극적인 의지의 반영인 것이다.
저금리 상황 속에서 저축을 하지 않는 것이 당장은 경제적인 이득을 얻는 것처럼 보일 수 있다. _____ 또한 고령화가 급격하게 진행되는 추세 속에서 노후 생활을 위한 소득 보장의 안전성을 저해하는 등 사회 전반의 불안감을 높일 수도 있다. 따라서 눈앞에 보이는 이익에만 치우쳐서 저축이 가지는 효용 가치를 단기적인 측면으로 한정하여 바라보아서는 안 된다.
우리의 의사 결정은 대개 미래가 불확실한 상황에서 이루어지며 우리가 직면하는 불확실성은 확률적으로도 파악하기 힘든 것이 대부분이다. 따라서 저축의 효용성은 단기적 이익보다 미래의 불확실성에 대비하기 위한 거시적 관점에서 그 중요성을 생각해야 한다.

보기
㉠ 그런데 한국은행이 발표한 최근 자료를 보면, 금리가 낮은 수준에 머물고 있을 때에도 저축률이 상승하였음을 알 수 있다.
㉡ 저금리가 유지되고 있는 사회에서는 저축에 대한 사람들의 인식이 상당히 회의적이다.
㉢ 하지만 이는 미래에 쓸 수 있는 경제 자원을 줄어들게 만들고 개인의 경제적 상황을 오히려 악화시킬 수도 있다.

① ㉠-㉡-㉢ ② ㉠-㉢-㉡
③ ㉡-㉠-㉢ ④ ㉡-㉢-㉠

33 M금고 K지점 직원 18명의 기존 평균 나이는 42세이다. K지점은 최근 신입사원 2명을 채용하여 평균 나이가 40세가 되었다. 신입사원 2명의 나이가 서로 2세 차이라면, 신입사원 중 더 어린 사람의 나이는?

① 21세
② 23세
③ 25세
④ 27세

34 M금고에서는 올해 고객만족도 조사를 통해 갑 ~ 병지점 세 곳 중 최고의 지점을 뽑으려고 한다. 인터넷 설문 응답자 5,500명 중 '잘 모르겠다.'를 제외한 응답자의 비율이 67%일 때, 갑지점을 택한 응답자의 수는?(단, 인원은 소수점 첫째 자리에서 반올림한다)

〈고객만족도 조사 현황〉

(단위 : %)

구분	갑지점	을지점	병지점	합계
응답률		23	45	100

※ 응답률은 '잘 모르겠다.'를 제외한 응답자 간의 비율임

① 1,119명
② 1,139명
③ 1,159명
④ 1,179명

35 제시된 명제가 모두 참일 때, 다음 중 반드시 참인 것은?

- 스포츠를 좋아하는 사람은 음악을 좋아한다.
- 그림을 좋아하는 사람은 독서를 좋아한다.
- 음악을 좋아하지 않는 사람은 독서를 좋아하지 않는다.

① 그림을 좋아하는 사람은 음악을 좋아한다.
② 음악을 좋아하는 사람은 독서를 좋아하지 않는다.
③ 스포츠를 좋아하지 않는 사람은 독서를 좋아한다.
④ 독서를 좋아하는 사람은 스포츠를 좋아하지 않는다.

36 민지, 아름, 진희, 희정, 세영은 함께 15시에 상영하는 영화를 예매하였고, 영화관에 도착하는 순서대로 각자 상영관에 입장하였다. 다음 대화에서 1명이 거짓을 말하고 있을 때, 가장 마지막으로 영화관에 도착한 사람은?(단, 5명 모두 다른 시간에 도착하였다)

- 민지 : 나는 마지막에 도착하지 않았어. 다음에 분명 누군가가 왔어.
- 아름 : 내가 가장 먼저 영화관에 도착했어. 진희의 말은 진실이야.
- 진희 : 나는 두 번째로 영화관에 도착했어.
- 희정 : 나는 세 번째로 도착했고, 진희는 내가 도착한 다음에야 왔어.
- 세영 : 나는 영화가 시작한 뒤에야 마지막으로 도착했어.

① 민지
② 아름
③ 희정
④ 세영

37 다음은 2025년 상반기 M사 승진자 선발 방식에 대한 자료이다. A ~ E주임 5명 중 1명을 승진시키고자 할 때, 승진할 직원은?

〈2025년 상반기 승진자 선발 방식〉

- 승진후보자 중 평가점수가 가장 높은 순서대로 승진한다.
- 평가점수는 100점 만점으로 평가한다. 단, 가점을 합산하여 100점을 초과할 수 있다.
- 평가점수는 분기실적(40점), 부서동화(30점), 성실고과(20점), 혁신기여점(10점) 항목별 점수의 총합에 연수에 따른 가점을 합산하여 산정한다.
- 각 연수 이수자에게는 다음 표에 따라 가점을 부여한다. 단, 1명의 승진후보자가 받을 수 있는 가점은 5점을 초과할 수 없다.
- 동점자가 발생한 경우, 분기실적 점수와 성실고과 점수의 합이 높은 직원을 우선한다.

〈연수별 가점〉

(단위 : 점)

구분	혁신선도	조직융화	자동화적응	대외협력
가점	2	1	4	3

〈승진후보자 항목별 평가점수〉

(단위 : 점)

구분	분기실적	부서동화	성실고과	혁신기여	이수한 연수
A주임	29	28	12	4	조직융화
B주임	32	29	12	5	혁신선도
C주임	35	21	14	3	자동화적응, 대외협력
D주임	28	24	18	3	-
E주임	30	23	16	7	자동화적응

① A주임
② B주임
③ D주임
④ E주임

※ 다음 글을 읽고 이어지는 질문에 답하시오. [38~39]

(가) 한국거래소 단일 체제로 운영되었던 국내 주식시장이 넥스트레이드의 출범에 따라 복수 거래 시장 체제로 바뀌게 되었다. 이는 자본시장 인프라 경쟁 체제 도입을 통한 시장 선진화와 투자자 효용증대를 위한 것으로, 업계 관계자들은 이를 두고 이전보다 거래비용과 처리속도, 주문방식, 거래시간 등 인프라 환경이 투자자에게 유리하게 바뀔 수 있을 것이라며 넥스트레이드의 출범에 대해 긍정적으로 보고 있다.

(나) 먼저 투자자의 시장 접근성과 거래편의성을 향상시키기 위한 정규시장 전후로 거래시간이 확대된다. 정규시장보다 1시간 일찍 개장하는 프리마켓(08:00 ~ 08:50)과 정규시장 폐장 후 경쟁접속매매 방식으로 거래되는 애프터마켓(15:40 ~ 20:00)이 도입되어 현행 거래소의 거래시간에서 5시간 30분 확대된 12시간 동안 거래가 가능해진 것이다. 이러한 애프터마켓의 도입으로 해외 투자자가 해당 국가의 낮 시간에 우리나라 주식을 거래할 수 있게 됨으로써 해외 투자자의 국내시장 접근성이 용이해져 야간 시장 유동성 증가도 기대되고 있다.

(다) 또한 넥스트레이드는 새로운 호가 유형인 '중간가호가(Mid Point Order)'와 '스톱지정가호가(Stop Limit Order)'를 제공하겠다고 밝혔다. 중간가호가란 최우선매수·매도호가의 중간 가격(산술평균 가격)으로 매매하고자 하는 주문을 말하며, 이를 통해 안정적이고 풍부한 유동성이 확보될 것으로 기대된다. 스톱지정가호가란 시장가격이 투자자가 사전에 설정한 가격(Stop Price)에 도달하는 경우 지정가호가로 매매하도록 전환되는 주문을 말한다. 다만, 두 호가 모두 넥스트레이드에서만 가능하며, 프리·애프터마켓 운영시간이 아닌 기존 정규시장에서만 사용이 가능하다.

(라) 이와 더불어 거래소 경쟁 체제로 인해 기존 대비 투자비용을 절감할 수 있을 것으로 기대된다. 넥스트레이드가 거래소 경쟁 체제 확립과 투자자 편익 향상을 위해 거래소보다 20 ~ 40% 낮은 수수료를 제공하겠다고 밝혔기 때문이다. 거래유형에 구분 없이 일률적으로 수수료를 부과하던 기존의 방식을 탈피하여 기존 호가 잔량을 이용하여 거래를 체결하는 '테이커(Taker)'에는 기존 거래소 대비 80% 수준인 0.00182%를 부과하고, 시장에 유동성을 공급하는 '메이커(Maker)'에게는 이보다 더 낮은 0.00134%의 수수료를 부과하는 등 투자자 친화적인 수수료방식으로 진행할 예정이다.

38 다음 중 윗글의 내용으로 가장 적절한 것은?

① 기존에는 국내 주식시장이 독점으로 운영되어 투자자들에게 불리했다.
② 애프터마켓의 도입 전에는 해외 투자자가 우리나라 주식을 거래할 수 없었다.
③ 중간가호가와 스톱지정가호가는 넥스트레이드에서만 할 수 있는 매매 주문이다.
④ 거래소 경쟁 체제의 도입으로 모든 거래소에서 거래유형에 따라 부과되는 수수료가 상이해졌다.

39 윗글에서 〈보기〉의 문장이 들어갈 위치로 가장 적절한 곳은?

보기
이에 대해 넥스트레이드 측은 "우리나라도 시간의 문제일 뿐, 언젠가는 24시간 주식거래체계를 갖추어야 국내 및 해외 투자자 니즈를 만족시키고, 글로벌 경쟁에서 뒤떨어지지 않을 것"이라고 덧붙였다.

① (가) 문단의 뒤
② (나) 문단의 뒤
③ (다) 문단의 뒤
④ (라) 문단의 뒤

※ 다음 글을 읽고 이어지는 질문에 답하시오. [40~41]

<전자상거래 등에서의 소비자보호에 관한 법률>

제13조(신원 및 거래조건에 대한 정보의 제공) 제6항
통신판매업자는 재화 등의 정기결제 대금이 증액되거나 재화 등이 무상으로 공급된 후 유료 정기결제로 전환되는 경우에는 그 증액 또는 전환이 이루어지기 전 대통령령으로 정하는 기간 내에 그 증액 또는 전환의 일시, 변동 전후의 가격 및 결제방법에 대하여 소비자의 동의를 받고, 증액 또는 전환을 취소하거나 해지하기 위한 조건·방법과 그 효과를 소비자에게 고지하여야 한다.

제21조의2(온라인 인터페이스 운영에 있어서 금지되는 행위) 제1항
전자상거래를 하는 사업자 또는 통신판매업자는 온라인 인터페이스(웹사이트 또는 모바일 앱 등의 소프트웨어로서 소비자와 사업자 사이의 매개체를 말한다)를 운영하는 경우 다음 각 호의 어느 하나에 해당하는 행위(다크 패턴)를 하여서는 아니 된다.
1. 사이버몰을 통하여 소비자에게 재화 등의 가격을 알리는 표시·광고의 첫 화면에서 소비자가 그 재화 등을 구매·이용하기 위하여 필수적으로 지급하여야 하는 총금액(재화 등의 가격 외에 재화 등의 제공을 위하여 필수적으로 수반되는 비용까지 포함한 것을 말한다) 중 일부 금액만을 표시·광고하는 방법으로 소비자를 유인하거나 소비자와 거래하는 행위. 다만, 총금액을 표시·광고할 수 없는 정당한 사유가 있고 그 사유를 총리령으로 정하는 바에 따라 소비자에게 알린 경우는 제외한다.
2. 재화 등의 구매·이용, 회원가입, 계약체결 등이 진행되는 중에 소비자에게 다른 재화 등의 구매·이용, 회원가입, 계약체결 등에 관한 청약의사가 있는지 여부를 묻는 선택항목을 제공하는 경우 소비자가 직접 청약의사 여부를 선택하기 전에 미리 청약의사가 있다는 표시를 하여 선택항목을 제공하는 방법으로 소비자의 다른 재화 등의 거래에 관한 청약을 유인하는 행위
3. 소비자에게 재화 등의 구매·이용, 회원가입, 계약체결 또는 구매취소, 회원탈퇴, 계약해지(이하 "구매 등"이라 한다)에 관한 선택항목을 제시하는 경우 그 선택항목들 사이에 크기·모양·색깔 등 시각적으로 현저한 차이를 두어 표시하는 행위로서 다음 각 목의 어느 하나에 해당하는 경우
   가. 소비자가 특정 항목만을 선택할 수 있는 것처럼 잘못 알게 할 우려가 있는 행위
   나. 소비자가 구매 등을 하기 위한 조건으로서 특정 항목을 반드시 선택하여야만 하는 것으로 잘못 알게 할 우려가 있는 행위
4. 정당한 사유 없이 다음 각 목의 어느 하나에 해당하는 방법으로 소비자의 구매취소, 회원탈퇴, 계약해지 등을 방해하는 행위
   가. 재화 등의 구매, 회원가입, 계약체결 등의 절차보다 그 취소, 탈퇴, 해지 등의 절차를 복잡하게 설계하는 방법
   나. 재화 등의 구매, 회원가입, 계약체결 등의 방법과는 다른 방법으로만 그 취소, 탈퇴, 해지 등을 할 수 있도록 제한하는 방법
5. 소비자가 이미 선택·결정한 내용에 관하여 그 선택·결정을 변경할 것을 팝업창 등을 통하여 반복적으로 요구하는 방법으로 소비자의 자유로운 의사결정을 방해하는 행위. 다만, 그 선택·결정의 변경을 요구할 때 소비자가 대통령령으로 정하는 기간 이상 동안 그러한 요구를 받지 아니하도록 선택할 수 있게 한 경우는 제외한다.

40 다음 중 윗글에 대한 설명으로 가장 적절한 것은?

① 통신판매업자는 일정 기간 무상으로 재화 등이 제공되었다가 기간 경과 후 유료 정기결제로 전환되어 결제가 이루어졌을 경우, 그 즉시 소비자에게 고지하여야 한다.
② 소비자가 특정 재화 등의 계약체결을 진행하는 도중 다른 재화 등에 대하여 추가 설명하며 이에 대한 청약 의사가 있는지를 묻는 등 추가 선택항목을 제공하고 이로 유인하는 행위를 하여서는 안 된다.
③ 회원가입과 재화 등의 구매는 모바일과 PC 모두 가능하지만, 탈퇴와 재화 등의 구매취소는 PC에서만 가능하도록 하는 것은 모두 위법사항이다.
④ 소비자가 이미 선택한 항목에 대해 다른 선택지로 변경하는 것이 더 유리하다고 광고하는 창은 소비자가 일정 기간 동안 해당 내용을 보지 않겠다고 선택할 수 있는 경우 반복적으로 제시할 수 있다.

41 윗글을 참고할 때, 다음 〈보기〉 중 다크 패턴에 해당하는 것을 모두 고르면?

<보기>
㉠ 소비자가 구매를 진행하는 최종 단계에서 부가가치세나 구매수수료 등을 고지하여 소비자가 예상하지 못했던 비용이 추가되는 경우
㉡ 소비자가 특정 제품을 구매하려고 할 때, 해당 제품과 함께 사용하면 좋을 제품들에 대한 추가 선택항목들을 자동적으로 선택하여 표시한 경우
㉢ 회원가입 클릭 버튼은 화면 상단에 크게 표시한 반면, 회원탈퇴는 복잡한 경로를 거쳐 찾기 힘들도록 표시한 경우
㉣ 소비자가 이미 선택을 마쳤음에도 불구하고 그 선택을 변경하도록 유인하는 일회성 팝업창을 띄워 유인하는 경우

① ㉠, ㉡
② ㉢, ㉣
③ ㉠, ㉡, ㉢
④ ㉠, ㉡, ㉢, ㉣

※ 다음은 I퇴직연금의 상품설명서이다. 이어지는 질문에 답하시오. [42~43]

⟨I퇴직연금⟩

- I퇴직연금은 65세 정년퇴직한 사람만 퇴직 후 연금을 수령할 수 있다(정년퇴직일은 65세가 된 해 마지막 날임).
- I퇴직연금은 가입일로부터 매월 소득의 10%를 납입하여야 하며, 정년퇴직 시 납입을 중단하고 매월 1,200,000원을 지급받는다.
- I퇴직연금 상품은 정년퇴직일에 일시금으로 받을 수 있는 옵션이 있는데, 이는 납입기간이 30년 이상이거나, 총 납입금액이 2억 원 이상인 경우에만 가능하다.
- I퇴직연금은 정년퇴직일 이후 공모펀드, ETF, 예금 중 하나에 실물이전이 가능하며, 실물이전 후 상품의 리스크에 따른 추정 수익률은 다음과 같다.

구분	추정 수익률
공모펀드	• 30% 확률로 이전금의 30% 상승 • 20% 확률로 이전금의 20% 상승 • 50% 확률로 이전금의 10% 하락
ETF	• 15% 확률로 이전금의 100% 상승 • 25% 확률로 이전금의 50% 상승 • 55% 확률로 이전금의 30% 하락 • 5% 확률로 이전금의 50% 하락
예금	• 100% 확률로 이전금의 5% 상승

※ 기대 수익률은 상품별 추정 수익률의 확률 가중 평균하여 백분율로 표시한 것임
- 실물이전은 퇴직연금 납입액의 50%를 이전할 수 있으며 단 1회만 할 수 있다.
- 실물이전을 통해 선택한 상품의 가입기간은 5년이며, 5년 만기 후 해당 상품에 특성에 따른 금액을 일시금으로 수령한다. 단, 이 기간 동안 연금액은 수령하지 못한다.
- 실물이전을 하지 않은 채 연금을 받다가 사망하여 퇴직연금 총 납입금이 수령액보다 많다면, 잔여 납입금을 일시불로 상속할 수 있다. 이 경우 상속세는 5%이다.

42 다음 중 I퇴직연금 상품에 대한 설명으로 옳지 않은 것은?

① I퇴직연금에서 실물이전할 경우, 기대 수익률이 가장 높은 상품은 공모펀드이다.
② I퇴직연금을 40세에 가입하고 월 소득이 800만 원일 때, 정년퇴직일에 일시금으로 수령할 수 있다.
③ 월 소득이 600만 원인 사람이 I퇴직연금에 20년간 가입 후 정년퇴직을 하여 10년간 연금을 수령하였다면, 납입금과 수령액은 동일하다.
④ I퇴직연금 납입금이 5천만 원이고 실물이전을 하지 않은 상태에서 30개월간 연금을 받다 사망한 경우, 상속 가능한 실제 금액은 1,330만 원이다.

43 다음은 A씨의 급여상황 및 노후대책 계획이다. A씨가 정년퇴직 후 얻을 수 있는 최대금액은?(단, 금액은 연금 수령액과 실물이전 투자 수익을 모두 반영한다)

- 26세에 취업한 A씨는 65세에 정년퇴직을 하며, 연봉은 5년 단위로 재협상한다. 재협상 시 A씨의 연봉은 600만 원씩 상승한다.
- A씨의 최초 월급은 200만 원이며 그 외 수입은 없다.
- A씨는 36세에 I퇴직연금 상품에 가입할 예정이며, 정년퇴직까지 I퇴직연금을 유지할 예정이다.
- A씨는 76세에 실물이전을 진행할 예정이다.
- A씨는 85세 끝까지 연금을 받을 예정이다.

① 2억 8,800만 원
② 2억 9,250만 원
③ 2억 9,412만 원
④ 3억 5,302만 원

※ 다음은 혁신바우처 사업에 대한 설명이다. 이어지는 질문에 답하시오. [44~45]

〈혁신바우처 사업〉

1. **사업 목적**
   최근 3년간 평균 매출액이 120억 원 이하인 제조 소기업을 대상으로 컨설팅, 기술지원, 마케팅 3가지 분야에서 분야당 최대 1개의 프로그램을 이용할 수 있도록 바우처 형태로 제공하는 사업

2. **지원 내용**
   최근 3년간 평균 매출액 규모에 따라서 정부 지원 비율을 최소 45%에서 최대 85% 범위 내에서 차등하여 적용(정부 지원금 최대 한도는 5천만 원)

구분	정부 지원 비율(%)	자기부담 비율(%)
3억 원 이하	85	15
3억 원 초과 10억 원 이하	75	25
10억 원 초과 50억 원 이하	65	35
50억 원 초과 120억 원 이하	45	55

3. **세부 내용**

구분	프로그램	지원 내용	한도(백만 원)
컨설팅	경영 기술전략	• 생산·품질관리, 기술사업화 전략, 노무, 인사, 조직, 세무, 재무, 회계, 경영전략, 구조개선 및 사업전환, 영업전략 • 노동법 대응(최저임금제, 근로시간 등)	15
	제조혁신 추진전략	• 스마트공장 진단 및 실용화, 활성화, 고도화를 위한 전략 수립	15
기술지원	시제품 제작	• 디자인 목업, 제품 형상 구현(샘플금형, 비금형, 정밀 미세가공, 섬유, 식품)	30
	시스템 및 시설구축	• 생산관리 정보화, 기술유출방지 시스템, 연구시설, 스마트공장 구축, 공정설계, 생산정보 디지털화 지원 등	20
	기술이전 및 지식재산권 획득	• 기술이전에 필요한 기술료 지원 지식재산권(IP) 획득 지원(분쟁대응 포함)	15
	제품 시험·인증	• 하드웨어(성능, 안전성, 신뢰성, 조달품 적합, 유해물질 분석, 자가품질검사), 소프트웨어(보안해킹, 웹/앱) • 제품 또는 품질 관련 국내인증 취득 등	15
마케팅	디자인 개선	• 제품 디자인, 포장 디자인 등	15
	브랜드 지원	• CI디자인개발, BI개발, 브랜드 스토리·슬로건 등	20
	홍보 지원	• 온라인(광고, 홍보영상, 홈페이지 등) 및 오프라인 매체(방송, 신문, 옥외광고, 홍보물 제작 등)를 활용한 제품홍보	20

4. **지원 제외 대상**
   • 금융기관으로부터 불량거래처로 규제 중이거나 국세 및 지방세 체납이 확인된 기업
   ※ 단, 신용회복위원회의 프리워크아웃, 개인워크아웃 제도에서 채무조정합의서를 체결한 경우, 법원의 개인회생 제도에서 변제계획인가를 받거나 파산면책 선고자, 회생인가를 받은 기업, 재기컨설팅 신청기업은 지원 가능
   • 그 외 개별 지원 프로그램에서 지원 제외 대상으로 열거한 기업
   • 신청 시 동 사업을 수행(바우처 잔액 보유) 중인 기업

44 다음 중 혁신바우처 사업에 대한 설명으로 옳지 않은 것은?

① 한 기업이 브랜드 지원 프로그램과 홍보 지원 프로그램을 동시에 이용하는 것은 제한된다.
② 경영 기술전략, 시제품 제작, 홍보 지원 프로그램을 이용하면 최대 6천 5백만 원까지 지원받을 수 있다.
③ 스마트공장화에 관심이 있는 제조 소기업은 제조혁신 추진전략과 시스템 및 시설구축 프로그램을 이용하는 것이 유리하다.
④ 최근 3년 평균 매출액이 4억 원인 제조 소기업에 지급된 혁신바우처 정부 지원금이 3천만 원이면 자가부담금은 1천만 원이다.

45 다음 중 혁신바우처 지원 제외 대상에 해당하지 않는 기업은?

① 주 업종은 소매업이나 제조업을 영위 중인 A기업
② 국세와 지방세의 체납은 없지만 공공요금의 체납이 확인된 B기업
③ 신용회복위원회의 프리워크아웃 제도를 통해 채권자와 채무를 조정 중인 C기업
④ 동 사업의 컨설팅 분야와 기술지원 분야에서 바우처를 지원받아 프로그램을 이용 중인 상태에서 마케팅 분야에서의 지원을 신청한 D기업

※ 다음은 I기업 직원의 5월 소득 및 지출에 대한 자료이다. 이어지는 질문에 답하시오(단, I기업의 직원은 제시된 6명뿐이다). [46~47]

〈I기업 직원의 5월 소득 관련 자료〉

구분	월 기본급	근속연수	근무지	비고
A사원	2,230천 원	2년	서울	-
B대리	2,750천 원	4년	경기	-
C대리	3,125천 원	5년	경기	장애 1급
D과장	3,500천 원	6년	인천	-
E차장	3,780천 원	10년	인천	-
F부장	4,200천 원	14년	세종	장애 5급

※ 월 급여 책정 원칙 : (월 기본급)+[근속급여(근속연수)×(100천 원)]+(직위 급여)+(근무지 급여)+(장애 급여)
• 직위 급여(천 원) : 사원(50), 대리(70), 과장(100), 차장(150), 부장(200)
• 근무지 급여(천 원) : 서울(0), 경기(30), 인천(50), 세종(100)
• 장애 급여(천 원) : 1급(250), 2급(200), 3급(150), 4급(100), 5급(50), 6급(30)

〈I기업 직원의 5월 지출 관련 자료〉

(단위 : 원)

구분	식비	주거비	통신비	세금	교육비	기타	합계
A사원	420,000	735,000	150,000	340,000	250,000	550,000	2,445,000
B대리	550,000	800,000	150,000	415,000	100,000	650,000	2,665,000
C대리	750,000	580,000	200,000	500,000	300,000	963,000	3,293,000
D과장	950,000	873,000	150,000	350,000	800,000	1,155,000	4,278,000
E차장	1,150,000	967,000	150,000	515,000	1,330,000	830,000	4,942,000
F부장	1,450,000	875,000	200,000	465,000	1,400,000	925,000	5,315,000

〈I기업 직원의 5월 기타 지출 항목 중 세부 자료〉

(단위 : 원)

| 구분 | 잡화비 | 여행비 | 금융상품 투자 | | 업무비 | 합계 |
			예금	적금		
A사원	100,000	150,000	100,000	100,000	100,000	550,000
B대리	100,000	250,000	150,000	100,000	50,000	650,000
C대리	203,000	260,000	200,000	200,000	100,000	963,000
D과장	200,000	800,000	50,000	100,000	5,000	1,155,000
E차장	230,000	200,000	100,000	200,000	100,000	830,000
F부장	105,000	100,000	500,000	200,000	20,000	925,000

46 다음 중 위 자료에 대한 설명으로 옳지 않은 것은?

① I기업 직원들의 5월 소득 평균은 450만 원 이상이다.
② I기업 직원들 중 5월 소득에서 5월 지출을 뺀 금액이 가장 많은 사람은 C대리이다.
③ I기업 직원들 중 근속연수가 가장 짧은 직원의 5월 소득과 5월 지출은 각각 250만 원 이하이다.
④ I기업 직원들의 5월 지출은 각각 200만 원 이상이며, 이들의 평균 5월 지출은 350만 원 이상이다.

47 다음 중 I기업 전체 직원의 금융상품 투자금액에서 각 직원이 차지하는 비율을 바르게 나타낸 그래프는?

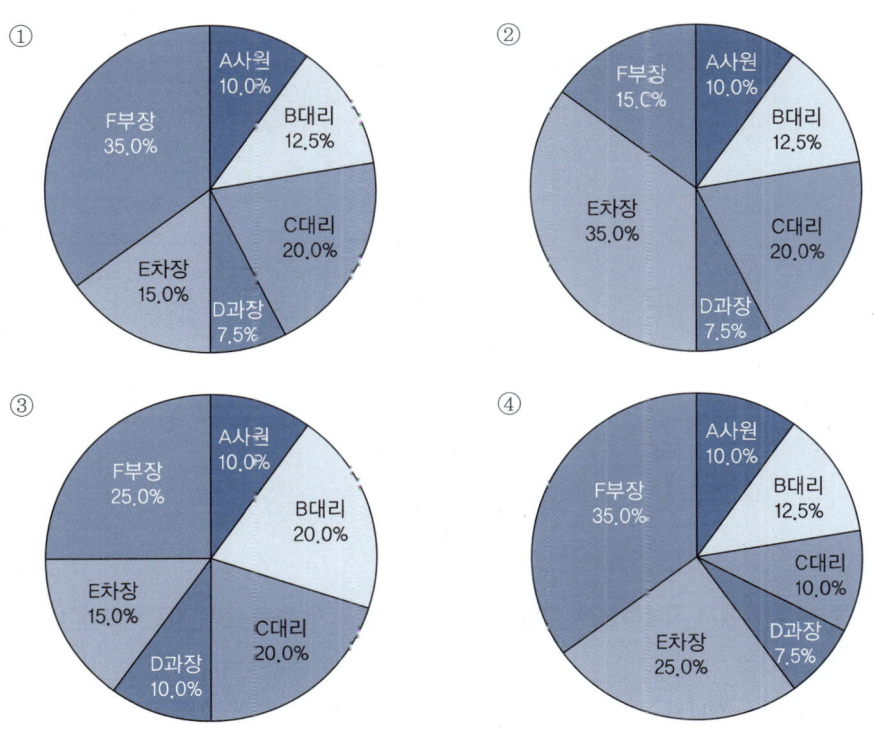

※ 다음은 2024년 세계 주요 국가의 경제 지표에 대한 자료이다. 이어지는 질문에 답하시오. **[48~49]**

<2024년 세계 주요 국가의 경제 지표>

구분	국민총소득 (억 USD)	국내총생산 (억 USD)	소비자물가 상승률(%)	경제성장률(%)	수출액 (억 USD)	수입액 (억 USD)
미국	110,000	175,000	3.5	6.3	98,000	88,000
캐나다	74,500	140,000	3.7	2.7	65,000	73,000
멕시코	42,000	48,000	14.7	−0.4	13,000	18,000
중국	135,000	151,000	5.2	3.1	99,000	73,500
러시아	74,000	73,000	17.1	−1.1	20,500	24,500
프랑스	72,400	97,600	6.3	2.1	60,700	12,400
영국	60,700	84,300	5.7	1.6	44,500	31,300
이집트	22,000	27,000	3.2	−1.2	13,000	5,000
호주	57,200	77,400	5.8	−1.3	45,200	18,000

※ [무역의존도(%)]=[(수출액)+(수입액)]÷(국내총생산)×100

| IBK기업은행

48 다음 중 위 자료에 대한 설명으로 옳지 않은 것은?(단, 제시된 국가 이외는 고려하지 않는다)

① 2024년 세계 주요 국가들은 모두 소비자물가가 상승하였다.
② 국내총생산이 세 번째로 높은 국가는 경제성장률 역시 세 번째로 높다.
③ 국민총소득 상위 3곳의 국내총생산 합은 나머지 국가들의 국내총생산 합보다 많다.
④ 수출액과 수입액의 차이가 세 번째로 큰 국가는 소비자물가 상승률이 5% 이하이다.

| IBK기업은행

49 다음 중 위 자료에서 국내총생산 상위 3곳을 무역의존도가 높은 순서대로 바르게 나열한 것은?

① 중국 – 캐나다 – 미국
② 중국 – 미국 – 캐나다
③ 미국 – 중국 – 캐나다
④ 미국 – 캐나다 – 중국

※ 다음은 I은행의 승진 규정과 대리 직급 승전 대상자의 평가 점수에 대한 자료이다. 이어지는 질문에 답하시오. [50~51]

〈I은행의 승진 규정〉

- 승진 대상자는 업무실적, 팀워크, 전문성, 성실성을 평가한다.
- 평가 항목별 점수는 100점을 만점으로 한다.
- 최종 평가 점수는 평가 항목별 점수에서 다음의 가중치를 반영하여 합산한다.

(단위 : %)

구분	업무실적	팀워크	전문성	성실성
가중치	40	15	25	20

- 최종 평가 점수가 동일할 경우, 업무실적과 전문성 점수의 평균이 더 높은 사람을 선정한다(단, 가중치는 반영하지 않는다).

〈대리 직급 승진 대상자 개별 평가 점수〉

(단위 : 점)

구분	업무실적	팀워크	전문성	성실성
A주임	60	90	84	98
B주임	70	86	84	96
C주임	91	76	96	53
D주임	84	92	76	80

| IBK기업은행

50 다음 중 I은행 승진 규정에 따라 대리로 진급하는 사람은?

① A주임 ② B주임
③ C주임 ④ D주임

| IBK기업은행

51 I은행은 특별 프로젝트를 진행하기 위해 제시된 승진 대상자들 중 1명을 대리로 진급시켜 팀장 직책을 부여하려 한다. 승진 규정을 다음과 같이 변경할 때, 팀장이 되는 사람은?

- 최종 평가 점수는 평가 항목별 점수에서 다음의 가중치를 반영하여 합산한다.

(단위 : %)

구분	업무실적	팀워크	전문성	성실성
가중치	15	30	40	15

- 최종 평가 점수가 동일할 경우, 팀워크와 전문성 점수의 평균이 더 높은 사람을 선정한다(단, 가중치는 반영하지 않는다).

① A주임 ② B주임
③ C주임 ④ D주임

※ 다음은 IBK 부모급여우대적금의 상품설명서이다. 이어지는 질문에 답하시오. [52~53]

〈IBK 부모급여우대적금〉

구분	세부내용
가입대상	• 실명의 개인(단, 개인사업자 및 외국인 비거주자 제외) • 1인 1계좌
상품유형	• 정기적금(자유적립식)
가입방법	• 신규 및 해지 : 영업점, 비대면 채널(i_ONE Bank)
가입금액	• 최소 1만 원 이상, 월 50만 원 이내(만 원 단위)
계약기간	• 1년제
이자지급시기	• 만기일시지급식(만기 또는 중도해지 요청 시 이자를 지급)
기본이자율	• 연 2.5%
우대이자율	• 최고 연 4.0%p(계약기간 동안 아래 조건을 충족하고, 만기해지 시 우대이자율 제공) ① 부모급여나 아동수당을 6개월 이상 입금받는 경우 : 연 2.0%p 　(부모 또는 자녀 명의 당행 입출금식 통장으로 입금 시) ② 주택청약종합저축 신규 가입 후 만기시점까지 보유한 경우 : 연 1.0%p 　(부모 또는 자녀 명의 가입 시) ③ 한부모가족 지원대상자 : 연 1.0%p 　(부모 또는 자녀 명의 한부모가족 증명서를 제출한 경우) • 가족 실적합산 | 구분 | 내용 | | --- | --- | | 가족등록 | • 적금 가입자 기준으로 가족(1명)을 등록할 수 있으며, 부모 – 자녀 관계만 1 : 1로 등록 가능 • 등록하는 가족 1명은 IBK 부모급여우대적금 가입 필수 아님 • 등록방법 : 가족관계 확인서류를 지참하여 영업점 방문 | | 실적합산 | • 가족등록 후 계약기간 중 충족된 실적은 합산하여 우대이자율 제공 (적금 가입과 우대조건을 충족한 고객의 명의가 달라도 합산하여 실적 인정) |
만기 후 이자율	• 만기 시점 이후 예치된 기간에만 적용 – 만기 후 1개월 이내 : (기본이자율)×50% – 만기 후 1개월 초과 6개월 이내 : (기본이자율)×30% – 만기 후 6개월 초과 : (기본이자율)×20%
중도해지이자율	• 납입기간 경과 비율[(경과일수)÷(계약일수)×100]에 따라 차등 적용 – 납입기간 경과비율 10% 미만 : (기본이자율)×5% – 납입기간 경과비율 10% 이상 20% 미만 : (기본이자율)×10% – 납입기간 경과비율 20% 이상 40% 미만 : (기본이자율)×20% – 납입기간 경과비율 40% 이상 60% 미만 : (기본이자율)×40% – 납입기간 경과비율 60% 이상 80% 미만 : (기본이자율)×60% – 납입기간 경과비율 80% 이상 : (기본이자율)×80% • 중도해지이자율의 최저 이자율은 연 0.1%
계약해지방법	• 영업점 및 비대면 채널(i_ONE Bank)을 통해 해지 가능 • 만기자동해지 서비스 신청 가능

52 다음은 행원과 고객의 상담 내용이다. 고객의 문의에 대한 행원의 답변으로 옳지 않은 것은?

> 행원 : 안녕하세요. IBK 예금몰 상담원 ○○○입니다. 무엇을 도와드릴까요?
> 고객 : 안녕하세요. 제가 지인으로부터 IBK기업은행 적금 중 아동수당 관련하여 우대금리를 받을 수 있다고 추천을 받았는데 문의사항이 있어서 전화 드렸습니다.
> 행원 : 네, 고객님. 혹시 IBK 부모급여우대적금 말씀하시는 걸까요?
> 고객 : 네, 맞아요. 해당 상품에 가입하기 위한 특별한 조건이 있을까요?
> 행원 : ① 네, 고객님. IBK 부모급여우대적금 상품의 경우 부모와 자녀 간 실적을 공유하여 부모급여나 아동수당을 수급하는 분들에 한해 가입이 가능한 자유적립식 적금상품입니다.
> 고객 : 부모와 자녀 간 실적을 공유한다는 것은 무슨 의미인가요?
> 행원 : ② 부모와 자녀 간 가족등록이 된 경우 적금 가입을 하신 분 이외에 등록된 부모님이나 자녀분이 우대이자율 조건을 충족하시면 적금 가입을 하신 분의 실적으로 합산되는 것을 의미합니다.
> 고객 : 그러면 만약 제가 부모우대적금에 가입을 하고, 제 딸의 명의로 된 IBK기업은행 통장에 아동수당이 6개월 이상 지급된다면 제가 가입한 적금에서 해당 우대이자율을 받을 수 있는 건가요?
> 행원 : ③ 네, 그렇습니다. 이러한 가족 실적합산을 적용받으시기 위해서는 반드시 가족등록이 필요하며, 가족관계 확인서류를 지참하여 영업점을 방문해 주셔야 합니다.
> 고객 : 감사합니다. 한 가지 더 궁금한 것이 있는데, 혹시 해당 적금에는 얼마나 많이 입금할 수 있나요?
> 행원 : ④ IBK 부모급여우대적금의 경우 1년제 상품입니다. 월마다 최대 50만 원씩 입금하실 수 있으므로 최대 입금액은 600만 원입니다.
> 고객 : 감사합니다. 조만간 관련 서류 챙겨서 영업점 방문하도록 하겠습니다.
> 행원 : 네, 감사합니다. 고객님의 방문을 기다리도록 하겠습니다. IBK 예금몰 상담원 ○○○이었습니다.

53 다음과 같은 상황에서 A고객이 받을 수 있는 최고 이자율은?

> 6살 아들이 있는 내국인 A고객은 IBK기업은행 영업점에 방문하여 자신의 명의로 IBK 부모급여우대적금에 가입하였으며 동시에 자신의 아들과 가족등록을 완료하였다. 가입 당시 A고객의 아들은 IBK기업은행의 통장에 8개월 동안 아동수당을 받고 있었으며, 아들의 명의로 주택청약종합저축을 가입하여 계속 유지하였다. A고객은 적금에 매월 10만 원씩 입금하였고 9개월 동안 유지하다가 중도해지하였다.

① 연 0.1% ② 연 1.5%
③ 연 2.0% ④ 연 3.3%

※ 다음은 신한은행 상품인 1982 전설의 적금의 상품설명서이다. 이어지는 질문에 답하시오. [54~55]

⟨1982 전설의 적금⟩

구분	세부내용
가입대상	• 실명의 개인 및 개인사업자(1인 1계좌)
예금과목	• 정기적금
상품유형	• 자유적립식
계약기간	• 12개월
가입금액	• 1원 이상 30만 원 이하
저축한도	• 월 30만 원 이하
가입방법	• 신한 SOL뱅크(스마트폰 애플리케이션), 영업점
한도	• 30만 좌(3차에 걸쳐 10만 좌씩 판매)
기본금리	• 연 3.0%

우대금리	• 다음의 우대요건 충족 시 최고 연 4.7%p 우대금리 적용

구분	우대요건	적용금리
카드 우대	다음 각 요건을 충족하는 경우 높은 금리 우선 적용(중복 적용 불가) 1) 해당 상품 신규 가입 후 본인 명의 신한은행 입출금통장을 결제계좌로 하여 신한카드(신용/체크) 결제 실적이 6개월 이상인 경우 : 연 3.5%p 2) 신한카드(신용) 최초 가입 고객, 탈회 후 3개월 경과 고객, 유효기간 만료 고객이 해당 상품 가입 후 신한카드(신용)에 가입하고, 본인 명의 신한은행 입출금통장을 결제계좌로 하여 결제 실적이 3개월 이상인 경우 : 연 4.2%p	최고 연 4.2%p
쏠야구 우대	만기 전전영업일까지 쏠야구 [응원 팀 설정]을 완료한 경우 ※ 신한 SOL뱅크 → 전체메뉴 → 혜택 → 쏠야구 → 응원 팀 설정 → My팀 설정	연 0.5%p

※ 계약기간 만기 전 중도해지한 계좌에 대해서는 우대금리 미적용

중도해지금리	• 1개월 미만 : 연 0.10% • 1개월 이상 : (기본금리)×[1−(차감률)]×(경과월수)÷(계약월수) (단, 연 0.10% 미만으로 산출될 경우 연 0.10% 적용)

구분	1개월 이상	3개월 이상	6개월 이상	9개월 이상	11개월 이상
차감률	80%	70%	30%	20%	10%

만기 후 금리	• 만기 후 1개월 이내 : 만기일 당시의 가입기간에 해당하는 일반정기적금 연 이자율의 1/2(단, 최저금리 연 0.10%) • 만기 후 1개월 초과 6개월 이내 : 만기일 당시의 가입기간에 해당하는 일반정기적금 연 이자율의 1/4(단, 최저금리 연 0.10%) • 만기 후 6개월 초과 : 연 0.10%
원금 또는 이자 지급 방법	• 만기일시지급식 : 만기 또는 중도해지 요청 시 이자 지급
계약해지 방법	• 영업점 및 신한은행 비대면채널(모바일, 인터넷뱅킹)에서 해지 가능 • 만기자동해지 서비스 이용 가능
예금자보호여부	• 예금자보호법에 따라 원금과 소정의 이자를 합하여 1인당 "5천만 원까지" 보호

54 다음은 금융상품 담당 행원과 고객 간의 상담 내용이다. 행원의 답변 중 옳지 않은 것은?

> 행원 : 안녕하세요. 신한은행 예금 담당 상담원 ○○○입니다. 무엇을 도와드릴까요?
> 고객 : 안녕하세요. 최근에 야구 관련해서 높은 금리를 받을 수 있는 적금이 있다고 들었는데 상담을 받고 싶어서요. 혹시 따로 가입 요건이 있을까요?
> 행원 : 네, 최근 신한은행 창립 43주년을 맞아 1982 전설의 적금을 고객님들께 제공해 드리고 있으며, ① 별도의 가입 요건 없이 1인 1계좌 개설이 가능하십니다. ② 다만, 판매 수량이 한정되어 있어 가입하시는 고객분들이 많을 경우 가입이 불가능하실 수 있습니다.
> 고객 : 해당 상품에 넣을 수 있는 최대 원금과 금리는 어떻게 되나요?
> 행원 : ③ 1982 전설의 적금은 12개월 상품으로 최대 360만 원까지 불입하실 수 있고, ④ 여러 우대금리를 적용받을 시 최대 연 7.7%까지 제공해 드리고 있습니다.
> 고객 : 알겠습니다. 혹시, 방문 가입도 가능한가요?
> 행원 : ⑤ 네, 영업점 방문을 통해서도 가능합니다만, 최대 우대금리를 받기 위해서는 스마트폰 애플리케이션이 필요하므로 신한 SOL뱅크 애플리케이션으로 가입 신청을 하셔야 합니다.
> 고객 : 그러면 스마트폰 애플리케이션을 통해서 가입하도록 하겠습니다. 감사합니다.
> 행원 : 네, 상담원 ○○○이었습니다. 감사합니다.

55 다음 제시된 상황에 따를 때, 가장 높은 우대금리를 받는 고객은?(단, 고객들의 카드는 모두 본인명의이며, 신한은행 입출금통장을 결제계좌로 한다)

〈1982 전설의 적금 만기 시점 고객 상황〉

구분	적금 관련 사항
A고객	• 신한 SOL뱅크 사용내역 없음 • 적금 신청 후 기존 신한은행 체크카드 5개월 결제 실적 보유
B고객	• 적금 가입 시 신용카드를 신규 가입하여 4개월 결제 실적 보유 • 적금 가입 이후 기존 신한은행 체크카드 6개월 결제 실적 보유 • 신한 SOL뱅크를 통해 응원 팀을 설정하지 않음
C고객	• 적금 신청 후 신한은행 체크카드를 최초로 가입하여 4개월 결제 실적 보유 • 신한 SOL뱅크를 통해 응원 팀 설정 완료
D고객	• 적금 가입 시 신한은행 체크카드를 신규 가입하여 8개월 결제 실적 보유 • 신한 SOL뱅크를 통해 응원 팀 설정 완료
E고객	• 적금 가입 이후 기존 신한은행 신용카드 6개월 결제 실적 보유 • 신한 SOL뱅크를 통해 응원 팀 설정 완료 • 11개월 차에 중도해지

① A고객
② B고객
③ C고객
④ D고객
⑤ E고객

| 신한은행

56 다음 글의 제목으로 가장 적절한 것은?

> DID(Decentralized IDentity, 탈중앙화 신원증명) 기술의 적용으로 모바일 주민등록증의 발급이 가능해질 것으로 보인다. 모바일 주민등록증이란 기존 주민등록증과 동일한 법적 효력을 가진 신분증으로, 개인 스마트폰에 저장해 공공기관, 금융기관, 병원 등에 사용할 수 있음은 물론 최소한의 정보만 공유할 수 있어 과도한 개인정보 노출을 막아 개인정보 유출이나 부정사용을 방지하는 기능도 가지고 있다. 예를 들어 주민등록번호 앞자리만 공개한다거나 주소지를 가릴 수 있게 된 것이 이에 해당한다.
> 이는 DID 기술이 블록체인의 DLT(Distributed Ledger Technology, 분산원장기술)를 이용하기 때문이다. DLT는 데이터를 암호화해 블록에 저장한 후 이들을 연결해 다음 네트워크에 연결된 저장소에 각각 저장하는 기술로, 만일 일부 저장소가 해킹당했다 하더라도 다른 저장소를 통해 데이터의 사실 여부를 확인할 수 있어 데이터의 위변조를 방지하는 기능을 한다. 이러한 암호화 및 분산 저장이 기존 방식과의 차이점인데, 이전에는 정부나 기업이 중앙 서버를 통해 데이터를 저장하고 관리했기 때문에 개인정보 유출이나 도용의 위험성이 있었기 때문이다.

① DID 기술의 도입, 모바일 신분 확인이 가능해지다.
② DID 기술의 도입, 데이터의 분산 저장이 가능해지다.
③ DID 기술의 도입, 기존 신분증의 문제점을 해결하다.
④ DID 기술의 도입, 개인정보의 선택적 제공이 가능해지다.
⑤ DID 기술의 도입, 신원 증명의 편의성과 보안성을 갖추게 되다.

| 신한은행

57 다음은 주요국 환율 정보이다. 이를 바탕으로 가장 많은 여행 경비를 지출한 사람은?

〈주요국 환율 정보〉

(단위 : 원)

구분	미국(USD)	유럽(EUR)	중국(CNY)	영국(GBP)	호주(AUD)	태국(THB)
환율	1,400	1,550	200	1,850	900	40

※ 단, 올해 환율은 고정환율로 1년 동안 변동하지 않은 것으로 가정함

〈올해 여행 경비〉

- A : 난 올해 여행에서 300 USD와 4,000 CNY, 80,000원을 썼어.
- B : 난 올해 여행에서 250 EUR와 500 GBP를 썼어.
- C : 난 올해 여행에서 100 USD와 500 AUD, 15,000 THB와 100,000원을 썼어.
- D : 난 올해 여행에서 350 EUR와 1,800 CNY, 450 AUD를 썼어.
- E : 난 올해 여행에서 150 USD와 100 CNY, 400 GBP, 2,000 THB와 200,000원을 썼어.

① A
② B
③ C
④ D
⑤ E

58 S은행은 조직을 개편함에 따라 기획 1 ~ 8팀의 사무실 위치를 변경하려 한다. 〈조건〉에 따라 변경한다고 할 때, 다음 중 변경된 사무실 위치에 대한 설명으로 옳은 것은?

창고	입구	계단
1호실		5호실
2호실	복도	6호실
3호실		7호실
4호실		8호실

조건
- 외근이 잦은 1팀과 7팀은 입구와 가장 가깝게 위치한다(단, 입구에서 가장 가까운 쪽은 1호실과 5호실 두 곳이다).
- 2팀과 5팀은 업무 특성상 복도를 끼지 않고 같은 라인에 인접해 나란히 위치한다.
- 3팀은 팀명과 동일한 호실에 위치한다.
- 8팀은 입구에서 가장 먼 쪽에 위치하며, 복도 맞은편에는 2팀이 위치한다(단, 입구에서 가장 먼 쪽은 4호실과 8호실 두 곳이다).
- 4팀은 1팀과 5팀 사이에 위치한다.

① 기획 1팀의 사무실은 창고 뒤에 위치한다.
② 기획 3팀은 기획 5팀과 양옆에 나란히 위치한다.
③ 기획 2팀은 입구와 멀리 떨어진 4호실에 위치한다.
④ 기획 7팀과 기획 8팀은 계단 쪽의 라인에 위치한다.
⑤ 기획 4팀과 기획 6팀은 복도를 사이에 두고 마주한다.

59 다음 글의 내용으로 가장 적절한 것은?

> 탄소배출권이란 국가의 온실가스 배출량을 줄이기 위해 온실가스 배출량이 많은 기업이나 기관에 배출 허용 총량만큼 탄소배출권을 부여하는 제도이다. 만일 이를 초과하는 양의 온실가스 배출이 필요하거나, 여러 이유로 온실가스 배출량이 감소해 배출권이 남았을 경우 시장을 통해 거래할 수 있다.
> 최근 국제 유가가 상승함에 따라 탄소배출권의 가격도 함께 상승해 탄소배출권 관련 상장지수펀드가 상승세를 보이고 있다. 현재 개인이 탄소배출권을 직접 거래할 수 없으므로 이와 관련하여 주식처럼 거래가 가능하도록 증권 시장에서 상장한 탄소배출권 ETF를 통한 간접적인 투자가 이루어지기 때문이다.
> 특히 탄소배출권 ETF 상품은 이스라엘과 이란의 충돌이 커질수록 주목받고 있는데, 그 이유는 기업들이 유가가 급등하면 이에 대한 대체재로 석탄 등을 찾기 때문이다. 석탄 사용량이 증가하면 자연히 온실가스 배출량도 증가하고, 이는 탄소배출권 수요로 이어진다.

① 유가가 상승하게 되면 석탄 가격이 하락할 것이다.
② 이스라엘과 이란의 충돌이 발생하면 석탄의 공급량이 증가할 것이다.
③ 이스라엘과 이란의 충돌이 발생하면 석유의 수요량이 감소할 것이다.
④ 개인의 탄소배출권 거래가 허용된다면 탄소배출권 ETF를 통한 투자는 감소할 것이다.
⑤ 기업 간 탄소배출권 거래가 활발해진다면 탄소배출권 ETF를 통한 투자는 감소할 것이다.

60 다음 글의 내용으로 적절하지 않은 것을 〈보기〉에서 모두 고르면?

> 기후변화, 사회 불평등, 자원 고갈 등 전 지구적 위기가 심화되면서 전통적인 이윤 중심의 경영 방식만으로는 지속 가능한 성장을 기대하기 어려운 시대가 되었다. 이에 따라 기업과 정부, 시민사회는 모두 지속 가능성을 핵심 가치로 삼고 있으며, 이러한 변화의 흐름 속에서 ESG(Environmental – Social – Governance, 환경 – 사회 – 지배구조)와 SDG(Sustainable Development Goals, 지속 가능 발전목표)는 사회적 책임과 지속 가능한 발전을 위한 필수 기준으로 부상하고 있다. 특히 소비자와 투자자들도 환경과 윤리·사회적 가치를 고려하는 경영을 중시하게 되면서 이를 실현하는 ESG 및 SDG 경영이 기업의 새로운 경쟁력이 되고 있다.
> ESG란 기업이 환경 보호와 사회적 책임을 다하며 기업의 지배구조를 투명하게 경영해 지속 가능한 성장과 발전을 추구하는 경영 형태를 말한다. 이에 대해 구체적으로 살펴보면 ESG의 E는 탄소배출량, 에너지소비, 자원사용, 폐기물처리, 생물다양성 등에 환경적 책임을 가지고 보호하는 것을, S는 노동자의 권리, 고용 안정성, 사회적 다양성, 공정한 임금, 고객안전, 고객서비스, 지역사회 등에 사회적 책임을 가지고 행동하는 것을 말한다. 마지막으로 G는 기업이 신뢰성과 투명성을 높이기 위해 윤리경영과 투명경영을 추구하는 것을 말한다.
> SDG란 지속 가능한 발전을 이루기 위해 유엔이 제정한 17개의 목표이다. 이는 기업을 포함해 정부, 비영리단체, 시민 모두가 추구해야 할 목표이며, SDG 경영이란 이를 2030년까지 달성하는 것을 목표하는 경영 형태를 말한다. SDG의 17개의 목표는 환경, 사회, 경제의 균형적인 발전을 통한 지속 가능한 사회와 경제를 만드는 데 있으며, 구체적으로 살펴보면 SDG에는 빈곤퇴치, 기아종식, 건강과 웰빙, 양질의 교육, 성평등, 깨끗한 물과 위생, 모두를 위한 깨끗한 에너지, 양질의 일자리와 경제성장, 산업 혁신 사회기반 시설, 불평등 감소, 지속 가능한 도시와 공동체, 지속 가능한 생산과 소비, 기후변화와 대응, 해양생태계 보존, 육상생태계 보호, 정의·평화·효과적인 제도, 지구촌 협력이 있다.

보기

㉠ ESG가 기업의 환경, 사회적 책임과 지배구조의 개선을 통한 지속 가능한 발전을 추구한다면, SDG란 국가가 기업 및 기관을 대상으로 동기부여를 제공해 지속 가능한 발전을 추구한다.
㉡ ESG와 SDG는 서로 상충하는 것이 아닌 상호보완적인 목표를 제시하고 평가해 기업이 지속 가능한 발전을 이룰 수 있도록 하는 역할을 수행한다.
㉢ 기업이 ESG 경영의 일환으로 탄소배출을 줄이고 친환경적인 기술을 사용하는 등 환경 보호를 위해 노력하는 것은 SDG 목표 중 기후변화와 대응에 기여하는 것이다.
㉣ 기업은 ESG 경영과 SDG 목표를 실천한다면 소비자와 투자자로부터 신뢰를 받을 수 있는 기회가 될 것이다.

① ㉠
② ㉠, ㉡
③ ㉡, ㉢
④ ㉢, ㉣
⑤ ㉠, ㉢, ㉣

CHAPTER 02 | 2024년 주요 금융권 NCS 기출복원문제

정답 및 해설 p.086

| 하나은행

01 다음 글의 주제로 가장 적절한 것은?

> 하이일드 채권은 신용 등급이 낮은 기업이 발행한 고위험·고수익 채권이다. 일반적으로 S&P나 무디스의 평가 기준으로 BB 이하의 등급을 받은 기업이 발행한다. 이러한 채권은 높은 위험성을 가지므로 일반 채권보다 높은 수익률을 제공하며, 보통 6 ~ 10%의 이자 수익을 기대할 수 있다.
> 하이일드 채권에 투자할 때는 여러 위험 요소를 고려해야 한다. 첫째, 발행 기업의 부도 위험이 가장 크다. 하이일드 채권을 발행한 기업들의 부도율이 높아지면 펀드 수익률이 하락할 수 있다. 둘째, 금리 변동 위험이 있다. 미국의 금리 인상 우려가 커지면 하이일드 채권 시장이 민감하게 반응하며 자금 유출이 발생할 수 있다. 셋째, 글로벌 하이일드 채권에 투자할 경우 환율 변동에 따른 환리스크에 노출될 수 있다.
> 이러한 위험을 관리하기 위해서는 단기 하이일드 채권 중심으로 투자하는 것이 좋다. 단기 채권은 금리 상승에 따른 가격 하락 우려가 상대적으로 작아 이자 수익을 안정적으로 추구할 수 있다. 또한 글로벌 분산 투자를 통해 특정 국가나 지역의 위험을 줄일 수 있는데, 예를 들어 미국 하이일드 채권뿐만 아니라 유럽이나 신흥국의 하이일드 채권에도 투자하는 등 리스크를 분산시킬 수 있다.
> 투자 포트폴리오의 정기적인 조정도 중요하다. 시장 상황과 개별 기업의 신용도 변화를 주시하며 필요에 따라 포트폴리오를 재조정해야 한다. 경기가 좋을 때는 하이일드 채권의 가격이 오르는 경향이 있지만, 경기가 나빠지면 가격이 떨어질 수 있다.
> 하이일드 채권 투자 시 기대수익률 설정도 중요하다. 미국의 금리 인상 이슈가 지속될 경우, 하이일드 채권의 금리 상승 흐름도 이어질 가능성이 높다. 따라서 단기 하이일드 채권의 금리 수준을 소폭 하회하는 3 ~ 4% 정도의 기대수익률을 설정하는 것이 적절할 수 있다.
> 마지막으로, 하이일드 채권 투자는 전체 투자 포트폴리오의 일부로 고려해야 한다. 고위험 고수익 상품인 만큼 투자자의 위험 감수 능력과 투자 목표에 맞게 적절한 비중으로 투자해야 한다. 경제 상황과 시장 동향을 지속적으로 모니터링하며 필요에 따라 투자 전략을 조정하는 것이 중요하다.

① 하이일드 채권의 세제 혜택
② 하이일드 채권의 투자 매력도
③ 하이일드 채권의 정의와 차이점
④ 하이일드 채권의 리스크 및 관리 방법

02 다음 글의 표제와 부제로 가장 적절한 것은?

> 검무는 칼을 들고 춘다고 해서 '칼춤'이라고 부르기도 하며, '황창랑무(黃倡郞舞)'라고도 한다. 검무의 역사적 기록은 『동경잡기(東京雜記)』의 「풍속조(風俗條)」에 나타난다. 신라의 소년 황창랑은 나라를 위하여 백제 왕궁에 들어가 왕 앞에서 칼춤을 추다 왕을 죽이고 자신도 잡혀서 죽는다. 신라 사람들이 이러한 그의 충절을 추모하여 그의 모습을 본뜬 가면을 만들어 쓰고 그가 추던 춤을 따라 춘 것에서 검무가 시작되었다고 한다. 이처럼 민간에서 시작된 검무는 고려 시대를 거쳐 조선 시대로 이어지며 궁중으로까지 전해진다. 이때 가면이 사라지는 형식적 변화가 함께 일어난다.
> 조선 시대 민간의 검무는 기생을 중심으로 전승되었으며 재인들과 광대들의 판놀이로까지 이어졌다. 조선 후기에는 각 지방까지 전파되었는데, 진주검무와 통영검무가 그 대표적인 예이다. 한편 궁중의 검무는 주로 궁중의 연회 때에 추는 춤으로 전해졌으며 후기에 정착된 순조 때의 형식이 중요무형문화재로 지정되어 현재까지 보존되고 있다.
> 궁중에서 추어지던 검무의 구성은 다음과 같다. 전립을 쓰고 전복을 입은 4명의 무희가 쌍을 이루어 바닥에 놓여진 단검(短劍)을 어르는 동작부터 시작한다. 그 후 칼을 주우면서 춤이 이어지고, 화려한 춤사위로 검을 빠르게 돌리는 연풍대(筵風擡)로 마무리한다.
> 검무의 절정인 연풍대는 조선 시대 풍속화가 신윤복의 「쌍검대무(雙劍對舞)」에서 잘 드러난다. 그림 속의 두 무용수를 통해 춤의 회전 동작을 예상할 수 있다. 즉, 이 장면에는 오른쪽에 선 무희의 자세에서 시작해 왼쪽 무희의 자세로 회전하는 동작이 나타나 있다. 이렇게 무희들이 쌍을 이루어 좌우로 이동하면서 원을 그리며 팽이처럼 빙빙 도는 동작을 연풍대라 한다. 이 명칭은 대자리를 걷어 내는 바람처럼 날렵하게 움직이는 모습에서 비롯된 것이다.
> 오늘날의 검무는 검술의 정밀한 무예 동작보다 부드러운 곡선을 그리는 춤 형태로만 남아 있다. 칼을 쓰는 살벌함은 사라졌지만 민첩하면서도 유연한 동작으로 그 아름다움을 표출하고 있는 것이다. 검무는 신라 시대부터 면면히 이어지는 고유한 문화이자 예술미가 살아 있는 몇 안 되는 소중한 우리의 전통 유산이다.

① 무예 동작과 아름다움의 조화 – 연풍대의 의미를 중심으로
② 신라 황창랑의 의기와 춤 – 검무의 유래와 발생을 중심으로
③ 무희의 칼끝에서 펼쳐지는 바람 – 검무의 예술적 가치를 중심으로
④ 역사 속에 흐르는 검빛·춤빛 – 검무의 변천 과정과 구성을 중심으로

03 다음 글의 내용으로 적절하지 않은 것은?

> 우리 국민 10명 중 9명은 전자정부 서비스를 이용했고, 이용자의 96.6%가 서비스에 만족한 것으로 나타났다. 이용자들은 정부 관련 정보 검색 및 민원 신청과 교부 서비스를 주로 사용했다.
> 전자정부 서비스의 인지도는 전년 대비 0.3%p 상승해 90.7%였고, 특히 16 ~ 39세 연령층에서 인지도는 100%에 달했다. 이들 중 51.5%는 인터넷에서 직접 검색해 전자정부 서비스를 알게 됐고, 49.2%는 지인, 42.1%는 언론매체를 통해 인지했다고 응답했다. 전자정부 서비스의 이용률은 전년 대비 0.9%p 상승해 86.7%를 기록했다. 이들 대부분(98.9%)이 향후에도 계속 이용할 의향이 있고 95.7%는 주위 사람들에게 이용을 추천할 의향이 있는 것으로 나타났다. 전자정부 서비스 이용자의 86.7%는 정보 검색 및 조회, 83.6%는 행정·민원의 신청, 열람 및 교부를 목적으로 전자정부 서비스를 이용했다. 생활·여가 분야에서 날씨ON, 레츠코레일, 대한민국 구석구석, 국가교통정보센터, 인터넷우체국 등을 이용한 응답자도 많았다. 전자정부서비스 만족도는 전년 대비 0.8%p 상승해 96.6%를 기록했고, 전 연령층에서 90% 이상의 만족도가 나타났다. 서비스에 만족한 이유는 '신속하게 처리할 수 있어서(55.1%)', '편리한 시간과 장소에서 이용할 수 있어서(54.7%)', '쉽고 간편해서(45.1%)' 등이다.
> 지난해 전자정부 서비스 이용실태 조사결과에 따르면 고령층으로 갈수록 인지도와 이용률은 낮은 반면 만족도는 전 연령층에서 고르게 높았다. 60 ~ 74세 고령층에서 전자정부 서비스를 인지(62.4%)하고 이용(54.3%)하는 비율은 낮지만, 이용 경험이 있는 이용자의 만족도는 92.1%로 다른 연령층과 같이 높게 나타났다. 고령층의 전자정부 서비스 이용 활성화를 위해서는 전자정부 서비스 이용을 시도할 수 있도록 유도해 이용경험을 만드는 것이 중요한 것으로 분석됐다.

① 전자정부 서비스 만족 이유는 '쉽고 간편해서'가 45.1%로 가장 높았다.
② 전자정부 서비스 실태를 인지도와 만족도, 이용률로 분류하여 조사하였다.
③ 전자정부 서비스를 향후에도 계속 이용할 의향이 있다고 이용자의 98.9%가 답했다.
④ 전자정부 서비스 이용자의 86.7%가 '정보 검색 및 조회'를 목적으로 서비스를 이용했다.

04 다음 제시된 문단을 논리적 순서대로 바르게 나열한 것은?

(가) ETF는 앞서 말한 투자의 한계를 근본적으로 해결하는 혁신적인 금융상품이다. 특정 지수나 자산군을 따라가는 ETF는 개인 투자자도 쉽고 저렴하게 다양한 자산에 투자할 수 있게 한다. 예를 들어 ETF를 1주만 매수해도 코스피200 전체 종목에 투자하는 효과를 얻을 수 있으며, 미국 나스닥 지수나 금, 원유 같은 원자재에도 손쉽게 투자할 수 있다. 이는 과거에는 상상하기 어려웠던 투자 방식이다.

(나) 결국 ETF는 개인 투자자에게 전문 투자자들만의 투자 기회를 제공하는 민주화된 투자 도구이다. 과거에는 접근하기 어려웠던 글로벌 시장, 다양한 자산군에 쉽게 투자할 수 있도록 돕는다. 투자 경험이 적은 초보 투자자부터 전문 투자자까지 모두에게 적합한 투자 상품이라고 할 수 있다. 다만, 모든 투자와 마찬가지로 ETF 역시 신중하고 계획적인 접근이 필요하다.

(다) 과거 개인 투자자들이 다양한 자산에 투자하기 위해서는 많은 자금과 전문성이 필요했다. 주식, 채권, 원자재 등 각기 다른 자산에 투자하려면 높은 진입 장벽과 복잡한 거래 과정을 거쳐야 했다. 이러한 투자 환경의 제약을 극복하기 위해 상장지수펀드(ETF; Exchange Traded Fund)라는 새로운 투자 상품이 개발되었다.

(라) ETF 투자 전략은 투자자의 목표와 시장 상황에 따라 달라진다. 장기 투자를 원한다면 글로벌 주식, 채권 등 다양한 자산군에 분산 투자하는 방식을 선택할 수 있다. 반면 단기 투자를 원한다면 특정 섹터나 트렌드를 반영하는 ETF에 집중할 수 있다. 예를 들어 기술주 ETF, 친환경 에너지 ETF 등 특정 테마에 투자할 수 있으며, 시장 상황에 따라 유연하게 포트폴리오를 조정할 수 있다.

(마) ETF의 가장 큰 장점은 분산투자의 용이성과 낮은 비용이다. 전통적인 펀드와 달리 ETF는 운용보수가 매우 낮고 실시간 거래가 가능하며 투자 내역이 투명하다. 또한 1주 단위로 다양한 자산에 투자할 수 있어 소액 투자자도 쉽게 접근할 수 있다. 상관관계가 낮은 여러 ETF를 조합하면 위험은 줄이고 수익은 높일 수 있는 효과적인 투자 전략을 만들 수 있다.

① (다) - (가) - (마) - (라) - (나)
② (다) - (라) - (마) - (나) - (가)
③ (라) - (나) - (다) - (가) - (마)
④ (라) - (나) - (마) - (다) - (가)

05 다음 글의 빈칸에 들어갈 내용으로 가장 적절한 것은?

육색사고모자기법(6 Thinking Hat)은 에드워드 드 보노가 개발한 창의적 사고 기법으로, 여섯 가지 색깔의 모자를 통해 다양한 사고방식을 훈련하는 방법이다. 육색사고모자기법의 핵심은 각 색깔의 모자가 특정 사고 유형을 대표한다는 점이다. 흰색 모자는 객관적 사실, 빨간색 모자는 감정과 직관, 노란색 모자는 긍정적 사고, 검은색 모자는 부정적 사고, 녹색 모자는 창의적 아이디어, 파란색 모자는 사고 과정의 통제를 나타낸다. 이 기법을 사용하면 한 번에 하나의 사고방식에 집중할 수 있어 복잡한 문제를 체계적으로 접근할 수 있다.

창의성 발달에 있어 육색사고모자기법의 효과는 여러 연구를 통해 입증되었다. 육색사고모자기법은 다양한 관점에서 문제를 바라보고 해결책을 찾는 능력을 향상시킨다. 예를 들어 녹색 모자를 사용할 때는 새로운 아이디어를 자유롭게 제시할 수 있고, 노란색 모자를 쓰면 긍정적인 측면을 찾아내는 데 집중할 수 있다. 이러한 과정을 통해 창의적 사고의 폭을 넓히고 깊이를 더할 수 있다.

육색사고모자기법은 특히 유아교육 분야에서 주목받고 있다. 이 기법을 활용한 활동은 유아의 언어 표현력, 미술 감상능력, 사회적 기술능력을 향상시키는 데 도움을 준다. 또한 창의적 능력과 창의적 성격 발달에도 긍정적인 영향을 미치며, 명화 감상, 동화 듣기, 인성교육, 감정코칭, 문제해결 활동 등 다양한 상황에 적용하여 창의적 사고를 유도한다.

육색사고모자기법의 또 다른 장점은 협력적 사고를 촉진한다는 점이다. 이 기법을 그룹 활동에 적용하면 참가자들이 서로 다른 관점을 이해하고 수용하는 태도를 기를 수 있어 창의적인 문제 해결과 의사결정 과정을 학습하는 데 효과적이다. 또한 검은색 모자를 사용할 때는 아이디어의 단점이나 위험을 분석하게 되는데, 이 과정에서 _____이 길러진다. 이는 창의성과 함께 균형 잡힌 사고를 하는 데 도움을 준다.

육색사고모자기법은 온라인 환경에서도 효과적으로 적용될 수 있다. 온라인 실시간 토론 도구를 개발하여 이 기법을 적용하면 구조화된 상호작용과 의사소통을 촉진할 수 있다. 이는 디지털 시대의 창의성 교육에 새로운 가능성을 제시한다.

결론적으로 육색사고모자기법은 다양한 사고방식을 체계적으로 훈련함으로써 창의성 발달에 크게 기여한다. 문제를 다각도로 바라보는 능력, 새로운 아이디어를 생성하는 능력, 협력적 사고 능력, 비판적 사고 능력 등을 종합적으로 향상시킬 수 있기 때문에 교육 현장이나 일상생활에서 이 기법을 적극적으로 활용한다면 개인과 집단의 창의성을 효과적으로 발달시킬 수 있을 것이다.

① 객관적 사고력　　　　　　　　② 창의적 사고력
③ 과정적 사고력　　　　　　　　④ 비판적 사고력

06 고등학생 8명이 래프팅을 하러 여행을 떠났다. 보트는 3명, 5명씩 두 팀으로 나눠 타기로 했다. 8명 중 반장과 부반장은 서로 다른 팀이 된다고 할 때, 8명이 두 팀으로 나눠 타는 경우의 수는?(단, 반장과 부반장은 각각 1명이다)

① 15가지
② 18가지
③ 30가지
④ 32가지

07 A가 혼자 컴퓨터 조립을 하면 2시간이 걸리고, B가 혼자 컴퓨터 조립을 하면 3시간이 걸린다. 먼저 A가 혼자 컴퓨터를 조립하다가 중간에 일이 생겨 나머지를 B가 조립하였고, 전체 작업을 완성하는 데 걸린 시간은 총 2시간 15분이었다. 이때, A가 혼자 조립한 시간은?

① 1시간 25분
② 1시간 30분
③ 1시간 35분
④ 1시간 40분

08 A씨는 팀원들과 점심식사로 분식집에서 배달 음식을 주문하였다. 영수증이 다음과 같을 때, 컵밥 1개의 가격은?

〈분식집 영수증〉

메뉴	수량(개)	금액(원)
떡볶이(중)	2	42,000
컵밥	6	
튀김	3	15,000
음료수	3	9,000
결제 금액	84,000원	

① 3,000원
② 3,500원
③ 4,000원
④ 4,500원

※ 다음은 H은행에서 판매하고 있는 주택화재보험 약관의 일부와 2024년 8월에 내린 폭우로 피해를 입은 4개 농가 A~D의 피해 산정액에 대한 자료이다. 이어지는 질문에 답하시오. **[9~10]**

〈특수건물 풍수재위험담보 특별약관〉

제1조(보상하는 손해)
회사는 보통약관 제3조(보상하는 손해) 외에 화재로 인한 재해보상과 보험가입에 관한 법률 제2조 제3호와 동법 시행령 제2조 제1항에서 정하는 특수건물(동산은 제외합니다. 이하「특수건물」이라 합니다)에 대하여는 아래의 위험으로 인하여 보험의 목적에 생긴 손해를 보상하여 드립니다.
- 태풍, 회오리바람, 폭풍, 폭풍우, 홍수, 해일, 범람 및 이와 비슷한 풍재 또는 수재

제2조(보상하지 않는 손해)
회사는 아래와 같은 손해는 보상하여 드리지 않습니다.
1. 보험의 목적에 생긴 분실 또는 도난 손해
2. 지진 또는 분화로 생긴 손해
3. 풍재 또는 수재와 관계없이 댐 또는 제방이 터지거나 무너져 생긴 손해
4. 바람, 비, 눈, 우박 또는 모래, 먼지가 들어옴으로써 생긴 손해. 그러나 보험의 목적인 건물이 풍재 또는 수재로 직접 파손되어 보험의 목적에 생긴 손해는 보상하여 드립니다.
5. 추위, 서리, 얼음, 눈으로 생긴 손해
6. 풍재의 직접, 간접에 관계없이 보험의 목적인 네온사인 장치에 전기적 사고로 생긴 손해 및 건식 전구의 필라멘트에(만) 생긴 손해

제3조(지급보험금의 계산)
회사가 특수건물에 생긴 손해에 대하여 지급할 보험금은 아래에 따라 계산합니다.
1. 보험가입금액이 보험가액의 80% 해당액과 같거나 클 때 : 보험가입금액을 한도로 손해액 전액을 지급합니다(단, 보험가입금액이 보험가액보다 많을 때에는 보험가액을 한도로 합니다).
2. 보험가입금액이 보험가액의 80% 해당액보다 작을 때 : 보험가입금액을 한도로 아래의 금액을 지급합니다.

$$(손해액) \times \frac{(보험가입금액)}{(보험가액의\ 80\%\ 해당액)}$$

3. 동일한 계약의 목적과 동일한 사고에 관하여 보험금을 지급하는 다른 계약(공제계약을 포함합니다)이 있는 경우에는 제1항 내지 제2항에 추가하여 보통약관 제9조(지급보험금의 계산) 제2항의 계산방식을 따릅니다.

제4조(준용규정)
이 특별약관에 정하지 않은 사항은 보통약관을 따릅니다.

⟨2024년 8월 폭우로 인한 농가 A~D 피해 산정액⟩

(단위 : 백만 원)

구분	농가 A	농가 B	농가 C	농가 D
손해액	20	24	5	25
보험가액	500	400	800	300
보험가입금액	450	300	600	500

| 하나은행

09 다음 중 지급받는 보험금액이 가장 큰 농가는?

① 농가 A ② 농가 B
③ 농가 C ④ 농가 D

| 하나은행

10 다음 중 보험료율이 가장 높은 농가는?(단, 보험료율은 보험가입금액에 대한 보험지급액의 백분율이다)

① 농가 A ② 농가 B
③ 농가 C ④ 농가 D

※ 다음은 H은행의 K카드 주요 혜택에 대한 자료이다. 이어지는 질문에 답하시오. [11~12]

⟨K카드 주요 혜택⟩

1) 전 가맹점 포인트 적립 서비스 : 전월 실적 50만 원 이상 이용 시 전 가맹점 적립 서비스 제공(단, 카드 사용 등록일부터 익월 말일까지는 전월 실적 미달 시에도 정상 적립)

건별 이용금액	10만 원 미만	10만 원 이상		
업종	전 가맹점	전 가맹점	온라인	해외
적립률	0.7%	1.0%	1.2%	1.5%

※ 즉시결제 서비스 이용금액은 전 가맹점 2만 원 이상 이용 건에 한해 0.2% 적립

2) 보너스 캐시백 : 매년 1회 연간 이용금액에 따라 캐시백 서비스 제공

연간 이용금액	3천만 원 이상	5천만 원 이상	1억 원 이상
캐시백	5만 원	10만 원	20만 원

※ 매년 카드 발급월의 익월 15일(휴일인 경우 익영업일)에 카드 결제계좌로 입금

3) 바우처 서비스 : 매년 1회씩 제공되며, 하나의 혜택만 선택 가능(단, 해당 기간 내 미신청 시 혜택 소멸)

쇼핑	• 백화점상품권(15만 원) • 농촌사랑상품권(15만 원) • 면세점 선불카드 교환권(16만 원)
주유	• 주유권(15만 원)
외식	• 통합 외식이용권(18만 원) • 플래티넘 외식통합이용권(17만 원)
포인트	• H포인트(15만 점)
여가	• 영화관람권 8매+통합 선불카드(8만 원)

※ 카드 발급 초년도 1백만 원 이상, 2차년도부터 1천만 원 이상 이용 시 신청 가능(단, 연회비 정상 결제한 경우에 한함)
※ 바우처 신청 가능 기간 : 매년 카드 발급월 익월 1일부터 12개월

4) 서비스 이용조건
 • 연간 이용금액 산정 기준일 : 매년 카드 발급월 포함 12개월
 • 이용금액 산정은 승인 일자 기준으로 적용
 • 무이자 할부, 상품권, 기프트카드 및 대학등록금, 제세공과금(국세, 지방세, 우체국우편요금), 단기카드대출(현금 서비스), 장기카드대출(카드론) 등의 이용금액은 적립 및 산정 기준에서 제외

| 하나은행

11 A대리는 H은행의 'K카드'를 2024년 9월 22일에 발급받았다. 발급받은 당일에 카드 사용 등록을 하고 연회비도 모두 지불했을 때, A대리가 이 카드를 사용하면서 받을 수 있는 혜택으로 옳지 않은 것은?

① 카드 발급 후 처음 1년 동안 200만 원을 사용했을 시, A대리는 바우처를 신청할 수 있다.
② 가맹점에서 A대리가 12만 원을 사용했을 시, 적립된 포인트는 사용금액의 1%이다.
③ A대리가 자동차를 24개월 무이자 할부로 결제할 시, 매달 포인트 적립이 된다.
④ A대리가 카드 발급 후 1년간 4천만 원의 사용실적이 있을 시, 보너스 캐시백은 2025년 10월 15일(수요일)에 5만 원을 받게 된다.

| 하나은행

12 다음은 A대리의 11월 신용카드 사용내역서이다. 11월에 적립되는 포인트는 총 몇 점인가?(단, 카드를 사용한 곳은 모두 가맹점이다)

〈11월 신용카드 사용내역서〉

일자	가맹점명	사용금액	비고
2024-11-06	○○가구	200,000원	3개월 무이자 할부
2024-11-06	A햄버거 전문점	12,000원	-
2024-11-10	지방세	2,400원	-
2024-11-13	현금 서비스	70,000원	-
2024-11-13	C영화관	40,000원	-
2024-11-20	◇◇할인점	85,000원	-
2024-11-22	카드론(대출)	500,000원	-
2024-11-23	M커피	27,200원	즉시결제
2024-11-25	M커피	19,000원	즉시결제
2024-11-25	△△스시	100,000원	-
합계		1,055,600원	-

※ 비고가 빈칸인 경우 일시불을 뜻함

① 2,013.4점
② 2,025.4점
③ 2,034.4점
④ 2,042.4점

※ 다음은 H은행 청년도약계좌의 상품설명서와 A씨의 가입 정보이다. 이어지는 질문에 답하시오. [13~14]

〈H은행 청년도약계좌〉

구분	내용

가입대상	• 가입일 현재 만 19세 이상 만 34세 이하인 자(병적증명서를 통해 병역 의무를 이행한 기록이 확인되는 경우, 현재 연령에서 병역을 이행한 기간을 최대 6년 제외한다)
	• 개인소득이 다음 기준을 만족하는 자(단, 육아휴직급여, 육아휴직수당, 병사 봉급을 제외한 비과세소득을 제외한다)
	  - 직전년도 총급여액이 7,500만 원 이하인 자
	  - 직전 과세기간의 종합소득과세표준에 합산되는 종합소득금액이 6,300만 원 이하인 자
	• 가입일 현재 직전 과세기간의 가구소득이 직전년도 기준중위소득의 250% 이하인 자
	• 가입일이 속한 과세기간의 직전 3개 과세기간 중 1회 이상 금융소득종합과세대상자에 해당하지 않는 자

가입기간	• 5년
가입금액	• 1천 원 이상 70만 원 이하(1천 원 단위)
적립한도	• 매월 1천 원 이상 70만 원 이하(1천 원 단위) • 연 840만 원 이하(가입일 기준으로 1년)
이자지급방법	• 만기일시지급식, 단리식 적립방법 • 자유적립식
기본금리	• 연 4.5%(세전)

우대금리	• 최대 연 1.5%p(세전)
	
	| 우대항목 | 우대금리 | 내용 |
	|---|---|---|
	| 급여(가맹점대금) 이체 | 연 0.6%p | 해당 예금 가입 후 만기 전전월말 기준, 본인 명의 H은행 입출금통장을 통해 36회 이상 급여 입금 또는 가맹점(결제) 대금 입금 실적 보유(건당 50만 원 이상, 월 1회 인정) |
	| 카드 결제 | 연 0.2%p | 해당 예금 가입 후 만기 전전월말 기준, 본인 명의 H은행 입출금통장을 통해 36회 이상 월 10만 원 이상의 H은행 카드 결제 실적 보유(신용 / 체크카드) |
	| 목돈마련 응원 | 연 0.1%p | 해당 예금 가입일로부터 직전 1년간 적금 또는 예금상품을 미보유한 경우(청년희망적금, 청년내일저축계좌, 청년도약계좌, 주택청약종합저축 예외) |
	| 마케팅 동의 | 연 0.1%p | 해당 예금 가입 전 H은행 상품, 서비스 마케팅 동의 항목을 모두 동의한 경우 |
	| 소득 플러스 | 최대 연 0.5%p | 해당 예금 가입신청 및 가입 후 1년 주기로 심사한 개인소득금액의 소득요건 충족* 횟수에 따라 우대금리 제공
	1회 : 0.1%p, 2회 : 0.2%p, 3회 : 0.3%p, 4회 : 0.4%p, 5회 : 0.5%p |
	
	*소득요건 충족 기준은 다음과 같다.
	  - 총급여 2,400만 원 이하
	  - 종합소득 1,600만 원 이하
	  - 연말정산소득 1,600만 원 이하

비고	• 본 상품은 청년의 중장기 자산형성 지원을 위한 금융상품으로 비과세 혜택을 제공하는 적립식 상품이다. • 본 상품에 가입 후 만기 전에 나이를 초과하였어도, 중도해지하지 않았다면 가입일 당시 나이를 기준으로 금리를 적용한다.

〈A씨 청년도약계좌 가입 정보〉

- 가입일 기준 만 36세이다.
- 부사관으로서 3년간 복무한 병역 의무 이행 기록이 있다.
- 가입일 직전 과세기간의 종합소득과세표준 합산 종합소득금액은 연 6,000만 원이다.
- 가입일 직전 과세기간의 가구소득이 직전년도 기준중위소득의 200%이며, 가입일 기준 전체 과세기간 동안 금융소득종합과세대상자에 해당된 기록이 존재하지 않았다.
- 가입일부터 만기일까지 H은행 입출금통장에 월 150만 원 이상의 급여가 들어올 예정이다.
- 가입일부터 만기일까지 H은행 신용카드로 월 15만 원 이상 고정 지출이 있을 예정이다.
- 가입일 기준 H은행의 K적금상품에 가입 중이다.
- H은행 상품・서비스 마케팅 동의 항목이 동의하지 않은 항목이 있다.
- 가입일 당시 총급여는 연 2,300만 원이며, 매년 100만 원씩 증가할 예정이다.

| 하나은행

13 A씨의 청년도약계좌 가입 정보를 근거로 할 때, 만기일에 적용받는 금리는?

① 연 4.5% ② 연 5.5%
③ 연 6%   ④ 가입할 수 없다.

| 하나은행

14 A씨가 이달 초에 청년도약계좌에 가입하면서 500,000원을 납입한 후 매월 초 500,000원씩 납입할 때, 가입 정보에 따라 만기일에 A씨가 받을 수 있는 원리금은?

① 30,000,000원 ② 33,431,250원
③ 34,193,750원 ④ 34,575,000원

※ 다음 글을 읽고 추론한 내용으로 적절하지 않은 것을 고르시오. [15~16]

| NH농협은행 6급

15

> 사과를 포함한 일부 과일 가격이 계속해서 상승하고 있다. 농식품부는 비록 올해 2월에는 눈과 비가 자주 내린 기상상황 탓에 참외의 수확량이 적었지만, 최근 생육환경이 나아져 4월에 열린 과실량이 5월에 함께 공급될 것으로 예상한다고 밝혔다. 특히 5월부터는 참외 수확량이 작년 수준만큼 회복될 것이라고 보인다고 하였다.
> 또한 올 여름 수박의 출하 면적이 지난해와 비교해 볼 때 소폭 상승해 생장기 기상상황이 안정적이라면 수박 공급량 역시 작년과 비슷할 것으로 판단된다고 하였다. 이밖에도 토마토의 경우 생육이 회복하고 있어 긍정적으로 전망되지만, 멜론의 경우 재배면적이 작년보다 감소해 공급량이 줄어들 것으로 예상하고 있다. 사과 역시 햇과일이 나올 때까지는 계속하여 가격이 상승세를 유지할 것으로 보이지만, 여름에는 사과보다는 비교적 참외와 수박이 소비되는 경향이 있어 사과보다는 참외와 수박의 가격이 체감 물가로 이어질 것으로 보인다고 하였다.
> 이에 농식품부는 제철 과일 및 채소의 생육관리를 위해 농업인에 기술지도를 늘리고, 농작물 생장관리를 위한 영양제를 저렴하게 공급하겠다고 밝혔다. 농가에서도 농산물의 생육관리를 위해 수박은 15도 이상, 참외는 30도 이하로 유지하는 등 각 과일 및 채소 재배환경에 맞는 적절한 온도 조절과 환기에 신경 쓸 것을 당부했다.

① 과일 및 야채의 체감 물가와 수확량은 반비례한다.
② 소비자 입장에서의 사과의 체감 물가는 증가할 것이다.
③ 5월에 비가 자주 내린다면 참외 수확량은 적을 것이다.
④ 여름 제철 과일이라 하더라도, 각 과일 생장기에 따른 적절한 재배 온도는 다를 수 있다.
⑤ 참외, 수박, 토마토, 사과의 경우 올해 긍정적인 전망이 예상되는 반면, 멜론의 경우 그렇지 않다.

16

> 지난해 경북 봉화군은 농기계임대사업소를 설치해 1,279농가에 6,135건의 농기계를 임대함으로써 농업의 인력난 해소와 더불어 농작업 편의성을 높였다.
> 올해는 무인 안내기, 이른바 '키오스크'를 설치한 농기계임대사업소를 새롭게 확장 이전해 농업인 스스로 필요로 하는 농기계 임대 출고를 결제할 수 있는 편리한 서비스를 제공하고 있다. 이를 통해 농업인은 간편하게 농기계 임대를 진행할 수 있어 이전보다 대기하는 시간이 크게 감소하였음은 물론, 스마트폰 앱을 이용해 실시간으로 농기계 재고를 확인하고 예약할 수 있어 효율적 이용이 가능해졌다.
> 또한 KT인공지능(AI) 기술인 '보이스봇' 서비스를 도입하여 분주한 농업인들이 휴일 및 야간에 구애받지 않고 24시간 전화 상담 및 예약을 가능하게 하고 있으며, 농업인들이 임대한 농기계를 안전하게 사용할 수 있도록 이에 맞는 교육도 제공하고 있다.
> 봉화군은 앞으로도 지역 내 농업인들이 필요로 하는 농기계를 추가 구입해 각 지역의 농업인들이 임대 농기계를 편하게 이용할 수 있도록 힘쓸 것은 물론, 경제적 어려움을 겪고 있는 농업인들에게는 저렴하게 임대할 수 있도록 하겠다고 밝혔다.

① 각 지역 농업 환경 특성에 따라 필요로 하는 농기계가 다를 수 있다.
② 농업에 부족한 인력을 농기계가 대신하고 있어 농업에서 농기계의 사용은 불가피하다.
③ 올해는 농기계임대사업소를 직접 방문하지 않고도 임대농기계를 예약하고 현장에서 바로 사용할 수 있다.
④ 지난해에는 직원을 통해서만 농기계 임대가 가능했기 때문에 농기계 임대하기까지 많은 시간이 소요되었다.
⑤ 이전에는 실시간 농기계 재고 확인이 어려워 농기계임대사업소에 도착하더라도 바로 임대가 어려운 경우가 발생했다.

17 다음은 농협법에 대한 기사이다. 이에 대한 내용으로 가장 적절한 것은?

> 최근 농협법 개정안의 통과 여부에 대한 관심이 쏟아지고 있다. 이 개정안이 통과된다면 농협 금융지주는 농협중앙회에 명칭사용료 명목으로 매출액의 최대 5%를 지불하여야 한다.
> 이에 대해 일각에서는 농협금융의 설립 목적과 취약한 농촌 상황을 고려하면 해당 개정안이 통과되어야 한다고 주장하지만, 반대쪽 입장에서는 다른 금융지주들의 명칭사용료가 0.1~0.3% 수준인 것을 고려할 때 이는 타사 대비 최대 30배 가까운 수준의 비용을 지불하는 것이라며 우려하고 있다.
> 금융권은 농협금융이 2012년 창사 이후 매년 매출액의 2.5%를 명칭사용료 명목으로 농협중앙회에 지불해왔고, 2016년 농협법에 따라 명칭사용료가 농업지원사업비로 그 명칭이 변경되었지만 비율은 이전과 동일한 2.5% 그대로였다고 밝혔다.
> 이로 인해 농협중앙회는 작년에 농협금융으로부터 4,927억 원을, 그 전년에는 4,505억 원을 명칭사용료 명목으로 거둬들였다. 이는 전년 대비 약 9.4% 증액된 수치로, 이와 비교하여 농협금융의 당기순이익은 작년에 2조 2,343억 원, 전년에 2조 2,309억 원으로 약 0.2% 증가해 큰 차이가 보이지 않고 있다.

① 농협법 개정안이 통과된다면 명칭사용료 금액이 이전보다 2배 증액된다.
② 농협금융이 농협은행에 지불하고 있는 명칭사용료는 창사 이후 매년 증가하고 있다.
③ 지금과 같은 상황에서 농협법 개정안이 통과된다면 농협금융의 실적은 후퇴될 것이다.
④ 농협금융이 명칭사용료로 지불하는 금액은 증가하는 반면, 농협금융의 실적은 감소하고 있다.
⑤ 농협금융의 명칭사용료 수준이 타사 대비 높은 이유는 농협금융의 설립 목적과 취약한 농촌 상황에 있다.

18 다음 제시된 문장을 논리적 순서대로 바르게 나열한 것은?

> (가) 왜냐하면 눈과 자율신경을 통한 인간의 정신적·생리적 삶의 리듬은 일별, 월별로 변화하는 주광에 영향을 받기 때문이다.
> (나) 인공광은 변화하는 주광과 달리 시간의 제약 없이 빛의 밝기를 원하는 대로 조절할 수 있지만, 인간의 건강과 안락감에 미치는 부정적 영향을 간과할 수 없다.
> (다) 우리가 전등이라고 부르는 인공광은 빛의 조도 조절, 야간 조명, 기후나 기상에 따른 변화 등에 대처하기 위해서 필요하다.
> (라) 하지만 인공광은 생리적 반응에 있어서 자연광과 일치하지 않기 때문에 인간의 시각적 적응 능력을 필요로 하며, 자연 채광이 차단된 밀폐된 공간에서는 상황 판단에 혼란을 일으키기 쉽다는 단점이 있다.

① (나) - (가) - (다) - (라)
② (나) - (다) - (가) - (라)
③ (다) - (나) - (가) - (라)
④ (다) - (라) - (나) - (가)
⑤ (라) - (가) - (나) - (다)

19 A와 B는 1.2km 떨어진 직선거리의 양 끝에서부터 12분 동안 마주 보고 달려 한 지점에서 만났다. B가 A보다 1.5배 더 빠르다고 할 때, A의 속도는?

① 28m/min
② 37m/min
③ 40m/min
④ 48m/min
⑤ 53m/min

20 다음은 2017 ~ 2023년의 우리나라 지진 발생 현황에 대한 자료이다. 이에 대한 설명으로 옳은 것은?

〈우리나라 지진 발생 현황〉

구분	지진 횟수	최고 규모
2017년	42회	3.3
2018년	52회	4.0
2019년	56회	3.9
2020년	93회	4.9
2021년	49회	3.8
2022년	44회	3.9
2023년	492회	5.8

① 2020년에는 2019년보다 지진이 44회 더 발생했다.
② 지진 횟수가 증가할 때 지진의 최고 규모도 커진다.
③ 2017년 이후 지진 발생 횟수가 꾸준히 증가하고 있다.
④ 2023년에 발생한 지진 횟수는 2017년부터 2022년까지의 평균 지진 횟수 대비 약 8.8배 급증했다.
⑤ 2020년에 발생한 규모 4.9의 지진은 2017년 이후 우리나라에서 발생한 지진 중 가장 강력한 규모이다.

21 제시된 명제가 모두 참일 때, 다음 중 빈칸에 들어갈 명제로 가장 적절한 것은?

- 창의적인 문제해결을 하기 위해서는 브레인스토밍을 해야 한다.
- 브레인스토밍을 하기 위해서는 상대방의 아이디어를 비판해서는 안 된다.
- _____

① 브레인스토밍을 하면 창의적인 문제해결이 가능하다.
② 브레인스토밍을 하지 않으면 상대방의 아이디어를 비판해도 된다.
③ 상대방의 아이디어를 비판하지 않으면 브레인스토밍을 할 수 있다.
④ 상대방의 아이디어를 비판하지 않으면 창의적인 문제해결이 가능하다.
⑤ 창의적인 문제해결을 하기 위해서는 상대방의 아이디어를 비판해서는 안 된다.

22 제시된 명제가 모두 참일 때, 다음 중 반드시 참인 것은?

- 갑과 을 앞에 감자칩, 쿠키, 비스킷이 놓여 있다.
- 세 가지의 과자 중에는 각자 좋아하는 과자가 반드시 있다.
- 갑은 감자칩과 쿠키를 싫어한다.
- 을이 좋아하는 과자는 갑이 싫어하는 과자이다.

① 갑은 좋아하는 과자가 없다.
② 갑은 비스킷을 싫어한다.
③ 을은 비스킷을 싫어한다.
④ 갑과 을이 같이 좋아하는 과자가 있다.
⑤ 갑과 을이 같이 싫어하는 과자가 있다.

23 A~E 5명은 각각 월~금요일 중 하루씩 돌아가며 당직을 선다. 이 중 2명이 거짓을 말하고 있다고 할 때, 다음 중 이번 주 수요일에 당직을 서는 사람은?

- A : 이번 주 화요일은 내가 당직이야.
- B : 나는 수요일 당직이 아니야. D가 이번 주 수요일 당직이야.
- C : 나와 D는 이번 주 수요일 당직이 아니야.
- D : B는 이번 주 목요일 당직이고, C는 다음 날인 금요일 당직이야.
- E : 나는 이번 주 월요일 당직이야. 그리고 C의 말은 모두 사실이야.

① A
② B
③ C
④ D
⑤ E

24 N사는 해외지사에서 근무 중인 직원들 중 업무성과가 우수한 직원을 선발하여 국내로 초청하고자 한다. 다음 중 국내에 도착하는 순서대로 해외지사 직원들의 국가를 나열한 것은?

〈각국 해외지사 직원들의 비행 스케줄〉

출발지	출발지 기준 이륙시각	비행시간 (출발지 → 대한민국)
독일(뮌헨)	2024년 11월 6일(수) 오후 04:20	11시간 30분
인도(뉴델리)	2024년 11월 6일(수) 오후 10:10	8시간 30분
미국(뉴욕)	2024년 11월 6일(수) 오전 07:40	14시간

〈동일 시점에서의 각국의 현지시각〉

국가(도시)	현지시각
대한민국(서울)	2024년 11월 6일(수) 오전 06:20
독일(뮌헨)	2024년 11월 5일(화) 오후 11:20
인도(뉴델리)	2024년 11월 6일(수) 오전 03:50
미국(뉴욕)	2024년 11월 5일(화) 오후 05:20

① 독일 – 인도 – 미국
② 독일 – 미국 – 인도
③ 미국 – 독일 – 인도
④ 인도 – 독일 – 미국
⑤ 인도 – 미국 – 독일

25 다음 글의 내용으로 적절하지 않은 것은?

> 현재 전해지는 조선 시대의 목가구는 대부분 조선 후기의 것들이다. 단단한 소나무, 느티나무, 은행나무 등의 곧은결을 기둥이나 쇠목으로 이용하고, 오동나무, 느티나무, 먹감나무 등의 늘결을 판재로 사용하여 자연스런 나뭇결의 재질을 살렸다. 또한 대나무 혹은 엇갈리거나 소용돌이 무늬를 이룬 뿌리 부근의 목재 등을 활용하여 자연스러운 장식이 되도록 하였다.
> 조선 시대의 목가구는 대부분 한옥의 온돌에서 사용되었기에 온도와 습도 변화에 따른 변형을 최대한 방지할 수 있는 방법이 필요했다. 그래서 단단하고 가느다란 기둥재로 면을 나누고, 기둥재에 홈을 파서 판재를 끼워 넣는 특수한 짜임과 이음의 방법을 사용하였으며, 꼭 필요한 부위에만 접착제와 대나무 못을 사용하여 목재가 수축·팽창하더라도 뒤틀림과 휘어짐이 최소화될 수 있도록 하였다. 조선 시대 목가구의 대표적 특징으로 언급되는 '간결한 선'과 '명확한 면 분할'은 이러한 짜임과 이음의 방법에 기초한 것이다. 짜임과 이음은 조선 시대 목가구 제작에 필수적인 방법으로, 겉으로 드러나는 아름다움은 물론 보이지 않는 내부의 구조까지 고려한 격조 높은 기법이었다.
> 한편, 물건을 편리하게 사용할 수 있게 하며, 목재의 결합 부위나 모서리에 힘을 보강하는 금속 장석은 장식의 역할을 했지만, 기능상 반드시 필요하거나 나무의 질감을 강조하려는 의도에서도 사용되어 조선 시대 목가구의 절제되고 간결한 특징을 잘 살리고 있다.

① 조선 시대 목가구는 온도와 습도 변화에 따른 변형을 방지할 방법이 필요했다.
② 금속 장석은 장식의 역할을 했지만, 기능상 필요에 의해서도 사용되었다.
③ 나무의 곧은결을 기둥이나 쇠목으로 이용하고, 늘결을 판재로 사용하였다.
④ 접착제와 대나무 못을 사용하면 목재의 수축과 팽창이 발생하지 않게 된다.
⑤ 목재의 결합 부위나 모서리에 힘을 보강하기 위해 금속 장석을 사용하였다.

26 다음 글의 내용으로 가장 적절한 것은?

> 건강식품, 필수 영양소 등 많은 사람들이 건강과 웰빙에 대해 관심을 가지게 되면서 식품, 영양이라는 단어는 많은 곳에서 쓰이고 있다. 식품과 영양은 밀접한 관계의 단어로서 비슷한 의미로 사용되곤 하는데, 이 두 개념은 서로 다른 의미와 역할을 가지고 있다.
> 먼저 식품은 우리가 먹고 마시는 모든 것을 의미한다. 과일, 채소, 고기 등 자연 상태의 음식뿐만 아니라 빵, 치즈, 소스 등 가공된 음식까지 포함한다. 식품은 우리의 생명을 유지하고 건강을 증진시키기 위해 필요한 영양소를 제공한다. 과일과 채소는 비타민과 무기질이 풍부하며, 고기와 유제품은 단백질과 칼슘을 제공하는 것이 그 예이다. 이러한 영양소는 신체의 성장과 발달, 에너지 생산, 세포 복구 및 유지에 필수적이다.
> 반면 영양은 식품을 섭취한 후 우리 몸이 그 식품에서 영양소를 흡수하고 사용하는 과정을 의미한다. 영양소는 탄수화물, 단백질, 지방, 비타민, 무기질 등으로 구성되며, 이들은 각각 신체의 다양한 기능을 지원한다. 예를 들어 탄수화물은 에너지를 제공하고, 단백질은 근육과 조직을 형성하며, 지방은 세포막을 구성하고 비타민의 흡수를 돕는다. 또한 비타민과 무기질은 신체의 대사 과정과 면역 기능을 지원한다.
> 식품과 영양의 차이점을 살펴보면 먼저 식품은 우리가 섭취하는 구체적인 물질을 의미하고, 영양은 그 물질이 우리 몸에서 어떻게 사용되는지를 설명한다. 또한 식품은 물리적 형태를 가지고 있지만, 영양은 생리학적·생화학적 과정에 초점을 맞춘다. 마지막으로 식품은 다양한 형태와 맛을 가지고 있지만, 영양은 신체의 필수적인 요구를 충족시키는 데 중점을 둔다.
> 식품과 영양은 상호작용을 통해 우리의 건강에 중요한 영향을 미친다. 균형 잡힌 식단은 다양한 식품을 포함하여 모든 필수 영양소를 제공함으로써 최적의 건강을 유지하는 데 도움이 된다. 반면 영양 결핍이나 과잉은 건강 문제를 초래할 수 있다. 예를 들어 비타민 C 결핍은 괴혈병을 유발할 수 있으며, 과도한 지방 섭취는 비만과 심혈관 질환의 위험을 증가시킬 수 있다.
> 따라서 건강한 식습관을 유지하기 위해서는 식품과 영양에 대한 이해와 함께 다양한 식품을 섭취하여 모든 필수 영양소를 균형 있게 섭취해야 한다. 또한 가공식품과 당분이 많은 식품의 섭취를 줄이고, 신선한 과일과 채소, 단백질이 풍부한 음식을 선택하는 것이 중요하다. 이러한 식습관은 건강을 증진시키고, 질병을 예방하는 데 도움이 된다.

① 영양은 먹고 마시는 모든 것을 의미한다.
② 식품은 인간이 섭취하는 구체적인 물질을 의미한다.
③ 영양의 과잉은 일반적으로 건강에 문제가 되지 않는다.
④ 비타민 C의 결핍은 비만과 심혈관 질환의 위험을 증가시킨다.
⑤ 에너지를 만들고 면역력을 높이는 것은 식품으로 설명할 수 있다.

27 다음 글을 근거로 판단할 때 가장 적절한 것은?

> 조선 시대 쌀의 종류에는 가을철 논에서 수확한 벼를 가공한 흰색 쌀 외에 밭에서 자란 곡식을 가공함으로써 얻게 되는 회색 쌀과 노란색 쌀이 있었다. 회색 쌀은 보리의 껍질을 벗긴 보리쌀이었고, 노란색 쌀은 조의 껍질을 벗긴 좁쌀이었다.
> 남부 지역에서는 보리가 특히 중요시되었다. 가을 곡식이 바닥을 보이기 시작하는 봄철, 농민들의 희망은 들판에 넘실거리는 보리뿐이었다. 보리가 익을 때까지는 주린 배를 움켜쥐고 생활할 수밖에 없었고, 이를 보릿고개라 하였다. 그것은 보리를 수확하는 하지, 즉 낮이 가장 길고 밤이 가장 짧은 시기까지 지속되다가 사라지는 고개였다. 보리 수확기는 여름이었지만 파종 시기는 보리 종류에 따라 달랐다. 가을철에 파종하여 이듬해 수확하는 보리는 가을보리, 봄에 파종하여 그해 수확하는 보리는 봄보리라고 불렀다.
> 적지 않은 농부들이 보리를 수확하고 그 자리에 다시 콩을 심기도 했다. 이처럼 같은 밭에서 1년 동안 보리와 콩을 교대로 경작하는 방식을 그루갈이라고 한다. 그렇지만 모든 콩이 그루갈이로 재배된 것은 아니었다. 콩 수확기는 가을이었으나, 어떤 콩은 봄철에 파종해야만 제대로 자랄 수 있었고 어떤 콩은 여름에 심을 수도 있었다. 한편 조는 보리, 콩과 달리 모두 봄에 심었다. 그래서 봄철 밭에서는 보리, 콩, 조가 함께 자라는 것을 볼 수 있었다.

① 흰색 쌀과 여름에 심는 콩은 서로 다른 계절에 수확했다.
② 봄보리의 재배 기간은 가을보리의 재배 기간보다 짧았다.
③ 흰색 쌀과 회색 쌀은 논에서 수확된 곡식을 가공한 것이었다.
④ 남부 지역의 보릿고개는 가을 곡식이 바닥을 보이는 하지가 지나면서 더 심해졌다.

28 다음 글을 읽고 추론한 내용으로 가장 적절한 것은?

> 인삼은 한국 고유의 약용 특산물이었으며, 약재로서의 효능과 가치가 매우 높은 물건이었다. 중국과 일본에서는 조선 인삼에 대한 수요가 폭발적으로 증가하였다. 이에 따라 인삼을 상품화하여 상업적 이익을 도모하는 상인들이 등장하였다. 특히 개인 자본을 이용하여 상업 활동을 하던 사상(私商)들이 평안도 지방과 송도를 근거지로 하여 인삼 거래에 적극적으로 뛰어들었는데, 이들을 삼상(蔘商)이라고 하였다.
>
> 인삼은 매우 희귀한 물품이었으므로 조선 정부는 인삼을 금수품(禁輸品)으로 지정하여 자유로운 매매와 국외 유출을 억제하였다. 대신 삼상의 인삼 재배를 허가해 주고 그에 따른 세금을 거두어 들였다. 또한 삼상의 특정 지역 출입을 엄격하게 통제하였다. 가령 평안도 강계부는 개마고원과 백두산 지역의 인삼이 모이는 거점이었는데, 삼상이 이곳에 출입하기 위해서는 먼저 일종의 여행증명서인 황첩(黃帖)을 호조에서 발급받아야 하였다. 그리고 강계부에 도착할 때까지 강계부를 관할하는 평안도 감영은 물론 평안도의 주요 거점에서 황첩을 제시해야 하였다. 강계부에 도착해서는 강계부의 관원에게 황첩을 확인받고, 이어 매입하려는 인삼량을 신고한 뒤 그에 따른 세금을 강계부에 선납한 후에야 비로소 인삼을 구매할 수 있었다. 강계부는 세금을 납부한 삼상들의 명단을 작성하고, 이들이 어느 지역의 어떤 사람과 거래하였는지 그리고 거래량은 얼마인지를 일일이 파악하여 중앙의 비변사에 보고하였다. 황첩이 없거나 거래량을 허위로 신고한 삼상은 밀매업자인 잠상(潛商)으로 간주되어 처벌되었으며, 황첩이 없는 상인의 거래를 허가한 강계부사도 처벌되었다.
>
> 삼상은 이렇게 사들인 인삼을 경상도 동래의 왜관으로 가지고 와 왜인들에게 팔았다. 이때도 삼상은 동래부에 세금을 내야 하였으며, 인삼 판매도 매달 여섯 차례 열리는 개시(開市) 때에만 가능했다. 정부는 개시에서 판매하는 인삼의 가격까지 통제하였으며, 숙종 6년에는 판매할 수 있는 상인의 수도 20명으로 제한하였다.
>
> 이렇듯 여러 가지 까다로운 절차와 세금, 인원수의 제한에 따라 많은 상인이 합법적인 인삼 매매와 무역을 포기하고 잠상이 되었다. 더군다나 잠상은 합법적으로 인삼을 거래할 때보다 많은 이윤을 얻을 수 있었다. 한양에서 70냥에 팔리는 인삼이 일본 에도에서는 300냥에 팔리기도 하였기 때문이다.

① 황첩을 위조하여 강계부로 잠입하는 잠상들이 많았다.
② 정부는 잠상을 합법적인 삼상으로 전환시키기 위해 노력하였다.
③ 상인들은 송도보다 강계부에서 인삼을 더 싸게 구입할 수 있었다.
④ 중앙정부는 강계부에서 삼상에게 합법적으로 인삼을 판매한 백성이 어느 지역 사람인지를 파악할 수 있었다.

29 다음은 1,100명을 대상으로 조사한 거주 지역 및 성별 비율에 대한 자료이다. 인천에 사는 응답자 중 여성의 비율이 전체 응답자 중 여성의 비율과 같을 때, 전체 응답자 중 대구에 사는 여성의 수는?

〈거주 지역 및 성별 비율〉

구분	서울	경기	인천	부산	광주	대구	대전	울산	기타	합계
남성	0.18	0.17		0.03	0.05		0.02	0.04	0.02	0.6
여성	0.07	0.03		0.07	0.05		0.03	0.01	0.08	0.4
합계		0.2	0.1	0.1	0.05	0.05	0.05	0.05	0.1	1

① 20명　　② 22명
③ 24명　　④ 26명
⑤ 28명

30 연이율 2.4%가 적용되는 만기 2년 단리 적금상품에 만기 때까지 매월 초 80만 원씩 납입하였을 때 만기 시 받는 이자와, 연이율 2.4%가 적용되는 만기 2년 월복리 적금상품에 만기 때까지 매월 초 100만 원씩 납입하였을 때 만기 시 받는 이자의 차이는?(단, $1.002^{24}=1.0491$로 계산하며, 이자 소득에 대한 세금은 고려하지 않는다)

① 107,900원　　② 119,100원
③ 128,600원　　④ 135,700원
⑤ 143,500원

31 욕조에 물을 가득 채우는 데 A관은 30분, B관은 40분이 걸리고, 가득 채운 물을 배수하는 데는 20분이 걸린다. A관과 B관을 함께 트는 동시에 배수를 할 때, 욕조에 물이 가득 채워지는 데 걸리는 시간은?

① 60분　　② 80분
③ 100분　　④ 120분

32 다음은 인구의 국제 이동에 대한 자료이다. 이에 대한 설명으로 옳지 않은 것은?

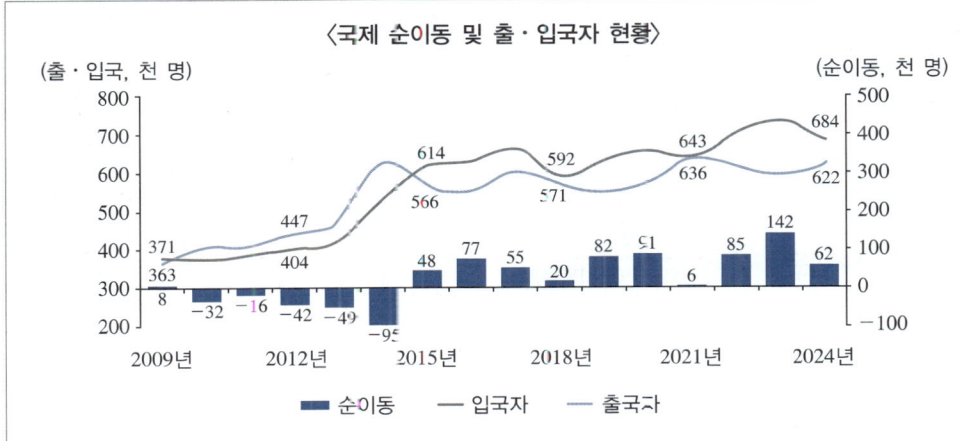

(단위 : 천 명)

구분	2009	2010	2011	2012	2013	2014	2015	2016	2017	2018	2019	2020	2021	2022	2023	2024
국제 순이동	8	-32	-16	-42	-43	-95	48	77	55	20	82	91	6	85	142	62
입국자	371	374	387	404	423	530	614	630	659	592	632	658	643	696	735	684
출국자	363	406	403	447	472	625	566	553	603	571	550	568	636	611	594	622
내국인 순이동	-76	-87	-62	-57	-77	-84	-81	-71	-37	21	-15	1	-4	-7	5	-10
외국인 순이동	84	55	46	15	28	-11	129	148	92	-1	97	90	10	92	137	72

① 외국인 순이동 수치가 가장 컸던 해는 2016년이다.
② 국제 순이동은 2015년 이후 순유입을 유지하고 있다.
③ 내국인 순유출이 가장 많았던 해에는 외국인 순유입이 가장 적었다.
④ 외국인은 2009년 이후 일부 연도를 제외하고는 순유입 추세를 보이고 있다.
⑤ 내국인의 국제 순이동은 2020년 이후 유출과 유입의 차이가 1만 명 이내이다.

※ 다음은 N은행에서 판매하는 체크카드별 혜택과 A씨에 대한 정보이다. 이어지는 질문에 답하시오.
[33~34]

〈체크카드별 혜택〉

구분	혜택
A체크카드	• 전월 실적에 따라 온라인 및 오프라인 결제 할인 제공 (단위 : 원) 	전월 실적 구분	300,000 ~ 499,999원	500,000원 이상
---	---	---
모바일 페이[1]	3,000	6,000
카페 및 미용용품[2]	3,000	6,000
OTT 서비스[3]	1,000 || 1) 모바일 페이로 온라인 결제 시 3% 할인 제공 2) 카페 및 미용용품 오프라인 결제 시 4% 할인 제공 3) OTT서비스 결제 시 5% 할인 제공
H체크카드	• 전월 실적에 따라 온라인 및 오프라인 결제 할인 제공 (단위 : 원) | 전월 실적 구분	200,000 ~ 399,999원	400,000 ~ 599,999원	600,000 ~ 999,999원	1,000,000원 이상
---	---	---	---	---
온라인[1]	4,000	8,000	15,000	25,000
오프라인[2]	3,000	5,000	7,000	10,000
총할인 한도	7,000	13,000	22,000	35,000	 1) 온라인 쇼핑몰, 온라인 서점, 어학시험, 배달앱 5% 및 C영화관 2,000원 적용 2) 카페 20%, 대중교통 10%, 편의점 5%, 통신비 자동납부 2,500원 적용

K체크카드	• 전월 실적에 따라 모빌리티 서비스 할인 제공
	  - 대중교통 10%
	  - 카쉐어링 서비스 5%
	  - 전기차 충전 5%
	(단위 : 원)
	
		전월 실적	200,000 ~ 799,999원	800,000원 이상

---	---	---

할인 한도	3,000	5,000	
			
			• 전월 실적 200,000원 이상일 때 결제 시 캐시백 제공
			  - 이동통신 요금 5%(월 최대 3,000원)
			  - 카페(월 최대 2,000원)
			  - 편의점 5%(월 최대 1,000원)

M체크카드	• 전월 실적 100,000원 이상일 때 다음과 같은 혜택 제공 	항목	내용
일반 할인	- 전월 실적 100,000 ~ 299,999원 : 0.2% 적용 - 전월 실적 300,000 ~ 999,999원 : 0.3% 적용 - 전월 실적 1,000,000원 이상 : 0.5% 적용
가맹점	- 마트 : 3% 할인(월 최대 15,000원)	
N체크카드	• 전월 실적 조건 없이 사용금액의 0.2% 할인 제공

〈정보〉
• A씨는 매월 500,000원을 사용한다.
• A씨는 자가용 차를 이용하지 않고, 대중교통을 이용한다.
• A씨는 카페를 이용하지 않는다.

| 지역농협 6급(70문항)

33 A씨에게 월 할인 금액이 가장 많은 체크카드를 추천하고자 할 때, 추천해 줄 수 있는 카드로 가장 적절한 것은?(단, A씨가 이용하지 않는 혜택과 캐시백 금액도 할인 금액에 포함한다)

① A체크카드 ② H체크카드
③ K체크카드 ④ M체크카드
⑤ N체크카드

| 지역농협 6급(70문항)

34 A씨는 K체크카드를 이용하기로 하였다. 매월 대중교통으로 사용하는 비용이 120,000원이고 이동통신 요금이 100,000원일 때, A씨가 편의점 할인 혜택을 포함하여 받는 최대 월 할인 금액은?

① 7,000원 ② 9,000원
③ 17,000원 ④ 18,000원
⑤ 19,000원

35 지난밤 N금은방에서 절도 사건이 발생하였다. 용의자 A ~ E 5명을 조사한 결과 범인은 2명이었다. 다음의 대화에서 범인 2명 중 1명만 거짓으로, 나머지 4명은 진실로 진술하였을 때, 범인은 누구인가?

- A : D는 범인이 아니에요.
- B : A는 거짓말을 하고 있어요.
- C : A는 확실히 범인이 아니에요.
- D : E는 확실히 범인이에요.
- E : C의 말은 사실이에요.

① A, C
② B, D
③ B, E
④ C, E

36 A기업은 N은행에서 기업희망론을 통해 다음 〈조건〉에 따라 대출을 받았다. A기업이 마지막 달에 내야 하는 비용은?(단, 조건 외의 경우는 고려하지 않는다)

〈기업희망론〉
- 가입대상 : 기업
- 대출기간 : 1년 이내
- 대출한도 : 5천만 원 이내
- 대출금리 : 고정
- 상환방법 : 만기일시상환(대출기간 중에는 이자만 지불하다가 만기일에 대출전액을 상환하는 방식)
- 중도상환 : 수수료 없음
- 만기경과 후 기한의 이익상실에 대한 안내
 만기일 경과 후 대출금액을 전액 상환하지 않은 경우 은행여신거래 기본약관 제7조에 따라 기한의 이익이 상실되어 대출잔액에 대한 지연배상금이 부과됩니다.

〈조건〉
A기업은 대출기간과 대출한도를 최대로 하였으며, 가입할 당시 금리는 연 3%였다. 중도상환은 하지 않았으며, 만기일을 모두 채워 일시상환을 하였다.

① 50,125,000원
② 50,145,000원
③ 51,520,000원
④ 51,535,000원

37 다음 기사의 제목으로 가장 적절한 것은?

> 최근 4대 은행(국민은행, 신한은행, 하나은행, 우리은행)의 오프라인 점포 수가 급격히 감소하고 있다. 2023년 3월 말 기준으로 4대 은행의 점포 수는 총 2,848개였으나, 2023년 6월 말에는 2,818개로 3개월 사이에 30개가 줄었다. 특히 국민은행의 점포 수가 818개에서 794개로 가장 큰 감소폭을 보였다.
> 이러한 점포 수의 감소는 디지털 전환의 흐름에 따라 비대면 채널을 강화하는 은행권의 전략적 움직임으로 볼 수 있다. 코로나19 팬데믹 이후 디지털 금융 서비스의 수요 증가로 오프라인 점포의 필요성이 줄어들고 있는 상황에서 은행들은 비용 효율성을 높이기 위해 점포를 줄이고, 디지털 채널을 통해 고객과의 접점을 확대하고 있다.
> 이러한 변화는 고령층과 같은 디지털 취약 계층의 금융 접근성을 저해할 수 있다는 우려도 제기되고 있다. 고령층은 디지털 기기 사용에 익숙하지 않기 때문에 오프라인 점포의 감소는 이들의 금융 서비스 이용에 어려움을 초래할 수 있다. 이에 따라 금융당국은 은행 점포 폐쇄에 대한 내실화 방안을 마련하고 있으며, 은행들은 점포를 효율적으로 재배치하는 방향으로 나아가고 있다.
> 점포 감소는 은행의 인력 구조에도 영향을 미치고 있다. 국민은행의 경우 2023년 상반기 동안 직원 수가 약 800명 줄어들었으며, 이 중 정규직 직원의 감소가 두드러져 점포 폐쇄와 함께 인력 감축이 진행되고 있음을 보여준다.
> 은행들은 디지털 전환을 통해 비용을 절감하고 효율성을 높이기 위해 노력하고 있다. 그러나 이러한 변화가 모든 고객에게 긍정적인 영향을 미치는 것은 아니다. 특히 디지털 취약 계층의 금융 접근성을 보장하기 위한 추가적인 노력이 필요하다. 은행들은 점포 폐쇄와 함께 디지털 금융 교육 프로그램을 강화하고, 고령층을 위한 맞춤형 서비스를 제공하는 등의 방안을 모색해야 할 것이다.
> 한국의 4대 은행의 오프라인 점포 감소는 디지털 전환의 흐름 속에서 불가피한 현상으로 보인다. 그러나 이러한 변화가 모든 고객에게 긍정적인 영향을 미치기 위해서는 은행과 금융당국의 지속적인 노력이 필요하다. 따라서 디지털 금융 서비스의 확대와 함께 디지털 취약 계층을 위한 지원 방안도 마련되어야 할 것이다.

① 고령층의 금융 접근성 문제와 은행의 대응
② 디지털 전환으로 바뀌는 차세대 은행 서비스
③ 디지털 전환으로 인한 오프라인 점포 감소와 영향
④ 디지털 금융 서비스 확대로 인한 금융 정보의 불균형

38 다음 글의 내용으로 가장 적절한 것은?

> 선물환거래란 계약일로부터 일정시간이 지난 뒤 특정일에 외환의 거래가 이루어지는 것이다. 현재 약정한 금액으로 미래에 결제하게 되기 때문에 선물환계약을 체결하게 되면 약정된 결제일까지 매매 쌍방 모두 결제가 이연된다. 선물환거래는 보통 환리스크를 헤지(Hedge)하기 위한 목적으로 이용된다. '[예] 1개월 이후 달러로 거래 대금을 수령할 예정인 수출한 기업은 은행과 1개월 후 달러를 매각하는 대신 원화를 수령하는 선물환계약을 통해 원/달러 환율변동에 따른 환리스크를 헤지할 수 있다.'
> 이외에도 선물환거래는 금리차익을 얻는 것과 투기적 목적 등도 가지고 있다. 선물환거래에는 일방적으로 선물환을 매입하는 것 또는 매도 거래만 발생하는 아웃라이트선물환(Outright Forward)거래, 선물환거래가 스왑거래의 일부분으로써 현물환거래와 같이 발생하는 스왑선물환(Swap Forward)거래로 구분된다. 아웃라이트선물환거래는 만기 때 실물 인수도가 일어나는 일반 선물환거래와 만기 때 실물의 인수 없이 차액만을 정산하는 차액결제선물환(NDF; Non-Deliverable Forward)거래로 구분된다.
> 옵션(Option)이란 거래당사자들이 미리 가격을 정하고, 그 가격으로 미래의 특정시점이나 그 이전에 자산을 사고파는 권리를 매매하는 계약이다. 선도 및 선물, 스왑거래 등과 같은 파생금융상품의 일종이다.
> 옵션은 매입권리가 있는 콜옵션(Call Option)과 매도권리가 있는 풋옵션(Put Option)으로 구분된다. 옵션거래로 매입이나 매도할 수 있는 권리를 가지게 되는 옵션매입자는 시장가격의 변동에 따라 자기에게 유리하거나 불리한 경우를 판단하여 옵션을 행사하거나 포기할 수도 있다. 옵션매입자는 선택할 권리에 대한 대가로 옵션매도자에게 프리미엄을 지급하고, 옵션매도자는 프리미엄을 받는 대신 옵션매입자가 행사하는 옵션에 따라 발생하는 하는 것에 대한 것을 이해하는 책임을 가진다. 옵션거래의 손해와 이익은 행사가격, 현재가격 및 프리미엄에 의해 결정된다.

① 선물환거래는 투기를 목적으로 사용되기도 한다.
② 선물환거래는 권리를 행사하거나 포기할 수 있다.
③ 옵션은 환율변동 리스크를 해결하는 데 좋은 선택이다.
④ 옵션은 미래에 조건이 바뀌어도 계약한 금액을 지불해야 한다.

39 다음 글을 읽고 추론한 내용으로 적절하지 않은 것은?

> 일본은행이 17년 만에 금리를 인상했지만, 엔화 가치 하락(엔저)이 계속되면서 올해 안에 추가적인 금리 인상에 나설 것이라는 전망이 나왔다.
> 일본경제신문은 21일 금리 인상에도 엔저가 멈추지 않아 조기 금리 인상이 불가피하다는 관측이 퍼진다며 시장에선 올해 7월과 10월이 거론되고 있다고 보도했다.
> 일본은행이 금리를 인상하자마자 추가 인상 얘기가 나오는 것은 엔화 가치 하락 때문이다. 일본은행은 올해 3월에 마이너스 금리를 끝내고 17년 만에 금리 인상(0.1%p)을 단행했지만, 외환 시장에선 엔 – 달러 환율이 1달러=151엔대에 달하는 등 엔화 가치가 더욱 하락했다. 엔 – 달러 환율이 151엔대를 기록한 것은 2023년 11월 이후 4개월 만이다. 금리가 오르면 엔화 가치가 상승하는 것이 보통의 흐름인데, 일본의 장기적인 성장 둔화와 이로 인해서 일본은행이 추가 금리 인상에 서두르지 않을 것이라는 신호를 주면서 엔화 매도가 계속되는 모습이다.
> 일본 주요 은행 간부는 일본경제신문에 "엔화 약세에다 유가 오름세 등도 있어 물가 상승이 가속화할 가능성이 있다. 일본은행이 조기 추가 금리 인상을 강요받게 될 것"이라고 말했다. 우에다 가즈오 일본은행 총재도 기자회견에서 추가 금리 인상에 대해 "경제·물가 전망에 따라 대응하겠다."고 밝히는 등 인상 자체를 부정하지는 않았다.
> 시장에선 일본은행이 올해 적어도 1회 금리 인상에 나설 것이라는 예상이 많다. 가장 유력시되는 시점은 10월이다. 일본은행 관계자는 "마이너스 금리 해제 뒤 경제·물가를 반년 정도 살피고 난 뒤라 급격한 인상이라는 인상을 주지 않고 움직일 수 있다."고 말했다. 올해 11월 미국 대통령 선거가 있는 것도 '10월 인상설'을 뒷받침한다. 미 대선이 끝나면 변수가 커지는 만큼 일본은행 내에선 "자유롭게 판단할 수 있는 시기에 움직이는 것이 좋다."는 분위기이다.
> 7월 인상 의견도 있다. 엔저로 수입물가가 올라 물가 상승이 빨라지면 인플레이션 대응 차원에서 추가 금리 인상을 앞당길 수밖에 없다는 시나리오이다. 일본 총무성 자료를 보면 소비자물가(신선식품 제외)는 2023년 2월부터 8월까지 3%대를 유지하다가 9월 2.8%에서 올해 1월 2%로 내려온 상태이다. '잃어버린 30년'이라 불리는 장기 불황 속에서 물가 변동을 체감하지 못하고 살아온 일본 국민들 입장에선 2~3%대 물가 상승도 심각한 타격이 되고 있다.
> 미국 등 해외 중앙은행의 동향도 큰 변수다. 일본경제신문은 "미국 연방준비제도(Fed)의 금리 인하 시점에 일본은행이 금리를 올리면 급격한 엔화 가치 상승 가능성도 있다."며 "일본은행은 일본 안팎의 정세를 살피면서 신중하게 추가 금리 인상의 여지를 살필 예정"이라고 전했다.

① 단순한 금리 인상만으로는 엔화 가치의 하락을 막기 어렵다.
② 일본은행의 금리 인상 결정은 정치적 요인에 영향을 받고 있다.
③ 엔화 가치의 하락은 복합적인 요인에 의해서 나타나는 현상이다.
④ 금리 인상을 10월에 한다고 발표할 경우 7월에 한다고 발표하는 것보다 엔화 가치를 더욱 상승시킬 것이다.

40 다음은 확정급여형과 확정기여형 2가지의 퇴직연금제도에 대한 자료이다. A의 근무정보 및 예상투자수익률 등에 대한 정보가 〈보기〉와 같을 때, 퇴직연금제도별로 A가 수령할 퇴직금 총액을 바르게 짝지은 것은?

〈퇴직연금제도〉

○ 확정급여형(DB형)
- 근로자가 받을 퇴직금 급여의 수준이 사전에 결정되어 있는 퇴직연금제도로서, 회사는 금융기관을 통해 근로자의 퇴직금을 운용하고 근로자는 정해진 퇴직금을 받는 제도이다.
- (퇴직금)=(직전 3개월 평균임금)×(근속연수)

○ 확정기여형(DC형)
- 회사가 부담해야 할 부담금 수준이 사전에 결정되어 있는 제도로서, 회사가 회사부담금을 금융기관에 납부하고, 회사부담금 및 근로자부담금을 근로자가 직접 운용해서 부담금(원금) 및 그 운용손익을 퇴직금으로 받는 제도이다.
- (퇴직금)$=\dfrac{(\text{연 임금총액의 총합})}{12}\times[1+(\text{운용수익률})]$

보기
- A는 퇴직하려는 회사에 2014년 5월 7일에 입사하였고, 2024년 8월 2일에 퇴직할 예정이다.
- A가 퇴직하려는 해의 A의 월급은 평균 900만 원이다.
- A의 월급은 매년 1월 1일에 50만 원씩 인상되었다.
- A의 예상 운용수익률은 매년 10%이다.
- 매년 회사의 퇴직금 부담률은 A의 당해 연도 평균월급의 50%이다.

	확정급여형	확정기여형
①	9,000만 원	6,750만 원
②	9,000만 원	7,425만 원
③	1억 원	6,750만 원
④	1억 원	7,425만 원

41 다음은 M사의 연차휴가에 대한 자료이다. M사의 A대리는 2020년 1월 1일에 입사하였고 매해 80% 이상 출근하였다. 2024년 1월 26일 기준 A대리의 당해 연도 연차휴가는 며칠인가?

> **연차휴가(제29조)**
> - 직전 연도에 연간 8할 이상 출근한 직원에게는 15일의 연차유급휴가를 준다.
> - 3년 이상 근속한 직원에 대하여는 최초 1년을 초과하는 근속연수 매 2년에 연차유급휴가에 1일을 가산한 휴가를 준다. 여기서 소수점 단위는 절사하고, 가산휴가를 포함한 총 휴가일수는 25일을 한도로 한다.
> - 연차휴가는 직원의 자유의사에 따라 분할하여 사용할 수 있다. 반일단위(09 ~ 14시, 14 ~ 18시)로 분할하여 사용할 수 있으며 반일 연차휴가 2회는 연차휴가 1일로 계산한다.
> - 연차휴가를 줄 수 없을 때는 연봉 및 복리후생관리규정에 정하는 바에 따라 보상금을 지급한다.

① 15일
② 16일
③ 17일
④ 18일

42 1박 2일로 출장을 갔다 온 김대리의 사용 경비가 다음과 같을 때, 〈조건〉에 따라 인정되는 김대리의 외근비용의 합계는?

> - 출장 첫날 오전 10시에 무료 셔틀버스를 타고 출장지로 이동하였다.
> - 출장지에서 도보 5분 거리에 있는 A호텔에서 숙박하였다.
> - A호텔의 숙박비는 250,000원이고, 식비는 조식 12,000원, 중식 18,000원, 석식 22,000원이다.
> - 출장 첫날의 중식과 석식 및 그 다음 날 조식을 A호텔에서 먹었다.
> - 출장 마지막 날 중식을 K식당에서 먹고 15,000원을 지불하였다.
> - 본사로 복귀할 때 시외버스로 이동하였으며 좌석 비용으로 35,000원을 지불하였다.

조건
- 본사에서 출발할 때부터 본사로 복귀할 때까지 지출한 모든 교통비, 숙박비는 외근비용으로 인정한다.
- 본사에서 출발할 때부터 본사로 복귀할 때까지 지출한 식비는 조식, 중식, 석식에 한하여 끼니당 최대 15,000원까지 인정한다. 이를 초과한 금액이거나 조식, 중식, 석식 외 지출한 식비는 인정하지 아니한다.

① 315,000원
② 342,000원
③ 367,000원
④ 384,000원

※ 다음은 AI 기술에 대한 글이다. 이어지는 질문에 답하시오. [43~44]

금융 산업이 디지털 혁명의 물결을 타고 빠르게 변화하고 있다. 특히 인공지능(AI) 기술의 발전은 은행 업무의 패러다임을 근본적으로 바꾸고 있다. 이와 같은 변화의 중심에서 은행은 새로운 도전과 기회를 마주하고 있다.

AI 기술은 은행의 다양한 영역에서 혁신을 이끌고 있다. 우선 리스크 관리 분야에서는 데이터 분석과 예측 모델링을 통해 더욱 정교한 의사결정을 가능케 한다. 대출 심사나 신용평가에 AI를 적용하면 기존 방식보다 더 정확하고 신속한 판단이 가능해진다. 이는 은행의 건전성을 높이는 동시에 고객에게도 더 나은 금융 서비스를 제공할 수 있게 한다.

고객 서비스 영역에서도 AI의 활용이 두드러진다. AI 챗봇은 24시간 고객 응대를 가능하게 하여 서비스의 접근성과 편의성을 크게 향상시킨다. 또한 AI 기반의 개인화 서비스는 고객의 니즈를 정확히 파악하여 맞춤형 상품과 서비스를 제안함으로써 고객 만족도와 충성도를 높인다. 이는 단순히 고객 서비스의 개선을 넘어 은행의 새로운 수익 창출로 이어질 수 있다.

보안 분야에서도 AI의 역할이 중요해지고 있다. AI 기반의 금융사기 탐지 시스템은 기존의 규칙 기반 시스템보다 더 효과적으로 이상 거래를 감지하고 예방할 수 있다. 이는 고객의 자산을 안전하게 보호하고 은행의 평판 리스크를 줄이는 데 기여한다.

업무 프로세스 자동화 역시 AI 기술 도입의 주요 영역이다. 반복적이고 단순한 업무를 AI가 처리함으로써 인력 운영의 효율성이 크게 개선된다. 이는 비용 절감으로 이어져 은행의 수익성 향상에 기여한다. 또한 직원들은 보다 가치 있는 업무에 집중할 수 있게 되어 전반적인 생산성 향상으로 이어진다.

그러나 본격적인 AI 기술 도입에 앞서 여러 문제점을 개선해야 한다. 우선 데이터의 품질과 양이 AI 시스템의 성능을 좌우하기 때문에 양질의 데이터 확보가 중요하다. 또한 AI 알고리즘의 투명성과 설명 가능성 확보도 중요한 과제이다. 특히 금융 분야에서는 AI의 의사결정 과정을 명확히 설명할 수 있어야 한다.

AI 활용에 따른 윤리적 문제도 간과할 수 없다. 개인정보 보호, 차별 방지, 책임 소재 등 다양한 윤리적 문제에 대한 대응책을 마련해야 한다. 이를 위해 은행은 AI 윤리 가이드라인을 수립하고 준수해야 하며, 규제 기관과의 협력을 통해 AI 활용에 대한 법적, 제도적 기반을 마련해야 한다.

AI 시스템 구축과 운영에 필요한 전문 인력 확보도 중요한 과제이다. 데이터 과학자, AI 엔지니어 등 AI 관련 전문가의 수요가 급증하고 있어 이들을 확보하고 육성하는 것이 은행의 경쟁력 확보에 중요한 요소가 될 것이다.

AI 기술은 은행 산업에 혁신적인 변화를 가져오고 있다. 이러한 변화에 적극적으로 대응하고 AI 기술을 효과적으로 활용하는 은행만이 미래 금융 시장에서 경쟁력을 유지하고 성장할 수 있다. AI는 단순한 기술 도입을 넘어 은행의 비즈니스 모델과 조직 문화를 근본적으로 변화시키는 촉매제 역할을 할 것이다. 따라서 은행은 AI 기술에 대한 지속적인 투자와 혁신을 통해 디지털 시대의 선도적인 금융 기관으로 거듭나야 한다. 이는 단순히 기술 혁신의 문제가 아니라 은행의 미래 생존과 번영을 위한 필수적인 과제일 것이다.

43 다음 중 윗글의 주제로 가장 적절한 것은?

① AI 의사결정 과정의 중요성
② AI 기술을 활용한 고객관리 방법
③ 취약한 금융 보안을 강화하는 AI 기술
④ AI 기술 고도화에 따른 금융 사업 역량 강화

44 다음 중 윗글의 내용으로 적절하지 않은 것은?

① AI의 발전은 은행의 여러 업무에서 광범위하게 사용될 것이다.
② AI 활용에 앞서 은행은 인공지능 윤리 가이드라인을 수립하고 준수해야 한다.
③ AI를 효과적으로 활용해야 미래 금융 시장에서 경쟁력을 확보할 수 있을 것이다.
④ 고객 리스크 관리 업무는 인간의 주관적 개입을 배제하고 AI를 활용하여 평가할 것이다.

45 다음은 우리나라 업종별 근로자 수 및 고령근로자 비율과 국가별 65세 이상 경제활동 참가율 현황에 대한 자료이다. 이에 대한 설명으로 옳은 것은?

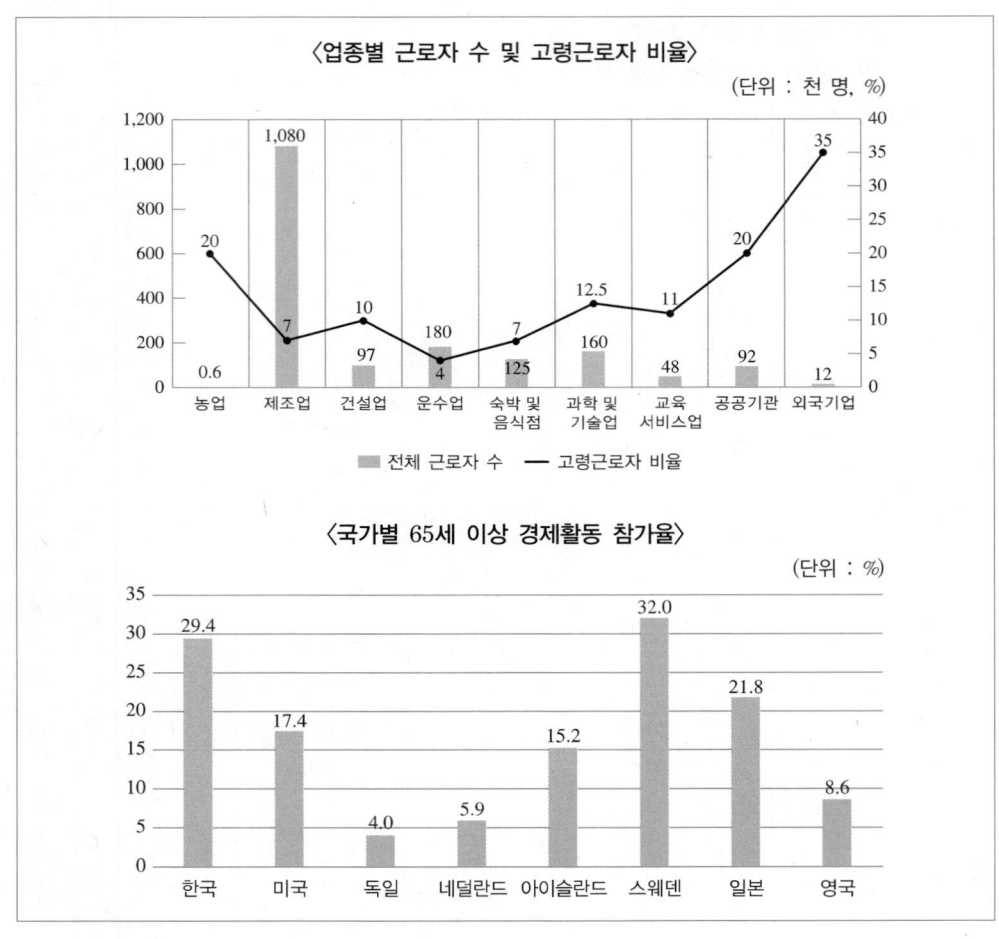

① 건설업에 종사하는 고령근로자는 외국기업에 종사하는 고령근로자 수의 3배 이상이다.
② 모든 업종의 전체 근로자 수에서 제조업에 종사하는 전체 근로자 비율은 80% 이상이다.
③ 국가별 65세 이상 경제활동 조사 인구가 같을 경우 미국 고령근로자 수는 영국 고령근로자 수의 3배 이상이다.
④ 농업과 교육 서비스업, 공공기관에 종사하는 총 고령근로자 수는 과학 및 기술업에 종사하는 고령근로자 수보다 많다.

46 M금고는 전사 프로젝트 관리 시스템을 개발하기 위해 협력업체를 구하려고 한다. 업체 정보와 평가 방법을 바탕으로 할 때, 다음 중 M금고에서 선정할 업체는?

〈전사 프로젝트 관리 시스템 후보 업체 정보〉

구분	기술점수			역량점수		
	특허 보유 수	R&D 투자율	기술 혁신성	만족도	문제해결능력	업무 생산성
A사	5개	15%	50점	95점	65점	56점
B사	4개	20%	30점	65점	90점	88점
C사	6개	16%	80점	80점	57점	49점
D사	11개	14%	60점	49점	67점	58점
E사	7개	9%	80점	71점	80점	74점

〈평가 방법〉

- 특허 보유 수에 따라 다음의 점수를 부여한다.
  - 1 ~ 3개 : 30점
  - 4 ~ 6개 : 50점
  - 7 ~ 9개 : 70점
  - 10개 이상 : 100점
- R&D 투자율에 따라 다음의 점수를 부여한다.
  - 10% 미만 : 60점
  - 20% 미만 : 80점
  - 20% 이상 : 100점
- 기술점수와 역량점수 각각의 평균점수를 구하고 기술평균점수의 40%와 역량평균점수의 60%를 합산한 총점이 가장 높은 업체를 선정한다.

① A사
② B사
③ D사
④ E사

※ 다음은 M금고 고객 기록에 대한 자료이다. 이어지는 질문에 답하시오. **[47~48]**

⟨기록 체계⟩

고객구분	업무	업무내용	접수창구
ㄱ	X	a	01

고객구분		업무		업무내용		접수창구	
ㄱ	개인고객	X	수신계	a	예금	01	1번창구
				b	적금	02	2번창구
ㄴ	기업고객			A	대출상담	03	3번창구
		Y	대부계	B	대출신청	04	4번창구
ㄷ	VIP고객			C	대출완료	05	5번창구
						00	VIP실

※ 업무내용은 대문자·소문자끼리만 복수선택이 가능함
※ 개인·기업고객은 일반창구에서, VIP고객은 VIP실에서 업무를 봄
※ 수신계는 a, b의 업무만, 대부계는 A, B, C의 업무만 볼 수 있음

⟨기록 현황⟩

ㄱXa10	ㄴYA05	ㄴYB03	ㄱXa01	ㄱYB03
ㄱXab02	ㄷYC00	ㄴYA01	ㄴYA05	ㄴYAB03
ㄱYAB00	ㄱYaA04	ㄱXb02	ㄷYB0	ㄱXa04

| MG새마을금고 지역본부

47 M금고를 방문한 기업 대표인 VIP고객이 대출신청을 했다. 기록 현황에 기재할 내용은?

① ㄴXB00   ② ㄴYB00
③ ㄷXB00   ④ ㄷYB00

| MG새마을금고 지역본부

48 기록 현황을 처리하는 도중 잘못 기록된 내용들이 발견되었다. 잘못된 기록은 모두 몇 개인가?

① 3개   ② 4개
③ 5개   ④ 6개

49 다음 글의 내용으로 가장 적절한 것은?

> 대출심사는 금융기관이 대출 신청자의 신용도와 상환 능력을 평가하는 중요한 과정으로, 이 과정에서는 신청자의 소득, 직업, 자산, 부채, 신용 이력 등 다양한 요소를 종합적으로 고려한다. 최근에는 인공지능(AI)과 빅데이터 기술을 활용하여 더욱 정확하고 신속한 심사가 가능해졌으며, 이러한 기술의 도입으로 과거에는 파악하기 어려웠던 비정형 데이터까지 분석할 수 있게 되어 심사의 정확도가 크게 향상되었다.
>
> 대출심사의 주요 목적은 금융기관의 리스크를 관리하고 건전한 대출 포트폴리오를 유지하는 것이다. 심사 결과에 따라 대출 승인 여부, 대출 한도, 이자율 등이 결정되며, 일반적으로 신용점수가 높고 안정적인 소득이 있는 신청자는 더 유리한 조건으로 대출을 받을 수 있다. 그러나 최근에는 신용점수 외에도 소득 대비 대출비율(LTI; Lone To Income ratio), 총부채상환비율(DTI; Debt To Income ratio) 등 다양한 대안적 지표들을 활용하여 신청자의 상환 능력을 평가하는 추세이다.
>
> 많은 금융기관들은 대출심사 과정에서 신청자의 상환 의지와 능력을 판단하기 위해 면담을 실시하기도 한다. 면담 과정을 통해 신청자의 재무 상황과 대출 목적에 더해 더 자세히 파악할 수 있으며, 일부 기관에서는 비대면 화상 면담 시스템을 도입하여 신청자의 편의성을 높이고 있다.
>
> 대출심사는 금융기관뿐만 아니라 대출 신청자에게도 중요한 과정이다. 신청자는 자신의 재무 상황을 객관적으로 평가받고, 적절한 대출상품을 선택하는 데 도움을 받을 수 있다. 또한, 일부 금융기관에서는 대출 거절 시 그 이유를 상세히 설명하고 개선 방안을 제시하여 신청자의 재무 건전성 향상을 돕고 있다.
>
> 최근에는 환경, 사회, 지배구조(ESG) 요소를 대출심사에 반영하는 금융기관들이 늘어나고 있다. 이는 기업의 지속 가능성과 사회적 책임을 평가하여 장기적인 리스크를 관리하고자 하는 노력의 일환이다.

① 대출심사에서 신용점수는 여전히 유일한 평가 기준으로 사용되고 있다.
② 모든 금융기관은 대출 거절 시 그 이유와 개선 방안을 상세히 제공하고 있다.
③ ESG 요소의 반영은 대출심사의 객관성을 떨어뜨리는 요인으로 작용하고 있다.
④ 일부 금융기관에서는 비대면 화상 면담 시스템을 도입하여 신청자의 편의성을 높이고 있다.

※ 다음은 I은행의 공정거래자율준수에 대한 자료이다. 이어지는 질문에 답하시오. [50~51]

〈공정거래자율준수〉

1. 공정거래 자율준수 프로그램 운영 원칙
   (1) 협력회사에 대한 원칙
      • 협력회사와 상호존중을 바탕으로 공정하게 거래한다.
      • 협력회사에 부당하게 유리 또는 불리한 취급을 하거나 경제상 이익을 요구하지 않는다.
      • 부당한 요구나 원하지 않는 거래조건을 협력회사에게 강제하지 않는다.
      • 협력회사의 기술, 지적재산권을 부당하게 요구하거나 침해하지 않는다.
   (2) 고객에 대한 원칙
      • 고객의 입장에서 오인성이 없도록 금융상품 정보를 바르게 전달한다.
      • 법적 기준에 맞게 표시·광고한다.
      • 공정한 약관을 사용하고 누구나 접근 가능하도록 명시한다.
   (3) 경쟁사에 대한 원칙
      • 경쟁사와 자유롭고 공정한 경쟁을 한다.
      • 불공정한 방법으로 경쟁사의 기술을 이용하거나 이익을 침해하지 않는다.
      • 담합을 하지 않는다.
      • 부당한 방법으로 경쟁사의 고객을 유인하지 않는다.

2. 교육시스템

구분	부서자체교육	부서입점교육	상담	집합교육
주기	분기 1회	수시	수시	반기 1회
교육시간	1시간	1시간	–	2시간
교육대상	전 직원	전 직원	전 직원	법 위반 가능성이 높은 부서 임직원
교육내용	• 공정경쟁제도의 도입 목적과 체계의 이해 • 공정거래 관련 법규 및 사례 • 자율준수 편람	• 자율준수 체크리스트 내용 이해 • 관련 업무 분야별 사례 • 감독 및 규제기관 동향	• 실무 관련 의문사항 상담 및 처리방향 지도 • 공정거래 관련 법규 및 최신 사례 설명	• 내/외부전문가 강의 • 공정경쟁 현안 내용 전달 • 공정거래 위반 의심 사례 발생 시 업무처리 방향 지도

50 다음 중 위 자료를 보고 추론한 내용으로 가장 적절한 것은?

① 고객 입장에서 혼란을 줄 수 있는 정보는 기재하지 않아야 한다.
② 자사의 거래조건을 협력회사가 원하지 않을 경우 수정하여야 한다.
③ 법 위반 가능성이 높은 부서 직원은 정기 교육을 연간 6회 받는다.
④ 경쟁사를 이용하고 있는 고객에게 자사의 상품을 이용하도록 유도해서는 안 된다.

51 다음 중 위 자료의 내용으로 적절하지 않은 것은?

① 협력회사만이 유리하거나 자사만이 유리한 거래는 지양하여야 한다.
② 이득을 취하기 위해 경쟁사와 미리 의논하거나 합의하여서는 안 된다.
③ 불공정거래가 의심이 될 때에는 상담을 통하여 업무처리 방향을 지도받아야 한다.
④ 협력회사의 기술이나 지적재산권의 사용이 필요할 때는 정당한 대가를 지불하여야 한다.

52 다음은 IBK기업은행의 채권상품인 IBK2024특판중금채의 상품설명서이다. 이에 대한 설명으로 옳은 것은?

〈IBK2024특판중금채〉

구분	세부사항
상품특징	• 우대조건이 쉬운 특판 거치식 상품 • 중소기업금융채권
상품과목	• 일시예치식, 채권
가입금액	• 1인당 1백만 원 이상 10억 원 이내(원 단위)
가입대상	• 실명의 개인(법인사업자, 외국인 비거주자 제외) ※ 계좌 수 제한 없음
계약기간	• 1년, 2년, 3년
금리	• 기본금리 　- 12개월 : 연 3.74% 　- 24개월 : 연 3.62% 　- 36개월 : 연 3.62% • 우대금리 : 아래 조건 중 하나 이상을 충족하고 만기해지하는 경우 최대 연 0.2%p 　(1) 최초신규고객 　　ㄱ. 실명등록일로부터 3개월 이내 　　ㄴ. 가입일 직전월 기준 6개월간 총수신평잔 0원 　(2) 마케팅 동의 　　가입 시점에 상품서비스 마케팅 문자 수신이 동의 상태인 경우(기존 미동의 고객이 계좌신규 이후 동의한 경우는 불가) 　(3) 'IBK청년희망적금' 만기해지고객 　　가입 시점에 IBK청년희망적금 만기해지 이력을 보유한 경우(중도해지 및 특별중도해지 인정 불가)
이자지급방법	• 만기일시지급식 • 만기(후) 또는 중도해지 요청 시 이자를 지급
가입방법	• 영업점, i-ONE 뱅크
유의사항	• 비과세종합저축 가입 가능 • 계약기간 만료일 이후의 이자는 과세됨

① 해당 상품은 법인사업자와 외국인의 가입은 불가능한 상품이다.
② 해당 상품에 가입 시 적용받을 수 있는 최대 금리는 연 3.94%이다.
③ 최초 상품 가입일에 마케팅 미동의 상태 고객은 최대 우대금리 혜택을 적용받을 수 없다.
④ 가입 가능한 계좌 수의 제한은 없으며, 가입 가능한 금액은 계좌당 1백만 원 이상 10억 원 이내이다.

53 다음은 IBK기업은행의 적금상품인 IBK청년도약계좌의 상품설명서이다. 이에 대한 설명으로 옳은 것은?

〈IBK청년도약계좌〉

구분	세부사항
상품특징	• 청년의 중장기 자산형성을 지원하는 적금상품으로, 정부기여금과 비과세 혜택을 제공
상품과목	• 자유적립식
가입금액	• 신규금액 : 최소 1천 원 이상 • 납입한도 : 매월 70만 원 이하(천 원 단위) ※ 연간 납입한도 : 840만 원

가입대상	• 실명의 개인인 거주자로서 다음 ①~②의 요건을 모두 충족하는 자
	① 가입일 기준 만 19~34세 이하인 자
	② 아래 소득요건 중 어느 하나에 해당하는 자
	  - 직전 과세기간의 총급여액이 75백만 원 이하
	  - 직전 과세기간의 종합소득과세표준에 합산되는 종합소득금액이 63백만 원 이하
	※ 전 금융기관 1인 1계좌
	※ 청년희망적금 보유자 계좌개설 불가(단, 청년희망적금 해지 전 가입신청은 가능)

계약기간	• 5년제

금리	• 기본금리 : 4.5%
	• 우대금리 : 최고 연 1.5%p
	 - 개인소득구간 2,400만 원 이하 : 연 0.5%
	 - 다음 중 1개 이상 충족 시 항목별 우대금리 제공
	  (1) 급여이체(50만 원 이상) 실적 36개월 이상 : 0.5%p
	  (2) 가입시점 최초신규고객 : 0.3%p
	  (3) 지로 / 공과금 자동이체(월 2건 이상) 실적 36개월 이상 : 0.2%p

정부기여금	• 지급금액 : (본인 납입금액과 기여금 적용한도 중 적은금액)×(지급비율)=(월 정부기여금) {| 개인소득구간	기여금 적용한도(월)	기여금 지급비율 | | --- | --- | --- | | 2,400만 원 이하	40만 원	6.0% | | 3,600만 원 이하	40만 원	4.6% | | 4,800만 원 이하	60만 원	3.7% | | 6,000만 원 이하	70만 원	3.0% | | 6,000만 원 초과	미지급 ||}
이자지급방법	• 만기일시지급식
가입절차	• 다음 절차에 따라 진행 (1) 가입신청 : i-ONE 뱅크(개인) (2) 가입요건 확인 및 가입 가능 여부 안내 : 서민금융진흥원(최대 3주 소요) (3) 계좌개설 : 영업점 및 i-ONE 뱅크(단, 외국인의 경우 영업점만 가능)
유의사항	• 예금잔액증명서 발급 당일에는 입금, 출금, 이체 등 잔액 변동 불가

① IBK청년도약계좌에 가입하더라도 정부기여금 지급대상자에서는 제외될 수 있다.
② 가입월을 포함하여 11개월간 납입금액이 750만 원이라면, 익월 납입 가능한 금액은 90만 원이다.
③ 청년희망적금 보유자의 경우 해지 이후 IBK청년도약계좌에 가입신청 및 계좌개설이 가능하다.
④ 내국인은 비대면으로 가입신청 및 계좌개설이 가능하나, 외국인의 경우 대면으로만 가입신청 및 계좌개설이 가능하다.

※ 다음은 탄력적 근로시간제와 초과수당 산정방법에 대한 자료이다. 이어지는 질문에 답하시오. [54~55]

⟨탄력적 근로시간제⟩

- 탄력적 근로시간제는 법정 근로시간을 채우기만 하면 근로자의 출·퇴근시간의 제약 없이 근무를 허용하는 제도이다.
- 탄력적 근로시간제는 2주 이내 유형과 3개월 이내 유형이 있으며 다음과 같이 적용한다.

유형	내용
2주 이내	• 2주 이내의 단위기간을 평균하여 1주 평균 근무시간이 40시간을 초과하지 않는 범위에서 특정 주에 40시간, 특정일에 8시간을 초과하여 근무한다. • 특정 주의 근무시간은 48시간을 초과할 수 없다. • 일일 최대 12시간을 초과하여 근무할 수 없다.
3개월 이내	• 3개월 이내 일정한 기간(1개월, 3개월 등)을 단위기간으로 운용하며, 단위기간을 평균하여 1주 평균 근무시간이 40시간을 초과하지 않는 범위에서 특정 주에 40시간, 특정 일에 8시간을 초과하여 근무한다. • 특정 주의 근무시간은 48시간을 초과할 수 없다. • 일일 최대 12시간을 초과하여 근무할 수 없다.

- 탄력적 근로시간제를 통해 오후 6시를 초과하여 근무할 경우 초과수당을 지급한다.

[예] 2주 이내 유형을 적용할 때, 다음과 같이 근무시간을 조정할 수 있다.

(단위 : 시간)

구분	월요일	화요일	수요일	목요일	금요일	총 근무시간
1주	8	10	8	12	9	47
2주	9	11	5	4	4	33
단위기간 평균 근무시간						$\frac{47+33}{2}=40$

2주차 수요일에 오후 3시부터 오후 8시까지 근무한다면 2시간에 해당하는 초과수당을 지급한다.

⟨초과수당 산정방법⟩

- 사용자는 근로자가 오후 6시를 초과하여 근무할 경우 통상시급의 50%를 가산하여 초과로 근무한 시간만큼 지급한다.
- 통상시급은 [(월 기본급)+(월 고정수당)+(연간 상여금)÷12]÷209로 산정한다.

54 다음은 직원 A ~ D 4명이 탄력적 근로시간제의 2주 이내 유형을 적용하여 근무한 근무시간표이다. 2월 16일에 근무한 시간이 두 번째로 긴 사람은?

〈A ~ D 근무시간〉

(단위 : 시간)

근무일 직원	1주					2주				
	2/5	2/6	2/7	2/8	2/9	2/12	2/13	2/14	2/15	2/16
A	7	10	9	8	10	6	5	8	7	
B	5	6	7	7	9	12	10	10	9	
C	8	7	7	7	11	10	9	10	5	
D	6	6	10	9	8	7	8	6	9	

① A
② B
③ C
④ D

55 E가 탄력적 근로시간제를 적용하여 오전 11시부터 9시간 동안 근무하였을 때, 다음 〈조건〉에 따라 E가 받게 되는 초과수당은?

조건
- 점심시간(휴게시간)은 오후 1시부터 2시까지로 근무시간에 포함되지 않는다.
- E의 월 기본급은 275만 원이다.
- E의 월 고정수당은 20만 원이고, 연간 상여금은 144만 원이다.

① 약 64,286원
② 약 66,101원
③ 약 68,745원
④ 약 71,072원

56 I회사의 기획팀 부장 1명, 대리 2명, 주임 3명, 사원 2명이 다음과 같은 회의실을 이용하고자 한다. 〈조건〉에 따라 앉을 때, 자리에 앉을 수 있는 경우의 수는?

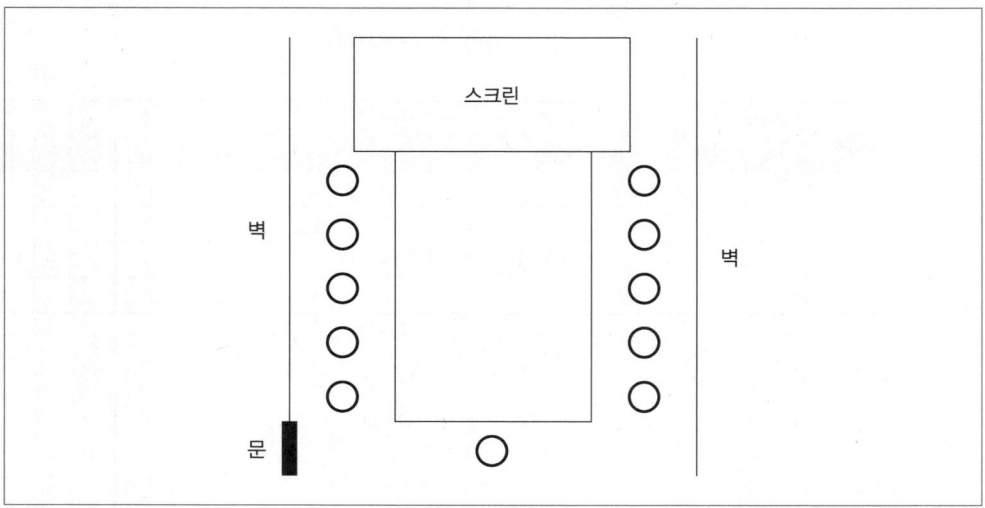

조건
- 스크린의 맞은편에는 부장이 앉는다.
- 스크린과 가장 가까운 자리 중 하나는 노트북을 연결해야 하므로 앉을 수 없다.
- 대리 2명은 부장과 가장 가까운 자리에 앉는다.
- 사원은 대리 바로 옆에 앉아야 한다.

① 480가지
② 960가지
③ 2×9!가지
④ $\dfrac{11!}{2}$ 가지

57 다음은 여러 과일의 평균 무게 및 수확량과 운반 거리에 대한 자료이다. 〈조건〉에 따라 화물차로 수확한 과일을 옮길 때, 총운임이 가장 많은 과일은?(단, 과일 한 종류당 하나의 트럭으로만 옮긴다)

〈과일별 평균 무게 및 수확량〉

구분	사과	귤	배	토마토
평균 무게	250g	5g	750g	200g
수확량	2,000개	700,000개	4,000개	7,500개
운반거리	75km	30km	40km	60km

조건
- 0.5t 이하, 20km 이하 운반 시 기본운임 35,000원을 적용한다.
- 운반하고자 하는 무게가 0.5t 단위로 증가할 때마다 20,000원을 추가로 지불해야 한다.
  (0.5t 이하 : 0원, 0.5t 초과 1t 이하 : +20,000원, 1t 초과 1.5t 이하 : +40,000원, …)
- 운반하고자 하는 거리가 10km 단위로 증가할 때마다 10,000원을 추가로 지불해야 한다.
  (20km 이하 : 0원, 20km 초과 30km 이하 : +10,000원, 30km 초과 40km 이하 : +20,000원, …)

[예] 화물의 총무게가 1.3t이고 운반거리가 33km일 때, 총운임은 다음과 같이 산정한다.
  기본운임 : 35,000원
  추가운임 : 화물의 무게가 1t 초과 1.5t 이하이므로 40,000원, 운반거리가 30km 초과 40km 이하이므로 20,000원이 추가된다.
  따라서 총운임은 35,000+40,000+20,000=95,000원이다.

① 사과 ② 귤
③ 배   ④ 토마토

58 다음은 I은행의 중기근로자우대적금 및 O사 직원들의 가입 시점 근속연수에 대한 자료이다. O사 직원 모두 중기근로자우대적금에 가입하였을 때, O사 직원들의 만기 시 적용금리의 평균은?(단, 모든 직원은 당행 급여이체 실적을 충족하였으며, 만기 때까지 중도해지는 없었다)

〈중기근로자우대적금〉

구분	내용
계약기간	1년
고시금리	연 3.5%
이자지급방식	만기일시지급, 단리식
가입대상	실명의 개인(개인사업자 제외) 1인 1계좌
적립한도	월 1만 원 이상 100만 원 이하(만 원 단위)
적립방법	자유적립

우대금리	계약기간 동안 아래 조건을 충족하고 만기 해지 시 우대금리 제공
	① 중소기업 근로자로 확인된 경우, 가입 시점 근속연수에 따라 차등 적용
	  - 5년 미만 : 연 0.5%p
	  - 5년 이상 10년 미만 : 연 0.8%p
	  - 10년 이상 15년 미만 : 연 1%p
	  - 15년 이상 : 연 1.2%p
	② 당행 급여이체 실적(월 50만 원 이상) 6개월 이상인 경우 : 연 1%p

〈O사 직원 가입 시점 근속연수〉

구분	근속연수	구분	근속연수
A직원	4년	G직원	8년
B직원	17년	H직원	8년
C직원	9년	I직원	20년
D직원	25년	J직원	1년
E직원	3년	K직원	13년
F직원	1년	L직원	12년

① 약 5.15%
② 약 5.21%
③ 약 5.27%
④ 약 5.33%

59 다음은 2023년 7 ~ 12월의 미국, 중국, 일본 환율에 대한 자료이다. 이에 대한 설명으로 옳은 것은?

〈2023년 7 ~ 12월 미국·중국·일본 환율〉

구분	7월	8월	9월	10월	11월	12월
미국(원/달러)	1,308	1,346	1,357	1,375	1,331	1,329
중국(원/위안)	188	191	192	193	190	192
일본(원/엔)	9.27	9.3	9.19	9.2	8.88	9.23

① 7월 대비 12월의 환율 증가율이 가장 큰 국가는 미국이다.
② 8 ~ 12월 동안 미국의 전월 대비 환율은 꾸준히 상승하였다.
③ 7 ~ 12월 동안 위안화 대비 엔화는 항상 20엔/위안 이상이다.
④ 8 ~ 12월 동안 중국과 일본의 전월 대비 환율의 증감 추이는 같다.

60 다음은 I은행의 2019 ~ 2023년 인터넷뱅킹 이용 실적 및 이용 금액에 대한 자료이다. 이에 대한 설명으로 옳지 않은 것은?

〈인터넷뱅킹 이용 실적〉

(단위 : 만 건)

구분	2019년	2020년	2021년	2022년	2023년
합계[(이체)+(대출)]	248	260	278	300	334
모바일뱅킹	177	190	214	238	272
이체	247.9	259.7	277.5	299.3	333.1
대출	0.1	0.3	0.5	0.7	0.9

〈인터넷뱅킹 이용 금액〉

(단위 : 억 원)

구분	2019년	2020년	2021년	2022년	2023년
합계[(이체)+(대출)]	96,164	121,535	167,213	171,762	197,914
모바일뱅킹	19,350	27,710	40,633	44,658	57,395
이체	95,677	120,398	165,445	169,368	195,151
대출	487	1,137	1,768	2,394	2,763

① 2020 ~ 2023년 동안 전체 인터넷뱅킹 이용 실적과 이용 금액은 모두 전년 대비 매년 증가하였다.
② 2019 ~ 2023년 동안 전체 인터넷뱅킹 이용 실적 중 모바일뱅킹 이용 실적은 매년 70% 이상이었다.
③ 2019 ~ 2023년 동안 전체 인터넷뱅킹 이용 금액 중 모바일뱅킹 이용 금액은 매년 30% 미만이었다.
④ 2020 ~ 2023년 동안 인터넷뱅킹 대출 이용 실적 건수당 대출 금액은 전년 대비 매년 증가하였다.

앞선 정보 제공! 도서 업데이트

언제, 왜 업데이트될까?

도서의 학습 효율을 높이기 위해 자료를 추가로 제공할 때!
공기업 · 대기업 필기시험에 변동사항 발생 시 정보 공유를 위해!
공기업 · 대기업 채용 및 시험 관련 중요 이슈가 생겼을 때!

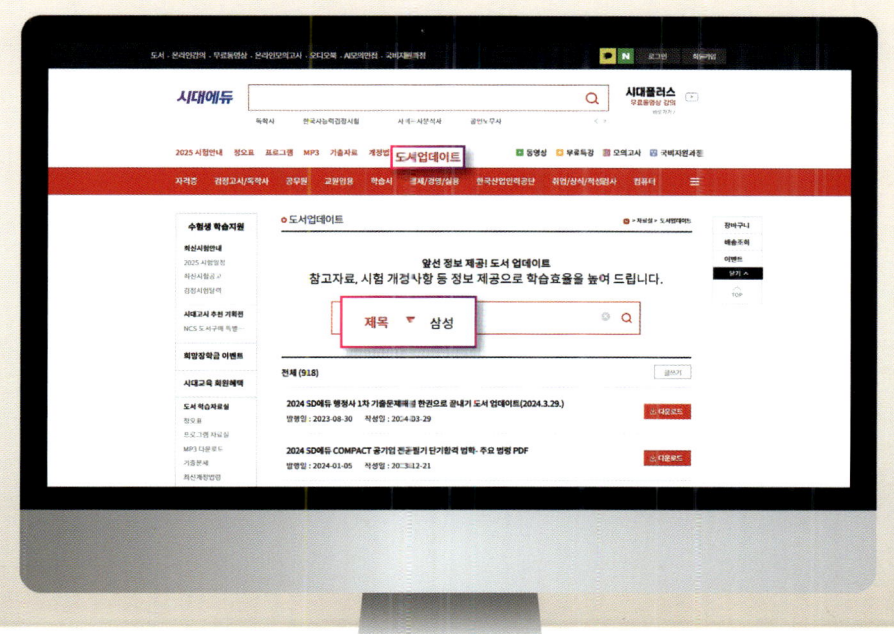

01 시대에듀 도서 www.sdedu.co.kr/book 홈페이지 접속

02 상단 카테고리 『도서업데이트』 클릭

03 해당 기업명으로 검색

참고자료, 시험 개정사항 등 정보 제공으로 학습효율을 높여 드립니다.

시대에듀
금융권 필기시험 시리즈

알차다!
꼭 알아야 할 내용을 담고 있으니까

친절하다!
핵심내용을 쉽게 설명하고 있으니까

명쾌하다!
상세한 풀이로 완벽하게 익힐 수 있으니까

핵심을 뚫는다!
시험 유형과 흡사한 문제를 다루니까

"신뢰와 책임의 마음으로 수험생 여러분에게 다가갑니다."

"농협" 합격을 위한 시리즈

농협 계열사 취업의 문을 여는
Master Key!

※ 도서의 이미지 및 구성은 변동될 수 있습니다.

2025 하반기

| NCS 핵심이론 및 대표유형 무료 PDF · 온라인 모의고사 무료쿠폰

기출이 답이다

KB 국민은행

정답 및 해설

편저 | SDC(Sidae Data Center)

SDC
SDC는 시대에듀 데이터 센터의 약자로 약 30만 개의 NCS · 적성 문제 데이터를
바탕으로 최신 출제경향을 반영하여 문제를 출제합니다.

7개년 기출복원문제 + 주요 금융권 기출복원문제 + 무료 NCS 특강

출제영역별 유형풀이 TIP으로 필기전형 대비!
7개년 기출복원문제로 기출유형 완전 분석!

PART 2 기출복원문제

정답 및 해설

CHAPTER 01 | 2025년 상반기 기출복원문제

| 01 | 직업기초능력

01	02	03	04	05	06	07	08	09	10	11	12	13	14	15
④	①	②	③	②	②	④	④	④	③	①	②	④	②	③

01 정답 ④

국내 외환시장의 개장시간을 연장하기 전에는 오후 3시 30분에 마감이 되어 거래 자체가 불가능했다. 따라서 동일한 환율로 거래가 이루어졌다는 것은 적절하지 않은 내용이다.

오답분석

① 종가란 증권시장에서 마지막으로 거래가 이루어진 가격을 뜻한다. 따라서 국내 외환시장의 개장시간 연장으로 달러의 마지막 거래는 새벽 2시에 이루어지므로 이때의 거래가격이 종가가 된다.
② 두 번째 문단에 따르면 국내 외환시장의 개장시간 연장은 원/달러 환율에만 적용되는 것이며, 이종통화의 거래시간은 변경 전과 동일하게 운영된다고 하였다.
③ 국내와 시간 차이가 있어 새벽이나 밤에만 국내 주식의 거래가 가능했던 해외 투자자들의 경우 기존보다 늘어난 거래시간으로 인해 시간적 편의를 볼 것으로 예측된다.

02 정답 ①

스톡옵션은 일정 기간이 지나면 주가와 무관하게 처음 약정한 가격으로 주식을 살 수 있는 권리로, 주가가 약정한 가격보다 높으면 그 차이만큼 이득을 취할 수 있다. 하지만 주가가 약정한 가격보다 낮으면 약정한 가격으로 사는 의미가 없어 사실상 재산적 가치가 없어질 뿐, 기간 경과에 의해 소멸하는 권리는 아니다.

오답분석

② RSU는 무상으로 부여되고 일정 기간 경과 후 주식으로 전환할 수 있는 권리이므로 주가가 높아질수록 재산적 가치 또한 높아질 것이다.
③ RSU의 지급거래 현황 공시로 총수 일가의 지분 변동 내역과 향후 변동 가능성에 대해서도 예측이 가능해졌으므로 투자자들의 대기업 투자에 영향이 있을 것을 예측할 수 있다.
④ 첫 번째 문단과 마지막 문단의 내용으로 보아 상당한 재산적 가치가 발생할 수 있는 RSU를 통해 총수 일가가 지분율 확대와 경영권 승계 수단으로 이를 악용할 것을 우려해 해당 공시를 의무화한 것임을 알 수 있다.

03 정답 ②

두 번째 문단에 따르면 디딤펀드의 주 타깃층은 투자는 부담스럽고 예금 금리간으로는 부족한 고객이다. 따라서 이 상품은 원리금 보장형 상품과 실적배당형 상품의 중간 단계에 위치하는 상품으로 보는 것이 더 적절하다.

오답분석

① 첫 번째 문단에 따르면 기존 퇴직연금 시장은 원리금보장 상품에 초점이 맞춰져 있다고 하였다.
③ 공모펀드란 새로운 주식이나 사채를 발행하여 일반들을 대상으로 공개 모집하는 펀드를 말한다. 디딤펀드가 이러한 공모펀드에 해당하며, 마지막 문단에 따르면 새로운 펀드를 출시해 알리고자 할 때는 일부 운용사에 국한하지 않고 다양한 판매창구를 통한 판매가 필요하다고 하였다.
④ 디딤펀드는 안정성 확보를 위해 분산투자를 하는 상품으로, 한 곳에 집중 투자하고자 하는 고객에게는 적합하지 않은 상품이다.

04 정답 ③

네 번째 문단에 따르면 현 규정상 금융당국은 PG사가 전자금융감독규정을 어겼을 경우 개선 계획 및 약정서 제출을 지시하거나 협약을 체결할 수 있다. 다만 직접적인 경영 개선 명령은 할 수 없는 상황이다. 따라서 금융당국은 PG사의 경영에 부분 관여할 수 있다.

오답분석

① 마지막 문단에 따르면 현 규정상 PG사는 인가제가 아닌 등록제이므로 금융당국의 허가가 필요하지 않다.
② 두 번째 문단 따르면 업체별로 정산주기가 다르므로 대금 정산주기에 대한 규정은 각 업체가 자율적으로 정했음을 알 수 있다.
④ 두 번째 문단에 따르면 과하게 길었던 정산주기로 인해 일부 판매자들은 선정산 대출을 받아야만 했던 상황이 지속되었으므로 판매자들의 자금 융통에 상당한 어려움이 있었음을 알 수 있다.

05 정답 ②

면허를 발급하는 것은 면허 발급 방식이며, 보조금을 지급받는 것은 보조금 지급 방식으로 둘 사이의 연관성은 없다.

오답분석

① 과거에는 공공 서비스가 경합성과 배제성이 모두 약한 사회 기반 시설 공급을 중심으로 제공되었다. 이런 경우 서비스 제공에 드는 비용은 주로 세금을 비롯한 공적 재원으로 충당을 한다.
③ 정부는 위탁 제도를 도입함으로써 정부 조직의 규모를 확대하지 않으면서 서비스으 전문성을 강화할 수 있다.
④ 공공 서비스의 다양화와 양적 확대가 이루어지면서 행정 업무의 전문성 및 효율성이 떨어지는 문제점이 나타나기도 한다.

06 정답 ②

에어컨과 냉장고의 핵심부품은 컴프레서로 동일하나, 에어컨 컴프레서의 보증기간은 4년, 냉장고 컴프레서의 보증기간은 3년이다.

07 정답 ④

'근대화'를 p, '전통 사회 생활양식의 변화'를 q, '전통 사회의 고유성 유지'를 r, '문화적 전통 확립'을 s라고 하면, 제시된 명제는 각각 $p \rightarrow q$, $q \rightarrow \sim r$, $r \rightarrow s$이다. 이때 두 번째 명제의 대우인 $r \rightarrow \sim q$가 성립한다. 따라서 전통 사회의 고유성을 유지한다면 생활양식의 변화 없이 문화적 전통을 확립할 수 있다.

08 정답 ④

만약 A가 진실이라면 동일하게 A가 사원이라고 말한 C도 진실이 되어 진실을 말한 사람이 2명이 되므로, A와 C는 모두 거짓이다. 또한 E가 진실이라면 B가 사원이므로 A의 'D는 사원보다 직급이 높아.'도 진실이 되어 역시 진실을 말한 사람이 2명이 되기 때문에 E도 거짓이다. 그러므로 B와 D 중 1명이 진실이다.

ⅰ) B가 진실인 경우
E는 차장이고, B는 차장보다 낮은 3개 직급 중 하나이다. C가 거짓이므로 A가 과장이고, E가 거짓이기 때문에 B는 사원이 아니므로 B는 대리가 되고, A가 거짓이므로 D는 사원이다. 그러면 남은 부장 자리가 C여야 하는데, E가 거짓이므로 C는 부장이 될 수 없어 모순이 된다. 즉, B의 진술은 거짓이다.

ⅱ) D가 진실인 경우
E는 부장이고 C가 거짓이므로 A는 과장이며, A가 거짓이므로 D는 사원이다. B가 거짓이므로 B는 차장보다 낮은 직급이 아니기 때문에 차장이고, C는 대리가 된다.

따라서 진실을 말한 사람은 D이다.

09 정답 ④

노선별 K은행에서 오전 8시 30분에 출발하여 시청에 도착하는 시각은 각각 다음과 같다.
- 노선 A : 8시 30분 탑승 ~ 9시 02분 도착 → 가장 적절
- 노선 B : 8시 30분 탑승 ~ 9시 21분 도착
- 노선 C : 9시 탑승 ~ 9시 18분 도착

노선별 시청에서 오전 9시 42분에 출발하여 K은행으로 돌아오는 시각은 각각 다음과 같다.
- 노선 A : 10시 10분 탑승 ~ 10시 38분 도착
- 노선 B : 9시 45분 탑승 ~ 10시 30분 도착
- 노선 C : 10시 탑승 ~ 10시 15분 도착 → 가장 적절

따라서 강대리는 시청까지 노선 A, 다시 돌아오는 버스는 노선 C를 이용하고, 그 요금은 총 1,800+3,400=5,200원이다.

10 정답 ③

노선별 K은행에서 오후 4시 10분에 출발하여 시청에 도착하는 시각은 각각 다음과 같다.
- 노선 A : 4시 30분 탑승 ~ 5시 02분 도착(1,800원)
- 노선 B : 4시 10분 탑승 ~ 5시 01분 도착(1,200원) → 가장 적절
- 노선 C : 5시 탑승 ~ 5시 18분 도착(3,100원)

노선별 시청에서 오후 5시 01분에 출발하여 K은행으로 돌아오는 시각은 각각 다음과 같다.
- 노선 A : 5시 10분 탑승 ~ 5시 38분 도착(1,900원) → 가장 적절
- 노선 B : 5시 15분 탑승 ~ 6시 도착(1,400원)
- 노선 C : 6시 탑승 ~ 6시 15분 도착(3,400원)

따라서 6시 전에 도착하면서 요금이 가장 저렴한 노선은 '노선 B - 노선 A'이다.

11 정답 ①

월복리 적금상품의 연이율이 2.4%이므로 월이율은 $\frac{0.024}{12}=0.002=0.2\%$이다.

- 월초에 100만 원씩 24개월간 납입할 때 만기 시 원리합계
$$: \frac{100 \times 1.002 \times (1.002^{24}-1)}{1.002-1} = \frac{100 \times 1.002 \times (1.049-1)}{0.002} = 2,454.9 \text{만 원}$$

- 월초에 200만 원씩 12개월간 납입할 때 만기 시 원리합계
$$: \frac{200 \times 1.002 \times (1.002^{12}-1)}{1.002-1} = \frac{200 \times 1.002 \times (1.024-1)}{0.002} = 2,404.8 \text{만 원}$$

따라서 두 원리합계의 차이는 2,454.9-2,404.8=50.1만 원이다.

12 정답 ②

각 월드컵에서 진행되는 경기 수는 다음과 같다.
- 2022년 카타르 월드컵
  - 조별리그 : $_4C_2 \times 8 = 48$경기
  - 본선 토너먼트 : 8(16강)+4(8강)+2(4강)+1(3, 4위전)+1(결승)=16경기
  → 총 48+16=64경기
- 2026년 북중미 월드컵
  - 조별리그 : $_4C_2 \times 12 = 72$경기
  - 본선 토너먼트 : 16(32강)+8(16강)+4(8강)+2(4강)+1(3, 4위전)+1(결승)=32경기
  → 총 72+32=104경기

따라서 2022년 카타르 월드컵과 2026년 북중미 월드컵에서 진행되는 경기 수는 총 64+104=168경기이다.

13 정답 ④

100,000엔은 100,000×8.6=860,000원이고, $\frac{860,000}{1,300} \fallingdotseq 661.54$달러이므로 송금수수료는 건당 5,000원이며, 전신료는 건당 8,000원이다. 따라서 지불해야 하는 당발송금수수료는 (5,000×3)+(8,000×3)=15,000+24,000=39,000원이다.

14 정답 ②

2023년 대비 2024년 은행 지점 수 변동률을 바탕으로 한 지역별 2024년 은행 지점 수는 각각 다음과 같다.

(단위 : 개소)

구분	2024년 은행 지점 수	합계
㉠지역	• A은행 : 5,000×(1+0.10)=5,500 • B은행 : 2,000×(1+0.03)=2,060 • C은행 : 변동 없음(0%)=3,000	5,500+2,060+3,000=10,560
㉡지역	• D은행 : 6,000×(1-0.08)=5,520 • E은행 : 4,000×(1+0.30)=5,200	5,520+5,200=10,720
㉢지역	• F은행 : 1,000×(1+0.25)=1,250 • G은행 : 4,000×(1-0.07)=3,720 • H은행 : 3,500×(1-0.20)=2,800	1,250+3,720+2,800=7,770
㉣지역	• I은행 : 6,500×(1+0.08)=7,020 • J은행 : 3,000×(1-0.10)=2,700	7,020+2,700=9,720

따라서 2024년 은행 지점 수가 가장 많은 지역은 ㉡지역이다.

15 정답 ③

직원별 주거비는 각각 다음과 같다.
- A직원(영등포구 전세) : 500,000+(50×30×12)=518,000천 원
- B직원(은평구 월세) : 380,000+{(500+50)×20×12}=512,000천 원
- C직원(강동구 전세) : 490,000+{(30+10)×25×12}=502,000천 원
- D직원(금천구 월세) : 330,000+{(450+40)×30×12}=506,400천 원

따라서 주거비를 가장 적게 지불한 사람은 C직원이다.

| 02 | 직무심화지식

01	02	03	04	05	06	07	08	09	10	11	12	13	14	15	16	17			
②	③	②	③	④	④	④	③	②	④	④	③	③	④	②	③	②			

01 정답 ②

DC(확정기여형 퇴직연금), IRP(개인형 퇴직연금), 정기적금(적립식예금), 주택청약예금(저축성예금)은 예금보험공사의 보호금융상품이지만, DB(확정급여형 퇴직연금)은 비보호금융상품이다.

02 정답 ③

베타는 시장위험에 대한 개별 자산의 변동성을 나타내는 지표로, 개별 자산의 고유위험을 나타내지는 않는다.

[오답분석]
① 베타가 1보다 크면 시장보다 변동성이 크고, 1보다 작으면 시장보다 변동성이 작다는 것을 의미한다. 1인 경우 시장과 개별 자산이 동일한 변동성을 나타낸다.
② 베타는 과거 데이터를 활용하여 계산하므로 미래의 변동성을 파악하기 쉽지 않다.
④ 베타는 주로 과거 수익률 데이터를 바탕으로 시장 수익률의 변동에 대한 개별 자산의 민감도를 회귀분석을 통해 계산한다.

03 정답 ②

개시증거금이란 파생상품 거래를 시작할 때 필요한 증거금을 의미하며, 파생상품 거래 시 필요한 최소한의 증거금은 위탁증거금이다.

[오답분석]
① 파생상품 기초자산은 금융상품, 일반상품 모두 가능하며, 선도거래, 선물, 옵션 등이 모두 해당한다.
③ 선물은 거래를 약속하는 계약이다.
④ 옵션은 매수 및 매도의 권리를 거래하는 계약이다.

04 정답 ③

회수 가능성이 거의 없어 손실처리가 불가피한 여신은 추정손실이다. 회수의문은 회수 가능성이 불확실하여 손실처리 가능성이 있는 여신이다.

[오답분석]
① 요주의 여신은 3개월 이상 1년 미만 연체된 여신을 의미하며, 정상 거래처보다 주의를 요하는 여신이다.
② 고정이하여신비율이 높을수록 부실채권 규모가 커 은행의 자산건전성이 나쁘게 평가된다.
④ 금융기관 여신은 정상, 요주의, 고정, 회수의문, 추정손실 5단계로 분류되며, 이 중 고정, 회수의문, 추정손실 여신을 합쳐 고정이하여신이라 한다.

05 정답 ④

커버드콜 ETF는 주식 또는 특정 지수의 콜옵션을 매도하여 이익을 추구하는 상품이다.

[오답분석]
① ETF는 단기간에 높은 수익률을 기대하기 어렵기 때문에 단기투자보다 장기투자에 적합하다.
② ETF는 주식의 배당금과 마찬가지로 분배금이 존재하며, ETF에 포함되어 있는 주식의 배당금으로 분배금이 지급된다.
③ ETF는 장내에서 주식처럼 거래할 수 있기 때문에 환매도 쉽고 수수료도 더 적게 든다.

06 정답 ④

DTI는 차입자의 소득에 대한 부채의 비율로 나타낸다.

오답분석
① DSR은 기타대출도 연간 원리금상환액을 보기 때문에 일반적으로 DTI가 DSR보다 대출한도가 높게 나온다.
② 경기부양을 목표로 할 경우 DTI 비율을 높여 연소득 대비 더 많은 대출을 받을 수 있게 한다.
③ DTI는 대출자의 소득만을 기준으로 부채의 총량을 결정한다.

07 정답 ④

완전경쟁시장은 낮은 가격으로 다양한 상품을 제공할 수 있으나, 독점시장은 생산량 조절을 통해 가격을 결정하여 소비자에게 높은 가격이 부과될 수 있다.

08 정답 ③

지급준비율은 지급준비금을 총예금액으로 나누어 계산한다. 따라서 $(200 \div 1,000) \times 100 = 20\%$이다. 여기서 통화승수($m$)는 지급준비율(R)과 역수 관계이다 $\left(m = \frac{1}{R} \right)$.

09 정답 ②

BIS 비율은 자기자본을 위험가중자산으로 나누어 계산한다. 따라서 BIS 비율은 $(1,000 \div 10,000) \times 100 = 10\%$이다. 이때, 자기자본에는 이익잉여금, 주주지분 등을 포함하여 계산한다.

10 정답 ④

기본 가용자본에는 자본금, 이익잉여금, 자본잉여금이 해당하며, 여기에 후순위채무, 선종자본증권 등은 가용자본에 추가하고, 영업권, 이연법인세자산 등은 가용자본에서 차감한다. 따라서 가용자본은 $(100+30+20)+5-(17+10)=128$억 원이다.

11 정답 ④

화폐수량설의 교환방정식 MV=PY(M : 통화량, V : 화폐유통속도, P : 물가, Y : 실질GDP)에 따라 전년도와 당해 연도 물가를 계산하면 다음과 같다.

- 전년도 물가(P) : $150P = 120 \times 10$
  $\therefore P = 8$
- 당해 연도 물가(P′) : $200P' = 100 \times 20$
  $\therefore P' = 10$

따라서 전년 대비 물가 상승률은 $\frac{10-8}{8} \times 100 = 25\%$이다.

12 정답 ③

(매도율)=(매매기준율)×[1+(스프레드율)]이므로 매매기준율을 x원이라고 하면 다음과 같은 식이 성립한다.
$x \times (1+1.5\%) = 1,218$
$\rightarrow x \times 1.015 = 1,218$
$\rightarrow x = \frac{1,218}{1.015}$
$\therefore x = 1,200$

따라서 매매기준율은 1,200원이다.

13 정답 ③

머신러닝 신용평가는 과거 데이터를 학습해 높은 예측력을 보일 수 있다는 장점이 있지만 모델 구조가 복잡한 경우가 많아 결과에 대한 체계적 설명(설명가능성)이 어려운 단점이 존재한다. 이는 평가 결과의 해석과 책임소재 설명이 필요한 금융 분야에서는 한계로 작용할 수 있다.

14 정답 ④

자율주행자동차는 운전의 자동화 정도에 따라 0단계부터 5단계까지 총 6단계로 구분된다.
- Level 0(자동화 없음) : 운전자가 모든 조작을 직접 담당하며, 차량에는 자동화된 기능이 전혀 없음
- Level 1(운전자 보조) : 속도 조절 또는 차선 유지 등 한 가지 기능만 자동화되어 운전자를 보조
- Level 2(부분 운전자동화) : 차간 거리 유지, 조향 제어 등 여러 기능이 동시에 자동화되어 운전자가 개입해야 할 상황이 줄어듦
- Level 3(조건부 운전자동화) : 고속도로 등 특정 조건에서 운전자의 개입 없이 자율주행이 가능하지만, 시스템 요구 시 운전자의 즉각적인 개입이 필요
- Level 4(고도 운전자동화) : 특정 구역 내에서 운전자의 개입 없이 완전 자율주행이 가능
- Level 5(완전 운전자동화) : 모든 도로 조건 및 상황에서 운전자의 개입 없이 완전 자율주행이 가능

15 정답 ②

정형 데이터(Structured Data)는 명확한 구조를 가진 데이터로 고객정보, 결제내역 등이 있다. 반면 비정형 데이터(Unstructured Data)는 사전에 정해진 구조가 없는 데이터로 텍스트나 이미지, 동영상 같은 멀티미디어 등이 있다. 따라서 상품명, 수량, 가격 등이 정해진 구조에 의해 데이터가 입력되어 있는 결제내역은 정형 데이터에 해당한다.

16 정답 ③

중앙은행 디지털화폐(CBDC; Central Bank Digital Currency)는 중앙은행이 발행하며 법정화폐와 동일한 효력을 가진 디지털 화폐이다. CBDC 역시 실물화폐로 전환(환전)이 가능하며, 오프라인 결제 등 다양한 사용처가 연구되고 있다.

17 정답 ②

데이터 3법은 4차 산업혁명 시대에 데이터 활용을 활성화하고 개인정보를 보호하기 위해 마련되었으며 다음의 법률이 해당한다.
- 개인정보 보호법 : 개인정보의 처리 및 보호에 관한 사항을 정함으로써 개인의 자유와 권리를 보호하고, 나아가 개인의 존엄과 가치를 구현하기 위한 법
- 정보통신망 이용촉진 및 정보보호 등에 관한 법률(정보통신망법) : 정보통신망의 이용을 촉진하고 정보통신서비스를 이용하는 자를 보호함과 아울러 정보통신망을 건전하고 안전하게 이용할 수 있는 환경을 조성하여 국민생활의 향상과 공공복리의 증진에 이바지하기 위한 법
- 신용정보의 이용 및 보호에 관한 법률(신용정보법) : 신용정보 관련 산업을 건전하게 육성하고 신용정보의 효율적 이용과 체계적 관리를 도모하며 신용정보의 오용・남용으로부터 사생활의 비밀 등을 적절히 보호함으로써 건전한 신용질서를 확립하고 국민경제의 발전에 이바지하기 위한 법

따라서 데이터 3법에 해당하는 것은 ㉠, ㉣, ㉤이다.

| 03 | 상식

01	02	03	04	05	06	07	08	09	10	11	12	13	14	15	16	17	18
④	④	②	③	①	④	②	④	①	④	④	①	①	②	③	②	③	③

01 정답 ④

샤워실의 바보는 물의 온도를 조절하기 위해 섣부르게 수도꼭지를 조작하는 모습에 빗대어 정부의 성급한 시장경제 개입으로 인해 역효과가 발생하여 경기등락이 더욱 크게 나타나게 되는 상황을 의미한다. 이는 정부의 거설픈 경제정책을 비판하기 위한 비유의 개념으로 사용되었다.

02 정답 ④

GNP는 한 국가의 국민이 국내 및 해외에서 생산한 모든 재화와 서비스의 가치를 합산하므로 해외에서 벌어들인 소득이 클수록 GDP보다 GNP가 높게 나타난다.

오답분석
① GNP는 한 국가의 국민이 생산한 재화와 서비스의 가치만 합산하므로 외국인이 국내에서 벌어들인 소득은 포함되지 않는다.
② GDP를 측정하는 방식에는 생산접근법, 소득접근법, 지출접근법이 있다.
③ 한 국가의 영역 내에서 생산한 모든 재화와 서비스의 가치를 합산한 것은 GDP이다.

03 정답 ②

유동성은 자산을 현금화할 수 있는 속도 및 용이성을 의미하며, 현금이 가장 높은 유동성을 가진다. 주식의 경우 증권시장 거래를 통해 비교적 빠르게 현금화가 가능하기 때문에 유동성이 높다고 할 수 있으며, 국채와 정기예금의 경우 국채는 만기 이전에 거래를 통하여 현금화가 가능한 반면, 정기예금의 경우 약정된 만기시점이 되어서야 현금화가 가능하기 때문에 국채가 정기예금보다 유동성이 높다고 할 수 있다.
따라서 보기의 자산을 유동성이 높은 순서대로 바르게 나열한 것은 ㉠ - ㉡ - ㉣ - ㉢이다.

04 정답 ③

대체재는 비슷한 용도로 서로 대신할 수 있는 재화를 의미한다. 따라서 콜라와 사이다는 같은 탄산음료로 서로 대신할 수 있는 재화이므로 대체재에 해당한다.

오답분석
①·②·④ 빵과 버터, 커피와 설탕, 컴퓨터와 모니터는 함께 사용할 때 효용이 커지는 재화이므로 보완재 관계로 볼 수 있다.

05 정답 ①

협의통화는 현금과 요구불예금(당좌예금, 보통예금 등)을 합한 개념으로, 주로 지급수단으로서의 통화기능을 강조하며 유동성이 매우 높다는 특징을 갖는다. 반면, 만기 2년 이내 저축성예금, 금융채, 수익증권 등은 광의통화에 해당한다. 광의통화는 협의통화에 유동성이 상대적으로 낮은 금융상품을 추가한 통화개념으로, 협의통화 보다 범위가 넓고 비교적 쉽게 현금화가 가능한 자산이 포함된다.

06 정답 ④

자연독점이란 규모의 경제로 인해 단일기업이 제품을 공급하는 것이 효율적인 경우로, 수도, 전기 등이 이에 해당한다.

오답분석
① 독점기업은 이윤 극대화를 위해 제품생산을 제한하여 시장에 제품이 원활하게 공급되지 않을 수 있다.
② 반드시 하나의 기업만 존재하는 것은 아니고 소수의 기업이 독점시장을 형성할 수 있다.
③ 독점기업이 시장가격을 통제할 수 있는 힘은 있으나 시장수요와 공급을 고려하지 않고 시장가격을 결정하는 것은 아니다.

07 정답 ②

제시된 상황은 모두 정보 비대칭과 관련된 문제들을 다루고 있다. 피치마켓은 정보 비대칭이 적어 가격 대비 고품질의 상품이 유통되는 시장을 의미한다.

오답분석
① 역선택 : 정보 비대칭으로 인해 어느 한 쪽이 불리한 선택을 하는 상황
③ 도덕적 해이 : 정보를 가지고 있는 쪽이 자신에게 유리하게 행동함으로써 정보가 부족한 상대방에게 손해를 입히는 상황
④ 레몬시장 : 불완전한 정보로 인해 거래 당사자들 중 어느 한쪽이 더 많은 정보를 가지고 있는 불평등한 상태가 존재하는 시장

08 정답 ④

브레튼 우즈 체제(Bretton Woods System)는 1944년 미국 뉴햄프셔 주 브레튼 우즈에서 열린 국제통화금융회의에서 구축된 국제통화질서로, 세계 경제의 안정을 위한 여러 제도가 마련되었으나 무역 불균형이 심화됨에 따라 1970년대 체제가 붕괴되었다.

오답분석
① 국제금융 협력을 위해 IMF, IBRD(국제부흥개발은행) 등이 설립되었다.
② 관세인하, 무역장벽 제거 등을 통해 국제무역이 활성화되었다.
③ 각국의 통화가치가 미국 달러에 대해 고정되는 고정 환율제가 도입되었다.

09 정답 ①

테이퍼링은 경기회복을 위해 시행한 양적완화를 점진적으로 줄이는 것으로, 유동성이 줄어들고 금리가 상승함에 따라 물가상승을 억제하는 효과를 나타낸다.

오답분석
② 채권매입 축소를 통해 시중에 공급하는 통화량을 감소시키는 테이퍼링 전략 중 하나이다.
③ 시중 통화량이 감소하면 그만큼 유동성이 부족해져 통화가치는 상승하게 된다.
④ 테이퍼링의 정의에 대한 설명이다.

10 정답 ④

플라자 합의는 1985년 미국 뉴욕의 플라자 호텔에서 미국, 일본, 독일, 프랑스, 영국의 재무장관 및 중앙은행 총재들이 모여 체결한 협정으로, 각국의 중앙은행이 외환시장에 개입하여 달러를 매도하고 자국 통화를 매수함으로써 달러가치를 하락시키는 방식으로 진행되었다.

11 정답 ④

역진세는 소득이 낮을수록 세금 부담률이 더 커지는 세금 구조로, 저소득층의 소비여력을 감소시키기 때문에 전체적인 소비시장을 위축시킬 수 있으며, 이로 인해 장기적인 경제성장 부진에 영향을 미칠 수 있다.

12 정답 ①

우리나라의 기준금리는 한국은행의 통화정책위원회에서 결정된다.

13 정답 ①

콘탱고(Contango)는 만기가 먼 선물가격이 만기가 가까운 선물가격보다 높은 상태를 말한다. 콘탱고 시장은 정상적인 시장상태를 나타내며, 이자비용, 보관비용 등을 고려하여 미래의 선물가격이 현재 현물가격보다 높은 상태가 된다.

오답분석

③ 백워데이션(Backwardation)은 선물가격이 현물가격보다 낮은 상태를 말하며, 비정상적인 시장으로 간주된다.
④ 롤오버(Rollover)는 선물이 만기되기 전에 차월 선물로 갈아타는 것을 의미하며, 근월물 선물가격이 차월물 선물가격보다 비싼 백워데이션 상황에서 롤오버 수익이 발생한다.

14 정답 ②

블록딜(Block Deal)은 기관투자자나 대주주가 보유한 대량의 주식을 장외에서 일괄 매매하는 방식으로, 시장에 미치는 충격을 최소화하기 위해 정규장 시간 외(장 시작 전 또는 장 종료 후)에 거래된다.

오답분석

① 블록딜은 대량 지분 매매를 통해 지배권 변동이나 자금 확보 등 기업 전략에 활용될 수 있다.
③ 블록딜은 사전 협의로 진행되기 때문에 거래 체결 전까지 비공개된다.
④ 블록딜은 사전 매수자 확보 후 가격 협의를 통해 거래가 이루어지는 방식이다.

15 정답 ③

임금이 상승하면 여가의 기회비용이 증가하여 여가를 줄이고 노동시간을 늘리려는 경향이 발생하는데, 이를 대체효과라고 한다.

오답분석

① 임금이 낮을 때는 대체효과가 소득효과보다 커서 임금이 오르면 노동시간을 더 늘리는 경향이 나타난다. 이는 후방굴절 곡선의 전방 구간에 해당한다.
② 임금 상승으로 소득이 증가하면 정상재인 여가의 소비도 늘어난다.
④ 후방굴절 노동공급곡선은 임금이 일정 수준 이상으로 높아질 경우 소득효과가 대체효과보다 커져 노동 공급이 감소하는 현상을 의미한다. 이는 임금이 높아지면 노동자는 더 많은 소득을 얻게 되어 여가 시간을 늘리려는 경향이 강해져 노동 공급량이 줄어들기 때문이다.

16 정답 ②

우리나라 및 OECD에서는 만 15세 이상 만 64세 이하의 사람을 생산가능인구로 정의하고 있다. 생산가능인구는 경제활동인구와 비경제활동인구로 나뉘고, 경제활동인구는 다시 취업자와 실업자로 나뉜다.

17 정답 ③

인구 고령화는 평균 수명의 증가, 출산율 저하로 65세 이상 고령자 인구의 비율이 점차 높아지는 현상을 말한다. 국제연합(UN)의 기준에 따르면 전체 인구에서 65세 이상이 차지하는 비율인 고령자 인구 비율이 7% 이상이면 고령화 사회, 14% 이상이면 고령 사회, 20% 이상이면 초고령 사회로 구분된다. 인구 고령화를 겪는 사회는 노동력 부족, 생산성 저하 등으로 경제 성장이 둔화되고 노인 부양비 상승과 의료 및 복지비용 증가 등의 경제적 부담을 안게 된다.

18 정답 ③

가명정보는 개인정보를 가명처리함으로써 원래의 상태로 복원하기 위한 추가 정보의 사용·결합 없이는 특정 개인을 알아볼 수 없는 정보를 뜻한다. 개인정보 보호법 제28조의2(가명정보의 처리 등) 제1항에 따라 개인정보처리자는 통계작성, 과학적 연구, 공익적 기록보존 등을 위하여 정보주체의 동의 없이 가명정보를 처리할 수 있다.

CHAPTER 02 | 2024년 하반기 기출복원문제

| 01 | 직업기초능력

01	02	03	04	05	06	07	08	09	10	11	12	13	14	15
③	③	④	①	④	①	③	④	①	③	①	②	④	②	③

01 정답 ③

KB탄소관리시스템을 통해 기업의 내부 온실가스 배출량을 산정할 수 있어, 배출량 감축 목표 대비 얼마나 감축했는지 그 실적과 배출량을 파악할 수 있다.

오답분석

① KB탄소관리시스템은 기업을 대상으로 시행되는 서비스이다.
② KB탄소관리시스템이 금융권 최초로 시행한 것은 인공지능 광학 문자인식 기술 'KB AI-OCR'이다.
④ 계열사, 자회사 및 협력사에 한해 온실가스 배출량을 확인할 수 있으므로 경쟁사의 배출량은 확인할 수 없다.

02 정답 ③

제시문에 따르면 KB금융 거래 고객은 '포인트리'로 통신비 결제가 가능하다.

오답분석

① 제시문에 따르면 실질적 은퇴 시점인 60세부터 가입이 가능하다.
② 제시문에 따르면 전국 영업점에서 상담 및 개통이 가능하지만 인터넷으로도 가입할 수 있는지는 알 수 없다.
④ 제시문에 따르면 최대 할인을 적용할 경우 '국민 시니어 11' 요금제는 월 6,900원에 이용 가능하다.

03 정답 ④

마지막 문단에 따르면 KB스타뱅킹 요금제 이용 고객은 최대 24개월 동안 최대로 할인받을 경우 월 2만 200원에 통신 서비스를 이용할 수 있다.

오답분석

① 두 번째 문단의 'KB스타뱅킹은 KB금융그룹 계열사의 70여 개의 서비스를 한 번에 제공하고 있어'라는 내용을 통해 확인할 수 있다.
② 세 번째 문단에 따르면 기존에 사용하던 입출금계좌를 모임통장으로 변환할 수 있다. 하지만 신규고객인 경우 입출금계좌가 없기 때문에 계좌를 개설해야 한다.
③ 네 번째 문단에 따르면 KB스타뱅킹 홈화면 하단 KB모임통장 공간을 통해 모임원을 초대할 수 있음은 물론, 정기회비 설정과 거래내역 확인도 손쉽게 처리할 수 있다.

04 정답 ①

제시문의 핵심 내용은 일반 사업자(에너지 프로슈머)들의 분산형 전원 사용을 더욱 확대하려는 방안에 대한 것이다. 따라서 중앙집중형 전력 공급 방법인 한전의 생산 효율성과 생산 기술의 우수성 홍보는 제시문에 이어질 내용으로 적절하지 않다.

오답분석

② 태양광 발전이 왜 필요한지와 그에 대한 정부나 한전 차원의 육성책은 무엇이 있는지를 언급하는 것은 태양광 전력 거래 유인을 위한 유용한 자료가 될 수 있다.
③ 태양광 전력 거래 시의 에너지 프로슈머의 공급가가 일반 전력을 사용하는 것보다 얼마나 가격 경쟁력이 있는지를 소개하는 것은 전력 거래 활성화를 위한 가장 기본적인 조건이 될 것이므로 중요한 유인책이 될 수 있다.
④ 에너지 저장장치는 태양광 설치를 통한 잉여 전력 보관 및 판매에 필수적인 설비이므로 태양광 전력 거래 유인을 위해 필요한 내용으로 볼 수 있다.

05 정답 ④

오답분석

① 2천만 원의 차량 담보로도 진행할 수 있는 대출에 아파트라는 과도한 담보를 요구하고 있으므로 제5조 제2호에 어긋난다.
② 제6조 제2호에서 정한 취약한 금융소비자의 금융상품에 대한 이해수준 등을 파악하지 않고 일방적으로 상품 가입을 권유하고 있다.
③ 소비자가 충분히 고민하고 결정한 상품을 부정하고, 다른 상품을 강제로 권유하고 있으므로 제5조 제1호에 어긋난다.

06 정답 ①

치안 불안 해소를 위해 CCTV를 설치하는 것은 정부가 사회간접자본인 치안 서비스를 제공하는 것이지, 공공재·공공자원의 실패에 대한 해결책이라고 보기는 어렵다.

오답분석

②·④ 공공재·공공자원의 실패에 대한 해결책 중에서 사용 할당을 위한 정책이라고 볼 수 있다.
③ 공공재·공공자원의 실패에 대한 해결책 중에서 사용 제한을 위한 정책이라고 볼 수 있다.

07 정답 ③

제시문은 공동주택 관리 방식에 대한 글이다. 먼저 공동주택 관리의 중요성을 언급하는 (다) 문단이 오는 것이 적절하며, 이러한 공동주택 관리 방식의 선택에 따른 영향을 설명하는 (라) 문단이 그 뒤에 오는 것이 적절하다. 이어서 두 가지 공동주택 관리인 자치관리 방식과 위탁관리 방식을 각각 설명하는 (마) 문단과 (나) 문단이 차례대로 오는 것이 적절하며, 마지막으로 공동주택 관리 방식에 대한 의사결정의 중요성이 증가하고 있다는 (가) 문단이 오는 것이 적절하다. 따라서 (다) – (라) – (마) – (나) – (가) 순서로 나열되어야 한다.

08 정답 ④

문의를 요청한 회사는 SB3 등급에 해당하므로, 1.5%의 보증료율을 적용받는다. 또한 일부 해지 기준 미충족에 해당하므로 0.4%p가 가산되며, 혁신형 중소기업에 지정되어 0.1%p를 차감받는다.

해당 조건을 적용하면 보증료는 $100억 \times (0.015+0.004-0.001) \times \frac{90}{365} ≒ 4,438$만 원이다.

따라서 해당 회사의 보증료는 1백만 원 미만을 절사한 4,400만 원이다.

09 정답 ①

가. 최종 적용 보증료율은 1.7+0.2+0.5=2.4%이지만, 대기업의 상한선 2.3%를 적용받는다.

그러므로 보증료는 150억×0.023×$\frac{365}{365}$=34,500만 원이다.

나. 최종 적용 보증료율은 1.7+0.4-0.2=1.9%이다.

그러므로 보증료는 150억×0.019×$\frac{365}{365}$=28,500만 원이다.

다. 최종 적용 보증료율은 1.3-0.3-0.2=0.8%이다.

그러므로 보증료는 100억×0.008×$\frac{219}{365}$=4,800만 원이다.

따라서 보증료가 높은 순서대로 정렬하면 '가 - 나 - 다'이다.

10 정답 ③

甲은 사무실에 출근하여 근무하는 것을 선호하므로 원격근무제는 제외한다. 또한 주 5일 동안 40시간 근무할 예정이므로 주에 3.5~4일만 근무하는 집약근무형과 주 40시간보다 짧게 근무하는 시간제근무도 제외한다. 이틀은 12시간씩 근무하고 나머지는 5~6시간씩 근무할 계획이므로 1일 8시간 근무로 제한된 시차출퇴근형을 제외하면 甲에게 적절한 것은 근무시간선택형이다.

11 정답 ①

먼저 마지막 명제에 따라 '민아가 도서관에 가고, 성환이는 수정과를 마신다.'가 성립한다. 그러므로 '민아가 도서관에 간다.'와 '성환이가 수정과를 마신다.'는 동시에 참이다. 세 번째 명제에 따라 '경호가 커피를 마시거나 성환이가 수정과를 마신다.'가 성립하고, 네 번째 명제로부터 '성환이가 수정과를 마신다.'가 참이므로 '경호가 커피를 마시는 것'은 거짓이다. 또 두 번째 명제의 대우인 '경호가 커피를 마시면 시험기간이다.'는 참이다. 따라서 지금이 시험기간이라는 ①은 참일 수도, 거짓일 수도 있다.

[오답분석]
② 두 번째 명제의 대우이므로 참이다.
③ 두 번째 명제의 대우와 첫 번째 명제에 따라 참이다.
④ 시험기간이면 경호는 커피를 마신다. 시험기간이 아니면 경호는 커피를 마시지 않는다. 따라서 두 진술은 어느 한쪽만 참이어도 되므로 참이다.

12 정답 ②

B는 C가 D의 바로 위층에 살고 있다고 하지만, D는 C의 바로 아래층에는 B가 살고 있다고 진술하고 있으므로 서로 모순이다. 그러므로 B와 D 중 1명이 거짓을 말하고 있다. 이 경우 A와 C, E는 모두 참을 말하고 있으므로 1층에는 E, 2층에는 A, 5층에는 C가 산다.

ⅰ) B의 진술이 참일 경우(D의 진술이 거짓인 경우)

4층에는 D가, 3층에는 B가 산다. 이 경우 D는 1층에 사는 E와 3층 차이가 나므로 E의 진술도 거짓이 되므로 모순이다.

ⅱ) D의 진술이 참일 경우(B의 진술이 거짓인 경우)

4층에는 B가, 3층에는 D가 산다. 이 경우 D는 2층에 사는 E와 2층 차이가 나므로 B만 거짓을 진술하게 된다.

따라서 거짓을 말한 사람은 B이다.

13 정답 ④

매년 초에 물가상승률(r)이 적용된 연금을 n년 동안 받게 되는 총금액(S)은 다음과 같다(x는 처음 받는 연금액).

$$S = \frac{x(1+r)\{(1+r)^n - 1\}}{r}$$

올해 초에 500만 원을 받고 매년 연 10% 물가상승률이 적용되어 10년 동안 받는 총금액은 다음과 같다.

$$S = \frac{500 \times (1+0.1) \times \{(1+0.1)^{10} - 1\}}{0.1} = \frac{500 \times 1.1 \times (2.5 - 1)}{0.1}$$

$= 8,250$만 원

일시불로 받을 연금을 y만 원이라고 하면 다음과 같다.

$y(1.1)^{10} = 8,250$

$\therefore y = \dfrac{8,250}{2.5} = 3,300$

따라서 A고객이 올해 초에 일시불로 받을 연금은 3,300만 원이다.

14 정답 ②

2020년 대비 2023년 국제소포 분야의 매출액 증가율은 $\dfrac{21,124 - 17,629}{17,629} \times 100 ≒ 19.8\%$이므로 10% 이상이다.

오답분석

① 제시된 자료를 통해 확인할 수 있다.

③ 분야별 2019년 대비 2023년 매출액 증가율은 각각 다음과 같다.

- 국제통상 : $\dfrac{34,012 - 16,595}{16,595} \times 100 ≒ 105.0\%$
- 국제소포 : $\dfrac{21,124 - 17,397}{17,397} \times 100 ≒ 21.4\%$
- 국제특급 : $\dfrac{269,674 - 163,767}{163,767} \times 100 ≒ 64.7\%$

따라서 2019년 대비 2023년 매출액 증가율이 가장 큰 분야는 국제통상 분야이다.

④ 2022년 총매출액에서 국제통상 분야 매출액이 차지하고 있는 비율은 $\dfrac{26,397}{290,052} \times 100 ≒ 9.1\%$이므로 10% 미만이다.

15 정답 ③

2021년 대비 2023년 시행기업 수와 참여직원 수의 증가율은 각각 다음과 같다.

- 시행기업 : $\dfrac{7,686 - 2,802}{2,802} \times 100 ≒ 174.3\%$
- 참여직원 : $\dfrac{21,530 - 5,517}{5,517} \times 100 ≒ 290.2\%$

따라서 2021년 대비 2023년 시행기업 수의 증가율은 참여직원 수의 증가율보다 낮다.

오답분석

① 연도별 시행기업당 참여직원 수는 각각 다음과 같다.

- 2020년 : $\dfrac{3,197}{2,079} ≒ 1.5$명
- 2021년 : $\dfrac{5,517}{2,802} ≒ 2.0$명
- 2022년 : $\dfrac{10,869}{5,764} ≒ 1.9$명
- 2023년 : $\dfrac{21,530}{7,686} ≒ 2.8$명

따라서 시행기업당 참여직원 수가 가장 많은 해는 2023년이다.

② 2023년 남성육아휴직제 참여직원 수는 2021년의 $\dfrac{21,530}{5,517} ≒ 3.9$배이므로 4배 미만이다.

④ 2020년부터 2023년까지 연간 참여직원 수 증가 인원의 평균은 $\dfrac{21,530 - 3,197}{3} = 6,111$명이다.

| 02 | 직무심화지식

01	02	03	04	05	06	07	08						
③	②	④	②	③	③	④	④						

01 정답 ③

KB스타적금Ⅱ의 경우 1개월 이상을 예치하고 중도해지하는 경우 가입일 당시 기본금리에 해지일 기준 확정된 우대금리를 제공한다. 우대금리는 최대 연 6.0%p까지 받을 수 있으므로 1개월 이상을 예치했다면 중도해지를 하더라도 최대 연 8.0%의 금리를 받을 수 있다.

오답분석

① KB스타적금Ⅱ의 기본금리는 연 2.0%이고, 우대금리는 최고 연 6.0%p이므로 금리는 최대 연 8.0%이다.
② 가입채널을 보면 온라인 방식의 KB스타뱅킹과 오프라인 방식의 영업점을 통해 가입이 가능함을 알 수 있다.
④ KB스타뱅킹 장기미사용 고객은 환영해요 우대금리를 통해 연 2.0%p를 받을 수 있고, KB스타뱅킹에서 스탬프 찍기를 한 경우 찍을 때마다 연 0.2%p를 추가로 받을 수 있다. 따라서 스탬프를 2회 찍었다면, 받을 수 있는 환영해요 우대금리는 2.4%p이다.

02 정답 ②

고객별 적용금리는 각각 다음과 같다.

구분	환영해요 우대이율	함께해요 우대이율	중도해지 여부	최종 이율
A	(신규 고객)+(스탬프 4회) =2+(0.2×4)=2.8%p	-	-	연 4.8%
B	(장기미사용 고객)+(스탬프 2회) =2+(0.2×2)=2.4%p	3.0%p	1개월 이상	연 7.4%
C	-	3.0%p	-	연 5.0%
D	(신규 고객)+(스탬프 5회) =2+(0.2×5)=3.0%p	3.0%p	1개월 미만	연 0.1%

따라서 적용금리가 가장 높은 사람은 B이다.

03 정답 ④

저축방법 및 저축금액 항목에서 초입금 최저금액은 0원 이상이므로 가입 시 별도의 예금이 필요하지 않다.

오답분석

① KB장병내일준비적금의 만기일은 고객의 전역예정일(소집해제예정일)이며 단축·연장할 수 없다. 따라서 만기일을 임의로 변경할 수 없다.
② 24개월 계약한 경우 기본금리는 연 5%이며, 우대금리는 최대 3%p까지 받을 수 있으므로 받을 수 있는 금리는 최대 연 8%이다.
③ 기초생활수급자의 우대금리는 연 3.0%p이고, KB장병내일준비적금의 우대금리는 최대 연 3.0%p이므로 다른 우대금리를 적용받지 못해도 금리를 최대로 받을 수 있다.

04 정답 ②

상담을 요청한 고객의 경우 계약월수가 12개월이므로 기본금리는 연 4.0%이다. 경과월수가 6개월이므로 중도해지금리에 따라 이율을 계산하면 $4.0 \times 0.6 \times 6 \div 12 = 1.2\%$이다.
상담을 요청한 고객이 KB국민나라사랑카드를 적금 7일 이후 계속 사용하고 있지만, 중도해지의 경우 우대금리 적용이 안 되므로 빈칸에 들어갈 이율은 1.2%이다.

05 정답 ③

TearDrop 공격은 IP 패킷의 단편화 과정에서 오프셋 값을 중첩되게 조작하여 수신 시스템의 재조립 과정에 혼란을 일으켜 시스템에 과부하 및 충돌을 발생시키는 공격이다. 현대의 운영체제들은 이러한 공격에 대비해 오프셋 불일치 시 해당 패킷을 폐기하는 방식으로 대응하지만, 일부 구형 시스템에서는 여전히 취약점이 존재할 수 있다.

06 정답 ③

비지도학습은 명확한 정답이 없기 때문에 학습 결과의 성능을 평가하기 어렵다. 또한 지도학습에 비해 정확도가 낮을 수 있으며, 이는 비지도학습을 통해 얻은 결과의 신뢰도에 영향을 줄 수 있다.

07 정답 ④

RC4는 스트림 암호로서 주로 암호화된 데이터의 비트 단위를 처리하는 데 사용된다. 하지만 RC4는 키스트림을 생성하는 방식에 약점이 있어 보안성이 낮다고 여겨져 권장되지 않는다.

08 정답 ④

GraphQL은 API를 위한 쿼리 언어로서 타입 시스템을 사용하여 쿼리를 실행하는 서버사이드 런타임이다. 특정 데이터베이스나 스토리지 엔진과 독립적으로 작동하며, 기존 코드와 데이터를 활용하여 구현된다. GraphQL은 클라이언트가 필요한 데이터를 정확히 요청할 수 있게 하여 효율적인 데이터 통신을 가능하게 한다. 그러나 캐싱 구현의 복잡성과 서버 부하 증가 등의 단점이 있어 모든 상황에 적합하지는 않다.

|03| 상식

01	02	03	04	05	06	07	08	09	10										
①	①	③	③	④	④	②	③	②	④										

01 정답 ①

내부수익률은 복잡한 현금흐름을 고려할 수 있으므로 불규칙한 현금흐름에도 적용이 가능하다.

02 정답 ①

정보의 비대칭에 따른 거래 이후에 발생하는 문제는 도덕적 해이에 대한 설명이다. 역선택은 거래 이전에 발생하는 문제이다.

[오답분석]
② 역선택이란 감추어진 특성의 상황에서 정보 수준이 낮은 측이 사전적으로 바람직하지 않은 상대방을 만날 가능성이 높아지는 현상을 의미한다.
③ 도덕적 해이의 사례에 대한 설명이다.
④ 도덕적 해이는 상대방의 행동을 예측할 수 없거나 불완전한 정보로 인해 얻을 수 있는 혜택이 없을 때 발생한다.

03 정답 ③

Amount A는 연결매출액 200억 유로 이상의 다국적기업을 대상으로 하며, 우리나라의 경우 삼성전자, 하이닉스 등이 거론되고 있다.

04 정답 ③

원금과 이자를 합하여 최고 5,000만 원까지 보호받을 수 있다.

[오답분석]
① 1995년 예금보험공사가 설립되면서부터 시행되었다.
② 시중은행의 예금자보호는 예금보험공사가 운영하며, 지역농협은 농협중앙회, 새마을금고는 새마을금고중앙회 등이 운영하고 있다.
④ 증권사 CMA 계좌 중 종금형 외에 RP형, MMF형은 예금자보호 대상에 해당하지 않는다.

05 정답 ④

음악차트 30위권 이내 음반CD의 판매량이 전체 판매량의 20%를 차지하는 것은 롱테일 법칙에 해당하는 사례이다. 롱테일 법칙은 20%의 특별한 소수보다 80%의 사소한 다수가 더 큰 성과를 창출한다는 의미이다.

[오답분석]
①·②·③ 전체 결과의 80%가 전체 원인의 20%에 의해 발생함을 의미하므로 파레토 법칙에 해당한다.

06 정답 ④

한계기업은 이자보상배율[(영업이익)÷(이자비용)]이 1 미만인 기업을 의미한다. 따라서 이자보상배율이 1 이상인 D기업과 E기업은 한계기업에 해당하지 않는다.

07 정답 ②

부정적 위험관리전략에는 회피, 전가, 완화, 수용이 해당된다. 공유는 긍정적 위험관리전략에 해당된다.

오답분석
① 회피 : 심각한 위험의 발생가능성을 원천적으로 제거하는 전략
③ 전가 : 위험에 대한 책임을 제3자에게 넘기고 그에 따른 비용을 지불하는 전략
④ 완화 : 위험의 발생가능성 또는 영향을 감소시키는 전략

08 정답 ③

한국신용정보원은 금융위원회의 허가를 받아 설립되었으며, 은행, 카드사, 보험사 등 금융기관의 신용정보를 관리하는 곳이다.

오답분석
① 한국평가데이터는 기업, 금융기관, 개인 등 다양한 분야의 신용평가를 제공한다.
②·④ 나이스평가정보와 코리아크레딧뷰로는 모두 금융기관에서 제공받은 정보를 분석하여 개인 신용도를 평가하는 신용조사기관이다.

09 정답 ②

산업은행의 조사에 따르면 코로나19 확산, 급격한 금리인상, 경기악화 등 여러 요인으로 인해 국내 상장사의 한계기업 비중은 2011년 이후 매년 증가 추세에 있다.

오답분석
① 기준금리가 인상될 경우 이자비용 부담이 커져 이자보상비율이 1이 안 되는 기업이 더욱 증가할 수 있다.
③ 이자보상비율[(영업이익)÷(이자비용)]이 1보다 작다는 것은 영업이익으로 이자비용을 감당할 수 없음을 의미한다.
④ 우리나라는 채무자 회생 및 파산에 관한 법률(통합도산법)에 의해 법원이 기업의 계속기업가치와 청산가치를 비교하여 계속기업가치가 청산가치를 초과하는 것으로 인정될 경우(기업의 단기적 유동성 부족의 경우 등) 기업회생절차를 개시하여 재기의 기회를 주고 있다.

10 정답 ④

BCG 매트릭스에서 캐시카우(Cash Cow) 사업은 시장 성장률은 낮지만, 시장 점유율이 높아 안정적인 수익을 창출하는 사업을 의미한다. 캐시카우 사업은 높은 수익성을 바탕으로 기업에 안정적인 현금을 제공하며 현 상황을 유지하는 데 초점을 맞추므로 일반적으로 대규모 추가 투자를 하지 않고, 캐시카우 사업에서 발생한 수익을 다른 성장 가능성이 있는 사업(스타 사업, 물음표 사업)에 투자하여 기업의 전체적인 성장을 지원하게 된다.

오답분석
① 시장 점유율과 성장률이 모두 낮은 사업은 도그(Dog) 사업으로, 최소한의 자원을 투입하거나 사업 정리를 고려해야 하는 사업이다.
② 시장 점유율이 낮지만 향후 높은 성장률이 기대되는 사업은 물음표(Question Mark) 사업으로, 낮은 시장 점유율을 높이기 위한 투자가 필요하다.
③ 시장 점유율과 성장률이 모두 높은 사업은 스타(Star) 사업으로, 계속적인 투자가 필요한 유망한 사업이다.

CHAPTER 03 | 2024년 상반기 기출복원문제

│01│ 직업기초능력

01	02	03	04	05	06	07	08	09	10	11	12	13	14	15					
③	③	③	④	②	④	③	①	③	④	③	②	①	③	④					

01 정답 ③

제시문의 첫 번째와 두 번째 문단은 인공지능이 고평가되어 과도한 투자를 불러일으킨 탓에 투자액 대비 매출액이 저조하다며 인공지능(AI)에 대한 투자의 의문을 제기한다. 하지만 마지막 문단에서는 이러한 분위기 속에서도 수혜를 받고 있는 인공지능 부문도 있으며, AI 서비스가 높은 참여도를 이끌어 낸다면 분위기는 반전될 수 있다고 기대감을 표했다. 따라서 글의 제목으로 ③이 가장 적절하다.

오답분석
①·④ 첫 번째와 두 번째 문단에 국한된 내용이므로 전체 글의 제목으로는 적절하지 않다.
② 인공지능 투자 분위기가 바뀌었다는 내용은 제시문에서 찾을 수 없다.

02 정답 ③

제시문에서는 대기업과 중소기업 간의 상생 경영의 중요성을 강조하고 있다. 기존에는 대기업이 시혜적 차원에서 중소기업에게 베푸는 느낌이 강했지만, 현재는 협력사의 경쟁력 향상이 곧 기업의 성장으로 이어질 것으로 보고, 상생 경영의 중요성을 높이고 있다. 대기업이 지원해 준 업체의 기술력 향상으로 더 큰 이득을 보상받는 등 상생 협력이 대기업과 중소기업 모두에게 효과적임을 알 수 있다. 따라서 '시혜적 차원에서의 대기업 지원의 중요성'은 글의 제목으로 적절하지 않다.

03 정답 ③

제시된 문장은 비트코인의 하락에 대해 말하고 있다. 그러므로 바로 뒤에 이어질 내용으로 가장 적절한 것은 상세한 하락 수치를 나타내고 있는 (다)이고, 이어서 이러한 '하락세'의 원인에 대해 언급하는 (가)가 오는 것이 가장 적절하다. 마지막으로는 하락 원인에 대해 구체적으로 설명하는 (나)와 (라)가 와야 하는데, 접속어인 '우선'과 '여기에다'로 미루어 볼 때 (나) 다음에 (라)가 이어지는 것이 가장 적절하다. 따라서 (다) - (가) - (나) - (라) 순서로 나열되어야 한다.

04 정답 ④

제시된 문장은 채권 투자가 높은 수치를 보였다고 말하고 있다. (가) ~ (다)의 내용을 살펴보면, (가)에서는 고금리와 저금리 환경에서의 채권 투자의 차이에 대해 다루고 있는데 제시된 문장에서는 금리에 대한 내용을 찾을 수 없어 제시된 문장 뒤에는 적합하지 않다. (나)에서는 금리 인하 분위기로 투자 수요가 발생했다고 하였으므로 제시된 문장 다음에 이어질 내용으로 적절하다. 마지막으로 (다)에서는 '금리가 하락하는데 투자가 증가하는 이유'에 대해 설명하면서 (나)의 원인에 대해 말하고 있으므로 (나) 뒤에 오는 것이 적절하다. 마지막으로 전체 내용을 설명하는 (가)가 끝에 위치해야 한다. 따라서 (나) - (다) - (가) 순서로 나열되어야 한다.

05　정답　②

제시된 문장은 IoT 신용카드에 대해 언급하고 있다. 그러므로 바로 뒤에 이어질 내용은 이 카드가 무엇인지에 대해 설명하는 (가)가 가장 적절하다. 나머지 (나)와 (다)의 내용을 보면, (나)에서는 (가)에서 언급한 IoT 신용카드의 메인기능과 더불어 추가로 있는 기능에 대해 설명하고 '반대로'라는 접속어를 통해 스마트폰과의 상관관계에 대한 내용도 다루고 있다. 반면 (다)에서는 IoT 신용카드의 기능을 어디에 이용할 수 있는지 IoT 신용카드어 국한된 내용에 대해서만 언급하고 있다. 따라서 (가) – (다) – (나) 순서로 나열되어야 한다.

06　정답　④

높은 물가 상승률은 이자율의 상승과 함께 대출 조건을 악화시키므로 기업들은 생산 비용 상승과 이로 인한 이윤 감소에 직면하게 된다.

오답분석
① 높은 물가는 가계의 실질 소비력을 약화시키므로 소비 심리를 위축시켜 경기 둔화를 초래할 수 있다.
②・③ 세금 조정, 통화량 조절, 금리 조정 등 여러 금융 정책의 목적은 물가 상승률을 통제하여 안정성을 확보하는 것이다.

07　정답　③

경제활동에 참여하는 여성의 증가와 출산율의 상관관계는 알 수 없으며, 제시문은 신혼부부의 주거안정을 위해서는 여성의 경제활동을 지원해야 하고 이를 위해 육아・보육지원 정책의 확대・강화가 필요하다고 주장하고 있으므로 ③은 적절하지 않다.

08　정답　①

네 번째 문단의 '역사적으로 미국의 대선 2~3개월 전을 기점으로 증권시장의 흐름은 활달하지 않고'라는 내용을 통해 알 수 있다.

오답분석
② 세 번째 문단에서 미국 대선이 주가수익비율을 압박하는 요인으로 작용한다고 언급했을 뿐, 트럼프 전 대통령의 당선이 주가수익 비율에 미치는 영향에 대해서는 언급하고 있지 않다.
③ 두 번째 문단에서 국내 총선보다 미국 대선이 국내 증시에 더 영향을 줄 것이라고 예측할 뿐, 국내 대선이 국내 증시에 미치는 영향에 대해서는 언급하고 있지 않다.
④ 마지막 문단에서 바이든 대통령이 당선된다면 현재와 유사한 흐름이 지속될 것이고, 트럼프 전 대통령이 당선된다면 큰 악재로 작용할 것이라고 예측하고 있다. 따라서 바이든 대통령의 당선이 국내 증시에 호재로 작용할지는 판단할 수 없다.

09　정답　③

수요 탄력성이 완전 비탄력적인 상품은 가격이 내리면 지출액이 감소하며, 수요 탄력성이 완전 탄력적인 상품은 가격이 내리면 지출액이 많이 늘어난다고 설명하고 있다. 따라서 소비자의 지출액을 줄이려면 수요 탄력성이 낮은 생필품의 가격은 낮추고, 수요 탄력성이 높은 사치품은 가격을 높여야 한다고 추론할 수 있다.

10 정답 ④

제시된 조건에 따르면 4명의 직원이 함께 탄 5인승 택시의 자리는 다음과 같다.

i) 경우 1

택시 운전기사		• 소속 : 보험팀 • 직책 : 과장 • 신발 : 노란색	
• 소속 : 여신팀 • 직책 : 대리 • 신발 : 흰색 또는 연두색	• 소속 : 홍보팀 • 직책 : 부장 • 신발 : 검은색		• 소속 : 기획팀 • 직책 : 사원 • 신발 : 흰색 또는 연두색

ii) 경우 2

택시 운전기사		• 소속 : 보험팀 • 직책 : 과장 • 신발 : 노란색	
• 소속 : 기획팀 • 직책 : 사원 • 신발 : 흰색 또는 연두색	• 소속 : 홍보팀 • 직책 : 부장 • 신발 : 검은색		• 소속 : 여신팀 • 직책 : 대리 • 신발 : 흰색 또는 연두색

따라서 '과장은 노란색 신발을 신었다.'는 항상 참이다.

[오답분석]
① 부장은 뒷좌석 가운데에 앉는다.
② 부장 옆에는 대리와 사원이 앉는다.
③ 사원은 흰색 또는 연두색 신발을 신었다.

11 정답 ③

제시된 자료의 기울기가 클수록 환율 변동 폭이 크다. 따라서 기울기가 가장 큰 시기인 2023년 11월과 2023년 12월 사이에 원/100엔 환율이 가장 큰 폭으로 증가하였다.

[오답분석]
① 원/100엔 환율이 가장 큰 달은 2023년 12월이고, 환율은 100엔당 약 920원이다.
② 원/100엔 환율이 가장 작은 달은 2023년 11월이고, 환율은 100엔당 약 860원 미만이다.
④ 기울기의 기울기가 클수록 환율 변동 폭이 크므로 감소 폭이 가장 큰 시기인 2023년 10월과 2023년 11월 사이에 원/100엔 환율이 가장 큰 폭으로 감소하였다.

12 정답 ②

2023년 9월에 100만 원을 달러로 환전 후 같은 금액을 2023년 12월에 원으로 환전한다.

따라서 2023년 12월에 환전받는 금액은 $1,000,000원 \times \frac{1달러}{1,327원} \times \frac{1,302원}{1달러} ≒ 981,000원$이므로 손해를 본 금액은 $1,000,000 - 981,000 = 19,000원$이다.

13 정답 ①

시설자금 대출 금액이 운전자금 대출 금액을 앞서기 시작한 때는 2021년 3분기이다.

오답분석

② 2021년 1분기부터 2023년 4분기까지 시설자금 대출 금액은 증가 추세이다.
③ 2023년 4분기의 대출 금액은 시설자금 대출 금액이 더 크고, 2021년 1분기 대출 금액은 시설자금 대출 금액이 더 작다. 따라서 2021년 1분기 대비 2023년 4분기 대출 금액 증가율은 시설자금 대출 금액이 더 크다.
④ 2021년 2분기부터 2023년 4분기까지 전분기 대비 운전자금 대출 금액이 가장 크게 증가한 때는 기울기가 가장 큰 2022년 2분기이다.

14 정답 ③

분야별 A부장이 받을 수 있는 최대 여비는 각각 다음과 같다.
- 일비 : 2×3=6만 원
- 식비 : 2.5×3=7.5만 원
- 숙박비 : 15×2=30만 원
- 항공운임 : 100×2=200만 원
- 철도운임 : 7×2=14만 원
- 자가용승용차운임 : 20×3=60만 원

따라서 A부장이 받을 수 있는 최대 여비는 6+7.5+30+200+14+60=317.5만 원이다.

15 정답 ④

군별 여비의 총액은 각각 다음과 같다.
- 가군
  - 일비 : 2×2=4만 원
  - 숙박비 : 15×1=15만 원
  - 선박운임 : 50×1=50만 원
  - 버스운임 : 0.15×2=0.3만 원
  - 식비 : 2.5×2=5만 원
  - 항공운임 : 100×1=100만 원
  - 철도운임 : 7×2=14만 원
  - 자가용승용차운임 : 20×2=40만 원

  그러므로 4+5+15+100+50+14+0.3+40=228.3만 원이다.

- 나군
  - 일비 : 2×2=4만 원
  - 숙박비 : 7×1=7만 원
  - 선박운임 : 20×1=20만 원
  - 버스운임 : 0.15×2=0.3만 원
  - 식비 : 2×2=4만 원
  - 항공운임 : 50×1=50만 원
  - 철도운임 : 7×2=14만 원
  - 자가용승용차운임 : 20×2=40만 원

  그러므로 4+4+7+50+20+14+0.3+40=139.3만 원이다.

- 다군
  - 일비 : 2×2=4만 원
  - 숙박비 : 6×1=6만 원
  - 선박운임 : 20×1=20만 원
  - 버스운임 : 0.15×2=0.3만 원
  - 식비 : 2×2=4만 원
  - 항공운임 : 50×1=50만 원
  - 철도운임 : 3×2=6만 원
  - 자가용승용차운임 : 20×2=40만 원

  그러므로 4+4+6+50+20+6+0.3+40=130.3만 원이다.

따라서 영업팀이 받는 여비의 총액은 228.3+139.3+130.3=497.9만 원이다.

| 02 | 직무심화지식

01	02	03	04	05	06	07	08								
②	③	④	②	①	④	③	④								

01 정답 ②

온국민 건강적금에서 적용 가능한 최대 금리는 기본금리 연 2.0%에 최대 우대금리인 연 6.0%p를 더한 값인 연 8.0%이다. 온국민 건강적금은 6개월 만기에 매월 최대 20만 원까지 적립할 수 있으므로 최대 적립금액은 $200,000 \times 6 = 1,200,000$원이고, 6개월 동안의 이자율은 $8 \times \frac{(6개월)}{(12개월)} = 4\%$이므로 $1,200,000 \times 0.04 = 48,000$원이다.

따라서 온국민 건강적금으로 받을 수 있는 이자는 최대 48,000원이다.

[오답분석]
① 기본금리 연 2.0%에 우대금리는 최대 연 6.0%p까지 받을 수 있으므로 최종금리는 최대 연 8%이다.
③ 즐거운 걷기 우대금리는 주어진 미션을 성공할 경우(10만 걸음) 매월 연 0.5%p를 받게 된다. 따라서 다른 우대금리 없이 4개월간 성공했다면 $0.5 \times 4 = 2.0\%$p의 우대금리가 적용된다.
④ 즐거운 걷기 우대금리를 받기 위해서는 안드로이드 기기의 경우 '구글 피트니스', iOS 기기의 경우 '건강' 앱이 설치되어 있어야 하므로 별도의 스마트폰 애플리케이션이 필요하다.

02 정답 ③

A~D가 적용받는 연이율은 각각 다음과 같다.
• A(4개월 중도해지) : $2 \times 0.5 \times 4 \div 6 ≒$ 연 0.66%(소수점 셋째 자리에서 절사)
• B(만기해지, 걷기 미션, 스탬프 미션) : $2+3+1=$ 연 6.0%
• C(만기해지, 걷기 미션, 웰컴 스뱅) : $2+3+2=$ 연 7.0%
• D(2개월 중도해지) : $2 \times 0.5 \times 2 \div 6 ≒$ 연 0.33%(소수점 셋째 자리에서 절사)

위의 연이율에 따른 A~D가 받는 이자는 각각 다음과 같다.
• A : $(50,000 \times 4) \times 0.0066 \times \frac{4}{12} = 200,000 \times 0.0022 = 440$원
• B : $(100,000 \times 6) \times 0.06 \times \frac{6}{12} = 600,000 \times 0.03 = 18,000$원
• C : $(160,000 \times 6) \times 0.07 \times \frac{6}{12} = 960,000 \times 0.035 = 33,600$원
• D : $(200,000 \times 2) \times 0.0033 \times \frac{2}{12} = 400,000 \times 0.00055 = 220$원

따라서 A~D 4명이 받는 이자의 총합은 $440+18,000+33,600+220=52,260$원이다.

03 정답 ④

비대면으로 신규 가입한 계좌는 만기자동해지의 신청 없이 만기일에 자동해지되어 근거계좌인 국민은행 출금계좌로 입금된다.

[오답분석]
① 경과월수가 11개월일 때 중도해지할 경우 연이율은 $4 \times 0.9 \times \frac{11}{12} =$ 연 3.3%이다.
② KB청년도약플러스적금은 1인 1계좌 상품이다.
③ KB청년도약플러스적금은 모바일 앱인 KB스타뱅킹으로 가입할 수 있다.

04 정답 ②

우대금리의 경우 만기해지 시 계약기간 동안 적용되므로 A와 B 모두에 적용되지 않는다. 그러므로 중도해지금리에 따른 A와 B의 연이율을 구하면 다음과 같다.

- A : $4 \times 0.7 \times \frac{8}{12} ≒$ 연 1.86%(소수점 셋째 자리에서 절사)
- B : $4 \times 0.5 \times \frac{4}{12} ≒$ 연 0.66%(소수점 셋째 자리에서 절사)

따라서 A와 B의 연이율 차이는 $1.86-0.66=1.2\%p$이다.

05 정답 ①

FOSS(Free and Open Source Software, 자유 – 오픈 소스 소프트웨어)는 소스코드의 이용 가능성을 통해 디자인을 사용, 복사, 연구, 변경, 개선할 권리 등을 사용자에게 부여하는 소프트웨어로, 누구나 자유롭게 수정 및 사용, 재배포가 가능하다.

오답분석

② PVM(Parallel Virtual Machine) : 네트워크에 접속된 다수의 컴퓨터를 한 대의 가상 컴퓨터를 사용하여 서로 다른 기종의 하드웨어나 윈도우 시스템의 네트워크 등을 연결해 대규모 연산을 수행할 수 있도록 하는 소프트웨어
③ 디지털 아카이빙 : 시간 경과에 의해 질이 떨어지거나 소실될 우려가 있는 디지털 객체를 장기간 관리하여 이후 객체의 이용을 보장하는 활동
④ 보안 프로그램 : 금융서비스 등 개인정보 유출을 방지하고, 중요 데이터 보호 및 변조 방지 등의 역할을 하는 소프트웨어

06 정답 ④

스위치(Switch)는 컴퓨터나 서버와 같은 LAN 내의 여러 장치를 연결하는 네트워크 장치이다. 패킷의 위치를 추출하여 그 위치에 대한 최적의 경로를 지정 후 다음 장치로 전향시키는 장치는 라우터(Router)이며, 라우터에 있는 주소를 참조하여 목적지와 연결되는 포트로 패킷을 전달한다.

07 정답 ③

일반적인 관리 방법 및 분석 체계로는 처리하기 어려운 매우 방대한 양의 데이터 집합은 빅데이터이다. 브로드 데이터는 이와 다른 다양한 정보를 일컫는다.

08 정답 ④

오답분석

① 블루투스 : 약 2.4~2.5GHz 전파를 통해 데이터를 주고받는 디지털 통신 기기의 근거리 무선 통신 기술 중 하나
② 스몰 셀 : 낮은 전송 파워와 좁은 커버리지를 갖는 소형 기지국(↔ 매크로 셀 : 높은 전송 파워와 넓은 커버리지를 갖는 대형 기지국)
③ 메시 네트워크 : 수십에서 수천 개의 장치가 유기적으로 연결되어 있어 대규모 장치에서의 네트워크 생성에 최적화되었으며 기존 무선 LAN의 한계를 극복한 네트워크

| 03 | 상식

01	02	03	04	05	06	07	08	09	10
①	③	①	②	②	③	③	③	①	①

01 정답 ①

블록체인은 제3자의 개입 없이 분산형 네트워크(P2P)를 통해 거래를 하므로 분산성의 특징을 갖는다.

[오답분석]
② 보안성 : 거래기록에 대해 네트워크 참여자가 공동으로 소유하여 거래기록 조작 등을 방지할 수 있다.
③ 투명성 : 모든 거래기록에 대해 공개적으로 접근이 가능하여 투명성이 확보된다.
④ 확장성 : 네트워크에 참여하는 누구나 공개된 소스를 통해 구축, 확장 등이 가능하다.

02 정답 ③

DLS는 사전에 수익률이 정해져 있는 상품으로, 기초자산이 정해진 구간을 벗어나지 않으면 약정수익률을 제공하고, 정해진 구간을 벗어나면 원금손실이 발생할 수 있다.

[오답분석]
① ETF는 인덱스펀드와 주식의 장점을 합친 상품으로, 자유로운 매매가 가능하다.
② ETF는 코스피200과 같은 주가지수뿐만 아니라 삼성전자, 현대차 등 개별종목을 기초자산으로 할 수 있다.
④ DLS는 주가지수, 이자율, 통화, 실물자산 등 다양한 자산을 기초자산으로 할 수 있다.

03 정답 ①

머신러닝은 컴퓨터가 데이터를 통해 학습하고 예측할 수 있도록 하는 인공지능 분야로, 머신러닝 알고리즘을 통해 데이터를 분석하고 패턴을 인식하여 결정을 내리거나 예측을 수행한다.

[오답분석]
② 딥러닝 : 인간의 두뇌에서 영감을 얻어 데이터를 처리하도록 컴퓨터를 가르치는 인공지능 방식
③ RNN(Recurrent Neural Network) : 시계열 또는 순차 데이터를 예측하는 딥러닝을 위한 아키텍처로, 자연 신호 분류, 언어 처리, 비디오 분석 등의 문제를 해결하는 데 활용함
④ GAN(Generative Adversarial Network) : AI 기술 중 하나로, 실제에 가까운 이미지나 사람이 작성한 글 등 가짜 데이터들을 생성하는 것

04 정답 ②

주식워런트증권(ELW; Equity Linked Warrant)은 특정 주식이나 주가지수 등의 기초자산을 사전에 정한 미래의 시점에 미리 정한 가격으로 사거나 팔 수 있는 권리를 갖는 증권이다. 별도계좌 개설이 필요 없으며, 기존의 주식계좌에서 거래가 가능하다. 단, 사전에 ELW 투자자 교육과정을 이수해야 하며, 교육수료 후 이수증을 증권사에 제출해야 한다.

[오답분석]
③ 코스피200 기준 ELW 거래 승수는 1pt당 100원이고, 옵션의 거래 승수는 1pt당 25만 원이다.
④ 유동성공급자(LP)를 통해 종목 수가 너무 많아 거래가 분산되거나 투자자의 관심이 적은 종목이 거래가 안 되는 경우를 방지한다.

05 정답 ②

원래는 2023년부터 시행 예정이었으나, 투자자들의 반발로 연기되었다.

오답분석

① 펀드 환매 차익에 대한 과세 방법이 기존의 배당소득세에서 금융투자소득세로 변경되므로, 금융종합소득과세에서 제외된다.
③ 금융투자소득세는 주식, 채권, 펀드 등 다양한 금융투자상품에서 발생하는 소득에 대해 부과하는 세금이다.
④ 개인투자자라도 금융투자상품에서 실현된 모든 손익이 5,000만 원을 초과하는 경우에는 세금을 납부해야 한다.

06 정답 ③

스트레스 총부채원리금상환비율(Stress DSR)은 대출자의 금리 변동 위험(Stress)을 반영하여 대출 한도를 산정하는 제도이다. 이는 대출자가 금리 상승으로 인해 원리금 상환 부담이 증가할 가능성을 고려하여 실제 대출금리에 가산금리를 더해 대출 한도를 계산하는 방식으로, 재약정인 경우에도 동일하게 적용한다.

07 정답 ③

펀드의 대량 환매 요구가 일어나는 사태는 뱅크런이 아닌 펀드런이다.

오답분석

① 우리나라 법정 지급 준비율은 7%이며, 그중 현금으로 4% 정도를 보유하고 나머지 3%는 채권 또는 우량 상업어음으로 보유한다.
② 부분지급준비제도를 채택하는 경우, 모든 고객의 예치금을 돌려줄 만큼 충분한 현금을 준비해 두고 있지 않기 때문에 뱅크런 사태가 발생할 경우 막대한 피해가 발생한다.
④ 초인플레이션이 발생하게 되면 현금보다 실물을 가지고 있는 것이 유리하기 때문에 대규모 예금 인출 사태가 발생할 수 있으며, 마이너스 금리가 발생하게 되면 은행에 예금으로 예치하는 것이 손해이므로 고객들은 당연히 예금을 인출하려고 할 것이다.

08 정답 ③

엔저현상으로 인한 하방압력으로 원화가치가 하락하면 환율이 상승하게 되고, 이로 인해 수입품 가격 등이 상승하여 물가 상승이 나타나게 된다.

09 정답 ①

매몰비용은 회수가 불가능하므로 의사결정 시 고려대상이 아닌 반면, 기회비용은 의사결정 시 희생이 필요한 대상에 대한 가치를 고려하는 것이므로 두 비용은 서로 연관되지 않는다.

오답분석

②·③ 매몰비용은 회수가 불가능한 비용으로, 현재 및 미래의 경제적 가치가 0이므로 의사결정 시 경제적 비용(명시적 비용)으로 고려해서는 안 된다.
④ 기업 광고 비용, 연구개발 비용 등은 성공 여부를 떠나 한번 투입하면 회수할 수 없는 비용으로 매몰비용에 해당된다.

10 정답 ①

대손충당금은 비용으로 분류하며, 재무상태표상 자본으로 분류하는 것은 대손준비금이다.

오답분석

② 은행의 재무건전성이 높아질 경우 그만큼 리스크가 발생할 가능성이 낮아지는 것이므로 대손충당금 규모를 줄이게 된다.
④ 대손충당금은 이익의 일부를 적립하는 돈이기 때문에 은행의 이익 규모에 영향을 미친다.

CHAPTER 04 | 2023년 기출복원문제

| 01 | 직업기초능력

01	02	03	04	05	06	07	08	09	10	11	12	13	14	15	16	17			
②	③	②	③	④	①	③	①	①	④	②	③	①	③	③	③	③			

01 정답 ②

KB국민희망대출은 분할상환 방식으로 이루어지므로 매달 원금과 이자를 분할하여 상환하게 된다. 대출원금을 만기일에 일시상환하는 것은 만기일시상환에 해당한다.

오답분석
① KB국민희망대출은 이자 부담 경감 효과를 위해 최고금리를 연 10% 미만으로 제한하고 있으며, 대출 이후 기준금리가 상승하더라도 연 10% 미만의 금리로 대출을 이용할 수 있다.
③ KB국민희망대출은 일반적으로 은행권 대출이 어려운 다중채무자도 이용할 수 있다.
④ KB국민희망대출의 상환기간은 최장 10년으로 제2금융권 신용대출 상환기간인 5년보다 더 길다. 따라서 같은 이자율과 금액으로 대출했을 경우, 월 상환부담금을 더 낮출 수 있다.

> **분할상환의 종류**
> • 원금균등분할상환 : 대출원금을 매월 동일한 금액으로 상환하고 남은 대출원금에 대한 이자를 상환하는 방식으로, 시간이 흐를수록 이자가 줄어든다.
> • 원리금균등분할상환 : 대출원금과 이자를 합친 금액(원리금)을 만기일까지 균등하게 상환하는 방식으로, 시간이 흘러도 이자는 변하지 않는다.

02 정답 ③

제시문은 KB국민은행의 '온국민 건강적금'을 소개하고 이에 대한 정보를 제공하는 글이다. 그러므로 먼저 온국민 건강적금에 대해 소개하는 (다) 문단이 오는 것이 적절하다. 그 다음으로는 기본이율을 설명하는 (가) 문단이 와야 하며, 이후 우대이율인 '발자국 스탬프 찍기'에 대해 설명하는 (라) 문단이 오는 것이 자연스럽다. 마지막으로 '즐거운 걷기'와 '발자국 스탬프 찍기' 우대이율을 받기 위한 주의사항에 대해 설명하는 (나) 문단이 오는 것이 적절하다. 따라서 (다) – (가) – (라) – (나) 순서로 나열되어야 한다.

03 정답 ②

제시문은 KB국민은행의 'KB가족부동산 지킴신탁'을 소개하는 글이다. 빈칸의 앞부분과 뒷부분은 KB가족부동산 지킴신탁의 효과를 설명하고 있지만 그 내용은 서로 다르다. 따라서 앞뒤 내용을 같은 자격으로 나열하면서 연결하는 접속어 '또한'을 사용하는 것이 적절하다.

04 정답 ③

정부기여금 유의사항 ③에서 중도해지 후 재가입하는 경우 받을 수 있는 정부기여금의 규모가 축소될 수 있다고 하였다. 따라서 정부기여금을 지급받을 수 없는 게 아니라 축소된 금액을 지급받게 된다.

[오답분석]
① 매월 70만 원 이하를 60개월간 저축할 수 있으므로 저축 가능한 최대 금액은 4,200만 원이다.
② 외국인의 경우 외국인등록증을 통해 실명확인 후 가입이 가능하다.
④ 첫 번째 가입제한에서 전 금융기관 1인 1계좌임을 명시하고 있다.

05 정답 ④

$(10,000원) \times \dfrac{(1달러)}{(1,320원)} \times \dfrac{(145엔)}{(1달러)} ≒ 1,098.5엔$

06 정답 ①

$(3유로) \times \dfrac{(1달러)}{(0.95유로)} \times \dfrac{(3.75리얄)}{(1달러)} ≒ 11.8리얄$

07 정답 ③

$(10,000동) \times \dfrac{(1달러)}{(24,180동)} \times \dfrac{(1.55AUD)}{(1달러)} ≒ 0.6AUD$

08 정답 ①

도시별 부동산 전세 가격지수 증감량은 각각 다음과 같다.

구분	2022년 6월	2022년 12월	증감량	구분	2022년 6월	2022년 12월	증감량
A도시	90.2	95.4	5.2	F도시	98.7	98.8	0.1
B도시	92.6	91.2	-1.4	G도시	100.3	99.7	-0.6
C도시	98.1	99.2	1.1	H도시	92.5	97.2	4.7
D도시	94.7	92.0	-2.7	I도시	96.5	98.3	1.8
E도시	95.1	98.7	3.6	J도시	99.8	101.5	1.7

따라서 증가량이 가장 작은 도시는 D도시이며, D도시의 증감률은 $\dfrac{92.0-94.7}{94.7} \times 100 ≒ -2.9\%$이다.

09 정답 ①

분기별 매출이익 대비 순이익의 비는 각각 다음과 같다.

- 2022년 1분기 : $\dfrac{302}{1,327} ≒ 0.228$
- 2022년 2분기 : $\dfrac{288}{1,399} ≒ 0.206$
- 2022년 3분기 : $\dfrac{212}{1,451} ≒ 0.146$
- 2022년 4분기 : $\dfrac{240}{1,502} ≒ 0.160$
- 2023년 1분기 : $\dfrac{256}{1,569} ≒ 0.163$

따라서 매출이익 대비 순이익의 비가 가장 낮은 분기는 2022년 3분기이며, 영업이익은 전분기와 동일하므로 증감률은 0%이다.

10 정답 ④

예치기간이 12개월일 때, KB Star 정기예금과 KB 국민UP 정기예금의 최종 적용금리의 차이는 3.68-2.42=1.26%p이다.

오답분석

① 예치기간이 3개월일 때, KB Star 정기예금과 KB 국민Up 정기예금의 최종 적용금리의 차이는 3.51-1.85=1.66%p이다.
② 예치기간이 6개월일 때, KB Star 정기예금과 KB 국민Up 정기예금의 최종 적용금리의 차이는 3.65-2.10=1.55%p이다.
③ 예치기간이 9개월일 때, KB Star 정기예금과 KB 국민Up 정기예금의 최종 적용금리의 차이는 3.65-2.30=1.35%p이다.

11 정답 ②

행원 A~E 중 행원 C는 행원 E의 성과급이 늘었다고 하였고, 행원 D는 행원 E의 성과급이 줄었다고 하였으므로 행원 C와 D 중 1명은 거짓말을 하고 있다.
 ⅰ) 행원 C가 거짓말을 하고 있는 경우
　　행원 'B-A-D' 순으로 성과급이 늘었고, 행원 E와 C는 성과급이 줄어들었지만, 순위는 알 수 없다.
 ⅱ) 행원 D가 거짓말을 하고 있는 경우
　　행원 'B-A-D' 순으로 성과급이 늘었고, 행원 C와 E도 성과급이 늘었지만, 순위는 알 수 없다.
따라서 어떤 경우이든 행원 E의 성과급 순위는 알 수 없다.

12 정답 ③

우선 첫 번째와 세 번째 결과에 따라 C는 A 바로 전 또는 바로 뒤 순서로 출근한 E보다 먼저 출근하였으므로 A보다도 먼저 출근한 것을 알 수 있다. 마찬가지로 두 번째와 마지막 결과에 따라 D 역시 F 바로 뒤에 출근한 B보다 먼저 출근하였으므로 F보다도 먼저 출근한 것을 알 수 있다.
또한 네 번째 결과에 따라 E는 F보다 늦게 출근하였으므로 결국 C, D, B보다도 늦게 출근하였음을 알 수 있다. 그러므로 E가 다섯 번째 또는 마지막 순서로 출근하였음을 알 수 있으나, 꼴찌에는 해당하지 않으므로 결국 E는 다섯 번째로 출근하였고, A가 마지막 여섯 번째로 출근하였음을 알 수 있다.
이때 제시된 결과만으로는 C와 D의 순서를 비교할 수 없으므로 A~F의 출근 순서는 다음과 같은 경우로 나타낼 수 있다.

구분	첫 번째	두 번째	세 번째	네 번째	다섯 번째	여섯 번째
경우 1	D	F	B	C	E	A
경우 2	D	C	F	B	E	A
경우 3	C	D	F	B	E	A

따라서 D가 C보다 먼저 출근했다면, D는 반드시 첫 번째로 출근하므로 자신을 포함한 A~F의 출근 순서를 알 수 있다.

오답분석

① 경우 2와 경우 3에서 B가 C보다 늦게 출근하므로 C의 출근 시각을 알 수 없다.
② 경우 1에서 C는 자신과 E, A의 출근 순서를 알 수 있으나, D, F, B의 출근 순서는 알 수 없다.
④ F는 반드시 D보다 늦게 출근하므로 먼저 출근한 D의 출근 시각을 알 수 없다.

13 정답 ①

왼쪽에서 두 번째 자리에는 40대 남성이, 오른쪽 끝자리에는 30대 남성이 앉으므로 세 번째, 네 번째 조건에 따라 30대 여성은 왼쪽에서 네 번째 자리에 앉아야 한다. 이때, 40대 여성은 네 번째 조건에 따라 왼쪽에서 첫 번째 자리에 앉아야 하므로 남은 자리에 20대 남녀가 앉을 수 있다.

i) 경우 1

40대 여성	40대 남성	20대 여성	30대 여성	20대 남성	30대 남성

ii) 경우 2

40대 여성	40대 남성	20대 남성	30대 여성	20대 여성	30대 남성

따라서 항상 참인 것은 ①이다.

14 정답 ③

2023년 4월 아파트 실거래지수가 137.8이고 전월 대비 증감량이 −1.5이므로, 2023년 3월 아파트 실거래지수는 137.8+1.5=139.3이다.
이처럼 제시된 자료를 역산하면 2022년 3월 실거래지수는 137.8+1.5−1.7+ … −2.7=131.6이다.
따라서 2022년 3월 대비 2023년 3월 아파트 실거래지수의 증감률은 $\frac{139.3-131.6}{131.6} \times 100 ≒ 5.9\%$이다.

15 정답 ③

- A고객 : 교사는 재직기간에 관계없이 대출자격이 주어지고 재직기간이 1년 미만이므로 최대 5천만 원까지 대출이 가능하다. 또한 최종금리는 적용 기준금리 CD 91일물인 3.69%에 가산금리 2.36%p를 합산하고 우대금리 0.1+0.1=0.2%p를 감한 3.69−2.36−0.2=5.85%이다.
- B고객 : 무직은 KB직장인든든 신용대출의 자격이 주어지지 않는다.
- C고객 : 재직기간이 1년 미만이므로 최대 5천만 원까지 대출이 가능하다. 또한 최종금리는 적용 기준금리 CD 91일물인 3.69%에 가산금리 2.36%p를 합산하고 우대금리 0.2+0.3+0.1=0.6%p를 감한 3.69+2.36−0.6=5.45%이다.
- D고객 : 재직기간이 1년 이상이므로 최대 3억 원까지 대출이 가능하다. 또한 최종금리는 적용 기준금리 금융채 12개월인 3.88%에 가산금리 2.29%p를 합산하고 우대금리 0.3+0.3+0.1+0.1=0.8%p를 감한 3.88+2.29−0.8=5.37%이다.

16 정답 ③

결산일이 8월 11일이므로 직전 3개월은 5, 6, 7월이다. 이 3개월간 입금 내역 중 대상연금 조건에 만족하는 입금 내역을 확인한다.
올해 3월부터 매월 일정한 금액의 퇴직연금 입금 내역이 존재한다고 하였으나 타행으로부터의 '연금' 문구가 인쇄되는 입금 내역은 월 최대 1건만 인정되므로 5, 6, 7월에 인정되는 퇴직연금 입금 내역 수는 2+2+2=6건이다.
또한 금년 6월 10일부터 국가보훈처로부터의 입금 내역이 존재하므로 6월과 7월에 각각 1건씩 인정된다.
그 외 입금 내역은 연금과 관련이 없으므로 대상연금으로 인정받을 수 있는 내역은 6+1+1=8건이다.
따라서 A씨에게 적용되는 우대금리는 1.0%p이다.

17 정답 ③

수출액의 전월 대비 증가율이 가장 높은 달은 2023년 3월(9.8%)이고, KOSPI지수의 전월 대비 증가율이 가장 높은 달은 2023년 2월(약 14.7%)이다.

오답분석

① 수출액이 가장 적은 달은 2023년 1월이고, KOSPI지수가 가장 낮은 달 또한 2023년 1월이다.
② 2022년 11월에 수출액은 전월 대비 감소하였으나 KOSPI지수는 전월 대비 증가하였고, 2023년 3월에 수출액은 전월 대비 증가하였으나 KOSPI지수는 전월 대비 감소하였다.
④ 2022년 12월부터 2023년 2월까지 수출액 동향과 KOSPI지수의 전월 대비 증감 추이는 '증가 – 감소 – 증가'로 같다.

| 02 | 직무심화지식

01	02	03	04	05	06	07	08												
①	①	②	③	②	④	①	③												

01 정답 ①

원리금균등분할상환이므로 월평균 상환원금은 1,200만 원÷12개월=100만 원이다. 또한 이자는 원금에 고객별 적용금리를 곱한 후 12개월로 나누어 계산하며(원 미만 절사), 이때 적용금리는 최고 연 8.01%, 최저 연 7.11%이다.
이를 토대로 월평균 상환원금과 이자를 정리한 다음 표에 따르면 적용금리가 최고금리(8.01%)인 경우 첫 달에 80,100원이던 이자는 매월 6,675원씩 감소하고, 최저금리(7.11%)인 경우 첫 달에 71,100원이던 이자는 매월 5,925원씩 줄어든다. 이는 매월 100만 원씩 원금을 상환하기 때문이다. 규칙적인 수치로 감소하므로 월별 이자가 얼마인지 계산하지 않아도 된다.

구분	원금	적용금리	이자계산식	이자
1월	1,200만 원	8.01%	1,200만 원×0.0801÷12	80,100원
		7.11%	1,200만 원×0.0711÷12	71,100원
2월	1,100만 원	8.01%	1,100만 원×0.0801÷12	73,425원
		7.11%	1,100만 원×0.0711÷12	65,175원
…			…	
12월	100만 원	8.01%	100만 원×0.0801÷12	6,675원
		7.11%	100만 원×0.0711÷12	5,925원

이에 따라 적용금리가 최고금리인 경우와 최저금리인 경우의 총이자와 월평균 납입금액을 계산하면 다음과 같다.
- 최고금리 : 6,675×(1+2+3+4+5+6+7+8+9+10+11+12)=6,675×78=520,650원
  월평균 납입금액 : 1,000,000+(520,650÷12)≒1,043,388원[∵ (월평균 상환원금)+(월평균 이자금액)]
- 최저금리 : 5,925×(1+2+3+4+5+6+7+8+9+10+11+12)=5,925×78=462,150원
  월평균 납입금액 : 1,000,000+(462,150÷12)≒1,038,513원

따라서 최고금리일 때와 최저금리일 때의 A씨가 납부할 월평균 상환금액의 차이는 1,043,388-1,038,513=4,875원이다.

02 정답 ①

월납입금 a원, 연이율 r%일 때, n개월 만기 시 받는 세금 공제 전 원리합계 금액(S)을 구하는 공식은 다음과 같다.

$$S=\frac{a\times\left(1+\frac{r}{12}\right)\times\left\{\left(1+\frac{r}{12}\right)^n-1\right\}}{\left(1+\frac{r}{12}\right)-1}$$

24개월 만기이고 최고금리가 적용되므로 자유적립식 적용금리는 3.50%이고, 정액적립식 적용금리는 3.55%이다.

- 자유적립식의 24개월 만기 시 세금 공제 전 원리합계 금액

$$:\frac{30\times\left(1+\frac{0.035}{12}\right)\times\left\{\left(1+\frac{0.035}{12}\right)^{24}-1\right\}}{\left(1+\frac{0.035}{12}\right)-1}=\frac{30\times1.003\times0.072}{0.003}≒722.2만\ 원$$

- 정액적립식의 24개월 만기 시 세금 공제 전 원리합계 금액

$$:\frac{30\times\left(1+\frac{0.0355}{12}\right)\times\left\{\left(1+\frac{0.0355}{12}\right)^{24}-1\right\}}{\left(1+\frac{0.0355}{12}\right)-1}=\frac{30\times1.003\times0.073}{0.003}≒732.2만\ 원$$

따라서 A씨가 받을 자유적립식과 정액적립식의 만기 시 세금 공제 전 원리합계 금액의 차이는 732.2-722.2=10만 원이다.

03 정답 ②

ⓒ 거래방법 안내에 따르면 개인 인터넷뱅킹을 통해서는 해지만 할 수 있으며, 영업점(은행창구)과 KB스타뱅킹을 통해서는 신규·전환·해지 등이 모두 가능하다.

ⓜ 기본금리와 이자지급시기 안내에 따르면 기본금리는 연 0.1%(세전)이며, 이자는 매년 5월, 11월의 말일에 결산해 다음 날 원금에 더하는데, 이자를 계산할 때 원 미만에서 반올림한다. 이를 토대로 원금과 이자를 계산하여 정리하면 다음과 같다.

구분	원금(원)	이자(원)
1월 말일	100,000	(100,000×0.1%÷12)×5≒42
2월 말일	200,000	(200,000×0.1%÷12)×4≒67
3월 말일	300,000	(300,000×0.1%÷12)×3=75
4월 말일	400,000	(400,000×0.1%÷12)×2≒67
5월 말일	500,000	(500,000×0.1%÷12)×1≒42
6월 1일(이자지급)	500,293	42+67+75+67+42=293
6월 말일	600,293	(600,293×0.1%÷12)×6≒300
7월 말일	700,293	(700,293×0.1%÷12)×5≒292
8월 말일	800,293	(800,293×0.1%÷12)×4≒267
9월 말일	900,293	(900,293×0.1%÷12)×3≒225
10월 말일	1,000,293	(1,000,293×0.1%÷12)×2≒167
11월 말일	1,100,293	(1,100,293×0.1%÷12)×1≒92
12월 1일(이자지급)	1,101,636	300+292+267+225+167+92=1,343
12월 말일	1,201,636	(다음 해 5월 말일에 이자를 결산함)

따라서 12월 말일에 1,201,636원을 모을 수 있다.

오답분석

ⓖ 이자지급시기 안내에 따르면 이자는 매년 5월과 11월의 말일에 월 단위로 결산해 다음 날 원금에 더한다.

ⓒ 부가서비스 안내에 따르면 KB스타뱅킹 앱의 '인컴박스'라는 서비스를 통해 입금 내역을 한눈에 확인할 수 있는 입금 관리 서비스를 받을 수 있다.

ⓔ 수수료 면제 안내에 따르면 수수료 면제 조건 충족 시 이 통장 거래에서 발생한 타행 이체수수료, 자동이체수수료, 자동화기기 출금수수료 등의 수수료를 면제받을 수 있다.

04 정답 ③

ⓒ 우대금리 안내에 따르면 우대금리 항목은 4가지이며, 모든 우대금리 항목은 만기해지하는 경우에만 적용받을 수 있다.

ⓔ 최종금리는 기본금리에 우대금리를 가산한 것으로, 기본금리는 연 2.25%이고 우대금리는 최고 연 0.8%p이므로 최종금리는 최소 연 2.25%(우대금리 적용 없음) 최대 2.25+0.8=3.05%이다.

오답분석

ⓖ 우대금리 안내에 따르면 해양 쓰레기를 줄이고, 종이를 절약하는 활동에 동참할 경우 최대 연 0.1+0.1+0.3+0.3=0.8%p의 친환경 실천 우대금리를 제공한다.

ⓔ 만기해지 시에 모을 수 있는 최고 금액은 기본금리 2.25%에 최고 우대금리 0.8%p를 더한 3.05%를 적용한 경우이며, 최소 금액은 우대금리 없이 기본금리 2.25%만을 적용한 경우이다. 또한 입금건별 이자는 '(입금금액)×(약정금리)×[일수(입금일~만기일 전일)]÷365'로 계산한다. 이를 토대로 적용금리가 각각 2.25%, 3.05%인 경우의 만기이자를 계산하여 정리하면 다음과 같다.

납입일	저축금액	일수	만기이자(원 미만 절사)	
			금리	계산식
1. 1	10만 원	365일	2.25%	10만 원×0.0225×365÷365=2,250원
			3.05%	10만 원×0.0305×365÷365=3,050원
2. 1	10만 원	334일	2.25%	10만 원×0.0225×334÷365≒2,058원
			3.05%	10만 원×0.0305×334÷365≒2,790원
3. 1	10만 원	306일	2.25%	10만 원×0.0225×306÷365≒1,886원
			3.05%	10만 원×0.0305×306÷365≒2,556원
4. 1	10만 원	275일	2.25%	10만 원×0.0225×275÷365≒1,695원
			3.05%	10만 원×0.0305×275÷365≒2,297원
5. 1	10만 원	245일	2.25%	10만 원×0.0225×245÷365≒1,510원
			3.05%	10만 원×0.0305×245÷365≒2,047원
6. 1	10만 원	214일	2.25%	10만 원×0.0225×214÷365≒1,319원
			3.05%	10만 원×0.0305×214÷365≒1,788원
7. 1	10만 원	184일	2.25%	10만 원×0.0225×184÷365≒1,134원
			3.05%	10만 원×0.0305×184÷365≒1,537원
8. 1	10만 원	153일	2.25%	10만 원×0.0225×153÷365≒943원
			3.05%	10만 원×0.0305×153÷365≒1,278원
9. 1	10만 원	122일	2.25%	10만 원×0.0225×122÷365≒752원
			3.05%	10만 원×0.0305×122÷365≒1,019원
10. 1	10만 원	92일	2.25%	10만 원×0.0225×92÷365≒567원
			3.05%	10만 원×0.0305×92÷365≒768원
11. 1	10만 원	61일	2.25%	10만 원×0.0225×61÷365≒376원
			3.05%	10만 원×0.0305×61÷365≒509원
12. 1	10만 원	31일	2.25%	10만 원×0.0225×31÷365≒191원
			3.05%	10만 원×0.0305×31÷365≒259원
합계	120만 원	–	2.25%	14,681원
			3.05%	19,898원

따라서 만기이자의 차이는 19,898−14,681=5,217원이다.

05 정답 ②

㉠ 금융회사, 비금융회사, 핀테크회사 등의 참여자가 임베디드 금융 시장에서 얻는 이익은 근본적으로 비금융회사가 고객에게 제공하는 서비스를 통해 얻은 수익에서 비롯된다. 비금융회사는 고객에게 서비스를 제공하는 주체로서, 자사가 보유한 방대한 고객 데이터와 기존 서비스를 금융 서비스에 접목해 고객에게 적합한 상품을 추천하고 자사의 제품 판매 향상을 통해 얻은 수익의 일부를 금융회사와 핀테크회사에 제공하는 것이다. 따라서 임베디드 금융 시장의 참가자 중에 가장 큰 역할을 하는 주체는 비금융회사라고 말할 수 있다. 또한 소비자는 임베디드 금융을 통해 좀 더 편리하고 빠르게 금융 서비스를 제공받을 수 있다.
㉣ 서비스형 은행(BaaS; Banking as a Service)에 대한 설명이다. 임베디드 금융은 비금융회사가 금융회사의 금융 상품을 단순 중개·재판매하는 것을 넘어 IT·디지털 기술을 활용해 자사의 플랫폼에 결제, 대출 등의 비대면 금융 서비스(핀테크)를 내재화(Embed)하는 것을 뜻한다.

오답분석
㉡ 임베디드 금융의 시장 구조는 비금융회사의 기존 서비스에 금융 서비스를 추가함으로써 얻은 수익을 비금융회사, 금융회사, 핀테크회사가 나눠 갖는 방식으로 이루어져 있다.
㉢ 코로나19 장기화 사태로 소비 형태가 온라인화되면서 더 빠르고 간편하게 비대면 금융 서비스를 이용하려는 수요가 급증하는 한편, 금융기관의 디지털 전환이 가속화되고 IT·디지털 기술의 발달과 금융 규제의 완화 추세 등은 임베디드 금융이 고속 성장하는 원동력이 되고 있다.

06 정답 ④

ⓒ 은행이 소비자로부터 개인정보의 사용을 허락받은 경우에 은행은 정보를 한데 모아 관리하여 맞춤 컨설팅을 제공할 수 있다. 즉, 먼저 개인(정보주체)이 은행에 전송요구권을 행사해야 은행이 여러 금융기관에 산재된 신용정보를 한꺼번에 확인할 수 있게 해주고, 여러 가지 금융정보와 컨설팅을 제공할 수 있다.

ⓔ 정보제공자에 대한 설명이다. 정보주체(개인), 마이데이터 사업자(서비스 제공자), 정보제공자 등과 함께 금융 부문 마이데이터의 주요 당사자를 이루는 중계기관은 일부 정보제공자를 대신해 개인 신용정보 전송 업무를 맡는데, 이때 중계기관은 신용정보법 시행령에 따라 종합신용정보집중기관, 금융결제원, 상호저축은행중앙회, 각 협동조합의 중앙회 및 새마을금고중앙회, 중앙기록관리기관, 그 밖에 이와 유사한 기관으로서 금융위원회가 지정하는 기관 등을 말한다. 한편 마이데이터 사업자는 서비스 제공자로서 정보주체가 정보제공자에게 개인 신용정보의 전송을 요구할 수 있도록 돕고, 전송 정보를 활용해 통합 조회 서비스와 신용도, 재무 위험, 소비 패턴을 분석해 금융상품 자문, 자산 관리 등의 서비스를 제공한다.

오답분석

ⓐ 마이데이터는 개인이 정보 통제·관리의 주체가 되어 각 기관에 흩어져 있는 신용·금융정보 등 자신의 개인정보를 한데 모아 적극적으로 저장·관리하는 것은 물론, 이러한 정보를 신용관리·자산관리에 능동적으로 활용하는 과정 또는 그러한 체계를 뜻한다. 쉽게 말해 은행, 보험사, 증권사 등 여러 금융기관들에 분산된 개인의 정보를 단일한 플랫폼에서 관리하는 것이다.

ⓑ 마이데이터는 개인의 정보 주권을 보장하기 위해 정보 관리의 중심 주체를 기관에서 개인으로 전환하자는 취지로 도입되었으며, 우리나라는 개인정보보호법, 정보통신망 이용촉진 및 정보보호 등에 관한 법률(정보통신망법), 신용정보의 이용 및 보호에 관한 법률(신용정보법)의 '데이터 3법'을 통해 '마이데이터 산업'이라고도 부르는 본인신용정보관리업의 법적·제도적 기반을 마련했다.

07 정답 ①

테스트 베드(Test Bed)는 일반적으로 '시험 무대'라는 의미로, 어떤 것을 세상에 내놓기 전에 그것이 성공할 수 있을 것인지를 미리 알아보기 위해 시험적으로 적용해 보는 소규모 집단·지역·영역을 말한다. 또한 디지털 용어로는 다른 프로그램의 정당성을 검사하는 데 사용되는 프로그램이나 자료의 집합을 가리킨다. 즉, 사전에 실제 환경에서 발생 가능한 각종 문제점을 찾아내 조정하고 위험 부담을 최소화해 비용과 시간을 절감할 수 있는 모의실험(Simulation) 환경을 의미한다. 한편 우리나라는 모든 플랫폼과 다양한 디지털 기술을 시험할 수 있는 인프라를 갖추고 있으며, 인터넷·스마트폰 보급률이 매우 높아 시장 반응이 빠르기 때문에 세계 IT 기술의 테스트 베드로 각광받고 있다.

오답분석

② 스트레스 테스트(Stress Test) : 환율의 급변동이나 경기침체처럼 외부의 요인으로 인해 금융권 전망이 불투명한 위기 상황에서 금융사들이 얼마나 잘 대처할 수 있는지 평가하는 일

③ 에퀴티 파이낸스(Equity Finance) : 주식의 시가 발행, 중간 발행, 전환 사채, 신주 인수권부 사채 발행 등 신주 발행을 동반하는 자금 조달 방법

④ 인벤토리 파이낸스(Inventory Finance) : 재고품을 보유하기 위한 운전자금을 조달·관리하는 재고금융, 즉 제품이 물류기지에서 중간재고로 남아 있을 때 이를 금융사가 매입했다가 기업이 필요한 적절한 시기에 재고를 되파는 것. 금융사의 입장에서는 재고의 매입액과 환매액의 차액을 수익으로 삼을 수 있으며, 기업 입장에서는 재고를 오랜 기간 떠안고 있을 필요가 없어 자금을 보다 효율적으로 사용할 수 있음

08 정답 ③

㉠ 대칭 암호화 기법은 비대칭 암호화 기법보다 키의 길이가 훨씬 짧고 암호화·복호화 속도가 빨라서 효율적인 암호 시스템을 구축할 수 있다. 반면에 비대칭 암호화 기법은 키 길이가 매우 길기 때문에 훨씬 더 많은 연산 능력이 요구된다.
㉢ 데이터를 암호화·복호화할 때 대칭 암호화 기법이 동일한 하나의 비밀키를 사용하는 것과 달리 비대칭 암호화 기법은 공개키와 개인키(사설키)라는 1쌍의 키를 사용한다.
㉤ 대칭 암호화 기법은 데이터의 송수신자 간에 동일한 키를 공유해야 하므로 데이터를 교환할 때 암호화와 복호화에 필요한 키를 생성·전달·교환·공유·관리해야 하는 어려움이 뒤따른다. 즉, 키를 교환·배송하는 과정에서 키가 탈취될 수 있는 우려가 있고, 참여자가 증가할수록 전부 따로따로 키를 교환해야 하기 때문에 관리해야 할 키가 방대하게 많아지는 한계가 있다. 반대로 비대칭 암호화 기법은 키를 공개하기 때문에 키 교환이나 분배를 할 필요가 없을 뿐만 아니라, 다수의 사용자와 데이터를 공유해야 하는 경우 대칭 암호화 방식보다 유리하다.

오답분석

㉡ 대칭 암호화 기법은 알고리즘의 내부 구조가 간단한 치환(대치)과 전치(뒤섞기)의 조합으로 되어 있기 때문에 알고리즘을 쉽게 개발할 수 있다.
㉣ 비대칭 암호화 기법에서는 공개키에 대응하는 개인키를 가지고 있어야만 암호문을 복호화할 수 있기 때문에 동일한 하나의 비밀키로 복호화가 가능한 대칭 암호화 기법보다 기밀성이 더 높다. 또한 A가 자신의 개인키로 데이터를 암호화해 B에게 보내면 B는 A의 공개키로 암호문을 복호화함으로써 해커가 아니라 A가 보낸 데이터라는 것을 확인할 수 있다. 이는 A의 개인키는 A만 가지고 있고 A의 개인키로 암호화한 것은 A의 개인키에 상응하는 A의 공개키로만 복호화할 수 있기 때문이다.

| 03 | 상식

01	02	03	04	05	06	07	08	09	10
③	③	③	②	①	②	③	①	②	③

01　정답　③

잠재GDP가 실질GDP보다 클 경우 정부는 경기가 침체된 것으로 판단하고, 정부지출을 늘리고 세율을 인하하는 등 확장적 재정정책을 실시한다.

02　정답　③

현재 으리나라의 청년실업은 15세에서 29세 사이 청년의 실업을 의미하며, 이러한 청년실업은 숙련노동자 부재, 하향 취업, 낮은 소득수준에 따른 소비 위축 등 사회적 영향을 미친다.

오답분석
① 자발적 실업은 임금이 낮거나 여가활동 등의 이유로 스스로 직업을 갖지 않는 상태로, 일하고 싶은 의사가 있지만 직업을 얻지 못한 상태인 비자발적 실업과 반대되는 개념이다.
④ 경제활동인구는 만 15세 이상의 국민 중 일할 의사 및 능력이 있는 국민을 말한다.

03　정답　③

금리노마드족은 단기에 보다 높은 이자를 찾아 이동하기 때문에 단기시장 내 자금이 몰려 금융시장 변동성을 높이는 원인이 된다.

04　정답　②

시기별 대손적용비율이 다르게 설정되어 있으므로 해당 시기의 채권액에 각각의 대손적용비율을 곱하여 대손충당금을 계산한다. 따라서 대손충당금은 $20\times0.15+15\times0.1+15\times0.05+10\times0.03+5\times0=3+1.5+0.75+0.3+0=5.55$억 원이다.

05　정답　①

황금낙하산 제도는 정관 변경을 통해 적용할 수 있으며, 정관 변경을 위한 주주총회의 특별결의가 필요하다.

오답분석
② 우리나라에는 2001년에 처음으로 도입되었다.
③·④ 황금낙하산은 적대적 M&A 방어 수단으로 거액의 퇴직금, 스톡옵션, 보너스 등을 주어야 임원 또는 경영진을 해고할 수 있도록 하는 제도이다.

06　정답　②

부도거리는 자산가치에서 장단기부채의 평균을 차감한 값을 자산가치의 변동성 값으로 나누어 구한다.

07 정답 ③

제시된 자료에 따라 A~D기업의 PER과 PBR을 계산하면 다음과 같다.
- A기업의 PER : 420÷30=14
- B기업의 PBR : 24,000÷18,000≒1.33
- C기업의 PER : 350÷40=8.75
- D기업의 PBR : 20,000÷16,000=1.25

따라서 업종 평균 PER, PBR보다 낮은 값을 나타낸 C기업의 주가가 저평가되어 있다고 볼 수 있으며, 나머지 A, B, D기업은 모두 업종 평균 PER, PBR보다 높은 고평가 상태라는 것을 알 수 있다.

> **주가수익률(PER)과 주가순자산비율(PBR)의 계산식**
> - [주가수익률(PER)]=(시가총액)÷(당기순이익)
> - [주가순자산비율(PBR)]=(주가)÷(주당순자산)

08 정답 ①

신용손실은 계약상 수취하기로 한 현금에서 미래 수취할 것으로 기대하는 현금을 차감한 현금부족액의 현재가치를 의미한다. 기대신용손실은 금융상품 등의 신용손실 지연 인식 문제에 대한 대안으로 개발하였으며, 신용손실을 확률가중추정하여 신용손실을 적시에 인식하는 것이다.

09 정답 ②

[오답분석]
ⓒ (이자보상비율)=(이자, 법인세 비용 차감 전 당기순이익)÷(이자비용)
ⓔ (총자산순이익률)=(당기순이익)÷(평균총자산)

10 정답 ③

투자안별 기대수익률은 각각 다음과 같다.
- A투자안 : (0.5×10)+(0.5×8)=9%
- B투자안 : (0.5×6)+(0.5×9)=7.5%
- C투자안 : (0.5×8)+(0.5×8)=8%

따라서 제시된 포트폴리오의 기대수익률은 (0.3×9)+(0.4×7.5)+(0.3×8)=8.1%이다.

CHAPTER 05 | 2022년 기출복원문제

| 01 | 직업기초능력

01	02	03	04	05	06	07	08	09	10	11	12
②	②	②	②	④	①	④	④	①	①	①	③

01 정답 ②

(나) 문단에서는 주택청약종합저축에 가입된 사람도 가입요건을 충족하면 청년 우대형 청약통장으로 전환하여 가입할 수 있음을 설명하고 있다. 따라서 (나) 문단의 핵심 화제로 가장 적절한 것은 '기존 주택청약종합저축 가입자의 청년 우대형 청약통장 전환 및 가입'이다.

02 정답 ②

- 전체 12명에서 2명을 뽑는 경우의 수 : $_{12}C_2 = \dfrac{12 \times 11}{2} = 66$가지
- 여자 7명에서 2명이 뽑힐 경우의 수 : $_7C_2 = \dfrac{7 \times 6}{2} = 21$가지

따라서 대표가 모두 여자로 뽑힐 확률은 $\dfrac{21}{66} \times 100 ≒ 32\%$이다.

03 정답 ②

먼저 B의 진술이 거짓일 경우 A와 C는 모두 프로젝트에 참여하지 않으며, C의 진술이 거짓일 경우 B와 C는 모두 프로젝트에 참여한다. 따라서 B와 C의 진술은 동시에 거짓이 될 수 없으므로 둘 중 1명의 진술은 반드시 참이 된다.

ⅰ) B의 진술이 참인 경우
    A는 프로젝트에 참여하지 않으며, B와 C는 모두 프로젝트에 참여한다. B와 C 모두 프로젝트에 참여하므로 D는 프로젝트에 참여하지 않는다.

ⅱ) C의 진술이 참인 경우
    A는 프로젝트에 참여하지 않으며, B는 프로젝트에 참여한다. C는 프로젝트에 참여하지 않으나, B가 프로젝트에 참여하므로 D는 프로젝트에 참여하지 않는다.

따라서 반드시 프로젝트에 참여하는 사람은 B이다.

04 정답 ②

'회의장 세팅'을 p, '회의록 작성'을 q, '회의 자료 복사'를 r, '자료 준비'를 s라고 하자. 제시된 조건을 기호화하여 정리하면 $p \to \sim q \to \sim s \to \sim r$이 성립한다. 따라서 'B사원이 회의록을 작성하지 않으면 회의 자료를 복사하지 않는다.'는 항상 참이다.

05 정답 ④

같은 부서 사람이 인접하여 함께 앉아야 하므로 먼저 부서를 한 묶음으로 생각하면 세 부서를 원탁에 배치하는 경우는 $2!=2$가지이다. 또한 각 부서 사람끼리 자리를 바꾸는 경우의 수는 $2! \times 2! \times 3! = 2 \times 2 \times 3 \times 2 = 24$가지이다.
따라서 7명이 앉을 수 있는 자리 배치의 경우의 수는 $2 \times 24 = 48$가지이다.

06 정답 ①

세 번째 문단의 첫 번째 문장을 통해서 프리온에는 핵산이 아예 존재하지 않음을 알 수 있다.

07 정답 ④

금융부실관련자 책임추궁에 따르면 금융회사 부실의 부분적인 원인을 제공한 경우에도 조사 대상이 된다.

[오답분석]
① 금융부실관련자에 대한 예금보험공사의 책임추궁은 예금자보호법에 근거한다.
② 예금보험공사는 검찰과 협조하여 금융부실책임조사본부를 발족하여 부실채무기업에 대해 조사를 수행하고 있다.
③ 예금보험공사는 2013년에 부실채무기업의 증가에 전담부서인 조사2국을 신설하여 대응하였다.

08 정답 ④

B를 거치는 A와 C의 최단 경로는 A와 B 사이의 경로와 B와 C 사이의 경로를 나눠서 구할 수 있다.

- A와 B의 최단 경로의 경우의 수 : $\dfrac{5!}{3! \times 2!} = 10$가지
- B와 C의 최단 경로의 경우의 수 : $\dfrac{3!}{1! \times 2!} = 3$가지

따라서 B를 지나는 A와 C의 최단 경로의 경우의 수는 $3 \times 10 = 30$가지이다.

09 정답 ①

제시된 조건을 기호화하여 정리하면 다음과 같다.
- $B \rightarrow \sim E$
- $\sim B$ and $\sim E \rightarrow D$
- $A \rightarrow B$ or D
- $C \rightarrow \sim D$
- $C \rightarrow A$

C가 워크숍에 참석하는 경우 D는 참석하지 않으며, A는 참석한다. A가 워크숍에 참석하면 B 또는 D 중 1명이 함께 참석하므로 B가 A와 함께 참석한다. 또한 B가 워크숍에 참석하면 E는 참석하지 않는다.
따라서 워크숍에 참석하는 직원은 A, B, C이다.

10 정답 ①

(라)에서 금융상품의 종류를 분류하고 (나)에서 금융상품의 하위분류 중 주식과 예금의 대조적인 특징을 설명한 후, (나)의 결과로 사람들이 성향에 따라 각기 다른 금융상품을 선호한다는 사실을 (가)에서 설명한다. 다음으로 (가)의 고객의 성향에 따라 금융회사들이 고객에게 최적의 상품을 추천한다는 내용의 (마), (가)에서 언급한 고객의 투자 성향 판단 기준에 대한 질문을 도입하는 (다), 투자 기대 효용에 대한 고객들의 태도 차이를 고객 분류의 기준으로 삼는다는 내용의 (바)의 순서로 이어진다. 따라서 (라) - (나) - (가) - (마) - (다) - (바) 순서로 나열되어야 한다.

11 정답 ①

9개의 숫자에서 4개의 숫자를 뽑아 나열할 수 있는 방법은 $_9P_4=9\times8\times7\times6=3,024$가지이다. 여기서 5와 6을 제외하고 1과 8이 포함된 4자리 숫자를 만들 수 있는 방법은 9개의 숫자에서 제외할 숫자와 포함될 숫자를 빼고, 남은 숫자 중에서 2개의 숫자를 뽑아 1과 8을 포함한 4개 숫자를 나열하는 것이다.

$$_{(9-4)}C_2\times4!=\,_5C_2\times4!=\frac{5\times4}{2}\times4\times3\times2\times1=240$$

따라서 5와 6을 제외하고 1과 8을 포함하여 비밀번호를 만들 확률은 $\frac{240}{3,024}=\frac{5}{63}$이다.

12 정답 ③

제시된 명제에 따르면 부피가 큰 상자 순서대로 초록 상자>노란 상자=빨간 상자>파란 상자이다.
따라서 초록 상자는 파란 상자에 들어가지 않는다.

02 직무심화지식

01	02	03	04	05	06	07	08	09	10						
②	④	③	④	②	①	②	②	④	④						

01 정답 ②

- A씨 : 계좌별 3회 이내에서 총 15회 한도로 분할인출이 가능하며, 이때 인출금액에 제한이 없다. 다만 분할인출 후 계좌별 잔액이 100만 원 이상이어야 한다.
- E씨 : 고정금리형의 계약기간은 1개월~3년 이내에서 월 또는 일단위로 정한다. 또한 단위기간 금리연동형의 경우에는 12~36개월 이내에서 월단위로 정하고, 연동(회전) 단위기간은 1~6개월 이내 월단위 또는 30~181일 이내 일단위로 정할 수 있다.

오답분석

- B씨 : 신규 시에는 최소한 100만 원 이상 예치해야 하며, 건별로 10만 원 이상 원단위로 추가입금이 가능하다.
- C씨 : 은행창구에서 신규가입한 미성년자 명의 예금의 해지는 은행창구에서만 가능하다.
- D씨 : 고정금리형의 계약기간은 1개월~3년 이내에서 정하고, 단위기간 금리연동형의 계약기간은 12개월 이상~36개월 이내에서 정한다.

02 정답 ④

단위기간 금리연동형으로 가입 후 2회전(단위기간 1, 2개월은 3회전) 이상 경과 후 해지할 경우에 약정이율 외에 0.1%의 보너스 금리를 추가로 적용한다.

오답분석

① 분할인출이 가능한 계좌는 고정금리형 계좌이다. 고정금리형 계좌와 달리 단위기간 금리연동형 계좌는 분할인출이 불가능하다.
② 단위기간 금리연동형은 KB-Star 클럽 고객 대상 우대금리 제공에 해당하지 않는다.
③ 만기 후 금리는 경과기간이 3개월 이내이면 연 0.2%, 3개월 초과이면 연 0.1%이다.

03 정답 ③

고정금리형의 만기지급식(확정금리) 금리는 최대 연 1.95%이다. 여기에 우대금리 최대 연 0.1%p를 적용하므로 금리는 최대 연 2.05%이다. 그러므로 1년이 지나면 1,000,000×2.05%=20,500원의 이자가 발생한다. 이자지급시기 내용에 따르면 만기이자지급식은 만기 시에 이자를 단리로 계산해 원금과 함께 지급한다.
따라서 3년의 만기가 지나면 최대 20,500×3=61,500원의 이자를 얻을 수 있다.

04 정답 ④

분할인출하는 금액에는 제한이 없지만 분할인출 후 계좌별 잔액은 100만 원 이상 유지되어야 한다.

오답분석

① 영업점에서는 신규가입이 불가능하며, KB스타뱅킹·인터넷뱅킹·고객센터 등 비대면 채널을 통해서만 가입이 가능하다.
② 추가입금이 불가능하다고 명시하고 있다.
③ 분할인출 가능 계좌는 가입일로부터 1개월 이상 경과된 계좌이며, 해지를 포함해 계좌별 3회 이내로 분할인출이 가능하다.

05 정답 ②

㉠ 계약기간은 월단위로 1개월 이상 36개월 이하라고 명시되어 있다.
㉢ 계좌를 양도하거나 담보로 제공할 수 있으며, 이때 예금담보대출은 예금잔액의 95%까지 가능하다.

오답분석

㉡ 만기(후) 또는 중도해지 요청 시에 이자를 지급한다고 명시했으므로 계약기간 중간에는 이자를 지급하지 않음을 알 수 있다.
㉣ 만기 전 해지할 경우 계약에서 정한 금리보다 낮은 중도해지금리가 적용된다고 명시되어 있다.

06 정답 ①

이자를 계산하는 산식은 '(신규금액)×(약정금리)×(약정개월수)÷12'이며, 36개월 시의 고객적용금리는 2.87%이다.
그러므로 이자는 2,000,000×0.0287×36÷12=172,200원이다.
따라서 원리금의 합계액은 2,000,000+172,200=2,172,200원이다.

07 정답 ②

'Netflixed'는 직역하면 '넷플릭스 당했다.'라는 의미, 넷플릭스의 등장으로 인해 기존 케이블TV와 IPTV업계의 판도가 바뀐 것처럼 뛰어난 경쟁자의 등장으로 여타 판매자들이 무너지고 시장 자체의 모습이 바뀌는 현상을 가리킨다.

08 정답 ②

양자컴퓨터란 기존의 전산 방식의 계산을 양자역학을 이용한 계산 방식으로 바꾸어, 현재 슈퍼컴퓨터의 수억배의 계산속도를 낼 수 있다고 예상되는 미래의 컴퓨터이다. 양자컴퓨터를 구현하기 위해서는 원자를 고정시켜 신호를 저장할 수 있어야 하는데, 이렇게 만들어진 양자 정보를 '퀀텀비트(Quantum Bit)'라고 한다.

09 정답 ④

RSS는 풍부한 사이트 요약(Rich Site Summary), 초간편 배급(Really Simple Syndication)이라는 뜻으로, 최신 정보로 변경이 잦은 웹사이트에서 사용자의 편의를 위해 해당 정보를 간략하게 보여주는 형태를 말한다.

오답분석

① Hoax : 통신기기를 이용하여 거짓 정보를 유통시키는 것. 가짜 바이러스라고도 불림
② API(Application Programming Interface) : 운영체제와 프로그램 간 상호작용을 도와주는 소프트웨어
③ CSS(Cascading Style Sheets) : 웹 문서의 스타일을 매번 설정하여야 하는 기존 스타일시트의 번거로움을 줄이기 위해 만든 표준적인 스타일 시트

10 정답 ④

핀테크란 금융(Finance)과 기술(Technology)의 합성어로, 최근에 발생한 디지털 혁신 흐름 중 하나이다. 디지털 기술과 금융 산업이 만나 나타나는 금융혁신 현상을 나타내며 모바일, SNS, 빅데이터 등 요즘 일상이 된 첨단 정보 기술을 활용하여 다양한 금융서비스를 제공한다. 서비스뿐만 아니라 금융시스템 개선을 위한 기술도 핀테크에 해당한다. 그러나 기존의 금융과 달리 보안에 대한 위험을 안고 있다는 단점이 있다.

> **핀테크의 기능적 분야**
> - 결제 및 송금 기능
> - 대출 및 자금 조달
> - 자산관리
> - 금융 플랫폼

| 03 | 상식

01	02	03	04	05	06	07	08	09	10
③	③	②	②	④	②	④	③	②	④

01 정답 ③

공공재는 생산과 소비가 동시에 이루어지므로 서비스가 축적되지 않는 비축적성, 무형성을 가진다.

02 정답 ③

CAPM은 비현실적이라는 문제점과 베타의 한계에도 불구하고 위험과 기대수익률 간의 관계를 깊이 분석하는 데 유용하게 쓰여 실무에서도 많이 사용되고 있다.

03 정답 ②

국제유가가 상승하면 총공급곡선이 왼쪽으로 이동하므로 물가가 상승하고, 실질GDP가 감소하여 실업률이 높아진다. 실업률과 인플레이션이 모두 상승하면 단기 필립스곡선은 우상방으로 이동하고(A → C), 장기에는 실제실업률이 자연실업률 수준으로 복귀하게 되므로 (C → A)로 이동한다.

04 정답 ②

'쉬었음'이라고 대답한 인구는 구직활동 계획이 없었던 사람들이다. 실망노동자는 제시문 중 '구직 단념자'의 개념으로, 구직활동을 했지만 취업이 되지 않아 취업을 포기한 사람들을 의미한다.

오답분석
① 실업률은 경제활동인구 중 실업자의 비율이다.
③ 고용률은 15세 이상 인구 중 취업자의 비율이다.
④ 만 15세 이상 인구 중 조사대상 기간에 상품이나 서비스를 생산하기 위하여 실제로 수입이 있는 일을 한 취업자와 일을 하지 않았으나 그 일을 즉시 하려고 구직활동을 하는 실업자를 합하여 경제활동인구라고 한다.

05 정답 ④

게임이론이란 한 기업의 어떤 행동에 대하여 상대방이 어떻게 대응할지를 미리 생각해야 하는 전략적인 상황하에서 자기의 이익을 효과적으로 달성하는 의사결정과정을 분석하는 이론을 말한다. 그러므로 게임이론은 소수의 기업만 존재하는 과점시장에서 유용하다. 죄수의 딜레마에서는 게임 참가자 간 협력할 경우 서로에게 가장 이익이 되는 상황임에도 불구하고 서로 간의 의사전달이 불가능하기 때문에 개인적인 욕심으로 서로에게 불리한 상황을 선택하는 딜레마를 보여준다. 그러나 게임이 무한 반복되면 노출빈도가 증가하여 서로를 배반하기보다는 협력하게 된다.

06 정답 ②

GNI에는 우리 국민이 해외에서 벌어들인 대외수치 요소소득이 포함되고 GDP 중에는 외국인들에게 지급한 대외지급 요소소득이 제외된다.
2017년 1분기부터 2018년 2분기까지의 GNI의 전년 동기 대비 성장률이 감소 추세에 있으므로 소비는 감소할 것이다. 또한, 교역조건이 개선되면 수출 재화 한 단위로 수입할 수 있는 수입 재화의 양이 늘어나기 때문에 이를 반영한 실질 GNI증가율은 실질 GDP의 성장률보다 높게 된다. 한편 대외지급 요소소득이 늦다면 해외로 빠져나가는 돈이 줄어들기 때문에 GNI성장률이 GDP성장률보다 높아진다. 문제에서는 2017년 가격기준이라고 명시되어 있기 때문에 두 성장률 지표는 불변가격 기준인 실질변수이다.

- GNI(Gross National Income) : 한 나라의 국민이 생산 활동에 참여한 대가로 받은 소득의 합계
- 실질 GNI : 물가 등을 감안한 국민 소득의 실질구매력을 나타내는 지표

07 정답 ④

독점기업에서 각 공장의 한계비용의 합이 기업 전체의 한계비용곡선이 된다. 그리고 이윤 극대화 조건에 따라 한계수입과 한계비용이 접하는 점에서 생산량과 가격을 도출하게 되는 것이다.

08 정답 ③

리오프닝(Re-opening)은 코로나19로 위축되었던 경제활동이 다시 시작되는 것을 뜻한다. 개개인의 소비활동뿐만 아니라 기업의 침체되었던 영업활동이나 투자가 다시 활성화되는 것을 의미하기도 한다. 코로나19 확진자가 감소세로 접어들고, 정부의 사회적 거리두기 조치도 완화되면서 국내의 경제활동이 다시금 기지개를 펴는 것이다.

[오답분석]
① 리커플링(Recoupling) : 선진국과 신흥국 등의 세계경제가 다른 방향으로 움직이는 디커플링(Decoupling, 비동조화) 현상에서 벗어나 다시 같은 방향으로 움직이는 재동조화 현상
② 리쇼어링(Reshoring) : 기업이 생산과 공급 문제의 해결을 위해 해외에 설치했던 생산시설을 자국으로 이전하는 것
④ 리프로파일링(Reprofiling) : 국채의 상환 기간을 연장하거나 이자율을 낮춰 주는 것과 같은 약한 강도의 채무 조정

09 정답 ②

MSCI 지수는 미국의 투자은행인 모건 스탠리(Morgan Stanley)가 발표하는 국제 주가지수로, 미국·유럽 등의 선진국 지수와 우리나라를 비롯한 아시아·중남미 등의 신흥국 지수 등 다양한 주가지수를 발표한다. 글로벌 펀드의 투자 기준이 되는 공신력 있는 지수로 유동 주식 방식으로 산출한다.

10 정답 ④

옵션의 현재 가격(=옵션프리미엄)은 내재가치와 시간가치로 구성된다. 내재가치는 '옵션을 지금 당장 행사할 경우의 가치'를 의미하고, 시간가치는 '기초자산의 가격이 시간이 흐름에 따라 유리하게 변동할 가능성의 가치'를 의미한다. 콜옵션은 '기초자산을 만기에 행사가로 살 수 있는 권리'에 해당하므로, 제시된 상황에서 행사가 365.00의 콜옵션이 가지는 내재가치는 5이다. 행사가격이 365.00인 콜옵션의 가격이 8.50으로 형성되어 있으므로 시간가치는 8.50-5=3.50이다.

[오답분석]
① 외가격 옵션이란 '지금 당장 행사할 경우 불리한 상태'에 있는 옵션을 말한다. 기초자산의 가격이 370.00이므로 행사가가 375.00 또는 372.50인 콜옵션은 모두 외가격 옵션에 해당한다. 외가격 상태에 있는 옵션의 경우 내재가치는 0이다.
② 풋옵션은 '기초자산을 만기에 행사가에 팔 수 있는 권리'에 해당한다. 따라서 기초자산 가격이 370.00일 때 행사가가 367.50 또는 365.00인 풋옵션은 지금 당장 행사를 가정하면 불리하다. 즉, 외가격 상태이다.
③ 기초자산 가격과 행사가가 동일한 등가격 옵션이다. 등가격 옵션을 지금 당장 행사할 경우의 내재가치는 0이다.

CHAPTER 06 | 2021년 기출복원문제

| 01 | 직업기초능력

01	02	03	04	05	06	07	08	09	10	11	12								
④	①	④	①	②	①	④	①	④	①	④	①								

01 정답 ④

물체가 움직일 때 중력의 영향을 받기 때문에 중력으로 인한 가속도와 그 외의 힘으로 인한 가속도를 함께 계산해야 한다.

오답분석
① 3차원 공간이기 때문에 x, y, z 세 개의 축이 필요하다.
② 스마트폰은 내재된 가속도 센서로 움직임을 인지한다.
③ 속도 변화량을 계산하여 움직임을 인지하는 장치가 가속도 센서이다.

02 정답 ①

전결이란 최고 결재권자로부터 결재권을 위임받은 자가 행하는 결재로, 사안의 중요도에 따라 불필요한 결재 라인을 줄임으로써 업무의 효율성을 확보할 수 있다.

오답분석
②·③ 결재를 받으려는 업무에 대해서는 최고 결재권자를 포함한 이하 직책자의 결재를 받아야 하므로 전결과 대결 역시 전결권자나 직무 대리자를 포함한 이하 직책자의 결재를 받아야 한다.
④ 전결권자가 처리한 사항 중 중요하다고 인정되는 사항은 즉시 그 내용을 사전 또는 사후에 전결권자의 상급자에게 보고해야 한다.

03 정답 ④

먼저 위임전결규정의 별표1에 따르면 추정 가격 1,000만 원 이상의 예산집행 시 전결권자는 국장이므로 국장의 서명란에 전결 표시를 해야 한다. 이때, 전결권자인 국장은 최고 결재권자의 서명란에 서명해야 한다.

04 정답 ①

과장의 출장 건에 관한 전결권자는 부장이므로 부장의 결재를 받아야 하지만, 부장이 현재 출장으로 인해 결재할 수 없는 상황이므로 결재규정 제3조에 따라 직무 대리자의 대결을 받아야 한다.

오답분석
② 위임전결규정 제5조 제1항에 따르면 전결권자를 별도로 지정하여 처리할 수 있는 사람은 최고 결재권자이다.
③·④ 위임전결규정 제6조에 따르면 제5조의 규정에 의한 경우를 제외하고는 업무에 대한 처리권을 상향 또는 하향 전결하여 처리할 수 없다.

05 정답 ②

제시된 내용은 다음과 같은 두 가지의 경우로 정리할 수 있다.

구분	1번 방	2번 방	3번 방	4번 방	5번 방	6번 방
경우 1	A	C	D	B	E	F
경우 2	C	D	A	F	E	B

- A : 경우 1에서는 F가 6번 방에 있다고 할 수 있으나, 경우 2에서는 그렇지 않다.
- B : 경우 1, 경우 2 모두 E는 F의 옆방에 있다.

따라서 B만 옳다.

06 정답 ①

6명이 앉은 테이블은 빈 자리가 없고, 4명이 앉은 테이블에만 빈 자리가 있으므로 첫 번째, 세 번째 조건에 따라 A, I, F는 4명이 앉은 테이블에 앉아 있음을 알 수 있다. 4명이 앉은 테이블에서 남은 자리는 1개뿐이므로, 두 번째, 다섯 번째, 마지막 조건에 따라 C, D, G, H, J는 6명이 앉은 테이블에 앉아야 한다. 마주보고 앉는 H와 J를 6명이 앉은 테이블에 먼저 배치하면 G는 H의 왼쪽 또는 오른쪽 자리에 앉고, 따라서 C와 D는 J를 사이에 두고 앉아야 한다. 이때 네 번째 조건에 따라 어떤 경우에도 E는 6명이 앉은 테이블에 앉을 수 없으므로, 4명이 앉은 테이블에 앉아야 한다. 따라서 4명이 앉은 테이블에는 A, E, F, I가, 6명이 앉은 테이블에는 B, C, D, G, H, J가 앉는다. 이를 정리하면 다음과 같다.

- 4명이 앉은 테이블 : A와 I 사이에 빈 자리가 하나 있고, F는 양 옆 중 오른쪽 자리만 비어 있으므로 다음과 같이 4가지 경우의 수가 발생한다.

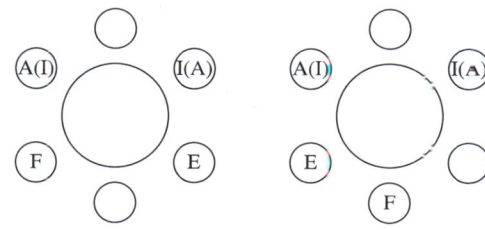

- 6명이 앉은 테이블 : H와 J가 마주본 상태에서 G가 H의 왼쪽 또는 오른쪽 자리에 앉고, C와 D는 J를 사이에 두고 앉으므로 다음과 같이 4가지 경우의 수가 발생한다.

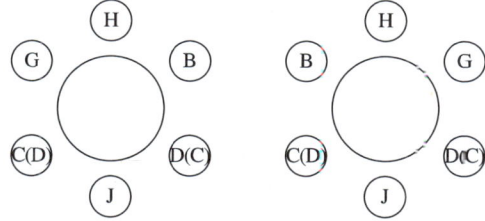

따라서 어떤 경우에도 A와 B는 다른 테이블이므로, ①은 항상 거짓이다.

07 정답 ④

다른 직원들의 휴가 일정과 겹치지 않고, 주말과 공휴일이 아닌 평일이며, 전체 일정도 없는 20 ~ 21일이 가장 적절하다.

오답분석

① 7월 1일은 김사원의 휴가이므로 휴가일로 적절하지 않다.
② 7월 4일은 K은행 전체 회의 일정이 있어 휴가일로 적절하지 않다.
③ 7월 9일은 주말이므로 휴가일로 적절하지 않다.

08 정답 ①

전체 회의 일정과 주말을 제외하면 7월에 휴가를 사용할 수 있는 날은 총 20일이다.
이때 직원이 총 12명이므로 1명당 1일을 초과할 수 없다.

09 정답 ④

걸어서 간 시간을 x분이라고 하면 뛰어간 시간은 $(30-x)$분이므로 다음과 같은 식이 성립한다.
$40x+60(30-x)=1,500$
$\rightarrow 20x=300$
$\therefore x=15$
따라서 A가 걸어간 시간은 15분이다.

10 정답 ①

2015년 대비 2016년에 생산가능인구는 12명 증가했다.

오답분석

② 전년과 비교했을 때, 2015, 2016, 2019, 2021년에는 비례관계를, 2018, 2020년에는 반비례관계를 보인다.
③ 분모가 작고, 분자가 크면 비율이 높다. 따라서 고용률이 낮고 실업률이 높은 2018년과 2019년의 비율만 비교하면 된다.
- 2018년 : $\frac{8.1}{40.5}=0.2$
- 2019년 : $\frac{8}{40.3}≒0.1985$

따라서 고용률 대비 실업률 비율이 가장 높았던 해는 2018년이다.
④ 전년과 비교했을 때, 2014년 대비 2015년에 경제활동인구가 202명으로 가장 많이 감소했다.

11 정답 ④

국가별 청년층 정부신뢰율은 각각 다음과 같다.
- A : $14-6.4=7.6\%$
- B : $35-(-14.1)=49.1\%$
- C : $48.0-(-9.1)=57.1\%$
- D : $82.0-2.0=80.0\%$

ⅰ) 첫 번째 조건
$7.6×10<80$이므로 A는 그리스, D는 스위스이다.
ⅱ) 두 번째 조건
B, C의 청년층 정부신뢰율은 전체 국민 정부 신뢰율보다 높으므로 B와 C는 영국과 미국(또는 미국과 영국)이다.
ⅲ) 세 번째 조건
$80-30=50.0\%$로 미국의 청년층 정부신뢰율은 50% 이하여야 하므로 B는 미국, C는 영국이다.
따라서 A는 그리스, B는 미국, C는 영국, D는 스위스이다.

12 정답 ①

국민연금은 이미 16년 전, 국내에선 아직 ESG 이슈가 낯설었던 2006년부터 위탁 운용을 통해 ESG 전략을 투자에 접목해 왔고 ESG 투자 규모를 늘려 왔다.

오답분석

② 예전에는 측정할 수 없다는 이유로 ESG 등 비재무적 요소들이 경영·투자판단에 고려되지 않았다.
③ 처음 시작은 EU(유럽연합)이었다. EU(유럽연합)를 시작으로 한국·미국 등 주요국에서는 온실가스 거래시장이 만들어졌다.
④ 2020년 기준으로 전체 기금 자산에서 차지하는 ESG 투자자산의 비중은 10%이다. 50%는 2021년 목표치이다.

| 02 | 직무심화지식

01	02	03	04	05	06	07	08	09	10						
②	④	③	④	④	①	④	③	③	②						

01　정답　②

중도해지 시 받을 수 있는 중도해지금리는 36개월 미만이므로 $2.5 \times 0.6 = 1.5\%$이다.

따라서 중도해지환급금은 $15,000,000 \times \left(1 + 0.015 \times \dfrac{30}{12}\right) = 15,562,500$원이다.

02　정답　④

오답분석
① 공제부금 납부를 연체하고 있지 않은 가입자만 대출이 가능하다.
② 부금감액의 경우 공제금을 3회 이상 납부한 이후부터 신청이 가능하다.
③ 제시된 자료만을 통해서는 알 수 없는 내용이다.

03　정답　③

- A씨 : 펄프 제조업은 3년 평균 매출액이 80억 원 이하여야 한다.
- C씨 : 주점업은 가입제한 업종이다.

오답분석
- B씨 : 3년 평균 매출액이 10억 원 이하인 음식점업은 가입이 가능하다.
- D씨 : 부금연체로 해약처리된 경우 1년이 지나면 가입이 가능하다.

04　정답　④

2019년 1월 1일 이후 가입자의 소득공제 금액은 개정내용에 따라 공제대상 중 임대 소득금액을 제외한 금액에서 임대 소득 비율만큼 제외하여 구할 수 있다.

E씨의 공제금액은 $1,000 - 200 = 800$만 원이고, 임대 소득 비율은 $\dfrac{200}{1,000} \times 100 = 20\%$이다.

하지만 최대 소득공제 한도가 500만 원이므로 E씨의 소득공제 금액은 최대 소득공제 한도에서 임대 소득 비율 20%를 제외한 $500 \times 80\% = 400$만 원이다.

05　정답　④

B씨의 우대금리는 최고 연 1.0%p 이내이다.

오답분석
① 가입방법에서 확인이 가능하다.
② 대출한도에서 확인이 가능하다.
③ 대출신청자격에서 확인이 가능하다.

06 정답 ①

BaaS(Banking as a Service)는 간단하게는 서비스형 은행이라고 하며, 은행서비스를 하나의 솔루션처럼 만들어서 누구나 쓸 수 있게 하는 것을 의미한다.
BaaS는 라이선스를 가진 은행이 핀테크, 스타트업 등 제3자에게 라이선스 없이 은행 관련 서비스를 할 수 있도록 솔루션을 제공한다. 은행은 이를 통하여 새로운 고객, 서비스와 수익을 창출하게 되며, 제3자는 어려운 라이선스 없이 은행에 필요한 막대한 인적·물적 투자도 없이 규제도 피하면서 새로운 서비스 창출의 기회를 얻게 된다. 따라서 BaaS는 은행과 제3자가 서로에게 도움이 되는 서비스라 할 수 있다.

오답분석
② SaaS(Software as a Service) : 클라우드 환경에서 운영되는 애플리케이션 서비스
③ IaaS(Infrastructure as a Service) : 인터넷을 통해 서버와 스토리지 등 데이터센터 자원을 빌려 쓸 수 있는 서비스
④ PaaS(Platform as a Service) : 소프트웨어 서비스를 개발할 때 필요한 플랫폼을 제공하는 서비스

07 정답 ④

스테이블코인이란 가격 변동성을 최소화하기 위해 법정화폐나 다른 암호화폐를 담보로 잡거나 정교한 알고리즘을 이용해 공급량을 조정하는 방식의 암호화폐이다.

오답분석
① 비트코인 : 미국, 독일 등 전 세계 정부와 언론이 주목하는 가상화폐로, 운영자가 없는 가상화폐
② 알트코인 : 비트코인을 제외한 모든 가상화폐를 일컫는 용어로, '대체(alternative)'와 '코인(coin)'을 합성한 말
③ 라이트코인 : 인터넷에서 거래되는 가상화폐의 하나로, 비트코인에 비해 채굴이 비교적 쉽고 거래 속도가 빠른 장점이 있음

08 정답 ③

특정 시점을 기준으로 특정 가상화폐를 가지고 있는 사람에게 투자율에 따라 무상으로 코인을 지급하는 것을 에어드랍(Airdrop)이라 하며, 이를 위해 특정 시점의 특정 가상화폐 보유정보를 기록하는 것을 스냅샷(Snapshot)이라고 한다.

오답분석
② 배당락 : 배당기준일 이전 주주명부에 등록되어 있어야 배당을 받을 수 있는데, 해당 일자가 지나 주주명부에 등록되어 배당을 받을 수 없어진 상태
④ 하드포크(Hard Fork) : 기존 가상화폐와 호환되지 않는 새로운 가상화폐를 만드는 것

09 정답 ③

사전에 정해 놓은 특정 요건이 일치하여야만 약정이 이행되는 방식으로 진행되는 계약을 스마트계약이라 하며, 이러한 계약을 가진 가상화폐는 이더리움이다.

오답분석
① 리플 : 가상화폐 정산과 관련한 시간, 비용 등을 줄인 가상화폐
② 큐덤 : 중국에서 개발한 가상화폐로, 이더리움과 비트코인이 가진 장점을 수용하였음
④ 폴리비우스 : 사물인터넷, 빅데이터, 블록체인의 기술을 접목시킨 가상화폐

10 정답 ②

디파이(Decentralized Finance)는 중앙이 통제하지 않고 블록체인 기술로 금융 서비스를 제공하는 것을 말하며, 디파이 서비스에서는 책임주체가 없어, 보안사고 등의 문제 발생 시 이에 대한 책임 문제가 발생하고 있다.

| 03 | 상식

01	02	03	04	05	06	07	08	09	10										
①	④	③	②	④	③	③	②	②	③										

01 정답 ①

케이뱅크와 카카오뱅크의 뒤를 잇는 제3의 인터넷 은행은 토스이다.

02 정답 ④

적도원칙이란 국제적 대형 프로젝트 금융에 대한 금융기관의 환경 및 사회적 책임을 내세운 자발적 행동원칙을 말한다.

03 정답 ③

시장의 이상현상이란 어떤 특정한 성격이나 사건을 갖는 주식들이 시장의 정상수익률보다 더 높은 수익률을 지속적으로 보이는 현상을 말하며, 이러한 현상은 시장이 비 효율적이어서 특정사건과 관련된 정보가 주가에 충분히 반영되지 않을 경우에 발생한다.

오답분석
㉠ 주말효과란 월요일의 평균수익률이 나머지 다른 요일들의 평균수익률보다 낮게 나타나는 현상을 말한다.
㉢ 저PER효과에 대한 설명이다. 규모효과란 기업의 시장가치가 작을수록 그 주식의 투자수익률이 커지는 현상을 의미한다.

04 정답 ②

미시건전성정책이 개별 금융회사의 부실을 방지하는 것이라면, 거시건전성정책은 경제 전체의 금융 안정을 위해 시스템 리스크를 억제하는 정책이다.

05 정답 ④

네거티브 스크리닝이란 특정 환경・사회・지배구조(ESG) 기준에 못 미치는 기업의 주식이나 채권에는 투자하지 않는 전략이다.

06 정답 ③

공급곡선이 완전비탄력적인 경우에는 수직선이 되므로 수요가 증가해도 공급은 증가할 수 없어 거래량은 불변이고 가격은 큰 폭으로 상승하게 된다.

07 정답 ③

중앙은행 디지털화폐(CBDC)는 중앙은행(Central Bank)과 디지털화폐(Digital Currency)를 합친 용어로, 실물 명목화폐를 대체하거나 보완하기 위해 각국 중앙은행이 발행한 디지털화폐를 뜻한다.

오답분석
① 전자적 형태로 발행되므로 익명성을 제한할 수 있다.
② 국가가 보증하기 때문에 일반 지폐처럼 가치 변동이 거의 없다.
④ 암호화폐와 유사하지만 중앙은행이 보증한다는 점에서 암호화폐보다 안정성이 높다.

08　정답 ②

ROE(Return On Equity, 자기자본이익률)는 기업이 자기자본(주주지분)을 활용해 1년간 얼마를 벌어들였는가를 나타내는 대표적인 수익성 지표로, 당기순이익을 평균 자기자본으로 나눈 값에 100을 곱한 수치이다.

오답분석

① PBR(Price Book-value Ratio, 주가순자산비율) : 주가를 한 주당 순자산으로 나눈 것으로, 주가가 순자산에 비해 1주당 몇 배로 거래되고 있는지를 측정하는 지표
③ ROA(Return On Assets, 총자산순이익률) : 기업의 일정 기간 순이익을 자산총액으로 나누어 계산한 수치로, 기업의 총자산에서 당기순이익을 얼마나 올렸는지 판단하는 지표
④ EPS(Earning Per Share, 주당순이익) : 기업이 벌어들인 순이익을 발행한 총 주식수로 나눈 것으로, 기업이 1년간 올린 수익에 대한 주주의 몫을 나타내는 지표

09　정답 ②

인터넷 은행들은 예수금 확보 등 여러 전략적 판단으로 예적금 특판상품을 출시한다.

오답분석

① 예대율은 대출금을 예수금으로 나눈 비율이다. 예대율 기준치를 넘으면 은행은 추가 대출 등 영업이 제한될 수 있다.
③ 예적금 수요를 늘리기 위해 높은 금리의 상품을 출시하고 있다.
④ 예수금 유지가 잘되면 이자율을 높인 상품을 내놓을 필요가 없다.

10　정답 ③

사과의 자유무역이 시작되면 국내가격도 국제가격까지 상승하므로, 국내 소비자의 사과 수요는 감소하지만 국내 생산자의 사과 생산량은 증가한다. 따라서 가격이 40일 때 생산량은 40, 수요량은 16이므로 그 차이인 24만큼 수출한다.

오답분석

① 자유무역이 시작되기 전에는 국내시장에서의 수요, 공급 곡선에 의하여만 가격이 결정된다. 따라서 국내가격과 국내 소비량은 각각 32로 결정된다.
② 자유무역이 시작되면 사과 가격은 국제가격인 40으로 인상된다. 따라서 소비자는 수요를 16으로 줄인다. 이는 기존의 수요 32에 비하여 16만큼 감소한 것을 나타낸다.
④ 자유무역 전 A국의 소비자잉여는 세로 16(=48-32), 가로 32(=32-0)의 삼각형이다. 자유무역 후 소비자잉여는 세로 8(=48-40), 가로 16(=16-0)의 삼각형으로 작아진다.

CHAPTER 07 | 2020년 기출복원문제

| 01 | 직업기초능력

01	02	03	04	05	06	07	08	09	10
③	②	④	③	④	③	②	④	②	②

01 정답 ③

제시문은 인천항을 이용할 경우 발생되는 이점과 인천항의 역할을 이야기하면서 마지막 문단에서 '인천항을 동북아물류 거점으로 집중 투자해야 한다는 주장은 지역주의적인 요구가 아니라 지정학적 우위에 근거한 시대적인 요구라 할 수 있다.'라며 인천항 종합개발의 필요성에 대해 주장하고 있다. 따라서 글의 제목으로는 '인천항 종합개발은 시급한 국가적 과제'가 가장 적절하다.

02 정답 ②

(나) 문단에서는 의료보장제도의 사회보험과 국민보건서비스 유형에 대해 먼저 설명하고 건강보험제도의 운영 방식에 대해 이야기하고 있다. 따라서 (나) 문단의 주제로 가장 적절한 것은 '건강보험제도의 유형'이다.

03 정답 ④

2011년부터 시작되어 11년간 239명에게 의료비 지원 사업을 진행하였다.

오답분석
① 2019년 이전에도 간 이식은 지원 질환으로 여겨졌다.
② 간·신장 이식은 500만 원, 정신질환은 300만 원을 지원받는다.
③ 아동 정신질환은 일산병원 특화 사업으로 다른 병원에서는 불가능하다.

04 정답 ③

A기차와 B기차가 터널을 완전히 지났을 때의 이동거리는 터널의 길이에 기차의 길이를 더한 값이다. A, B기차의 길이를 각각 $a$cm, $b$cm라고 하면, 터널을 나오는 데 걸리는 시간에 대해 다음과 같은 식이 성립한다.
- A기차 길이 : $12 \times 4 = 30 + a \rightarrow 48 = 30 + a \therefore a = 18$
- B기차 길이 : $15 \times 4 = 30 + b \rightarrow 60 = 30 + b \therefore b = 30$

따라서 A, B기차의 길이는 각각 18cm, 30cm이며, 그 합은 48cm이다.

05　정답　④

A기차가 터널을 빠져나가는 데 56초가 걸렸고, 기차 길이가 더 짧은 B기차는 160초가 걸렸으므로 A기차가 B기차보다 속력이 빠르다는 것을 알 수 있다. 두 기차가 터널 양 끝에서 출발하면 $\frac{1}{4}$ 지점에서 만나므로 A기차 속력이 B기차 속력의 3배가 된다. B기차의 속력을 xm/s, 길이를 ym라고 하면 A기차의 속력과 길이는 각각 $3x$m/s, $(y+40)$m이다.

두 기차가 터널을 완전히 빠져나갈 때까지 걸리는 시간 $\left[=\frac{(거리)}{(속력)}\right]$ 에 대해 다음과 같은 식이 성립한다.

$\frac{720+(y+40)}{3x}=56 \rightarrow y+760=168x \cdots ㉠$

$\frac{720+y}{x}=160 \rightarrow y+720=160x \cdots ㉡$

㉠과 ㉡을 연립하면 $x=5$, $y=800$이다.
따라서 B기차의 길이는 80m이다.

06　정답　③

2015년부터 공정자산총액과 부채총액의 차를 순서대로 나열하면 952, 1,067, 1,383, 1,127, 1,864, 1,908억 원이다.

[오답분석]
① 2018년에는 자본총액이 전년 대비 감소했다.
② 총액 규모가 가장 큰 것은 공정자산총액이다.
④ 전년 대비 당기순이익이 가장 많이 증가한 해는 2019년이다.

07　정답　②

A~E사의 2019년 1분기 대비 2020년 1분기 매출액의 증가액은 다음과 같다.

구분	A사	B사	C사	D사	E사
매출 증가액	6,890−5,748 =1,142억 원	8,550−8,082 =468억 원	4,852−3,410 =1,442억 원	3,482−2,810 =672억 원	5,520−4,830 =690억 원

따라서 2020년 1분기 매출액이 전년 동분기 대비 가장 많이 증가한 회사는 C사이다.

[오답분석]
① C사의 2020년 2분기 영업이익률은 $\frac{302}{4,656}\times100 ≒ 6.5\%$이고 직전 분기인 2020년 1분기는 $\frac{369}{4,852}\times100 ≒ 7.6\%$이므로 C사의 2020년 2분기 영업이익률은 직전 분기 대비 감소하였다.
③ 2019년 1분기에서 2020년 2분기 동안 D사의 매출액이 가장 높은 분기는 2020년 1분기(3,482억 원)이고, 영업이익이 가장 높은 분기는 2019년 4분기(328억 원)이다.
④ 2020년 1분기 매출액이 가장 높은 회사는 B사이고, 가장 낮은 회사는 D사이다. 두 회사의 매출액의 차이는 8,550−3,482=5,068억 원이고, 영업이익의 차이는 888−320=568억 원이므로 매출액의 차이는 영업이익 차이의 10배인 5,680억 원보다 작다.

08　정답　④

중국의 확진자 수가 가장 많은 달인 5월의 완치자 수 대비 사망자 수의 비율은 $\frac{1,884}{59,212}\times 100 \fallingdotseq 3\%$이므로 인도의 7월 완치자 수 대비 사망자 수 비율인 $\frac{1,008}{46,482}\times 100 \fallingdotseq 2\%$보다 높다.

오답분석

① 한국, 중국, 일본, 인도에서는 4월에서 7월까지 매월 완치자 수는 전월 대비 증가하고 있지만, 미국의 경우 7월 완치자 수는 6월 완치자 수보다 감소했다.

② ・ 한국의 4월 대비 5월 확진자 수 증가율 : $\frac{5,482-2,485}{2,485}\times 100 \fallingdotseq 121\%$

　・ 한국의 6월 대비 7월 확진자 수 감소율 : $\frac{4,622-1,840}{4,622}\times 100 \fallingdotseq 60\%$

③ 일본의 확진자 수는 6월까지 증가하다가 그 이후 감소했고, 일본과 인도의 사망자 수는 5월까지 증가하다가 6월부터 감소하였다.

09　정답　②

대부분의 업종에서 2019년 1분기 대비 2019년 4분기의 영업이익이 더 높지만, 철강업에서는 2019년 1분기(10,740억 원)가 2019년 4분기(10,460억 원)보다 높다.

오답분석

① 2019년 흑자였다가 2020년 적자로 전환된 업종은 디스플레이, 자동차부품, 조선, 호텔로 4개이다.

③ 2020년 1분기 영업이익이 전년 동분기(2019년 1분기) 대비 영업이익보다 높은 업종은 다음과 같이 5개이다.
- 반도체(40,020 → 60,420)
- 통신(5,880 → 8,880)
- 해운(1,340 → 1,660)
- 석유화학(9,800 → 10,560)
- 항공(−2,880 → 120)

④ 2020년 1분기 영업이익이 적자가 아닌 업종 중 영업이익이 직전 분기(2019년 4분기) 대비 감소한 업종은 다음과 같이 3개이다.
- 건설(19,450 → 16,410)
- 자동차(16,200 → 5,240)
- 철강(10,460 → 820)

10　정답　②

'육식률 80% 이상'과 '육식률 50% 이상 80% 미만'에서의 사망률 1위 암은 '위암'으로 동일하나, '육식률 30% 이상 50% 미만'에서의 사망률 1위 암은 '대장암'이다.

오답분석

① '전립선암'은 '채식률 100%'에서 사망률 8%로 '육식률 30% 미만' 구간의 사망률 5%보다 높다.

③ '육식률 80% 이상'에서의 위암 사망률(85%)과 '채식률 100%'에서 위암 사망률(4%) 차이는 81%로 유일하게 80%가 넘게 차이 난다.

④ ・ '육식률 80% 이상'에서의 사망률이 50% 미만인 암 : '전립선암(42%)', '폐암(48%)', '난소암(44%)'

　・ '육식률 50% 이상 80% 미만'에서의 사망률이 50% 이상인 암 : '대장암(64%)', '방광암(52%)', '위암(76%)'

　따라서 3개씩으로 동일하다.

| 02 | 직무심화지식

01	02	03	04	05	06	07	08	09	10
④	③	③	③	④	④	④	④	②	①

01 정답 ④

가입금액에 따르면 1인 다계좌 가입이 가능하지만, 1인당 가입 한도는 2,000만 원 이하이다. 따라서 총 3,000만 원으로 2개의 계좌에 가입하려는 D주임이 해당 상품에 대해 잘못 이야기하고 있음을 알 수 있다.

오답분석
① 가입자격에 따르면 만 18세 이상 38세 이하의 개인만 해당 상품에 가입할 수 있다.
② 기본금리에 따르면 계약기간이 6개월인 상품은 연 0.6%의 금리가 적용되지만, 12개월인 상품은 이보다 높은 연 0.7%의 금리가 적용된다.
③ 가입금액에 따르면 1인당 가입 한도 2,000만 원 이내에서 다계좌 가입이 가능하다.

02 정답 ③

해당 고객은 패키지 우대금리와 급여이체 우대금리, 재예치 우대금리 조건을 모두 만족하지만, 우대금리는 최대 2개 항목까지 적용되므로 최대 0.2%p의 우대금리를 받을 수 있다. 따라서 해당 고객은 총 연 0.9%의 금리를 적용받는다.

(월복리식 상품의 이자)=(원금)$\times \left(1+\dfrac{r}{12}\right)^{n-1}$ (r은 연이율, n은 개월 수)

따라서 만기 시 고객이 받게 되는 이자는 $2{,}000 \times \left(1+\dfrac{0.009}{12}\right)^{11}$ 만 원이다.

03 정답 ③

중도해지금리에 따라 계산하면 예치기간이 9개월인 고객이 받게 되는 이자는 8개월 이상 10개월 미만에 해당하므로 해당 고객이 받을 수 있는 이자는 $20{,}000{,}000 \times 0.007 \times 0.7 \times \dfrac{9}{12} = 73{,}500$원이다.

04 정답 ③

신청자격에 따르면 본인과 배우자가 합산한 주택보유수가 무주택 또는 1주택 이내인 고객만 해당 대출상품을 신청할 수 있다. 이때, 주택보유수가 1주택인 경우에는 보유주택가액이 9억 원을 초과해서는 안 되며, 2020.7.10. 이후 투기지역 또는 투기과열지구 내에서는 3억 원을 초과해서는 안 된다. 따라서 고객이 보유한 아파트의 금액을 정확히 알 수 없는 상태에서 보유 주택과 관계없이 대출이 가능하다는 행원의 대답은 옳지 않다.

05 정답 ④

대출금액에 따르면 주어진 조건 중 적은 금액 기준으로 대출금액이 결정되므로 1주택을 보유한 해당 고객의 최대 대출 가능 금액은 2억 원이 된다. 또한 적용 금리의 경우 24개월의 대출기간에 따라 연 3.6%의 금리가 적용되나, 급여 이체 실적을 통한 최고 우대금리와 적립식 예금 계좌 보유, 부동산 전자계약을 통해 0.3+0.1+0.2=0.6%p의 우대금리가 적용되므로 최종 적용 금리는 3.6-0.6=3.0%가 된다.
한편, 만기일시상환은 약정기간 동안 이자만 부담하고 만기에 대출금을 모두 상환하는 방식의 대출이므로 첫 달 지불해야 하는 금액은 매월 납부해야 하는 이자 금액이 된다. 따라서 첫 달의 지불 금액은 $200{,}000{,}000 \times \dfrac{0.03}{12} = 500{,}000$원이다.

06 정답 ④

05번 고객의 최대 대출 가능 금액은 2억 원이므로 적용되는 인지세는 15만 원이다. 이때, 인지세는 고객과 은행이 50%씩 부담하므로 결국 고객이 납부해야 할 인지세는 7만 5천 원이다.

07 정답 ④

제7조 제1항에 따르면 현금이나 즉시 추심할 수 있는 수표 등으로 입금할 수 있다.

[오답분석]
① 제2조 제2항에 따르면 수익자는 위탁자 본인이나 위탁자가 지정하는 개인으로 한다.
② 제4조에 따르면 위탁자 및 수익자는 영업점 이 외에도 현금자동입출금기 등을 통하여 거래할 수 있다.
③ 제6조 제2항에 따르면 위탁자 및 수익자는 인감과 서명을 함께 신고하거나 인감 또는 서명을 추가로 신고할 수 있다.

08 정답 ④

제2조 제2항에 따르면 신탁의 위탁자에 대한 연령 제한만 규정하고 있을 뿐, 수익자에 대한 연령 제한은 규정하고 있지 않으므로 답변할 수 없다.

[오답분석]
① 제12조 제2호에 따라 답변할 수 있다.
② 제17조 제2항에 따라 답변할 수 있다.
③ 제13조 제1항 제1호에 따라 답변할 수 있다.

09 정답 ②

XSS란 크로스사이트 스크립팅이다. 악의적인 스크립트가 사용자 측에서 실행되게 유도함으로써 정보 유출 등의 공격을 유발할 수 있다.

[오답분석]
①・④ SQL삽입(Injection SQL) : 보안 취약점을 이용해 악의적인 SQL문이 실행되게 만드는 공격 방법
③ 경로조작 및 자원삽입 : 입력 값 조작으로 시스템이 보호하고 있는 자원에 접근하여 수정, 삭제, 누출 등을 하는 공격 방법

10 정답 ①

온라인상에서는 익명성이 보장되고, 정보가 동시다발적으로 확산되기 때문에 많은 이들이 정보를 그대로 받아들이고 별다른 죄책감 없이 관련 정보를 쉽게 퍼트린다. 소셜미디어 규제에 대한 시스템이 부족해 인포데믹스(Infodemics) 현상은 앞으로 더욱 다양한 분야에서 발생할 가능성이 높다.

|03| 상식

01	02	03	04	05	06	07	08	09	10
③	③	②	④	④	③	④	④	①	②

01 정답 ③

G7(Group 7)은 세계 경제가 나아갈 방향과 각국 사이의 경제정책에 대한 협조 및 조정에 관한 문제를 논의하기 위한 주요 7개국의 모임으로서 미국, 영국, 프랑스, 독일, 이탈리아, 캐나다, 일본이 회원국으로 있다. G7은 매년 재무장관 회의와 정상회담을 개최하고 있으며, 재무장관 회의는 1년에 2~3번 연석으로 각국의 재무장관과 중앙은행 총재가 모여 경제정책 협조 문제를 논하고, 정상회담은 1년에 한 번 각국의 대통령과 총리가 참석하여 세계의 주요 의제 등에 대해 논의한다.

02 정답 ③

실업급여 중 구직급여는 퇴직 다음 날로부터 12개월이 경과하면 소정급여일수가 남았어도 더 이상 지급받을 수 없다.

오답분석

① 지급 기간은 보통 50세 미만의 경우 120~240일이며, 50세 이상 및 장애인의 경우 120~270일이다.
② 형법 또는 법률 위반으로 금고 이상의 형을 선고받거나 막대한 재산상의 손해를 끼쳐 해고되는 등 본인의 중대한 귀책 사유로 해고된 경우에는 구직급여를 받을 수 없다.
④ 구직급여를 지급받기 위해서는 이직일 이전 18개월(초단시간 근로자의 경우 24개월) 동안 피보험단위 기간이 통산하여 180일 이상이어야 한다.

03 정답 ②

코로나 블루(Corona Blue)는 코로나19 사태가 장기화되면서 사람들이 자신도 언제 감염될지 모른다는 두려움을 느끼고, 무기력과 불안에 시달리는 감정을 의미한다.

오답분석

① 코비디어트(Covidiot) : 코로나19(Covid)와 바보(Idiot)의 합성어로, 코로나19가 확산되는 상황에서 자가 격리 수칙을 어기거나 마스크를 착용하지 않는 행동 등으로 타인에게 해를 끼치는 사람
③ 코로나 디바이드(Corona Divide) : 코로나19 사태로 사회의 양극화가 심해지는 현상
④ 코로노미 쇼크(Coronomy Shock) : 코로나(Corona)와 경제(Economy)의 합성어로, 코로나19로 인한 경제적 타격

04 정답 ④

브렌트유, 두바이유와 함께 세계 3대 유종에 속하는 WTI유(West Texas Intermediate Oil, 서부텍사스유)는 미국 서부 텍사스와 오클라호마주(州) 일대에서 생산된다. 품질은 좋으나 생산비가 많이 들어 국제 유가가 일정 가격 이하로 하락하면 피해가 크다.

오답분석

① 브렌트유(Brent Oil) : 영국 북해 지역에서 생산되는 원유로, 유럽과 아프리카 지역에서 거래되는 원유의 가격을 결정하는 기준이 됨
② 두바이유(Dubai Oil) : 중동의 아랍에미리트에서 생산되는 원유로, 가격이 비교적 저렴하여 아시아 국가들이 주로 사용함
③ 창칭유전 : 중국 최대 규모의 유전

05 정답 ④

지구의 자전은 지구가 남극과 북극을 잇는 선을 축으로 반시계 방향으로 회전하는 현상이다.

오답분석
① 지구의 자전 속도는 약 1,600km/h로, 태양을 기준으로 24시간마다 한 바퀴 회전한다.
② 우리나라에서는 조선 숙종 때 김석문이 지구가 회전한다는 지전설을 처음으로 주장하였다.
③ 지구의 자전은 지구에 밤과 낮이 발생하는 원인이 되며, 별이 북극을 중심으로 반시계 방향으로 동심원을 그리며 움직이는 일주운동 역시 지구의 자전으로 인해 나타나는 현상이다.

06 정답 ③

므두셀라 증후군(Methuselah Syndrome)은 추억을 아름답게 포장하거나 나쁜 기억은 지우고 좋은 기억만 남겨두려는 심리로, 기억 왜곡을 동반한 일종의 도피심리를 의미한다.

오답분석
① 순교자 증후군(Martyr Syndrome) : 과거의 일에 대해 부정적으로 기억하고 나쁜 감정만 떠올리는 심리
② 스톡홀름 증후군(Stockholm Syndrome) : 인질이 인질범들에게 동화되어 그들에게 동조하는 비이성적 현상
④ 스마일 마스크 증후군(Smile Mask Syndrome) : 밝은 모습을 유지해야 한다는 강박에 슬픔과 분노 같은 감정을 제대로 발산하지 못해 심리적으로 불안정한 상태

07 정답 ④

손소독제는 감염을 예방하기 위해 손에 바르거나 문지르는 의약외품 소독제로, 아이소프로판올(Isopropanol) 또는 아이소프로필알코올(Isopropyl Alcohol), 에탄올(Ethanol), 과산화수소(Hydrogen Peroxide)수, 염화벤잘코늄(Benzalkonium Chloride), 크레솔(Cresol)이 손소독제의 대표적인 성분이다.
메탄올(Methanol)은 메틸알코올이라고도 하며, 유기합성재료, 세척제 등으로 사용된다. 손소독제의 주성분인 에탄올보다 저렴하여 일부 제조업체에서 에탄올 대신 메탄올을 사용하는 문제가 발생하기도 하였다. 독성 물질인 메탄올이 인체에 흡수될 경우 시신경이 손상돼 실명될 수 있으며 심한 경우 사망할 수도 있다.

08 정답 ④

코인런은 가상화폐를 기존 화폐로 바꾸려는 수요가 몰리는 상황을 말하며, 최근 정부의 가상화폐에 대한 강도 높은 규제로 인해 많은 투자자들이 코인런을 우려했다.

오답분석
① 뱅크런 : 은행이 기업에 대출해 준 돈을 돌려받지 못한다거나 주식 등의 투자 행위에서 손실을 입어 부실해지는 경우, 은행에 돈을 맡겨 두었던 예금주들이 한꺼번에 돈을 찾아가는 대규모 예금 인출 사태
② 마진콜 : 금융시장에서 선물 거래를 중개하는 회사가 당일 결제를 매일 정산하여 선물 가격 변동에 따른 손익을 증거금에 반영하고, 손실액이 일정 수준을 초과하여 유지 증거금이 부족한 경우 증거금을 채워 넣도록 고객에게 요구하는 일
③ 펀드런 : 주식형 펀드 투자자들이 수익률이 떨어질 것을 우려해 일시에 펀드 환매를 요청하는 현상으로, 주식형 펀드의 일시 환매는 펀드들의 주식 대량 매각으로 이어져 주가 급락의 결과를 가져올 수 있음

09　정답　①

IPO(Initial Public Offering)란 기업이 일정 목적을 가지고 자사의 주식과 경영 내용을 공개하는 기업공개를 의미한다.

오답분석

② 유상증자 : 주식회사에서 주식을 추가상장, 즉 더 발행해서 자금을 조달하는 것('증자'(增資)란 '자본금을 늘림'을 의미함)

10　정답　②

가격탄력성이란 소비자가 가격 변화에 얼마나 민감하게 반응하는지를 확인하기 위한 지표로, 사례에 나타난 부부는 제품의 가격 변화에 둔감하므로 가격탄력성이 낮다는 ②가 적절하다.

오답분석

③·④ 소득탄력성 : 소득이 1% 증가하였을 때 수요는 몇 % 증가하는가를 나타내는 수치

CHAPTER 08 | 2019년 기출복원문제

| 01 | 직업기초능력

01	02	03	04	05	06	07	08
①	②	④	②	③	①	④	④

01 정답 ①

제5조 제2항에 따르면 은행에서 따로 정하는 예금은 비밀번호를 신고하지 않을 수 있다.

오답분석

② 제6조 제1항에 따르면 예금주는 현금이나 즉시 추심할 수 있는 수표·어음·기타 증권 등으로 입금할 수 있다.
③ 제3조에 따르면 예금주는 은행이 정하는 바에 따라 다른 영업점이나 금융기관 또는 현금자동출금기·현금자동입출금기·컴퓨터·전화기 등을 통해 거래할 수 있다.
④ 제4조에 따르면 예금주는 은행에서 내준 통장 또는 수표·어음 용지로 거래하여야 한다. 그러나 입금할 때와 자동이체약정·전산통신기기·바이오인증 이용약정 등에 따라 통장 없이도 거래할 수 있다.

02 정답 ②

500원짜리 동전이 가장 큰 값이기 때문에 이를 기준으로 1개 또는 0개를 지불하는 방법이 가능하다.
ⅰ) 500원이 1개인 경우
　　남은 금액 250원을 지불하는 방법은 100원짜리 동전 2개, 1개, 0개를 사용하는 방법이 있다. 남은 금액은 맞춰서 50원짜리 동전을 지불하면 되므로 3가지가 존재한다.
ⅱ) 500원이 0개인 경우
　　남은 금액 750원을 지불하는 방법은 100원짜리를 0~7개까지 지불 가능하기 때문에 8가지가 존재한다.
따라서 750원을 지불할 수 있는 모든 경우의 수는 11가지이다.

03 정답 ④

로얄스타 등급이 되기 위해서는 KB평점 4,000점 이상, 총자산 1천만 원 이상을 만족해야 한다.

오답분석

① 로얄스타는 특별우대 서비스 중 영업점 VIP라운지 이용 서비스와 대여금고 무료이용 서비스를 받을 수 있다.
② KB국민은행의 외환거래실적 기준을 만족시키면 최대 800점을 받을 수 있다.
③ KB금융그룹(KB국민은행, KB손해보험, KB국민카드, KB증권, KB생명보험, KB캐피탈, KB저축은행)을 이용하는 고객들에게 KB스타클럽제도를 통해 우대서비스를 제공한다.

04　정답 ②

A고객의 총자산은 1억 원 이상이므로 모든 등급기준을 만족한다. A고객의 정보를 KB평점으로 환산하면 다음과 같다.
- 국민은행 요구불예금평잔 500만 원 : 500÷10×10=500점
- 유학비 1,000만 원 송금 : 1,000×1=1,000점 → 800점(∵ 최대평점)
- 급여 이체 건수 : 250점
- 거래기간 1978년 1월 ~ 2019년 2월 → 약 40년 : 300점(∵ 최대평점)
- 이용 중인 상품군 개수(요구불, 적립식, 주택청약, 신탁, 방카슈랑스, 일반대출, 주택대출, 무역외거래, 인터넷뱅킹)
  → 9개 : 25×9=225점
- KB증권에 투자 중인 주식평가액 : 5,000÷10×2=1,000점
- 최근 3개월 펀드거래 평잔 : 3,200÷10×4=1,280점

따라서 총점이 500+800+250+300+225+1,000+1,280=4,355점이므로 로얄스타 등급이다.

05　정답 ③

KB맑은하늘적금에 3년 가입했을 때의 최대 금리는 기본금리 1.1%와 우대금리를 모두 만족시켰을 때, 1%p를 합해서 총 2.1%이다.

오답분석
① KB맑은하늘적금은 환경 보호를 위한 생활 속 작은 실천에 대해 우대금리를 적용해 주는 상품으로, 최대 2억 원을 보장하는 보험서비스를 함께 받을 수 있다.
② 해당 상품은 정액적립식 상품으로 매월 1~100만 원 사이의 금액을 납입일에 저축할 수 있다.
④ 자전거로 인해 사고가 발생한 경우 6일 이상 입원 시 자전거 상해 입원위로금으로 30만 원을 받을 수 있다.

06　정답 ①

A고객은 2년 만기 상품에 가입했으므로 기본금리 1.0%를 적용받는다. 다음으로 종이 통장을 만들 계획이 없고, KB스타뱅킹을 통해 가입했으므로 0.1+0.2=0.3%p의 금리를 받을 수 있다. 한편, 선택 개인(신용)정보 수집·이용·제공에 동의하지 않아서 대중교통 미션 우대금리를 받을 수 없고, 퀴즈도 3문제를 다 맞히지 못했으므로 우대금리가 적용되지 않는다. 즉 A고객이 받을 수 있는 최대 금리는 1.3%이다.
매월 3일에 80만 원씩 저축하는 단리식 적금이므로 A고객이 받을 수 있는 적립원금과 이자는 다음과 같다.
- 적립원금 : 800,000×24=19,200,000원
- 단리이자 : $800,000 \times \frac{24 \times 25}{2} \times \frac{0.013}{12} = 260,000$원

이자소득세를 15.4% 적용하므로 이를 적용한 후의 금액은 260,000×(1−0.154)=219,960원이다.
따라서 A고객이 만기 시 환급받을 수 있는 금액은 19,200,000+219,960=19,419,960원이다.

07　정답 ④

보험개시일은 적금의 신규가입 다음 날부터 적용되고, 적금을 중도해지하면 보험가입 서비스도 중단된다.

08　정답　④

A~M은행을 서로 비교할 때, C은행은 2018년 매출액의 순위와 영업이익의 순위가 8위로 같음을 알 수 있다.

오답분석

① 2018년 대비 2019년에 매출 순위가 내려간 은행은 A~I은행으로 총 9곳이다.
② A은행을 제외하고 2018년 대비 2019년에 매출액이 증가한 은행의 매출액 증가폭은 각각 다음과 같다.
   • B은행 : 2,464,004-2,295,414=168,590백만 원
   • C은행 : 14,688,241-12,709,341=1,978,900백만 원
   • D은행 : 16,672,315-14,656,536=2,015,779백만 원
   • E은행 : 8,141,461-6,549,092=1,592,369백만 원
   • F은행 : 16,992,875-15,397,591=1,595,284백만 원
   • G은행 : 17,826,443-16,346,500=1,479,943백만 원
   • H은행 : 23,556,006-20,450,040=3,105,966백만 원
   따라서 매출액이 가장 많이 오른 은행은 H은행이다.
③ 영업이익이 마이너스인 은행 수는 2019년 2곳(G, I은행), 2018년 2곳(I, L은행)으로 같다.

| 02 | 상식

01	02	03	04	05	06	07	08	09	10								
②	④	②	②	④	②	③	①	②	③								

01 정답 ②

범위의 경제는 한 기업의 두 가지 이상의 제품을 함께 생산하는 경우에 각 제품을 서로 다른 기업이 각각 생산할 때보다 적은 비용이 들어가는 현상이다. 은행에서 보험상품을 판매하는 방카슈랑스는 범위의 경제의 대표적인 사례 중 하나이다.

[오답분석]
① 규모의 경제 : 상품의 생산량이 증가함에 따라 단위당 생산비가 감소하는 현상
③ 내부불경제 : 기업의 내부요인을 개선(확대)하면서 손익분기점의 상승 등으로 발생하는 불이익
④ 외부불경제 : 생산자나 소비자의 경제활동이 시장거래에 의해서가 아니라 직접적으로 또한 부수적으로 제3자의 경제활동이나 생활에 손해를 끼치는 것

02 정답 ④

제로웨이스트(Zero Waste)는 썩지 않는 쓰레기를 최소화하기 위한 운동으로 쓰레기 생산을 줄이는 생활습관을 말한다.

[오답분석]
① 그린오션 : 친환경 가치를 경쟁요소로 내세우는 시장
② 클래시 페이크 : 고급이라는 의미의 클래시(Classy)와 가짜라는 뜻의 페이크(Fake)를 합쳐 만들어진 용어로, 진짜를 압도할 수 있을 만큼 아주 멋진 가짜
③ 세포마켓 : SNS나 블로그 등 온라인 플랫폼을 활용하여 이루어지는 1인 마켓

03 정답 ②

노벨상은 스웨덴의 발명가였던 알프레드 노벨의 유언에 따라 인류의 복지에 공헌한 사람이나 단체에 수여하는 상으로, 6개 부문(문학, 화학, 물리학, 생리학 또는 의학, 평화, 경제학)에 대한 수상이 이루어진다. 2019년 기준 한국의 노벨상 수상자는 2000년 12월에 노벨 평화상을 수상한 김대중 전 대통령이 유일하다. 다만 2025년을 기준으로 하면 2024년에 한강 작가가 노벨 문학상을 수상하여 총 2명이 된다.

04 정답 ②

금융실명거래에 대한 법률은 1982년 12월 처음으로 제정되었으나 제대로 시행되지 않았고, 1993년 8월 12일에 대통령 긴급명령 형식으로 전격 시행되었다.

05 정답 ④

ⓒ 거래에 참여하는 모든 사용자에게 거래내역을 보내주며 이를 공유하므로 데이터를 위조하거나 변조할 수 없다.
ⓒ 블록체인을 적용한 대표적인 기술로는 암호화폐인 비트코인이 있다.

[오답분석]
㉠ 블록체인은 블록에 데이터를 담아 체인 형태로 연결하는 분산형 저장 기술이다.
㉢ 데이터를 저장하는 단위를 블록(Block)이라고 한다.

06 정답 ②

음주운전 사망사고가 발생하는 경우에 최저 3년 이상의 징역에서 최고 무기징역까지 처벌받을 수 있다.

오답분석

① 윤창호법은 2018년 11월 29일 국회 본회의를 통과하여 12월 18일부터 시행된 특정범죄 가중처벌 등에 관한 법률(제1윤창호법)과 2018년 12월 7일에 통과하여 2019년 6월 25일부터 시행된 도로교통법(제2윤창호법)으로 나뉜다.
③ 음주운전 취소 기준이 혈중알코올농도 0.1% 이상에서 0.08% 이상으로 개정되었다.
④ 음주운전으로 인해 인명 피해가 발생한 경우 운전자에 대한 처벌 수위를 높이는 내용을 담고 있다.

07 정답 ③

드론 시장에 나온 제품 가운데 가장 많이 활용되는 분야는 군사용으로, 90% 이상을 차지한다.

오답분석

① 드론은 20세기 초에 공군의 미사일 폭격 연습 대상으로 개발되었다.
② 드론은 벌이 웅웅거리는 소리를 의미한다.
④ 아마존에서는 드론을 이용한 배송 서비스인 '프라임에어'를 출시 준비 중이다.

08 정답 ①

㉠ 우리나라는 현재 1순위 자진신고자에게는 과징금 100% 면제, 2순위는 30~50%를 면제시켜 주고 있다.
㉢ 우리나라는 1997년에 처음 도입되었고, 2005년부터 확대 시행되었다.

09 정답 ②

선도거래와 선물거래

구분	선도거래	선물거래
거래 장소	거래 장소 지정 ×	지정된 거래소
거래 방식	전화, 텔렉스 등을 이용한 1:1 거래	공개호가방식 또는 전자거래 시스템
거래 금액	제한 없음	표준단위
거래 상대	공개	비공개
증거금	은행 간의 거래에서는 증거금이 없고, 고객에 따라 증거금이 요구될 수 있음	거래 당사자가 증거금을 적립

10 정답 ③

- X재 수요의 가격탄력성 : '(X재 소비지출액)=(X재 가격)×(X재 수요량)'인데 X재 가격이 5% 상승할 때 소비지출액이 변화가 없는 것은 X재 수요량이 5% 감소함을 의미한다. 따라서 X재 수요의 가격탄력성은 단위탄력적이다.
- Y재 수요의 가격탄력성 : '(Y재 소비지출액)=(Y재 가격)×(Y재 수요량)'인데 Y재 가격이 10% 상승할 때 소비지출액이 10% 증가하였다. 이는 가격이 상승함에도 불구하고 Y재 수요량이 전혀 변하지 않았음을 의미한다. 따라서 Y재 수요의 가격탄력성은 완전비탄력적이다.

PART 3

주요 금융권 NCS 기출복원문제

정답 및 해설

CHAPTER 01 | 2025년 주요 금융권 NCS 기출복원문제

01	02	03	04	05	06	07	08	09	10	11	12	13	14	15	16	17	18	19	20
②	③	④	③	①	②	④	④	①	③	②	③	②	②	④	①	③	③	③	②
21	22	23	24	25	26	27	28	29	30	31	32	33	34	35	36	37	38	39	40
②	④	⑤	③	④	①	③	①	③	①	①	③	①	④	③	④	④	③	②	④
41	42	43	44	45	46	47	48	49	50	51	52	53	54	55	56	57	58	59	60
③	①	②	②	②	①	①	④	②	③	①	①	②	⑤	②	⑤	②	⑤	③	①

01 정답 ②

H은행은 기존의 재무제표를 통해 기업의 현재 가치만을 평가했던 방식에서 탈피해, 인공지능 기술인 '기술력 기반 ML 모형'으로 중소기업의 보유 기술과 관련한 정보를 바탕으로 기업의 미래 신용도를 평가할 수 있게 되었다. 따라서 글의 중심 내용으로 가장 적절한 것은 '인공지능 기술을 통해 기업의 미래를 평가하다.'이다.

오답분석
① H은행이 은행권 최초로 중소기업의 기술력을 평가한 것이 아니고, 은행권 최초로 인공지능 기술을 이용해 중소기업의 기술력을 평가한 것이다.
③ H은행이 은행권 최초로 인공지능 기술을 신용평가에 도입했다는 내용은 너무 포괄적이며, 이보다는 기업평가에 인공지능 기술을 최초로 활용했다고 하는 것이 적절하다.
④ 인공지능 기술을 통해 기업평가에 안정성을 확보한 것이 아니라, 인공지능 기술로 기업을 평가하는 방식에 대한 안정성 확보를 위해 리스크 측면에서 설명 가능한 항목을 구별하고 변동성이 낮은 항목을 학습하였다.

02 정답 ③

로보어드바이저 일임운용 서비스란 알고리즘을 통해 투자자를 분석한 뒤 맞춤형 포트폴리오를 생성하고, 이를 활용하여 노후 소득 재원 확보를 위한 개인형 IRP 적립금을 일임운용하는 금융서비스라고 하였다. 따라서 빈칸에 들어갈 내용으로 가장 적절한 것은 '투자자 성향에 맞춰'이다.

03 정답 ④

중도해지 신청 시 적용되는 금리는 경과 기간별 금리이다. 한편, 먼저 돌아오는 3개월에 해당하는 금리는 해지예약 서비스를 신청하는 경우 적용된다.

오답분석
① 일부해지는 중도해지와 만기해지를 포함하는 횟수로 총 3회가 가능하다. 따라서 중도해지를 이용할 수 있는 최대 횟수는 만기해지를 제외한 2회이다.
② 369 정기예금은 가입기간이 3개월 경과할 때마다 중도해지 금리가 오르는 상품이다.
③ 일부해지 서비스는 분할해지 후 예금 잔액이 3백만 원 이상인 경우에만 이용할 수 있으므로, 가입금액이 2백만 원인 고객은 이용할 수 없다.

04 정답 ③

'대출신청시기'의 갱신 요건에는 주민등록전입일로부터 3개월 이상 경과해야 한다는 조건이 있으므로, 주민등록전입을 하지 않은 경우 갱신이 불가능하다.

오답분석

① 수도권의 임차보증금액은 7억 원으로 지방의 5억 원보다 높지만, 대출 가능 금액과는 관련이 없다.
② '대출한도'에 따르면 임차보증금의 90% 이내에서 최대 2억 원 범위 내로 대출이 가능하다. 따라서 전세자금의 90%일 뿐, 최대 대출 가능 한도는 2억 원이다.
④ 신청인과 세대주가 배우자와 동일세대를 이루고 있는지의 여부는 대출과 관련이 없다. 단, 세대주와 동일세대를 이루고 있지 않은 배우자가 신청할 때에는 대출이 불가하다.

05 정답 ①

A지점에서 B지점까지는 오른쪽 4번, 아래쪽 3번으로 총 7번 이동하므로 가능한 경로의 경우의 수는 $_7C_3 = \frac{7!}{4! \times 3!} = 35$가지이다.

그중 통행이 불가능한 C지점을 경유하는 경우의 수는 A지점에서 C지점까지의 경우의 수와 C지점에서 B지점까지의 경우의 수를 곱한 것이다. 두 경로의 경우의 수는 각각 다음과 같다.

- A지점에서 C지점으로 가는 경우의 수 : 오른쪽 1번, 아래쪽 1번, 총 2번 이동 → $_2C_1 = \frac{2!}{1! \times 1!} = 2$가지

- C지점에서 B지점으로 가는 경우의 수 : 오른쪽 3번, 아래쪽 2번, 총 5번 이동 → $_5C_2 = \frac{5!}{3! \times 2!} = 10$가지

그러므로 C지점을 경유하는 경로의 경우의 수는 $2 \times 10 = 20$가지이다.
따라서 C지점을 통과하지 않고 A지점에서 B지점까지 가는 경로의 경우의 수는 $35 - 20 = 15$가지이다.

06 정답 ②

A와 B의 수익을 구하면 각각 다음과 같다.

(단위 : 만 원)

구분	첫 번째 종목 1차	첫 번째 종목 2차	두 번째 종목 1차	두 번째 종목 2차	총수익
A	500×(1+0.2)=600	600×(1−0.1)=540	500×(1−0.1)=450	450×(1+0.3)=585	540+585=1,125
B	500×(1−0.1)=450	450×(1+0.1)=495	500×(1+0.1)=550	550×(1−0.1)=495	495+495=990

총수익을 바탕으로 A와 B의 주식 수익률을 구하면 각각 다음과 같다.

- A : $\frac{1,125 - 1,000}{1,000} \times 100 = 12.5\%$

- B : $\frac{990 - 1,000}{1,000} \times 100 = -1\%$

따라서 수익률이 더 높은 사람은 A이고, 두 사람의 수익률의 차이는 $12.5 - (-1) = 13.5$%p이다.

07 정답 ④

분기별 매출액을 구하면 각각 다음과 같다.
- 1분기 : {12,000×(1−0.25)}×40,000=360,000,000원
- 2분기 : {15,000×(1−0.20)}×30,000=360,000,000원
- 3분기 : {10,000×(1−0)}×50,000=500,000,000원
- 4분기 : {14,000×(1−0)}×50,000=700,000,000원

모든 분기의 매출액을 더하면 연간 매출액을 구할 수 있다.
따라서 H기업의 2024년 연간 매출액은 3.6+3.6+5+7=19.2억 원이다.

08 정답 ④

제시된 조건에 따라 분기별 매출원가와 매출총이익을 구하면 각각 다음과 같다.

(단위 : 억 원)

구분	원가율(%)	매출원가	매출총이익
1분기	60	3.6×0.6=2.16	3.6−2.16=1.44
2분기	60	3.6×0.6=2.16	3.6−2.16=1.44
3분기	65	5×0.65=3.25	5−3.25=1.75
4분기	50	7×0.5=3.5	7−3.5=3.5

따라서 H기업의 2024년 연간 매출총이익은 1.44+1.44+1.75+3.5=8.13억 원이다.

09 정답 ①

4P 전략에서 가격은 생산비용 외에도 시장 상황, 경쟁사 가격, 소비자가 느끼는 가치, 수요와 공급, 유통 마진 등 다양한 요소를 종합적으로 고려하여 결정된다.

[오답분석]
② 유통은 제품이나 서비스가 생산자로부터 소비자에게 전달되는 모든 경로와 장소를 의미한다.
③ 4P 전략은 마케팅 믹스의 대표적인 전략으로, 제품(Product), 가격(Price), 유통(Place), 촉진(Promotion)의 4가지 요소가 서로 영향을 주고받으며 고객의 구매 행동에 영향을 미친다.
④ 제품은 단순한 물리적 상품뿐만 아니라 품질, 디자인, 브랜드, 서비스 등 고객이 제품을 통해 얻는 모든 혜택을 포함한다.

10 정답 ③

B의 진술과 D의 진술에서 E의 참석 여부가 서로 모순이므로 B와 D 중 1명은 거짓을 말하고 있다.
ⅰ) B의 진술이 참일 경우
D의 진술은 거짓이고, E는 참석하였으므로 E의 진술이 참이 되어 A는 불참한다. A가 불참함에 따라 A의 진술이 거짓이므로 B나 D는 둘 다 참석하거나 둘 다 불참한다. 둘 다 참석할 경우, C의 진술이 거짓이 되어 A, C, D 3명이 거짓을 말하므로 모순이고, 둘 다 불참할 경우 B의 진술이 거짓이 되므로 이 또한 모순이다. 그러므로 B의 진술은 참일 수 없다.
ⅱ) D의 진술이 참일 경우
B의 진술이 거짓이고, B와 E는 모두 불참한다. 이 경우 E는 거짓을 말하므로 A는 참석하고, A의 진술도 B만 불참하므로 참이 된다. 또한 C의 진술도 참이므로 A, C, D는 참을 말하는 참석자이며, B, E는 거짓을 말하는 불참자이다.
따라서 콘퍼런스에 참석하지 않은 사람은 B, E이다.

11 정답 ②

제시된 분석 결과는 H은행의 거시적인 외부 환경을 분석한 것으로, 요소 1부터 차례대로 정치적 요소, 경제적 요소, 사회적 요소, 기술적 요소로 구분한 것이다. 따라서 PEST 분석에 해당한다.
PEST 분석은 기업이나 조직을 둘러싼 외부 환경을 정치(Political), 경제(Economic), 사회(Social), 기술(Technological) 네 가지 요인으로 나누어 체계적으로 분석하는 프레임워크이다. 거시적인 환경 변화가 조직에 미치는 영향과 잠재적 기회, 위협 요소를 파악할 수 있으며, 전략 수립이나 미래 예측에 효과적으로 활용할 수 있다.

[오답분석]
① 3C 분석 : 기업(Company), 경쟁사(Competitor), 고객(Customer) 세 가지 관점에서 시장 환경을 분석하는 방법
③ 5 Force 분석 : 산업 내 경쟁 강도, 신규 진입자, 대체재, 공급자, 구매자 등 다섯 가지 힘을 분석해 산업의 구조와 수익성을 평가하는 방법
④ 가치사슬 분석 : 기업의 주요 활동과 지원 활동을 가치 창출 관점에서 분석하여 경쟁우위의 원천을 찾는 방법

12 정답 ③

H사원의 최근 3개월간 서비스별 이용량 평균은 각각 다음과 같다.
- 데이터 : (32+19+33)÷3=28GB
- 통화 : (752+816+571)÷3=713분
- 문자 : (78+132+63)÷3=91건

D요금제는 H사원의 데이터·통화 평균 이용량보다 적게 제공하므로 제외된다.
H사원은 한 달 요금이 가장 낮은 요금제를 선택하므로 요금제별 프로모션 할인을 적용한 한 달 요금은 각각 다음과 같다.
- A요금제 : 84,000×(1−0.25)=63,000원(∵ 장기 이용 고객 할인 25%)
- B요금제 : 79,000×(1−0.25)=59,250원(∵ 장기 이용 고객 할인 25%)
- C요금제 : 65,000×(1−0.10)=58,500원(∵ 통신사 변경 할인 10%)

따라서 H사원이 변경할 요금제로 가장 적절한 것은 C요금제이다.

13 정답 ②

㉠ 동지역 종합병원을 방문하였지만, 나이가 65세 이상이므로 본인부담금 비율이 다르게 적용된다. 진료비가 20,000원 초과 25,000원 이하이므로 요양급여비용 총액의 20%를 부담하여 67세 이○○씨의 본인부담금은 21,500×0.2=4,300원이다.
㉡ P읍에 사는 34세 김□□씨는 의원에서의 진찰비가 12,000원, 약국에서의 약제비 총액이 10,000원이다. 이때의 본인부담금 비율은 의원과 약국 모두 총액의 30%이므로 김□□씨가 지불하는 본인부담금은 (12,000+10,000)×0.3=6,600원이다.
㉢ M면 일반병원에 방문한 60세 최△△씨의 본인부담금 비율은 총액의 35%이고, 약국은 총액의 30%이다. 따라서 최△△씨의 본인부담금 총액은 (25,000×0.35)+(60,000×0.3)=8,750+18,000=26,750원이다.

따라서 세 사람의 본인부담금은 총 4,300+6,600+26,750=37,650원이다.

14 정답 ②

제시된 글에서는 '그린바이오산업'이 무엇이고 어떠한 분야에 대한 것인지를 설명하고 있다. 그러므로 제시된 글에 이어질 문장으로 가장 적절한 것은 해당 분야에 대한 구체적인 예시를 제시한 (가)이다. (나)와 (다)를 살펴보면 (나)에서는 우리나라에서 그린바이오산업이 어떻게 이루어지고 있는지를 설명하고 있으며, (다)에서는 그린바이오산업이 세계적으로 주목받는 이유와 어떻게 진행되고 있는지에 대해 설명하고 있다. 이때 (나)가 '어떤 내용을 전제로 하여 그것과 유사하게'라는 의미를 가진 부사 '역시'로 시작하고 있으므로, (다) – (나) 순서로 이어져야 한다. 따라서 제시된 글에 이어 (가) – (다) – (나) 순으로 나열해야 한다.

15 정답 ④

스트레스 완충자본 제도의 도입 전에는 금융당국이 스트레스 테스트에서 취약성이 판단되는 은행에 직접적인 조치를 취할 법적 근거가 없었을 뿐, 이전에도 스트레스 테스트를 시행하여 손실흡수능력은 평가할 수 있었다.

[오답분석]
① 스트레스 완충자본 제도는 독자적인 자본 보강이 어렵거나 정부의 손실보전 의무가 있는 은행은 제외된다.
② 스트레스 완충자본 제도는 미래에 발생할 수도 있는 위기상황에서 은행이 정상적인 기능을 지속할 수 있도록 현재에 미리 자본을 마련하는 제도이다.
③ 스트레스 완충자본 제도의 시행으로 은행은 미래의 위기에 대응한 추가적인 자본을 확충하여야 하므로 당장의 경제적 부담감이 발생할 수 있다.
⑤ 스트레스 완충자본 제도의 시행으로 은행 입장에서는 추가적인 자본의 확충이 필요하며, 경기 악화로 인해 중소기업을 시작으로 연체율이 증가하고 있어 해당 제도가 도입된다면 기업 대출의 문턱은 높아질 것이다.

16 정답 ①

ESG 경영은 단기적으로는 기업의 이윤 창출에 부정적인 영향을 줄 수 있지만 이는 단기적 부담일 뿐, 기업의 발전을 저해한다고는 볼 수 없다. 오히려 비용 절감, 내부 조직문화 개선 등 단기적으로도 기업 발전에 큰 효용이 있다.

오답분석
② ESG 경영이란 기업의 비재무적인 요소에 해당하는 환경, 사회, 지배구조를 개선해 나가며 기업을 경영하는 방식을 말한다.
③ 세 번째 문단에 따르면 ESG 경영을 통해 향상된 기업 이미지는 소비자와 투자자 모두에게 신뢰를 쌓고 이것이 수익률 향상으로 직결될 수 있다.
④ 마지막 문단에 따르면 ESG 경영은 단순히 따라야 할 가치 판단의 기준을 넘어서 기업이 유지되느냐 아니냐를 결정하는 핵심 전략이 되었다.

17 정답 ②

A, B, C가 하루 동안 할 수 있는 일의 양은 각각 $\frac{1}{15}$, $\frac{1}{10}$, $\frac{1}{30}$이다. 전체 일의 양을 1이라고 하면 다음과 같은 식이 성립한다.

$\left(\frac{1}{15}+\frac{1}{10}+\frac{1}{30}\right) \times x = 1$

→ $\frac{1}{5}x = 1$

∴ $x = 5$

따라서 A~C 3명이 함께 일하면 5일 만에 일을 끝낼 수 있다.

18 정답 ③

각 소금물에 담긴 소금의 양을 구하면 다음과 같다.

• 농도 40%의 소금물 150g : $\frac{40}{100} \times 150 = 60g$

• 농도 20%의 소금물 100g : $\frac{20}{100} \times 100 = 20g$

그러므로 두 소금물을 섞었을 때 소금의 양은 총 60+20=80g이다.
두 소금물을 모두 섞은 후 소금물의 양은 150+100=250g이고, 가열하여 물 50g을 증발시킨 소금물의 양은 250-50=200g이다. 이때 여기에 들어간 소금의 양은 변함이 없다.

따라서 최종 소금물의 농도는 $\frac{80}{200} \times 100 = 40\%$이다.

19 정답 ③

만기일시지급식 예금의 단리 이자 계산식은 (이자)=(원금)×(연 이율)×(기간)이다. 연 이율을 x%라 하고 나머지 항에 값을 대입하면 다음과 같다.

$96,000 = 1,000,000 \times 0.01x \times 3$

→ $96,000 = 30,000x$

→ $x = \frac{96,000}{30,000}$

∴ $x = 3.2$

따라서 해당 상품의 연 이율은 3.2%이다.

20 정답 ②

2의 배수와 3의 배수를 뽑는 경우의 수는 각각 다음과 같다.
- 2의 배수를 뽑는 경우의 수 : 5가지
- 3의 배수를 뽑는 경우의 수 : 3가지

뽑은 공은 다시 넣으므로 첫 번째에 2의 배수를 뽑을 확률은 $\frac{5}{10}=\frac{1}{2}$, 두 번째에 3의 배수를 뽑을 확률은 $\frac{3}{10}$ 이다.

따라서 구하고자 하는 확률은 $\frac{1}{2} \times \frac{3}{10} = \frac{3}{20}$ 이다.

21 정답 ②

연도별 BTO 사업에서 사업 개수의 전년 대비 증가율은 각각 다음과 같다.
- 2018년 : $(70-60) \div 60 \times 100 \fallingdotseq 16.67\%$
- 2019년 : $(77-70) \div 70 \times 100 \fallingdotseq 10\%$
- 2020년 : $(30-77) \div 77 \times 100 \fallingdotseq -61.04\%$
- 2021년 : $(45-30) \div 30 \times 100 = 50\%$
- 2022년 : $(70-45) \div 45 \times 100 \fallingdotseq 55.56\%$
- 2023년 : $(60-70) \div 70 \times 100 \fallingdotseq -14.29\%$
- 2024년 : $(85-60) \div 60 \times 100 \fallingdotseq 41.67\%$

연도별 BTL 사업에서 사업 개수의 전년 대비 증가율은 각각 다음과 같다.
- 2018년 : $(300-270) \div 270 \times 100 \fallingdotseq 11.11\%$
- 2019년 : $(400-300) \div 300 \times 100 \fallingdotseq 33.33\%$
- 2020년 : $(200-400) \div 400 \times 100 = -50\%$
- 2021년 : $(270-200) \div 200 \times 100 = 35\%$
- 2022년 : $(150-270) \div 270 \times 100 \fallingdotseq -44.44\%$
- 2023년 : $(200-150) \div 150 \times 100 \fallingdotseq 33.33\%$
- 2024년 : $(300-200) \div 200 \times 100 = 50\%$

따라서 전년 대비 사업 개수의 증가율이 가장 큰 해는 BTO 사업은 2022년, BLT 사업은 2024년이므로 옳지 않은 설명이다.

오답분석

① 연도별 BTO 사업에서 사업 비용의 전년 대비 증가율은 각각 다음과 같다.
- 2018년 : $(1,100-1,000) \div 1,000 \times 100 = 10\%$
- 2019년 : $(1,200-1,100) \div 1,100 \times 100 \fallingdotseq 9.09\%$
- 2020년 : $(500-1,200) \div 1,200 \times 100 \fallingdotseq -58.33\%$
- 2021년 : $(700-500) \div 500 \times 100 = 40\%$
- 2022년 : $(1,000-700) \div 700 \times 100 \fallingdotseq 42.86\%$
- 2023년 : $(600-1,000) \div 1,000 \times 100 = -40\%$
- 2024년 : $(900-600) \div 600 \times 100 = 50\%$

따라서 BTO 사업에서 사업 비용의 전년 대비 증가율이 가장 큰 해는 2024년이다.

③ BTL 사업에서 사업 평균수익률이 가장 낮은 해는 2024년이며, 이때 사업 비용의 전년 대비 증가율은 $(14,500-11,500) \div 11,500 \times 100 \fallingdotseq 26.09\%$로 25% 이상이다.

④ 연도별 BTL 사업에서 사업 개수당 사업 비용은 각각 다음과 같다.
- 2017년 : $15,000 \div 270 \fallingdotseq 55.56$백만 원
- 2018년 : $16,000 \div 300 \fallingdotseq 53.33$백만 원
- 2019년 : $18,000 \div 400 = 45$백만 원
- 2020년 : $7,500 \div 200 = 37.5$백만 원
- 2021년 : $10,000 \div 270 \fallingdotseq 37.04$백만 원
- 2022년 : $12,000 \div 150 = 80$백만 원
- 2023년 : $11,500 \div 200 = 57.5$백만 원
- 2024년 : $14,500 \div 300 \fallingdotseq 48.33$백만 원

따라서 BTL 사업에서 사업 개수당 사업 비용이 가장 큰 해는 2022년이며, 이때 사업 평균수익률은 5% 흑자를 기록하였다.

⑤ 연도별 BTO 사업에서 사업 개수당 사업 투입 인원은 각각 다음과 같다.
- 2017년 : $100 \div 60 \fallingdotseq 1.67$천 명
- 2018년 : $150 \div 70 \fallingdotseq 2.14$천 명
- 2019년 : $140 \div 77 \fallingdotseq 1.82$천 명
- 2020년 : $50 \div 30 \fallingdotseq 1.67$천 명
- 2021년 : $55 \div 45 \fallingdotseq 1.22$천 명
- 2022년 : $120 \div 70 \fallingdotseq 1.71$천 명
- 2023년 : $60 \div 60 = 1$천 명
- 2024년 : $180 \div 85 \fallingdotseq 2.12$천 명

따라서 BTO 사업에서 사업 개수당 사업 투입 인원이 가장 많은 해는 2018년이며, 이때 사업 비용의 전년 대비 증가율은 $(1,100-1,000) \div 1,000 = 10\%$이다.

22 정답 ④

2020 ~ 2024년 국가별 평균 행복지수는 각각 다음과 같다.
- 미국 : (7.4+7.7+8.1+7.8+7.4)÷5=7.68점
- 대한민국 : (6.7+7.4+7.2+7.3+7.5)÷5=7.22점
- 중국 : (5.3+4.8+5.1+5.5+5.4)÷5=5.22점
- 독일 : (6.1+5.4+5.7+6.8+6.4)÷5=6.08점
- 프랑스 : (5.5+5.7+6.1+5.9+6.3)÷5=5.9점
- 캐나다 : (7.5+8.1+7.8+7.7+7.2)÷5=7.66점
- 일본 : (7.5+7.7+6.5+7.4+7.4)÷5=7.3점
- 러시아 : (5.2+4.5+4.1+3.9+4.3)÷5=4.4점
- 영국 : (7.1+7.5+7.3+7.4+7.8)÷5=7.42점

2022 ~ 2024년 국가별 평균 자살률은 각각 다음과 같다.
- 미국 : (7.2+7.0+7.3)÷3≒7.17명
- 대한민국 : (26.0+25.2+27.3)÷3≒26.17명
- 중국 : (22.1+22.0+21.9)÷3=22명
- 독일 : (8.5+7.6+7.7)÷3≒7.93명
- 프랑스 : (5.1+5.3+5.8)÷3=5.4명
- 캐나다 : (4.8+5.2+5.5)÷3≒5.17명
- 일본 : (14.8+14.2+15.5)÷3≒14.83명
- 러시아 : (12.3+11.5+15.7)÷3≒13.17명
- 영국 : (9.5+9.4+9.3)÷3=9.4명

따라서 2020년부터 2024년까지 평균 행복지수가 가장 높은 국가는 미국이고, 2022년부터 2024년까지 평균 자살률이 가장 낮은 국가는 캐나다이므로 동일하지 않다.

오답분석
① 대한민국 자살률의 연도별 증감 추이는 감소 - 증가 - 감소 - 증가이다. 이와 같은 증감 추이를 보이는 국가는 미국, 일본, 독일 3곳이다.
② 2022년 아시아 국가의 평균 행복지수와 2023년 유럽 국가의 평균 행복지수는 각각 다음과 같다.
- 2022년 아시아 국가 : (7.2+6.5+5.1)÷3≒6.27점
- 2023년 유럽 국가 : (3.9+6.8+7.4+5.9)÷4=6점

따라서 2022년 아시아 국가의 평균 행복지수가 더 높다.
③ 2021년 캐나다의 자살률은 5.0명이고, 프랑스의 자살률은 5.6명이므로 캐나다의 자살률이 더 적다. 따라서 두 국가의 자살한 사람의 수가 동일하다면 캐나다의 인구가 더 많은 것이다.
⑤ 2020년 행복지수가 가장 낮은 국가는 러시아이며, 러시아의 2020 ~ 2024년 평균 자살률은 (10.5+11.1+12.3+11.5+15.7)÷5=12.22명이다. 2023년 북아메리카 국가의 자살률의 합은 7.0+5.2=12.2명이다. 따라서 러시아의 2020 ~ 2024년 평균 자살률이 더 크다.

23 정답 ⑤

2022년 대한민국과 2021년 독일의 임상 의사 수 대비 간호사 수는 각각 다음과 같다.
- 2022년 대한민국 : 9.1÷2.7≒3.37명
- 2021년 독일 : 11.8÷3.8≒3.11명

따라서 2022년 대한민국의 임상 의사 수 대비 간호사 수가 더 많다.

오답분석
① 국가별 전체 인구수를 알 수 없으므로 비교할 수 없다.
② 2022년 독일과 대한민국의 전년 대비 종합병원당 병상 수의 증가율은 각각 다음과 같다.

- 독일 : $\frac{14.2-14.0}{14.0} \times 100 ≒ 1.43\%$

- 대한민국 : $\frac{12.7-12.5}{12.5} \times 100 = 1.6\%$

따라서 독일의 전년 대비 종합병원당 병상 수의 증가율이 더 낮다.
③ 2021년 일본의 국민 천 명당 임상 의사 수는 대한민국의 국민 천 명당 임상 의사 수의 4.0÷2.3≒1.74배이다. 일본의 인구가 대한민국의 인구보다 2배 많다면 전체 임상 의사 수는 약 1.74×2=3.48배 많다.
④ 종합병원 전체 병상 수는 인구수와 관련이 없다. 따라서 2020년부터 2024년까지 뉴질랜드의 인구수가 변하지 않았더라도 종합병원 전체 병상 수는 알 수 없다.

24 정답 ③

인구 1,000명당 신생아 수를 구하기 위해서는 먼저 전체 인구수를 구할 필요가 있다. 이혼율이 인구 1,000명당 이혼 건수를 의미하므로 전체 인구는 [(이혼 건수)÷(이혼율)]×1,000명이다. 인구 1,000명당 신생아 수는 [(신생아 수)÷(전체 인구)]×1,000명이므로 이를 정리하면 다음과 같다.

(인구 1,000명당 신생아 수)=$\dfrac{(신생아 수)}{[(이혼 건수)÷(이혼율)]×1,000}$×1,000=$\dfrac{(신생아 수)}{(이혼 건수)}$×이혼율)

정리한 식을 바탕으로 2018년과 2022년의 인구 1,000명당 신생아 수를 구하면 다음과 같다.

- 2018년 : $\dfrac{400,000}{110,000}$×2.2≒8.0명

- 2022년 : $\dfrac{360,000}{90,000}$×1.95=7.8명

따라서 인구 1,000명당 신생아 수는 2018년이 2022년보다 많다.

오답분석

① 2021년과 2022년 이혼 건수는 동일하나 이혼율은 감소하였다. 이에 따라 전체 인구는 증가하였다.
② 이혼율이 증가한 해는 2018년, 2019년, 2024년이다. 이때의 이혼 건수는 모두 전년 대비 증가하였다.
④ 이혼 건수가 가장 많이 증가한 해는 전년 대비 10,000건이 증가한 2018년이며, 신생아 수 또한 2018년에 전년 대비 60,000명 감소하여 가장 많이 감소하였다.

25 정답 ④

C부서는 화이트보드가 있는 나, 다 회의실 중 총 7명을 수용할 수 있는 다 회의실을 사용한다.

오답분석

① A부서는 빔 프로젝터가 있는 가, 마 회의실 중 하나를 사용할 것이다. 그러나 마 회의실은 오후에 사용이 불가능하므로, A부서는 가 회의실을 사용한다.
② B부서는 화상회의 시스템을 갖춘 나, 라 회의실 중 7명 이상을 수용하고 오후 4시부터 6시까지 이용이 가능한 라 회의실을 사용한다.
⑤ D부서는 빔 프로젝터가 있는 가, 마 회의실 중 하나를 사용할 것이다. 그러나 가 회의실은 A부서가 사용하므로 오전 중 3시간 반 동안 사용이 가능한 회의실인 마 회의실을 사용한다.

26 정답 ①

마지막 명제의 대우는 '운동을 좋아하는 사람은 고전을 좋아한다.'이다. 따라서 두 번째 경제와 연결하면 '사진을 좋아하는 사람은 고전을 좋아한다.'는 반드시 참이다.

27 정답 ③

첫 번째 ~ 세 번째 조건과 그 대우를 논리 기호화하여 정리하면 다음과 같다.

- $\sim(D\vee G) \rightarrow F$ / $\sim F \rightarrow (D\wedge G)$
- $F \rightarrow \sim E$ / $E \rightarrow \sim F$
- $\sim(B\vee E) \rightarrow \sim A$ / $A \rightarrow (B\wedge E)$

마지막 조건에 따라 A가 투표를 하였으므로 세 번째 조건의 대우에 의해 B와 E 모두 투표를 하였다. 또한 E가 투표를 하였으므로 두 번째 조건의 대우에 따라 F는 투표하지 않았으며, F가 투표하지 않았으므로 첫 번째 조건의 대우에 따라 D와 G는 모두 투표하였다. A, B, D, E, G 5명이 모두 투표하였으므로 마지막 조건에 따라 C는 투표하지 않았다. 따라서 투표를 하지 않은 사람은 C와 F이다.

28 정답 ①

제시문의 마지막 문단에서 타인이 고의나 과실로 예약상 권리자가 가진 권리 실현을 방해했다면 예약상 권리자는 그에게도 책임을 물을 수 있다고 하였으므로 불법행위의 책임은 계약 당사자 이외의 제3자에게도 성립함을 알 수 있다.

오답분석

② 제시문의 첫 번째 문단에서 채무자가 채권을 가진 이에게 급부를 이행하면 채권에 대응하는 채무는 소멸한다고 하였으므로 적절한 내용이다.
③ 제시문의 세 번째 문단에서 예약 완결권을 발생시키는 예약의 경우, 예약상 권리자가 본계약을 성립시키겠다는 의사를 표시하는 것만으로 본계약이 성립한다고 하였으므로 적절한 내용이다.
④ 제시문의 첫 번째 문단에서 급부는 재화나 서비스 제공인 경우가 많지만 그 외의 내용일 수도 있다고 하였으므로 적절한 내용이다.

29 정답 ③

승차권을 구입한 시점에서 이미 본계약은 성립한 것이고, 실제 서비스(기차 탑승)는 미래에 행사되는 것이다. 따라서 계약은 성립되었고, 급부(탑승)는 미래에 이뤄진다고 볼 수 있다.

오답분석

① 기차 탑승은 승객이 돈을 지불하면 이에 대한 서비스를 제공하는 것이기 때문에 채권이 아니라 급부에 해당한다.
② 채무(채권에 대응하는 의무)는 승객에게 있는 것이 아니라 철도 회사에 있는 것이며, 기차를 탑승하지 않는 것은 승객이 채권(탑승 서비스를 받을 권리)을 포기하는 것이다.
④ 승차권 구입은 계약에 해당한다.

30 정답 ①

제시문의 두 번째 문단에서 '시장경제가 제대로 운영되기 위해서는 국가의 소임이 중요하다.'라고 하였고, 세 번째 문단에서 '시장경제에서 국가가 할 일은 크게 세 가지로 나누어 볼 수 있다.'라고 하였다. 따라서 글의 제목으로 가장 적절한 것은 '시장경제에서의 국가의 역할'이다.

31 정답 ①

크리스퍼 방식에서 DNA 표적 이중사슬을 탐색하는 것은 gRNA의 역할이며, Cas9 효소는 gRNA의 유도를 받아 표적 이중사슬을 절단하는 역할만 수행한다.

오답분석

② 제시문의 네 번째 문단에서 활용 범위가 매우 넓은 유전자 편집 기술을 통해 원하는 부분을 고쳐도 예기치 않은 돌연변이가 생길 수 있다고 하였으므로 적절한 내용이다.
③ 제시문의 두 번째와 세 번째 문단에서 표적 염기서열마다 단백질(엔도뉴클레이즈)을 새로 설계해야 하는 기존 방식과 달리 크리스퍼 방식은 가이드 RNA(gRNA)만 바꿔주면 된다고 하였으므로 적절한 내용이다.
④ 제시문의 세 번째 문단에서 크리스퍼 방식은 변환이 쉬운 gRNA만 바꾸면 다양한 생물종의 DNA를 쉽게 편집할 수 있다고 하였으므로 적절한 내용이다.

32 정답 ③

- 첫 번째 빈칸 : 저금리 상황에서는 이자가 적기 때문에 사람들이 저축을 신뢰하지 못한다는 내용을 통해 빈칸에는 저금리가 유지되고 있는 사회에서 저축에 대한 사람들의 인식이 회의적이라는 내용의 ⓒ이 적절함을 알 수 있다.
- 두 번째 빈칸 : 빈칸 앞 문단에서는 '저금리 시대의 저축률은 줄어드는 것이 당연하다.'라고 하였는데, 빈칸 뒤에서는 오히려 가계 저축률이 상승한 사례를 제시하고 있다. 따라서 빈칸에는 금리가 낮은 수준에 머물고 있을 때에도 저축률이 상승하였다는 내용의 ⊙이 적절함을 알 수 있다.
- 세 번째 빈칸 : 빈칸 앞 문장에서는 '저금리 상황 속에서 저축을 하지 않는 것이 당장은 경제적인 이득을 얻는 것처럼 보일 수 있다.'라고 하였으나, 빈칸 뒤 문장에서는 저축을 하지 않으면 사회 전반의 불안감을 높일 수 있으므로 저축이 가지는 효용 가치를 단기적인 측면으로 한정하여 바라보아서는 안 된다고 하였다. 따라서 빈칸에는 저축을 하지 않을 경우의 부정적인 측면을 설명하는 ⓒ이 적절함을 알 수 있다.

33 정답 ①

더 어린 사람의 나이를 x세라고 하면 다음과 같은 식이 성립한다.

$$\frac{x+(x+2)+(18\times 42)}{20}=40$$

$$\rightarrow \frac{2x+2+756}{20}=40$$

$$\rightarrow 2x+758=800$$

$$\rightarrow 2x=42$$

$$\therefore x=21$$

따라서 신입사원 중 더 어린 사람의 나이는 21세이다.

34 정답 ④

갑지점의 설문 응답률은 $100-(23+45)=32\%$이다.
인터넷 설문 응답자 중 '잘 모르겠다.'를 제외한 응답자는 $5,500\times 0.67=3,685$명이다.
따라서 갑지점을 택한 응답자는 $3,685\times 0.32≒1,179$명이다.

35 정답 ①

제시된 명제를 다음과 같이 기호화하여 정리할 수 있다.
- p : 스포츠를 좋아하는 사람
- q : 음악을 좋아하는 사람
- r : 그림을 좋아하는 사람
- s : 독서를 좋아하는 사람

이를 정리하면 $p \rightarrow q$, $r \rightarrow s$, $\sim q \rightarrow \sim s$이다. $\sim q \rightarrow \sim s$의 대우는 $s \rightarrow q$이므로 $r \rightarrow s \rightarrow q$이다. 즉, $r \rightarrow q$이다. 따라서 '그림을 좋아하는 사람은 음악을 좋아한다.'는 반드시 참이다.

36 정답 ④

거짓은 1명만 말하는데 진희와 희정의 진술이 서로 모순이므로, 둘 중 1명이 거짓을 말하고 있음을 알 수 있다. 이때, 반드시 진실인 아름의 진술(∵ 진희와 희정 중 1명이 거짓)에 따라 진희의 진술은 진실이므로 결국 희정이가 거짓을 말하고 있음을 알 수 있다. 따라서 아름 – 진희 – 민지 – 희정 – 세영 순으로 영화관에 도착하였다.

37 정답 ④

승진자 선발 방식에 따른 승진후보자별 평가점수는 각각 다음과 같다.

(단위 : 점)

구분	가점을 제외한 총점	가점	평가점수
A주임	29+28+12+4=73	1	74
B주임	32+29+12+5=78	2	80
C주임	35+21+14+3=73	5(가점상한 적용)	78
D주임	28+24+18+3=73	–	73
E주임	30+23+16+7=76	4	80

평가점수가 80점으로 가장 높은 승진후보자는 B주임과 E주임인데, 이 중 분기실적 점수와 성실고과 점수의 합이 B주임은 32+12=44점, E주임은 30+16=46점이다. 따라서 E주임이 승진한다.

38 정답 ③

중간가호가와 스톱지정가호가는 넥스트레이드가 제공하는 호가 유형으로 넥스트레이드에서만 사용이 가능하며, 사용 가능한 시간도 프리·애프터마켓 운영시간이 아닌 기존 정규시장 운영시간 내에서만 가능하다.

오답분석

① 첫 번째 문단에서 기존에는 한국거래소 단일 체제로 운영되었음을 알 수 있으나, 이 체제가 투자자들에게 불리했다는 내용은 제시문에서 찾을 수 없다. 다만 복수 거래소 체제로의 전환은 투자자들에게 이전보다 유리하게 작용할 것으로 기대되는 상황이다.
② 애프터마켓의 도입 전에도 해외 투자자는 우리나라 주식의 거래가 가능했다. 다만 애프터마켓의 도입으로 이전보다 거래시간이 확대되어 해외 투자가가 해당 국가의 낮 시간에 우리나라 주식을 거래할 수 있게 되어 접근이 용이해졌다.
④ 거래소 경쟁 체제의 도입으로 넥스트레이드가 내놓은 정책이 거래유형에 따라 달리 수수료를 부과하는 방식일 뿐, 한국거래소는 기존과 동일하게 거래유형에 구분 없이 일률적인 수수료 부과방식을 유지한다.

39 정답 ②

보기의 문장은 주식거래 시간의 확대와 해외 투자자에 대한 내용이 모두 포함된 문단 뒤에 오는 것이 적절하다. (나) 문단에서 국내 주식시장 거래시간이 확대되었고, 이로 인해 해외 투자자들의 국내 주식시장 거래가 용이해졌다고 하였다. 따라서 보기의 문장이 들어갈 위치로 가장 적절한 곳은 (나) 문단의 뒤이다.

40 정답 ④

제21조의2 제1항 제5호에 따르면 원칙적으로 소비자가 이미 선택한 내용에 대하여 변경을 요구하는 창을 반복하여 소비자에게 제시하는 것은 위법이지만, 만일 소비자가 일정 기간 이상 동안 해당 요구를 받지 않겠다고 선택할 수 있게 한 경우는 제외된다.

오답분석

① 제13조 제6항에 따르면 통신판매업자는 무상으로 제공된 재화 등이 유료 정기결제로 전환되는 경우에는 결제가 이루어진 그 즉시가 아니라 증액이나 전환이 이루어지기 전에 소비자에게 고지하여야 한다.
② 제21조의2 제1항 제2호에 따르면 소비자가 특정 재화 등의 청약을 진행하는 중에 다른 재화 등에 대해 추가 선택항목을 제공하고 유인하는 것은 위법이 아니지만, 추가된 선택항목에 대하여 소비자가 청약 의사가 있다고 선택하기도 전에 미리 표시를 하여 소비자를 유인하는 행위는 위법에 해당한다.
③ 제21조의2 제1항 제4호에 따르면 회원가입과 재화 등의 구매 방법과 탈퇴와 재화 등의 구매취소 방법을 달리하거나 후자를 어렵게 하는 것은 소비자를 방해하는 행위에 해당하나, 정당한 사유가 있는 경우라면 이는 가능하다.

41 정답 ③

㉠ 제21조의2 제1항 제1호에 따르면 소비자에게 재화 등의 가격을 알릴 때 필수적으로 지급하여야 하는 총금액 중 일부 금액만을 첫 화면에서 표시하는 것은 위법에 해당한다.
㉡ 제21조의2 제1항 제2호에 따르면 소비자가 재화의 구매가 진행되는 중에 다른 재화의 구매에 대한 의사가 있는지를 묻는 선택항목을 제공하는 경우, 소비자가 이에 대해 직접 선택하기 전에 미리 그러한 의사가 있다고 표시하여 선택항목을 제공하는 것은 위법에 해당한다.
㉢ 제21조의2 제1항 제3호에 따르면 회원가입 또는 회원탈퇴 등 선택항목들 사이에서 크기나 모양, 색깔 등 시각적인 차이를 두어 표시하는 것은 위법에 해당한다.

[오답분석]
㉣ 제21조의2 제1항 제5호에 따르면 소비자가 이미 선택한 내용에 대해서 그것을 변경할 것을 요구하는 팝업창을 반복적으로 요구하는 것은 위법이지만, 일회성 팝업창의 경우는 위법으로 볼 수 없다.

42 정답 ①

기대 수익률은 실물이전 상품별 추정 수익률의 확률 가중 평균이다. 이에 따른 상품별 기대 수익률은 각각 다음과 같다.
- 공모펀드 : $[(0.3\times0.3)+(0.2\times0.2)-(0.5\times0.1)]\times100=8\%$
- ETF : $\{(0.15\times1)+(0.25\times0.5)-(0.55\times0.3)-(0.05\times0.5)\}\times100=8.5\%$
- 예금 : $(1\times0.05)\times100=5\%$

따라서 ETF의 기대 수익률이 가장 높다.

[오답분석]
② • 월 납임금 : $8,000,000\times0.1=800,000$원
 • 총 납입금액 : $800,000\times12\times(65-40)=240,000,000$원
 따라서 총 납입금액이 2억 원 이상이므로 퇴직연금을 일시금으로 수령할 수 있다.
③ • 납입금
  - 월 납입금 : $6,000,000\times0.1=600,000$원
  - 납입금액 : $600,000\times12\times20=144,000,000$원
 • 수령액
  - 정년퇴직 후 월 수령액 : $1,200,000$원
  - 10년간 수령액 : $1,200,000\times12\times10=144,000,000$원
 따라서 납입금과 연금 수령액이 동일하다.
④ • 30개월간 수령액 : $1,200,000\times30=36,000,000$원
 • 상속 가능 금액 : $50,000,000-36,000,000=14,000,000$원
 • 상속세 5%를 적용한 상속 가능한 실제 금액 : $14,000,000\times(1-0.05)=13,300,000$원
 따라서 상속 가능한 실제 금액은 1,330만 원이다.

43 정답 ②

A씨는 5년마다 연봉이 600만 원씩 상승하므로 월급은 600÷12=50만 원이 상승한다. 연령대별 월급과 월 납입액 그리고 월 수령액은 각각 다음과 같다.

(단위 : 만 원)

구분	월급	월 납입액	월 수령액
26~30세	200	-	-
31~35세	250	-	-
36~40세	300	30	-
41~45세	350	35	-
46~50세	400	40	-
51~55세	450	45	-
56~60세	500	50	-
61~65세	550	55	-
66~70세	-	-	120
71~75세	-	-	120
76~80세	-	-	실물이전 수익금
81~85세	-	-	120

A씨의 총 납입액은 (30+35+40+45+50+55)×12×5=15,300만 원이다. 76세에 실물이전을 하며, 최대 수익률을 가정하므로 추정 수익률이 100% 상승인 ETF를 선택한다. 이는 납입액의 50%에 대해 100% 투자 수익률이므로 15,300×0.5=7,650만 원의 수익을 얻는다.
따라서 15년간 매월 120만 원씩 연금을 받고, 76~80세 5년 동안 7,650만 원의 수익을 얻었으므로 A씨가 정년퇴직 후 얻을 수 있는 금액의 최대치는 (120×12×15)+7,650=29,250만원, 즉 2억 9,250만 원이다.

44 정답 ②

경영 기술전략, 시제품 제작, 홍보 지원의 한도는 15+30+20=65백만 원(6천 5백만 원)이지만, 정부 지원금 최대 한도는 5천만 원으로 제한되어 있다.

오답분석
① 사업목적에 따르면 컨설팅, 기술지원, 마케팅 3가지 분야에서 분야당 최대 1개의 프로그램만 이용이 가능하다. 따라서 브랜드 지원 프로그램과 홍보지원 프로그램은 모두 마케팅 분야에 해당하므로 두 프로그램을 동시에 이용하는 것은 불가능하다.
③ 스마트공장화에 관심이 있는 제조 소기업은 스마트공장 진단 및 실용화를 지원하는 컨설팅 분야의 제조혁신 추진전략 프로그램과 스마트공장 구축을 지원하는 기술지원 분야의 시스템 및 시설구축 프로그램을 이용하는 것이 유리하다.
④ 최근 3년 평균 매출액이 4억 원 이하인 제조 소기업의 정부지원 비율은 75%이고, 자가부담 비율은 25%이다. 따라서 자가부담금은 정부지원금의 3분의 1이므로 ÷3=1천만 원이다.

45 정답 ②

국세 및 지방세 체납이 확인된 기업은 지원 제외 대상이다. 그러나 공공요금의 경우 국민이 수도, 전기 등 공공서비스를 이용한 대가로 지불하는 요금이므로 국세 및 지방세가 아니다. 따라서 B기업은 혁신바우처 사업 지원 제외 대상이 아니다.

오답분석
① 혁신바우처 사업은 제조 소기업을 대상으로 하는 사업이며, 제조기업이란 제조업이 주업종인 기업이다. 따라서 제조업을 영위한다 하더라도 주업종이 소매업이라면 이는 제조기업이라 볼 수 없으므로 해당 사업 지원 대상에 해당하지 않는다.
③ 채권자와 채무를 조정 중인 기업이 아닌 조정이 완료되어 합의서를 체결한 기업에 한해 지원 제외 대상에서 제외된다.
④ 해당 사업 신청 시에 이미 같은 사업을 수행 중인 기업의 경우 지원 대상에서 제외된다.

46 정답 ①

I기업 직원별 5월 소득은 각각 다음과 같다.
- A사원 : 2,230+(2×100)+50+0+0=2,480천 원
- B대리 : 2,750+(4×100)+70+30+0=3,250천 원
- C대리 : 3,125+(5×100)+70+30+250=3,975천 원
- D과장 : 3,500+(6×100)+100+50+0=4,250천 원
- E차장 : 3,780+(10×100)+150+50+0=4,980천 원
- F부장 : 4,200+(14×100)+200+100+50=5,950천 원

따라서 I기업 직원들의 5월 소득 평균은 (2,480+3,250+3,975+4,250+4,980+5,950)÷6=4,147.5천 원, 즉 414만 7천 5백 원이므로 450만 원 이하이다.

오답분석

② I기업 직원별 5월 소득에서 5월 지출을 뺀 금액은 각각 다음과 같다.
- A사원 : 2,480−2,445=35천 원
- B대리 : 3,250−2,665=585천 원
- C대리 : 3,975−3,293=682천 원
- D과장 : 4,250−4,278=−28천 원
- E차장 : 4,980−4,942=38천 원
- F부장 : 5,950−5,315=635천 원

따라서 5월 소득에서 5월 지출을 뺀 금액이 가장 많은 사람은 C대리이다.

③ 근속연수가 가장 짧은 직원은 A사원이다. A사원의 5월 소득은 248만 원(=2,480천 원)이며, 5월 지출 또한 244.5만 원이므로 모두 250만 원 이하이다.

④ I기업 직원들의 평균 5월 지출을 만 원 단위로 계산하면 (244.5+266.5+329.3+427.8+494.2+531.5)÷6=382.3만 원이므로 350만 원 이상이다.

47 정답 ①

I기업 직원 6명의 금융상품 투자금액을 만 원 단위로 계산하면 총 20+25+40+15+30−70=200만 원이다. 전체 직원의 금융상품 투자금액에서 각 직원이 차지하는 비율은 다음과 같다.
- A사원 : 20÷200×100=10%
- B대리 : 25÷200×100=12.5%
- C대리 : 40÷200×100=20%
- D과장 : 15÷200×100=7.5%
- E차장 : 30÷200×100=15%
- F부장 : 70÷200×100=35%

따라서 I기업 전체 직원의 금융상품 투자금액에서 각 직원이 차지하는 비율을 바르게 나타낸 그래프는 ①이다.

48 정답 ④

국가별 수출액과 수입액의 차이는 각각 다음과 같다.
- 미국 : |98,000−88,000|=10,000억 USD
- 캐나다 : |65,000−73,000|=8,000억 USD
- 멕시코 : |13,000−18,000|=5,000억 USD
- 중국 : |99,000−73,500|=25,500억 USD
- 러시아 : |20,500−24,500|=4,000억 USD
- 프랑스 : |60,700−12,400|=48,300억 USD
- 영국 : |44,500−31,300|=13,200억 USD
- 이집트 : |13,000−5,000|=8,000억 USD
- 호주 : |45,200−18,000|=27,200억 USD

따라서 수출액과 수입액의 차이가 세 번째로 큰 국가는 중국이며, 중국의 소비자물가 상승률은 5.2%로 5% 이상이다.

오답분석

① 제시된 자료에서 모든 국가의 소비자물가 상승률이 양의 값을 가지므로 2024년 세계 주요 국가들은 모두 소비자물가가 상승하였다.

② 국내총생산이 세 번째로 높은 국가는 캐나다이며, 경제성장률이 세 번째로 높은 국가도 캐나다이다.

③ 국민총소득 상위 3곳은 중국, 미국, 캐나다이며 이들의 국내총생산의 합은 151,000+175,000+140,000=466,000억 USD이다. 나머지 국가들의 국내총생산의 합은 48,000+73,000+97,600+84,300+27,000+77,400=407,300억 USD이다.
따라서 국민총소득 상위 3곳의 국내총생산 합이 나머지 국가들의 국내총생산 합보다 많다.

49 정답 ②

제시된 자료에서 국내총생산 상위 3곳은 미국, 중국, 캐나다이다. 각국의 무역의존도는 다음과 같다.
- 미국 : (98,000+88,000)÷175,000×100≒106%
- 중국 : (99,000+73,500)÷151,000×100≒114%
- 캐나다 : (65,000+73,000)÷140,000×100≒99%

따라서 중국 – 미국 – 캐나다 순으로 무역의존도가 높다.

50 정답 ③

I은행 승진 규정에 따른 승진 대상자별 최종 평가 점수는 각각 다음과 같다.

(단위 : 점)

구분	업무실적	팀워크	전문성	성실성	최종 평가 점수
A주임	60×0.4=24	90×0.15=13.5	84×0.25=21	98×0.2=19.6	78.1
B주임	70×0.4=28	86×0.15=12.9	84×0.25=21	96×0.2=19.2	81.1
C주임	91×0.4=36.4	76×0.15=11.4	96×0.25=24	53×0.2=10.6	82.4
D주임	84×0.4=33.6	92×0.15=13.8	76×0.25=19	80×0.2=16	82.4

C주임과 D주임의 최종 평가 점수가 동일하므로 업무실적과 전문성 점수의 평균을 구해야 한다.
- C주임 : (91+96)÷2=93.5점
- D주임 : (84+76)÷2=80점

따라서 대리로 진급하는 사람은 C주임이다.

51 정답 ①

변경된 승진 규정에 따른 승진 대상자별 최종 평가 점수는 각각 다음과 같다.

(단위 : 점)

구분	업무실적	팀워크	전문성	성실성	최종 평가 점수
A주임	60×0.15=9	90×0.3=27	84×0.4=33.6	98×0.15=14.7	84.3
B주임	70×0.15=10.5	86×0.3=25.8	84×0.4=33.6	96×0.15=14.4	84.3
C주임	91×0.15=13.65	76×0.3=22.8	96×0.4=38.4	53×0.15=7.95	82.8
D주임	84×0.15=12.6	92×0.3=27.6	76×0.4=30.4	80×0.15=12	82.6

A주임과 B주임의 최종 평가 점수가 동일하므로 팀워크와 전문성 점수의 평균을 구해야 한다.
- A주임 : (90+84)÷2=87점
- B주임 : (86+84)÷2=85점

따라서 팀장이 되는 사람은 A주임이다.

52 정답 ①

IBK 부모급여우대적금에서 부모급여나 아동수당의 수급은 우대이자율 조건 중의 하나로, 상품가입을 위한 필수 조건은 아니다. 따라서 부모급여나 아동수당을 수급하는 사람에 한해 가입이 가능한 자유적립식 적금상품이라는 행원의 답변은 옳지 않다.

오답분석

② 우대이자율의 가족 실적합산에서 가족등록 후 계약기간 중 충족된 실적은 합산하여 우대이자율을 제공한다고 명시되어 있으며, 적금 가입과 우대조건을 충족한 고객의 명의가 달라도 합산하여 실적을 인정해 주므로 옳은 답변이다.
③ 가족등록을 하기 위해서는 반드시 가족관계 확인서류를 지참하여 영업점을 방문해야 하므로 옳은 답변이다.
④ IBK 부모급여우대적금은 1년(12개월) 계약상품으로 월 최대 50만 원씩 입금할 수 있다. 따라서 최대 입금액은 50×12=600만 원이므로 옳은 답변이다.

53 정답 ②

A고객은 9개월 동안 적금을 유지하다가 중도해지하였으므로 중도해지이자율에 따라 이자율이 결정되며, 우대이자율은 적용되지 않는다. 1년(12개월) 계약 상품에서 9개월까지 유지하였으므로 납입기간 경과비율은 9÷12×100=75%이다. 그러므로 중도해지 이자율은 (기본이자율)×60%이다. 따라서 A고객이 받을 수 있는 최고 이자율은 연 2.5×0.6=1.5%이다.

54 정답 ⑤

신한 SOL뱅크 애플리케이션은 쏠야구 우대금리를 받기 위해서 반드시 필요하지만, 만기 전전영업일까지만 응원 팀 설정을 완료하면 해당 우대금리를 받을 수 있다. 따라서 최대 우대금리를 받기 위해서 반드시 신한 SOL뱅크를 통해 가입해야 하는 것은 아니다.

오답분석

① 가입대상은 실명의 개인 및 개인사업자로 1인 1계좌 개설이 가능하다.
② 1982 전설의 적금은 30만 좌의 한도가 있으며, 3차에 걸쳐 10만 좌씩 판매되므로 가입하는 고객이 많을 경우 가입이 불가능할 수 있다.
③ 한 달 최대 불입금은 30만 원이며 계약기간은 12개월이므로, 최대 불입할 수 있는 원금은 30×12=360만 원이다.
④ 기본금리는 연 3.0%이며, 카드 우대의 우대금리는 연 4.2%p, 쏠야구 우대의 우대금리는 연 0.5%p이므로 적용금리는 최대 연 3.0+4.2+0.5=7.7%이다.

55 정답 ②

고객별 우대금리 적용사항은 각각 다음과 같다.

구분	카드 우대	쏠야구 우대	우대금리
A고객	신한은행 체크카드 결제 실적 6개월 미만(+0%p)	신한 SOL뱅크를 통한 응원 팀 설정 불가능(+0%p)	+0%p
B고객	두 가지 조건에 모두 만족하므로 높은 이자율 조건을 하나만 적용(+4.2%p)	신한 SOL뱅크를 통한 응원 팀 미설정(+0%p)	+4.2%p
C고객	첫 번째 조건은 결제 실적이 부족하며, 두 번째 조건은 신용카드만 해당하므로 적용 불가(+0%p)	신한 SOL뱅크를 통한 응원 팀 설정 완료(+0.5%p)	+0.5%p
D고객	첫 번째 조건 만족(+3.5%p)	신한 SOL뱅크를 통한 응원 팀 설정 완료(+0.5%p)	+4.0%p
E고객	적금 11개월 차에 중도해지하여 우대금리 적용 불가(+0%p)		+0%p

따라서 가장 높은 우대금리를 적용받는 고객은 B고객이다.

56 정답 ⑤

제시문은 DID 기술을 적용한 모바일 주민등록증의 발급이 가능해짐에 따라 이로 인한 장점들이 무엇인지에 대해 다루고 있다. 모바일 주민등록증을 개인 스마트폰에 저장해 사용할 수 있다는 편의성과, 선택적으로 정보를 제공하고, 정보를 암호화해 분산 저장함으로써 개인정보의 유출이나 부정사용 및 위변조를 방지할 수 있는 보안성에 대해 말하고 있다. 따라서 ⑤가 가장 적절한 제목이다.

오답분석

① 모바일 주민등록증의 발급이 최초의 모바일 신분 확인 방법인지는 글을 통해 알 수 없다.
② DID 기술의 도입으로 데이터의 분산 저장뿐만 아니라 데이터의 암호화도 가능해졌으므로 글 전체를 포괄하는 제목으로 보기에는 어렵다.
③ 제시문은 기존 신분증의 문제점에 대해 다루기보다는 DID 기술을 활용한 모바일 주민등록증의 발급이 가능해졌고 이 기술에 대한 설명과 이로 인한 장점은 무엇인지에 대해 초점이 맞춰져 있으므로 글의 제목으로 보기에는 어렵다.
④ 개인정보의 선택적 제공이 가능해진 것은 DID 기술의 도입으로 인한 장점 중 한 가지이므로 글 전체를 포괄하는 제목은 아니다.

57　정답　②

각자의 여행 경비는 다음과 같다.
- A : (300×1,400)+(4,000×200)+80,000=1,300,000원
- B : (250×1,550)+(500×1,850)=1,312,500원
- C : (100×1,400)+(500×900)+(15,000×40)+100,000=1,290,000원
- D : (350×1,550)+(1,800×200)+(450×900)=1,307,500원
- E : (150×1,400)+(100×200)+(400×1,850)+(2,000×40)+200,000=1,250,000원

따라서 가장 많은 여행 경비를 지출한 사람은 B이다.

58　정답　⑤

먼저 세 번째 조건에 따라 3팀은 3호실에 위치하고, 네 번째 조건에 따라 8팀과 2팀은 4호실 또는 8호실에 각각 위치한다. 이때, 두 번째 조건에 따라 2팀과 5팀은 앞뒤로 나란히 위치해야 하므로 결국 2팀과 5팀이 각각 8호실과 7호실에 나란히 위치하고, 4호실에는 8팀이 위치한다. 그리고 첫 번째 조건에 따라 1팀과 7팀은 1호실 또는 5호실에 각각 위치하는데, 마지막 조건에서 4팀은 1팀과 5팀 사이에 위치한다고 하였으므로 4팀이 5팀 바로 앞 6호실에 위치하고, 1팀은 5호실에 위치한다. 이에 따라 1호실에는 7팀이 위치하고, 바로 뒤 2호실에는 6팀이 위치한다. 이를 종합하여 기획 1~8팀의 사무실을 배치하면 다음과 같다.

창고	입구	계단
기획 7팀	복도	기획 1팀
기획 6팀		기획 4팀
기획 3팀		기획 5팀
기획 8팀		기획 2팀

따라서 기획 4팀과 기획 6팀은 복도를 사이에 두고 마주하는 것을 알 수 있다.

오답분석
① 창고 뒤에는 기획 7팀의 사무실이 위치하며, 기획 1팀의 사무실은 계단 쪽 라인에 위치한다.
② 기획 3팀과 기획 5팀은 복도를 사이에 두고 마주한다.
③ 기획 2팀의 사무실은 8호실에 위치한다.
④ 기획 7팀과 기획 8팀은 창고 쪽의 라인에 위치한다.

59　정답　③

이스라엘과 이란의 충돌이 발생하면 유가가 상승하게 되어 상대적으로 저렴한 석탄의 수요량이 늘게 될 것이므로, 석유의 수요량은 감소하게 될 것임을 예측할 수 있다.

오답분석
① 유가가 상승하게 되면 석유의 수요량은 줄고, 상대적으로 저렴한 석탄의 수요량이 증가하게 될 것이다. 따라서 석탄 가격이 상승할 것으로 예상할 수 있다.
② 이스라엘과 이란의 충돌이 발생하면 유가가 상승하게 되어 이에 대한 대체재로 석탄의 수요량이 증가하게 될 것이다. 하지만 석탄의 공급량이 어떻게 변화하게 될지는 제시문을 통해 알 수 없다.
④ 개인이 직접적으로 탄소배출권을 거래하는 것이 불가능하기에 이에 대한 대체 수단으로 현재는 탄소배출권 ETF를 통해 개인의 거래가 이루어지고 있다. 하지만 만일 개인의 탄소배출권 거래가 허용된다면 탄소배출권 ETF를 통한 투자 분위기가 어떻게 될지는 제시문을 통해 알 수 없다.
⑤ 탄소배출권 거래는 기업 간 이루어지는 반면, 탄소배출권 ETF를 통한 투자는 개인도 거래가 가능한 영역이다. 하지만 둘 사이의 상관관계는 제시문을 통해 알 수 없다.

60　정답　①

ESG가 기업의 환경, 사회적 책임과 지배구조의 개선을 통한 지속 가능한 발전을 추구하는 것이라면, SDG란 지속 가능한 발전을 위해 유엔이 제정한 목표로, 정부, 비영리단체, 시민 모두가 추구해야 한다.

오답분석

ⓒ 기업이 ESG 경영으로 환경적 책임을 다한다면 이는 SDG의 기후변화와 대응, 해양생태계 보존, 육상생태계 보호에 해당하고, 사회적 책임을 다한다면 이는 양질의 일자리와 경제성장에 해당하며, 투명한 지배구조 개선에 최선을 다한다면 이는 평등, 정의에 해당한다. 따라서 ESG와 SDG는 서로 반대된 것이 아닌 같은 목표를 추구한다는 것을 알 수 있다.

ⓒ 기업이 환경적 책임을 다해 탄소배출 감축과 친환경 기술을 도입하는 것은 기후변화에 대한 대응이므로 이는 SDG의 목표 중 기후변화와 대응과 일맥상통한다.

ⓔ 기업이 ESG 경영을 추구하는 것은 기업의 신뢰성과 투명성을 높이기 위한 것으로, ESG 경영과 SDG의 목표들은 서로 상반된 것이 아닌 상호보완적인 관계를 가지고 있기 때문에 기업이 SDG의 목표들을 실천한다면 이는 소비자와 투자자로부터 신뢰를 받을 수 있는 기회가 될 것이다.

CHAPTER 02 | 2024년 주요 금융권 NCS 기출복원문제

01	02	03	04	05	06	07	08	09	10	11	12	13	14	15	16	17	18	19	20
④	④	①	①	④	③	②	①	④	②	③	①	②	③	⑤	③	③	④	③	④
21	22	23	24	25	26	27	28	29	30	31	32	33	34	35	36	37	38	39	40
⑤	③	②	⑤	④	②	④	②	②	②	④	③	④	①	④	①	③	①	④	②
41	42	43	44	45	46	47	48	49	50	51	52	53	54	55	56	57	58	59	60
②	②	④	④	④	④	④	②	④	③	③	②	①	①	④	①	②	④	③	④

01 정답 ④

제시문은 하이일드 채권에 대한 간단한 소개와 함께 하이일드 채권 투자 시의 각종 위험 요소를 서술하고, 이를 효과적으로 관리하기 위한 방법을 제시하고 있다. 따라서 글의 주제로 가장 적절한 것은 '하이일드 채권의 리스크 및 관리 방법'이다.

오답분석
① 제시문에서 서술하고 있지 않은 내용이다.
② 첫 번째 문단에서 하이일드 채권이 일반 채권보다 높은 수익률을 제공한다고 서술하고 있지만 하이일드 채권에 대한 일반적인 소개일 뿐, 글의 전체적인 내용은 아니다.
③ 하이일드 채권에 대한 소개가 있지만 이와 비교하는 대상이 서술되어 있지는 않다.

02 정답 ④

제시문은 검무의 정의와 기원, 검무의 변천 과정과 구성, 검무의 문화적 가치를 설명하는 글이다. 따라서 글의 표제와 부제로 가장 적절한 것은 '역사 속에 흐르는 검빛・춤빛 – 검무의 변천 과정과 구성을 중심으로'이다.

03 정답 ①

전자정부 서비스에 만족한 이유에 대한 답변은 '신속하게 처리할 수 있어서(55.1%)', '편리한 시간과 장소에서 이용할 수 있어서(54.7%)', '쉽고 간편해서(45.1%)' 등으로 나타났다. 따라서 '신속하게 처리할 수 있어서'의 이유가 55.1%로 가장 높았다.

오답분석
② 전자정부 서비스 실태를 인지도와 만족도, 이용률로 분류하여 조사하였다.
③ 두 번째 문단에 따르면 전자정부 서비스를 이용하는 이들의 98.9%가 향후에도 계속 이용할 의향이 있다고 답했다.
④ 두 번째 문단에 따르면 전자정부 서비스 이용 목적으로 '정보 검색 및 조회'가 86.7%를 차지했다.

04 정답 ①

제시문은 ETF에 대해 소개하고 효과적인 투자 전략에 대해 설명하고 있다. 따라서 (다) 투자 환경의 제약을 극복하기 위해 등장한 ETF – (가) 전통적인 투자 환경의 제약을 해결하는 ETF – (마) ETF의 장점 – (라) ETF의 효과적인 투자 전략 방법 – (나) 모두에게 적합한 투자 상품인 ETF 순서로 나열되어야 한다.

05 정답 ④

육색사고모자기법에서 검은색 모자는 부정적 사고에 집중하여 아이디어의 단점이나 위험을 분석할 수 있도록 한다. 따라서 빈칸에 들어갈 내용으로 가장 적절한 것은 '비판적 사고력'이다.

06 정답 ③

반장과 부반장을 서로 다른 팀에 배치하는 경우는 2가지이다. 2명을 제외한 인원을 2명, 4명으로 나누는 경우는 먼저 6명 중 2명을 뽑는 방법과 같으므로 $_6C_2 = \dfrac{6 \times 5}{2} = 15$가지이다.

따라서 보트를 두 팀으로 나눠 타는 경우의 수는 2×15=30가지이다.

07 정답 ②

전체 일의 양을 1이라고 하면 A, B가 각각 1시간 동안 조립할 수 있는 일의 양은 각각 $\dfrac{1}{2}$, $\dfrac{1}{3}$이다.

A 혼자 조립하는 시간을 x시간, B 혼자 조립하는 시간을 y시간이라고 하자.

$x+y=\dfrac{9}{4}$ ⋯ ㉠

$\dfrac{1}{2}x+\dfrac{1}{3}y=1$ ⋯ ㉡

㉠, ㉡을 연립하면 $x=\dfrac{3}{2}$, $y=\dfrac{3}{4}$이다.

따라서 A 혼자 조립한 시간은 $\dfrac{3}{2}$시간=1시간 30분이다.

08 정답 ①

컵밥 1개의 가격을 x원이라고 하면 다음과 같은 식이 성립한다.

42,000+6x+15,000+9,000=84,000

→ 6x=84,000−66,000

→ 6x=18,000

∴ x=3,000

따라서 컵밥 1개의 가격은 3,000원이다.

09　정답　④

농가별 손해액과 보험가액의 80% 그리고 보험가입금액은 각각 다음과 같다.

(단위 : 백만 원)

구분	농가 A	농가 B	농가 C	농가 D
손해액	20	24	5	25
보험가액의 80%	400	320	640	240
보험가입금액	450	300	600	500

이를 토대로 한 농가별 지급받는 보험금액은 다음과 같다.

- 농가 A : 20백만 원
- 농가 B : $24 \times \frac{300}{320} = 22.5$백만 원
- 농가 C : $5 \times \frac{600}{640} = 4.6875$백만 원
- 농가 D : 25백만 원

따라서 지급받는 보험금액이 가장 큰 농가는 D이다.

10　정답　②

보험료율은 $\frac{(보험지급액)}{(보험가입금액)} \times 100$이므로 농가별 보험료율은 다음과 같다.

- 농가 A : $\frac{20}{450} \times 100 ≒ 4.44\%$
- 농가 B : $\frac{22.5}{300} \times 100 = 7.5\%$
- 농가 C : $\frac{4.6875}{600} \times 100 = 0.78125\%$
- 농가 D : $\frac{25}{500} \times 100 = 5\%$

따라서 보험료율이 가장 높은 농가는 B이다.

11　정답　③

'서비스 이용조건'에서 무이자 할부 등의 이용금액은 적립 및 산정기준에서 제외되므로 자동차의 무이자 할부 구매금액에 대한 적립은 받을 수 없다.

오답분석

① '바우처 서비스'에서 카드 발급 초년도 1백만 원 이상 사용 시 신청이 가능하다고 했으므로 A대리는 바우처를 신청할 수 있다.
② '전 가맹점 포인트 적립 서비스'에서 가맹점에서 10만 원 이상 사용했을 때, 적립 포인트는 사용금액의 1%이다.
④ '보너스 캐시백'을 보면 매년 1회 연간 이용금액에 따라 캐시백이 제공된다. A대리가 1년간 4천만 원을 사용했을 경우 3천만 원 이상으로 5만 원을 캐시백으로 받을 수 있다. 이는 매년 카드 발급월 익월 15일에 카드 결제계좌로 입금된다고 했으므로 평일인 2025년 10월 15일에 입금이 된다.

12 정답 ①

A대리의 11월 신용카드 사용내역서에서 '서비스 이용조건'에 제시된 이용금액이 적립 및 산정 기준에서 제외되는 경우는 무이자할부, 제세공과금(지방세), 단기카드대출(현금 서비스), 장기카드대출(카드론)이다. 이 경우를 제외하고, 전 가맹점에서 10만 원 미만 0.7%, 10만 원 이상 1%이며, 2만 원 이상 즉시결제 서비스 이용 시 0.2%가 적립된다.

일자	가맹점명	사용금액	비고	포인트 적립
2024-11-06	○○가구	200,000원	3개월 무이자 할부	무이자 할부 제외
2024-11-06	A햄버거 전문점	12,000원	-	0.7%
2024-11-10	지방세	2,400원	-	지방세 제외
2024-11-13	현금 서비스	70,000원	-	현금 서비스 제외
2024-11-13	C영화관	40,000원	-	0.7%
2024-11-20	◇◇할인점	85,000원	-	0.7%
2024-11-22	카드론(대출)	500,000원	-	카드론 제외
2024-11-23	M커피	27,200원	즉시결제	0.2%
2024-11-25	M커피	19,000원	즉시결제	2만 원 미만으로 적립 제외
2024-11-25	△△스스	100,000원		1%

따라서 A대리의 11월 적립 포인트는 {(12,000+40,000+85,000)×0.007}+(27,200×0.002)+(100,000×0.01)=959+54.4+1,000=2,013.4점이다.

13 정답 ②

가입일 기준 만 36세이지만, 3년의 병역 의무 이행 기록이 있으므로 해당 기간을 제외하면 36-3=33세로 나이 기준에 포함된다. 또한 개인소득 및 가구소득 등이 가입 기준을 만족하므로 A씨는 청년도약계좌상품에 가입할 수 있다. 이때 월 급여 및 월 지출이 우대금리 지급 기준에 부합하므로 각각 0.6%p, 0.2%p의 우대금리가 적용되고, 소득 플러스 항목은 2회 적용받으므로 0.2%p의 우대금리가 추가로 적용된다.
따라서 A씨가 만기일에 적용받는 금리는 연 4.5+0.6+0.2+0.2=5.5%이다.

14 정답 ③

원금이 a원, 납입기간이 n개월, 연이율이 r%로 단리식일 때 만기 시 이자는 $a \times \dfrac{n(n+1)}{2} \times \dfrac{r}{12}$ 원이다.

제시된 상품은 납입기간이 5년이고 금리는 연 5.5%가 적용되므로 만기 시 이자는 다음과 같다.

$500,000 \times \dfrac{60 \times 61}{2} \times \dfrac{0.055}{12} = 4,193,750$원

따라서 A씨가 만기 시 받을 수 있는 원리금은 500,000×60+4,193,750=34,193,750원이다.

15 정답 ⑤

참외, 수박, 토마토의 경우 지금 상황으로는 작년 수준만큼 수확량이 회복될 것으로 예상되는 반면, 멜론의 경우는 작년보다 재배면적이 줄어 그렇지 못할 것으로 보인다고 하였다. 하지만 사과의 경우 햇과일이 나올 때까지는 지금 상황이 지속될 것으로 보인다고 하였으므로 올해 긍정적인 전망이 예상된다고 보기 어렵다.

오답분석
① 과일 및 야채의 수확량이 많아질수록 가격은 하락해 체감 물가는 감소하겠지만, 수확량이 감소한다면 가격은 상승하기 때문에 체감 물가는 증가할 것을 추론할 수 있다.
② 비록 여름 대표 과일인 참외와 수박의 가격은 작년만큼 회복되겠지만, 사과 자체의 가격은 계속 상승세를 유지할 것으로 예상되므로 소비자 입장에서 사과의 체감 물가 역시 증가할 것을 추론할 수 있다.
③ 2월에 눈과 비가 자주 내려 참외의 수확량이 적었으므로, 이와 마찬가지로 5월에도 비가 자주 내린다면 참외의 수확량이 적을 것을 추론할 수 있다.
④ 마지막 문단의 '수박은 15도 이상, 참외는 30도 이하로 유지'라는 내용을 통해 여름 제철 과일이라 하더라도, 각 과일 생장기에 따른 적절한 재배 온도는 다를 수 있음을 추론할 수 있다.

16 정답 ③

농기계임대사업소를 직접 방문하지 않고 스마트폰 앱을 통해 실시간으로 임대농기계를 예약할 수 있지만, 임대한 농기계를 현장에서 바로 사용할 수 있도록 한다는 내용은 제시문에서 찾을 수 없다.

오답분석
① 마지막 문단의 '지역 내 농업인들이 필요로 하는 농기계를 추가 구입해 각 지역의 농업인들이 임대 농기계를 편하게 이용할 수 있도록 힘쓸 것'이라는 내용을 통해 지역마다 필요로 하는 농기계가 다를 수 있음을 추론할 수 있다.
② 첫 번째 문단의 '농기계를 임대함으로써 농업의 인력난 해소와 더불어'라는 내용을 통해 추론할 수 있다.
④ 두 번째 문단의 올해는 농업인 스스로 키오스크를 통해 이전보다 대기하는 시간이 크게 감소하였다는 내용과 세 번째 문단의 보이스봇 서비스를 통해 24시간 예약을 가능하게 하고 있다는 내용을 통해 이전에는 직원을 통해서만 농기계 임대를 진행했음을 추론할 수 있다.
⑤ 두 번째 문단의 '스마트폰 앱을 이용해 실시간으로 농기계 재고를 확인하고 예약할 수 있어 효율적 이용이 가능해졌다.'라는 내용을 통해 이전에는 현장에 도착하더라도 재고가 없어 바로 임대가 안 되는 경우도 있었음을 추론할 수 있다.

17 정답 ③

마지막 문단에 따르면, 농협금융의 당기순이익은 약 0.2% 수준으로 소폭 증가한 반면, 명칭사용료는 약 9.4%로 대폭 증가하였다. 따라서 이 상황에서 농협법 개정안이 통과되어 명칭사용료 비율이 2.5%에서 5%로 증가한다면, 이는 농협금융의 실적 후퇴로 이어질 것이다.

오답분석
① 농협법 개정안이 통과된다면 명칭사용료 비율이 2.5%에서 5%로 2배 증가하므로, 금액이 산술적으로 2배 증가하는 것은 아니다.
② 농협금융이 창사 이후 지금까지 매년 매출액의 2.5%를 명칭사용료로 농협은행에 지불하고 있음은 제시문을 통해 알 수 있으나, 이 지불액이 매년 증가했는지에 대한 내용은 언급하고 있지 않다.
④ 마지막 문단에 따르면 농협금융의 실적은 약 0.2% 증가하였다. 다만 이에 비해 명칭사용료로 지불하는 금액은 약 9.4% 증액되면서 눈에 띄게 증가하였다.
⑤ 농협금융의 명칭사용료 수준이 타사 대비 높은 이유에 대해서는 제시문에 언급되어 있지 않다. 다만 일각에서 농협금융의 설립 목적과 취약한 농촌 상황을 고려하여 농협법 개정안이 통과되어야 한다고 주장하고 있다.

18 정답 ④

제시문은 인공광의 필요성과 한계점, 부정적 측면에 대해 설명하고 있는 글이다. 따라서 (다) 인공광의 필요성 – (라) 인공광의 단점 – (나) 간과할 수 없는 인공광의 부정적 영향 – (가) 인공광의 부정적 영향을 간과할 수 없는 이유 순서로 나열하는 것이 가장 적절하다.

19 정답 ③

A의 속도를 xm/분이라고 하면 B의 속도는 $1.5x$m/분이다. A, B가 12분 동안 이동한 거리는 각각 $12x$m, $12 \times 1.5x = 18x$m이고, 두 사람이 이동한 거리의 합은 1,200m이므로 다음과 같은 식이 성립한다.

$12x + 18x = 1,200$
→ $30x = 1,200$
∴ $x = 40$

따라서 A의 속도는 40m/min이다.

20 정답 ④

2017 ~ 2022년 평균 지진 발생 횟수는 $(42+52+56+93+49+44) \div 6 = 56$회이다. 2023년에 발생한 지진은 2017 ~ 2022년 평균 지진 발생 횟수에 비해 $492 \div 56 = 8.8$배 증가했으므로 옳은 설명이다.

오답분석
① 2020년의 지진 발생 횟수는 93회이고 2019년의 지진 발생 횟수는 56회이다. 2020년에는 2019년보다 지진이 $93 - 56 = 37$회 더 발생했으므로 옳지 않은 설명이다.
② 2018년보다 2019년에 지진 횟수는 증가했지만 최고 규모는 감소했으므로 옳지 않은 설명이다.
③ 2021 ~ 2022년의 지진 횟수는 감소했으므로 옳지 않은 설명이다.
⑤ 2023년에 발생한 규모 5.8의 지진이 2017년 이후 우리나라에서 발생한 지진 중 가장 강력한 규모이므로 옳지 않은 설명이다.

21 정답 ⑤

'창의적인 문제해결'을 A, '브레인스토밍'을 B, '상대방의 아이디어를 비판'을 C라고 하면, 첫 번째 명제는 A → B, 두 번째 명제는 B → ~C이므로 A → B → ~C가 성립한다. 따라서 빈칸에 들어갈 명제로는 A → ~C인 '창의적인 문제해결을 하기 위해서는 상대방의 아이디어를 비판해서는 안 된다.'가 가장 적절하다.

22 정답 ③

명제가 참이면 그 대우 명제도 참이다. 즉, '을이 좋아하는 과자는 갑이 싫어하는 과자이다.'가 참이면 '갑이 좋아하는 과자는 을이 싫어하는 과자이다.'도 참이다. 따라서 갑은 비스킷을 좋아하고, 을은 비스킷을 싫어한다.

23 정답 ②

A ~ E의 진술에 따르면 C와 E의 진술은 반드시 동시에 참 또는 거짓이 되어야 하며, B와 C의 진술은 동시에 참이나 거짓이 될 수 없다.
ⅰ) A와 B가 거짓일 경우
　B의 진술이 거짓이 되므로 이번 주 수요일 당직은 B이다. 그러나 D의 진술에 따르면 B는 목요일 당직이므로 성립하지 않는다.
ⅱ) B와 D가 거짓인 경우
　B의 진술이 거짓이 되므로 이번 주 수요일 당직은 B이다. 또한 A, E의 진술에 따르면 E는 월요일, A는 화요일에 각각 당직을 선다. 이때 C는 수요일과 금요일에 당직을 서지 않으므로 목요일 당직이 되며, 남은 금요일 당직은 자연스럽게 D가 된다.
ⅲ) C와 E가 거짓인 경우
　A, B, D의 진술에 따르면 A는 화요일, D는 수요일, B는 목요일, C는 금요일 당직이 되어 남은 월요일 당직은 E가 된다. 이때 E의 진술이 참이 되므로 성립하지 않는다.
따라서 거짓을 말하는 사람은 B와 D이고, 이번 주 수요일에 당직을 서는 사람은 B이다.

24 정답 ⑤

각국에서 출발한 직원들이 국내(대한민국)에 도착하는 시간을 계산하기 위해서는 먼저 시차를 구해야 한다. 동일 시점에서의 각국의 현지시각을 살펴보면 국내의 시각이 가장 빠르다는 점을 알 수 있다. 그러므로 국내의 현지시각을 기준으로 각국의 현지시각을 빼면 시차를 구할 수 있다. 계산 편의상 시차는 24시를 기준으로 한다.

구분	계산식	시차
대한민국 ~ 독일	6일 06:20−5일 23:20	7시간
대한민국 ~ 인도	6일 06:20−6일 03:50	2시간 30분
대한민국 ~ 미국	6일 06:20−5일 17:20	13시간

각국의 직원들이 국내에 도착하는 시간은 출발지 기준 이륙시각에서 비행시간과 시차를 더하여 구할 수 있다. 계산 편의상 24시 기준으로 한다.

구분	계산식	대한민국 도착시각
독일	6일 16:20+11:30+7:00	7일 10:50
인도	6일 22:10+08:30+2:30	7일 09:10
미국	6일 07:40+14:00+13:00	7일 10:40

따라서 인도에서 출발하는 직원이 가장 먼저 도착하고, 미국, 독일 순서로 도착하는 것을 알 수 있다.

25 정답 ④

두 번째 문단의 '꼭 필요한 부위에만 접착제와 대나무 못을 사용하여 목재가 수축・팽창하더라도 뒤틀림과 휘어짐이 최소화될 수 있도록 하였다.'라는 문장을 볼 때, 접착제와 대나무 못을 사용하면 수축과 팽창이 발생하지 않게 된다는 내용은 적절하지 않다.

26 정답 ②

제시문의 두 번째 문단에서 식품은 우리가 먹고 마시는 모든 것을 의미하며, 자연 상태의 음식뿐만 아니라 가공된 음식까지 포함한다고 하였으므로 적절한 내용이다.

[오답분석]
① 영양은 식품을 섭취한 후, 식품의 영양소를 흡수하고 사용하는 과정이다.
③ 다섯 번째 문단에서 과도한 지방 섭취는 비만과 심혈관 질환의 위험을 증가시킬 수 있다고 하였다.
④ 다섯 번째 문단에서 비타민 C 결핍은 괴혈병을 유발할 수 있다고 하였다.
⑤ 에너지를 만들고 면역력을 높이는 것은 영양소를 흡수하고 사용하는 과정에 해당하므로 영양으로 설명할 수 있다.

27 정답 ②

봄보리는 봄에 파종하여 그해 여름에 수확하며, 가을보리는 가을에 파종하여 이듬해 여름에 수확하므로 봄보리의 재배 기간이 더 짧다.

[오답분석]
① 흰색 쌀은 가을, 여름에 심는 콩도 가을에 수확한다.
③ 흰색 쌀은 논에서 수확한 벼를 가공한 것이며, 회색 쌀은 밭에서 자란 보리를 가공한 것이다.
④ 보릿고개는 하지까지이므로 그 이후에는 보릿고개가 완화된다.

28　정답　④

두 번째 문단의 '강계부는 세금을 납부한 ~ 중앙의 비변사에 보고하였다.'라는 내용을 통해 조선 정부는 삼상과 관련된 여러 가지 상황을 파악하고 있었음을 알 수 있다.

오답분석

① 두 번째 문단의 '황첩이 없거나 ~ 처벌되었다.'라는 내용을 통해 황첩 자체가 없거나 거래량을 허위로 신고하는 경우에 대한 설명은 있으나, 황첩을 위조하였는지는 알 수 없다.
② 마지막 문단에서 조선 정부의 엄격한 통제로 인해 상인들은 합법적인 인삼 매매와 구역을 포기하고 잠상이 되었고 더 많은 이익을 취하려 했다는 내용은 있으나, 이들에 대한 정부의 합법화 노력은 언급되지 않았다.
③ 첫 번째 문단과 두 번째 문단에 따르면 송도는 삼상들의 근거지임을 알 수 있고, 삼상들이 강계부에 출입한 것은 이곳이 인삼이 모이는 거점이었기 때문이지, 가격이 더 싸서 간 것은 아니라는 것을 알 수 있다.

29　정답　②

서울에 사는 응답자의 비율은 $0.18+0.07=0.25$이고, 전체 응답자의 비율의 합은 1이므로 인천에 사는 응답자의 비율은 $1-(0.25+0.2+0.1+0.1+0.05+0.05+0.05+0.1)=0.1$이다.
인천에 사는 응답자 중 여성의 비율은 전체 응답자 중 여성의 비율과 같으므로 전체 응답자 중 인천에 사는 여성의 비율은 $0.1\times0.4=0.04$이다. 전체 응답자 중 여성의 비율이 0.4이므로 대구에 사는 여성 응답자의 비율은 $0.4-(0.07+0.03+0.04+0.07+0.05+0.03+0.01+0.08)=0.02$이다.
따라서 전체 응답자 1,100명 중 대구에 사는 여성의 비율은 0.02이므로 그 수는 $1,100\times0.02=22$명이다.

30　정답　②

- 연이율 2.4%가 적용되는 만기 2년 단리 적금상품에 만기 때까지 매월 초 80만 원씩 납입하였을 때 받는 이자

  : $80\times\dfrac{24\times25}{2}\times\dfrac{0.024}{12}=48$만 원

- 연이율 2.4%가 적용되는 만기 2년 월복리 적금상품에 만기 때까지 매월 초 100만 원씩 납입하였을 때 받는 이자

  : $100\times\dfrac{\left(1+\dfrac{0.024}{12}\right)\left\{\left(1+\dfrac{0.024}{12}\right)^{24}-1\right\}}{\left(1+\dfrac{0.024}{12}\right)-1}-100\times24$

  $=100\times\dfrac{1.002\times(1.002^{24}-1)}{1.002-1}-2,400$

  $=100\times\dfrac{1.002\times0.0491}{0.002}-2,400$

  $=2,459.91-2,400$

  $=59.91$만 원

따라서 만기 시 받는 이자의 차이는 599,100-480,000=119,100원이다.

31 정답 ④

욕조를 가득 채우는 데 필요한 물의 양을 1이라고 하고, A관과 B관을 동시에 틀고 배수를 할 때 욕조가 가득 채워질 때까지 걸리는 시간을 x분이라고 하자. 이때 A관에서 1분 동안 나오는 물의 양은 $\frac{1}{30}$, B관에서 1분 동안 나오는 물의 양은 $\frac{1}{40}$이고, 1분 동안 배수되는 양은 $\frac{1}{20}$이므로 다음과 같은 식이 성립한다.

$\left(\frac{1}{30}+\frac{1}{40}-\frac{1}{20}\right)x=1$

→ $\frac{1}{120}x=1$

∴ $x=120$

따라서 A관과 B관을 함께 트는 동시에 배수를 할 때, 욕조에 물이 가득 채워지는 데 걸리는 시간은 120분이다.

32 정답 ③

내국인 순유출이 가장 많았던 해는 2010년이며, 외국인 순유입이 가장 적은 해는 2014년이다.

33 정답 ④

A씨는 매월 500,000원을 사용한다고 하였으므로 체크카드별 전월 실적이 500,000일 때의 최대 할인 금액은 각각 다음과 같다.
• A체크카드 : 6,000+6,000+1,000=13,000원
• H체크카드 : 13,000원
• K체크카드 : 3,000+3,000+2,000+1,000=9,000원
• M체크카드 : (500,000×0.003)+15,000=16,500원
• N체크카드 : 500,000×0.002=1,000원
따라서 A씨에게 추천해 줄 카드는 M체크카드이다.

34 정답 ①

K체크카드의 대중교통 혜택 금액은 대중교통 요금의 10%이므로 120,000×0.1=12,000원이지만, 전월 실적에 따른 할인 한도는 3,000원이다. 또한 이동통신 요금 할인 혜택은 5%로 100,000×0.05=5,000원이지만, 월 할인 한도는 최대 3,000원이다. 마지막으로 카페를 이용하지 않으므로 적용되지 않고, 편의점 월 할인 한도는 최대 1,000원이다.
따라서 A씨가 K체크카드를 이용하여 받을 수 있는 월 할인 금액은 최대 3,000+3,000+1,000=7,000원이다.

35 정답 ③

A가 거짓말을 하고 있다는 B의 진술이 참이면 A는 거짓말을 하고 있으므로 범인이지만, A가 범인이 아니라는 C의 진술 또한 거짓이 되므로 모순이 발생한다. 그러므로 B는 거짓말을 하는 범인이고, 나머지 4명의 진술은 참이므로 D의 진술에 의해 E 역시 범인이다.
따라서 범인은 B, E이다.

36 정답 ①

A기업의 대출기간은 1년, 대출금액은 5천만 원, 대출금리는 연 3%이다.
만기일시상환 방식으로 월 이자는 50,000,000×0.03×$\frac{12}{12}$÷12=125,000원이고, 마지막 달에는 원금과 함께 납입해야 한다.
따라서 A기업이 마지막 달에 내야 하는 비용은 50,000,000+125,000=50,125,000원이다.

37 정답 ③

제시문에서는 4대 은행이 디지털 전환 등 비대면 채널을 강화함에 따라 오프라인 점포 수가 급격하게 감소함을 설명하고, 디지털 환경에 취약한 고객이 겪을 수 있는 어려움 등 점포 수 감소가 미치는 영향을 설명하고 있다. 따라서 기사의 제목으로 가장 적절한 것은 '디지털 전환으로 인한 오프라인 점포 감소와 영향'이다.

오답분석
① 제시문은 디지털 취약 계층의 금융 접근성 문제의 발생 원인을 주목하여 서술하고 있으므로 적절하지 않다.
② 디지털 전환으로 바뀌는 은행 서비스에 대한 내용은 제시문에 포함되어 있지 않다.
④ 디지털 금융 서비스 확대가 디지털 취약 계층에게 금융 정보의 불균형을 초래할 수는 있으나 제시문의 핵심적인 내용은 아니다.

38 정답 ①

선물환거래는 금리차익을 얻는 것과 투기적 목적 등도 가지고 있다.

오답분석
② 옵션에 대한 내용이다.
③·④ 선물환거래에 대한 내용이다.

39 정답 ④

일본은행이 금리 인상을 단행했음에도 불구하고 엔화 가치가 계속 하락하는 이유는 일본은행이 추가 금리 인상에 서두르지 않을 것이라는 신호가 있었기 때문이다. 그러므로 일본은행이 추가 금리를 인상할 것으로 예상되는 7월과 10월 중 7월에 인상을 한다고 발표할 경우 투자자들에게 더 빠른 시즌에 금리 인상이 이루어질 것이라는 기대감을 주고 시장의 불확실성이 감소하게 되므로 엔화를 매수하게 된다. 따라서 금리 인상을 7월에 한다고 발표할 경우 10월에 발표하는 것보다 엔화 가치를 더욱 상승시킬 것이다.

오답분석
①·③ 일본은행은 24년 3월 마이너스 금리를 끝나고 금리 인상을 단행했지만, 일본의 장기적인 성장 둔화와 이로 인한 추가 금리 인상에 서두르지 않을 것이라는 신호로 인해 오히려 엔화 가치가 하락하는 현상을 보였다. 따라서 엔화 가치의 하락은 복합적인 요인에 의해 나타나는 현상이므로 단순한 금리 인상으로는 하락을 막기 어렵다.
② 10월 인상설의 이유는 마이너스 금리 해제 이후 경제·물가를 살피면서 11월 미국 대선으로 인한 변동성을 줄이기 위함이다. 따라서 일본은행의 금리 인상 결정은 정치적 요인에 영향을 받고 있다.

40 정답 ②

제시된 정보에 따라 퇴직금 총액을 계산하면 다음과 같다.
• 확정급여형의 경우

직전 3개월 평균임금	근속연수	퇴직금 총액
900만 원	10년	9,000만 원

따라서 확정급여형 퇴직금은 9,000만 원이다.
• 확정기여형의 경우

구분	(연 임금총액)×1/12
1년 차	450만 원
2년 차	500만 원
3년 차	550만 원
4년 차	600만 원
5년 차	650만 원
6년 차	700만 원
7년 차	750만 원
8년 차	800만 원
9년 차	850만 원
10년 차	900만 원
합계	6,750만 원

예상 운용수익률은 매년 10%로 동일하므로, '(연 임금총액)×1/12'의 총합의 110%를 구하면 퇴직금 총액과 동일한 금액이 된다. 따라서 확정기여형 퇴직금은 6,750×1.1=7,425만 원이다.

41 정답 ②

3년 이상 근속한 직원에게는 최초 1년을 초과하는 근속연수 매 2년에 가산휴가 1일이 발생하므로 2024년 1월 26일에는 16일의 연차휴가가 발생한다.
• 2020년 1월 1일~2020년 12월 31일 → 2021년 15일 연차휴가 발생
• 2021년 1월 1일~2021년 12월 31일 → 2022년 15일 연차휴가 발생
• 2022년 1월 1일~2022년 12월 31일 → 2023년 15일 연차휴가 발생+1일 가산휴가
• 2023년 1월 1일~2023년 12월 31일 → 2024년 16일 연차휴가 발생
따라서 A대리의 당해 연도 연차휴가는 16일이다.

42 정답 ②

김대리가 1박 2일 동안 출장하면서 지불한 비용 중 인정되는 외근비용은 다음과 같다.
• A호텔 숙박비 : 250,000원
• A호텔 식비 : 15,000+15,000+12,000=42,000원
• K식당 식비 : 15,000원
• 시외버스 비용 : 35,000원
따라서 김대리가 인정받을 수 있는 외근비용 합계는 250,000+42,000+15,000+35,000=342,000원이다.

43 정답 ④

제시문은 AI 기술이 리스크 관리, 고객 서비스, 보안, 업무 프로세스 자동화 등 은행의 다양한 영역에서 혁신을 이끌고 있음을 설명하고 있다. 또한 데이터 품질 확보, 알고리즘의 투명성, 윤리적 문제 등 AI 도입에 따른 과제와 대응의 필요성을 이야기하며 지속적인 투자와 혁신의 중요성을 강조하고 있다.
따라서 제시문은 AI 기술의 고도화에 따라 은행이 전반적인 사업 역량을 강화해야 한다고 역설하는 글이므로, 글의 주제로 가장 적절한 것은 'AI 기술 고도화에 따른 금융 사업 역량 강화'이다.

44 정답 ④

제시문에서는 AI를 활용한 리스크 관리에 대해 언급하고 있지만, 인간의 주관적 개입을 배제하고 AI를 활용하여 평가한다는 내용은 포함하고 있지 않다. 오히려 AI가 의사결정을 지원하는 도구로 사용되며, 인간의 판단과 함께 활용될 것임을 시사하고 있다.

오답분석
① 제시문에서는 AI 기술이 리스크 관리, 고객 서비스, 보안 등 은행의 다양한 업무에서 활용될 것임을 설명하고 있다.
② 일곱 번째 문단에서 은행은 개인정보 보호, 차별 방지, 책임 소재 등 다양한 윤리적 문제에 대응하기 위해 AI 윤리 가이드라인을 수립하고 준수해야 한다고 설명하고 있다.
③ 마지막 문단에서 'AI 기술을 효과적으로 활용하는 은행만이 미래 금융 시장에서 경쟁력을 유지하고 성장할 수 있다.'라고 명시하고 있다.

45 정답 ④

업종별 종사하는 고령근로자 수는 각각 다음과 같다.
- 농업 : $600 \times 0.2 = 120$명
- 교육 서비스업 : $48,000 \times 0.11 = 5,280$명
- 공공기관 : $92,000 \times 0.2 = 18,400$명
- 과학 및 기술업 : $160,000 \times 0.125 = 20,000$명

따라서 농업과 교육 서비스업, 공공기관에 종사하는 고령근로자 수는 총 $120 + 5,280 + 18,400 = 23,800$명으로, 과학 및 기술업에 종사하는 고령근로자 수 20,000명보다 많다.

오답분석
① 건설업에 종사하는 고령근로자 수는 $97,000 \times 0.1 = 9,700$명으로 외국기업에 종사하는 고령근로자 수의 3배인 $12,000 \times 0.35 \times 3 = 12,600$명 이하이다.
② 모든 업종의 전체 근로자 수에서 제조업에 종사하는 전체 근로자 비율은 다음과 같다.
$$\frac{1,080}{0.6 + 1,080 + 97 + 180 + 125 + 160 + 48 + 92 + 12} \times 100 = \frac{1,080}{1,794.6} \times 100 ≒ 60.2\%$$
따라서 80% 미만이다.
③ 국가별 65세 이상 경제활동 조사 인구가 같을 경우 두 번째 그래프에 나와 있는 비율로 비교하면 된다. 따라서 미국의 고령근로자 참가율 17.4%는 영국의 참가율의 3배인 $8.6 \times 3 = 25.8\%$ 이하이다.

46 정답 ④

특허 보유 수와 R&D 투자율을 평가 방법에 따라 점수로 변환하면 다음과 같다.

(단위 : 점)

구분	기술점수			역량점수		
	특허 보유 수	R&D 투자율	기술 혁신성	만족도	문제해결능력	업무 생산성
A사	50	80	50	95	65	56
B사	50	100	30	65	90	88
C사	50	80	80	80	57	49
D사	100	80	60	49	67	58
E사	70	60	80	71	80	74

기술점수와 역량점수별로 평균을 구하여 가중치를 적용해 합산하면 다음과 같다.
- A사 : $[\{(50+80+50) \div 3\} \times 0.4] + [\{(95+65+56) \div 3\} \times 0.6] = (60 \times 0.4) + (72 \times 0.6) = 24 + 43.2 = 67.2$
- B사 : $[\{(50+100+30) \div 3\} \times 0.4] + [\{(65+90+88) \div 3\} \times 0.6] = (60 \times 0.4) + (81 \times 0.6) = 24 + 48.6 = 72.6$
- C사 : $[\{(50+80+80) \div 3\} \times 0.4] + [\{(80+57+49) \div 3\} \times 0.6] = (70 \times 0.4) + (62 \times 0.6) = 28 + 37.2 = 65.2$
- D사 : $[\{(100+80+60) \div 3\} \times 0.4] + [\{(49+67+58) \div 3\} \times 0.6] = (80 \times 0.4) + (58 \times 0.6) = 32 + 34.8 = 66.8$
- E사 : $[\{(70+60+80) \div 3\} \times 0.4] + [\{(71+80+74) \div 3\} \times 0.6] = (70 \times 0.4) + (75 \times 0.6) = 28 + 45 = 73$

따라서 M금고에서 선정할 업체는 E사이다.

47 정답 ④

기업 대표이지만 VIP고객이므로 고객 코드는 ㄷ, 대출신청을 하였으므로 업무는 Y, 업무내용은 B가 적절하며, 접수창구는 VIP실인 00이 된다. 따라서 기록 현황에 기재할 내용은 'ㄷYB00'이다.

48 정답 ②

기록 현황을 정리하면 다음과 같다.

ㄱXa10	ㄴYA05	ㄴYB03	ㄱXa01	ㄱYB03
10번창구 없음 잘못된 기록	기업고객 대부계 대출상담 5번창구	기업고객 대부계 대출신청 3번창구	개인고객 수신계 예금 1번창구	개인고객 대부계 대출신청 3번창구
ㄱXab02	ㄷYC00	ㄴYA01	ㄴYA05	ㄴYAB03
개인고객 수신계 예금·적금 2번창구	VIP고객 대부계 대출완료 VIP실	기업고객 대부계 대출상담 1번창구	기업고객 대부계 대출상담 5번창구	기업고객 대부계 대출상담·신청 3번창구
ㄱYAB00	ㄱYaA04	ㄱXb02	ㄷYB0	ㄱXa04
개인고객 VIP실 불가 잘못된 기록	대부계 예금 불가 잘못된 기록	개인고객 수신계 적금 2번창구	0번창구 없음 잘못된 기록	개인고객 수신계 예금 4번창구

따라서 잘못된 기록은 4개이다.

49 정답 ④

세 번째 문단의 마지막 부분에 따르면 일부 기관에서는 비대면 화상 면담 시스템을 도입하여 신청자의 편의성을 높이고 있다고 하였으므로 적절한 내용이다.

오답분석
① 두 번째 문단에서 최근에 신용점수 외에도 LTI, DTI 등 다양한 대안적 지표를 활용한다고 하였으므로 신용점수가 유일한 평가 기준으로 사용되고 있지는 않다.
② 네 번째 문단에서 일부 금융기관에서는 대출 거절 시 그 이유를 상세히 설명하고 개선 방안을 제시하고 있다고 하였으므로 모든 금융기관에서 서비스를 제공하고 있지는 않다.
③ 마지막 문단에서 ESG 요소를 대출심사에 반영하는 것은 기업의 지속 가능성과 사회적 책임을 평가하여 장기적인 리스크를 관리하기 위함이라고 하였으므로 ESG 요소 심사는 대출심사의 객관성을 높이는 요인으로 작용한다.

50 정답 ③

교육시스템 항목을 보면 부서자체교육은 분기별 1회, 집합교육은 반기별 1회를 받는다고 되어 있으며, 그 외 교육은 수시로 진행된다고 하였다. 따라서 법 위반 가능성이 높은 부서 임직원이 연간 받는 정기 교육 횟수는 부서자체교육 4회와 집합교육 2회로 총 6회이다.

오답분석
① 고객 입장에서 혼란을 줄 수 있는 정보는 기재를 하지 않는 것이 아니라 바르게 전달할 수 있도록 기재하여야 한다.
② 자사의 거래조건을 협력회사가 원하지 않을 경우 거래를 강제하지 않아야 할 뿐, 협력회사가 원하는 방향으로 거래조건을 수정할 필요는 없다.
④ 경쟁사 고객을 자사의 상품을 이용하도록 유인하는 것은 가능하나, 부당한 방법을 사용해서는 안 된다.

51 정답 ③

교육시스템에 따르면 실무 관련 의문점이 발생할 때에는 상담을 통해 처리방향을 지도받는 것이 적절하나, 공정거래 위반이 의심될 때에는 집합교육을 통해 업무처리 방향을 지도받아야 한다.

오답분석
① 협력회사에 대한 원칙의 두 번째 항목에 따르면, 협력회사에 부당하게 유리 또는 불리한 취급을 하거나 경제상 이익을 요구하지 않는다고 하였다.
② 경쟁사에 대한 원칙의 세 번째 항목에 따르면, 담합을 하지 않는다고 하였다.
④ 협력회사에 대한 원칙의 마지막 항목에 따르면, 협력회사의 기술, 지적재산권을 부당하게 요구하거나 침해하지 않는다고 하였다.

52 정답 ②

IBK2024특판중금채에서 적용받을 수 있는 최대 금리는 가입기간에 따른 최대 기본금리인 연 3.74%에 최대 우대금리인 연 0.2%p를 더한 연 3.94%이다.

오답분석
① 법인사업자의 가입은 불가하지만, 외국인 중 거주자의 경우 가입이 가능하다.
③ 최초 상품 가입일에 마케팅 미동의 상태이더라도 다른 두 가지 조건 중 하나를 만족한다면 최대 우대금리 혜택을 적용받을 수 있다.
④ 가입 가능한 계좌 수의 제한은 없으나, 가입 가능한 금액은 계좌당이 아닌 1인당 1백만 원 이상 10억 원 이내이다.

53 정답 ①

개인소득구간이 7,500만 원 이하인 자는 IBK청년도약계좌에 가입은 가능하나, 정부기여금 요건을 살펴보면 개인소득구간이 6,000만 원을 초과한 자는 정부기여금이 미지급된다.

[오답분석]
② 연간 납입한도는 840만 원이나 월 납입한도는 70만 원이므로 연간 납입한도가 남아 있더라도 익월 납입 가능한 금액은 70만 원까지만 가능하다.
③ 청년희망적금 해지 전에 가입신청은 가능하지만, 계좌개설은 불가하다.
④ 내국인은 i-ONE 뱅크를 통해 비대면으로 가입신청 및 계좌개설이 가능하다. 하지만 외국인의 경우 가입신청은 i-ONE 뱅크를 통해 비대면으로 가능하고, 계좌개설은 영업점 방문을 통한 대면으로만 가능하다.

54 정답 ①

2월 16일에 A~D가 근무한 시간은 각각 다음과 같다.
- A : (40×2)-(7+10+9+8+10+6+5+8+7)=80-70=10시간
- B : (40×2)-(5+6+7+7+9+12+10+10+9)=80-75=5시간
- C : (40×2)-(8+7+7+7+11+10+9+10+5)=80-74=6시간
- D : (40×2)-(6+6+10+9+8+7+8+6+9)=80-69=11시간

따라서 2월 16일에 근무한 시간이 두 번째로 긴 사람은 A이다.

55 정답 ②

E의 근무시간은 9시간이므로 오전 11시부터 오후 1시까지, 오후 2시부터 오후 9시까지 근무해야 한다. 이때, 오후 6시를 초과하여 근무한 시간은 3시간이고, E의 통상시급은 {2,750,000+200,000+(1,440,000÷12)}÷209≒14,689원이다.
따라서 E가 받게 되는 초과수당은 14,689×1.5×3≒66,101원이다.

56 정답 ①

제시된 조건에 따라 앉을 수 있는 자리를 나타내면 다음과 같다.

첫 번째 조건에 의해 부장의 자리는 스크린 맞은편 자리로 항상 고정되어 있고, 두 번째 조건에 의해 노트북을 연결할 수 있는 자리는 2개이다. 세 번째 조건에 의해 대리가 부장과 가장 가까운 자리에 앉을 수 있는 경우의 수는 2가지이며, 마지막 조건에 의해 대리 2명 모두 옆 자리에 앉을 수 있는 사람은 사원뿐이므로 사원이 앉을 수 있는 경우의 수는 2가지이다. 남은 5자리에 주임 3명이 앉을 수 있는 경우의 수는 $_5P_3=60$가지이다.
따라서 자리에 앉을 수 있는 경우의 수는 $1\times2\times2\times2\times60=480$가지이다.

57 정답 ②

기본운임은 같으므로 각 과일의 수확한 총무게와 운반거리에 따른 추가운임을 비교한다. 과일별 추가운임은 다음과 같다.

구분	사과	귤	배	토마토
총무게	$0.25\times2,000$ $=500\text{kg}=0.5\text{t}$	$0.005\times700,000$ $=3,500\text{kg}=3.5\text{t}$	$0.75\times4,000$ $=3,000\text{kg}=3\text{t}$	$0.2\times7,500$ $=1,500\text{kg}=1.5\text{t}$
무게 추가운임	0원	$20,000\times6=120,000$원	$20,000\times5=100,000$원	$20,000\times2=40,000$원
운반거리	75km	30km	40km	60km
거리 추가운임	$10,000\times6=60,000$원	$10,000\times1=10,000$원	$10,000\times2=20,000$원	$10,000\times4=40,000$원
총추가운임	60,000원	$120,000+10,000$ $=130,000$원	$100,000+20,000$ $=120,000$원	$40,000+40,000$ $=80,000$원

따라서 총운임이 가장 많은 과일은 총추가운임이 가장 많은 귤이다.

58 정답 ④

직원별 근속연수에 따른 우대금리는 다음과 같다.

구분	근속연수	우대금리	구분	근속연수	우대금리
A직원	4년	$0.5+1=1.5\%\text{p}$	G직원	8년	$0.8+1=1.8\%\text{p}$
B직원	17년	$1.2+1=2.2\%\text{p}$	H직원	8년	$0.8+1=1.8\%\text{p}$
C직원	9년	$0.8+1=1.8\%\text{p}$	I직원	20년	$1.2+1=2.2\%\text{p}$
D직원	25년	$1.2+1=2.2\%\text{p}$	J직원	1년	$0.5+1=1.5\%\text{p}$
E직원	3년	$0.5+1=1.5\%\text{p}$	K직원	13년	$1+1=2\%\text{p}$
F직원	1년	$0.5+1=1.5\%\text{p}$	L직원	12년	$1+1=2\%\text{p}$

따라서 O사 직원들의 만기 시 적용금리의 평균은 $3.5+\dfrac{1.5+2.2+1.8+2.2+1.5+1.5+1.8+1.8+2.2+1.5+2+2}{12}≒3.5+1.83=5.33\%$이다.

59 정답 ③

월별 (중국의 1위안 환율)÷(일본의 1엔 환율)으로 계산한 월별 엔/위안 값은 각각 다음과 같다.
- 7월 : (188원/위안)÷(9.27원/엔)≒20.3엔/위안
- 8월 : (191원/위안)÷(9.3원/엔)≒20.5엔/위안
- 9월 : (192원/위안)÷(9.19원/엔)≒20.9엔/위안
- 10월 : (193원/위안)÷(9.2원/엔)≒21엔/위안
- 11월 : (190원/위안)÷(8.88원/엔)≒21.4엔/위안
- 12월 : (192원/위안)÷(9.23원/엔)≒20.8엔/위안

따라서 7~12월 동안 위안화 대비 엔화는 항상 20엔/위안 이상이다.

오답분석

① 국가별 7월 대비 12월의 환율 증가율은 각각 다음과 같다.
- 미국 : $\frac{1,329-1,308}{1,308} \times 100 ≒ 1.61\%$
- 중국 : $\frac{192-188}{188} \times 100 ≒ 2.13\%$
- 일본 : $\frac{9.23-9.27}{9.27} \times 100 ≒ -0.43\%$

따라서 7월 대비 12월의 환율 증가율이 가장 큰 국가는 중국이다.

② 8~12월 동안 미국의 전월 대비 환율의 증감 추이는 '증가 – 증가 – 증가 – 감소 – 감소'이다.

④ 8~12월 동안 중국의 전월 대비 환율의 증감 추이는 '증가 – 증가 – 증가 – 감소 – 증가'이고, 일본의 전월 대비 환율의 증감 추이는 '증가 – 감소 – 증가 – 감소 – 증가'이다.

60 정답 ④

연도별 인터넷뱅킹 대출 이용 실적 건수당 대출 금액은 각각 다음과 같다.
- 2019년 : $\frac{487}{0.1}=4,870$억 원/만 건
- 2020년 : $\frac{1,137}{0.3}=3,790$억 원/만 건
- 2021년 : $\frac{1,768}{0.5}=3,536$억 원/만 건
- 2022년 : $\frac{2,394}{0.7}=3,420$억 원/만 건
- 2023년 : $\frac{2,763}{0.9}=3,070$억 원/만 건

따라서 2020~2023년 동안 인터넷뱅킹 대출 이용 실적 건수당 대출 금액은 전년 대비 매년 감소하였다.

오답분석

① 2020~2023년 동안 전체 인터넷뱅킹 이용 실적은 매년 증가하였고, 전체 인터넷뱅킹 이용 금액 또한 매년 증가하였다.

② 연도별 전체 인터넷뱅킹 이용 실적의 70%와 모바일뱅킹 이용 실적의 관계는 각각 다음과 같다.
- 2019년 : 248×0.7=173.6 < 177
- 2020년 : 260×0.7=182 < 190
- 2021년 : 278×0.7=194.6 < 214
- 2022년 : 300×0.7=210 < 238
- 2023년 : 334×0.7=233.8 < 272

따라서 2019~2023년 동안 전체 인터넷뱅킹 이용 실적 중 모바일뱅킹 이용 실적은 매년 70% 이상이었다.

③ 연도별 전체 인터넷뱅킹 이용 금액의 30%와 모바일뱅킹 이용 금액의 관계는 각각 다음과 같다.
- 2019년 : 96,164×0.3=28,849.2 > 19,330
- 2020년 : 121,535×0.3=36,460.5 > 27,710
- 2021년 : 167,213×0.3=50,163.9 > 40,633
- 2022년 : 171,762×0.3=51,528.6 > 44,658
- 2023년 : 197,914×0.3=59,374.2 > 57,395

따라서 2019~2023년 동안 전체 인터넷뱅킹 이용 금액 중 모바일뱅킹 이용 금액은 매년 30% 미만이었다.

2025 하반기 시대에듀 기출이 답이다
KB국민은행 필기전형

개정4판1쇄 발행	2025년 09월 10일 (인쇄 2025년 08월 22일)
초 판 발 행	2023년 04월 10일 (인쇄 2023년 03월 24일)
발 행 인	박영일
책 임 편 집	이해욱
편 저	SDC(Sidae Data Center)
편 집 진 행	안희선·김내원
표지디자인	김지수
편집디자인	최미림·이다희
발 행 처	(주)시대고시기획
출 판 등 록	제10-1521호
주 소	서울시 마포구 큰우물로 75 [도화동 538 성지 B/D] 9F
전 화	1600-3600
팩 스	02-701-8823
홈 페 이 지	www.sdedu.co.kr
I S B N	979-11-383-9822-0 (13320)
정 가	23,000원

※ 이 책은 저작권법의 보호를 받는 저작물이므로 동영상 제작 및 무단전재와 배포를 금합니다.
※ 잘못된 책은 구입하신 서점에서 바꾸어 드립니다.

기출이 답이다
KB국민은행
정답 및 해설

금융권 필기시험 "기본서" 시리즈

최신 기출유형을 반영한 NCS와 직무상식을 한 권에! 합격을 위한
Only Way!

금융권 필기시험 "봉투모의고사" 시리즈

실제 시험과 동일하게 구성된 모의고사로 마무리! 합격으로 가는
Last Spurt!